Eva Maria Hinterhuber
Abrahamischer Trialog
und Zivilgesellschaft

Maecenata Schriften Bd. 4

Eva Maria Hinterhuber

Abrahamischer Trialog und Zivilgesellschaften

Eine Untersuchung zum sozialintegrativen Potenzial des Dialogs zwischen Juden, Christen und Muslimen

 Lucius & Lucius · Stuttgart · 2009

Die Publikation ist der abschließende Bericht zu dem von 2007–2009 vom Maecenata Institut für Philanthropie und Zivilgesellschaft an der Humboldt Universität zu Berlin unter der Leitung von Eva Maria Hinterhuber Forschungsprojekt „Trialog und Zivilgesellschaft", das von der Herbert Quandt-Stiftung und der Karl-Konrad-und-Ria-Groeben-Stiftung mitgestaltet und gefördert wurde.

HERBERT QUANDT-STIFTUNG

KARL-KONRAD-UND-RIA-GROEBEN-STIFTUNG

Bibliografische Information der Deutschen Nationalbibliothek

Die Deutsche Nationalbibliothek verzeichnet diese Publikation in der Deutschen Nationalbibliografie; detaillierte bibliografische Daten sind im Internet über http://dnb.d-nb.de abrufbar

ISBN 978-3-8282-0467-6

© Lucius & Lucius Verlagsgesellschaft mbH Stuttgart 2009
Gerokstraße 51 · D-70184 Stuttgart
www.luciusverlag.com

Das Werk einschließlich aller seiner Teile ist urheberrechtlich geschützt. Jede Verwertung außerhalb der engen Grenzen des Urheberrechtsgesetzes ist ohne Zustimmung des Verlags unzulässig und strafbar. Das gilt insbesondere für Vervielfältigungen, Übersetzungen, Mikroverfilmungen und die Einspeicherung und Verarbeitung in elektronischen Systemen.

Satz: Sibylle Egger, Stuttgart
Umschlaggestaltung: I. Devaux, Stuttgart
Druck und Bindung: Druckhaus Thomas Müntzer, Bad Langensalza

Vorwort

Jan Assmann hat in seinem Buch ‚Die mosaische Unterscheidung' den nach seiner Ansicht fundamentalen Unterschied zwischen älteren Kosmotheismen und dem jüdischen, später auch christlichen, noch später auch islamischen theologischen Verständnis herausgearbeitet.[1] „Es ist die neue Form, in die Religion, das Verhältnis von Gott, Mensch, Gesellschaft und Welt hier gebracht wird. Dieses neue Verhältnis kann man nur mit einem einzigen Gott eingehen."[2] „Mit dem Auszug aus Ägypten wurde gewissermaßen eine Nabelschnur durchschnitten, und die läßt sich nicht wieder verknüpfen."[3]

Folgt man dieser Argumentation, so wird rasch deutlich, daß eine Relativierung oder gar Verdrängung der Bedeutung religiöser Überzeugungen dem Diskurs zwischen Menschen verschiedener Tradition nicht förderlich oder zumindest nicht der einzige Weg sein kann, ein friedvolles Miteinander von Menschen mit unterschiedlichen monotheistischen Überzeugungen zu gewährleisten. Mit dem Satz des israelischen Oberrabbiners Metzger (im Zusammenhang mit seinem Vorschlag, eine Organisation der ‚Vereinten Religionen' zu gründen), „Wir Frommen sprechen die gleiche Sprache",[4] ist es eben nicht getan. Vielmehr ist in einer Zeit, in der das Religiöse nicht mehr, wie in Europa seit dem 18. Jahrhundert, auf dem Rückzug zu sein scheint, sondern als zentrale Komponente der menschlichen Existenz neu entdeckt wird[5], dieser Frage schon aus diesem Grund hohe Aufmerksamkeit zu widmen. Andere Aspekte treten hinzu:

An Stellen, die für das Zusammenleben nicht unwichtig sind, sind Strömungen nicht ohne Einfluß, die die Gott vorbehaltene Apokalypse zum legitimen Instrumentarium menschlichen Handelns erklärt haben. „Die Interpretation der Bibel war stets von historischen Bedingungen beeinflußt, und im Verlauf des 20. Jahrhunderts begannen Juden, Christen und Muslime [daraus] schrift-basierte Ideologien zu entwickeln, die die Gewalt des modernen Zeitalters einschlossen."[6] Für Fundamentalisten dieser Art entsprach schon die Gründung der Vereinten Nationen der Prophezeiung aus der Offenbarung an Johannes: „Es sind die Teufelsgeister, die Wunder tun. Diese drei Geister suchen alle Könige der Erde auf. Sie wollen sie zum Kampf am großen Tag des allmächtigen Gottes sammeln."[7] Insbesondere in den USA, aber auch in Israel und in muslimischen Ländern entstand eine theoretisch untermauerte Weltsicht, die sich ge-

---

1 Jan Assmann, Die mosaische Unterscheidung oder der Preis des Monotheismus, München 2003.
2 Ibid. S. 59
3 Ibid., S. 63. A. bezieht sich hier auf Dtn. 4, 34
4 Dieter Bednarz/Christoph Schult, Der gemeinsame Vater; in: Der Spiegel, Nr. 52/2008, S. 108
5 Vgl. hierzu: Jürgen Habermas, Vorpolitische Grundlagen des demokratischen Rechtsstaates?; in: ders./Joseph Ratzinger, Dialektik der Säkularisierung, Freiburg i.B. 2005, S. 34 ff.
6 Karen Armstrong, The Bible - The Biography, London 2007, S. 207 (Übers. d. Verf.)
7 Off. 16, 14 (Einheitsübersetzung); s. Armstrong, loc. cit., S. 108

gen ein friedvolles Zusammenleben von Menschen unterschiedlicher religiöser Überzeugung wandte.[8] Samuel Huntington analysierte diesen Prozeß und entwickelte daraus eine Theorie der Unausweichlichkeit von religiös-kulturell bedingten Konflikten.[9]

Andererseits ist nicht zu übersehen, daß den meisten in Europa lebenden Menschen die theologische Fundierung solcher Konflikte fremd oder unverständlich ist und von Eiferern ebenso wie von Intellektuellen überschätzt wird. Historisch gewachsene kulturelle, oft auch schichtspezifische Unterschiede assoziieren sie unreflektiert und oft auch genug auch fehlerhaft mit religiösen Begriffen, die ihnen im Grunde gar nicht zugänglich sind. Insofern wird Religion und werden religiöse Gemeinschaften oft genug für Verhaltensmuster in Anspruch genommen, die in keiner Weise ursächlich religiös bestimmt sind und vielfach nur als fremd oder ungewohnt erscheinen.

Schließlich ist auf ein grundlegendes Dilemma hinzuweisen, das dann entsteht, wenn unantastbare Offenbarungen von Wahrheit mit vernunftgenerierten und jederzeit falsifizierbaren Wahrheiten kollidieren.[10] Insoweit besteht ein prinzipieller Konflikt zwischen dem Handeln aus religiöser Überzeugung und der zivilgesellschaftlich unabdingbaren Anerkennung von Pluralität.[11]

Wegen dieser Dichotomie des Bewußtseins ist der ernsthafte theologisch-wissenschaftliche Dialog zwischen Experten unterschiedlicher religiöser Prägung einerseits unerläßlich. Er kann beispielsweise dazu dienen, einen „Kanon innerhalb des Kanon' zu formulieren, um den religiös verbrämten Haß unserer Zeit aufzufangen [...]"[12] Er kann auch entscheidend dazu beitragen, daß Mißverständnisse abgebaut werden, die daraus entstehen, daß Probleme im Verhältnis zwischen Religion und Demokratie möglicherweise eben nicht intrinsischer Natur sind, sondern von weit verbreiteten, aber falschen säkularen Annahmen über Religion ausgehen.[13]

Aber er reicht andererseits nicht hin, um Wege des Zusammenlebens aufzuzeigen, die Menschen mit weniger ausgeprägter religiöser Bindung plausibel und gangbar erscheinen und solchen mit handlungsleitenden religiösen Überzeugungen zuzumuten sind. Unser säkular bestimmtes Gemeinwesen ist darüber hinaus inhärent gehalten, Menschen mit und mit unterschiedlichen religiösen Überzeugungen und solchen ohne diese einen existentiellen Rahmen anzubieten[14], andererseits mit diesen

---

8 Armstrong, loc. cit. S. 207–221
9 Samuel P. Huntington, The Clash of Civilizations and the Remaking of World Order, New York 1996
10 Mohammed Arkoun, Locating Civil Society in Islamic Contexts; in: Amyn B. Sajoo (Hrsg.), Civil Society in The Muslim World, London 2002, S. 43
11 Amyn B. Sajoo, Ethics in the Civitas; in: ders., loc.cit., S. 214
12 Armstrong, loc. cit. S. 224 f. (mit Zitat von Michael Fishbane, The Notion of A Sacred Text, in: The Garments of Torah, Essays in Biblical Hermeneutics, Bloomington/Indianapolis 1989, S. 131)
13 José Casanova, The Problem of Religion and the Anxieties of European Secular Democracy; in: Gabriel Motzkin/Yochi Fischer (Hrsg.) Religion and Democracy in Contemporary Europe, London 2008, S. 63
14 Siddik Bakir, Secularism, European Identity and Muslim Communities in Europe; in: Gabriel Motzkin/Yochi Fischer (Hrsg.), loc. cit., S. 180

Überzeugungen „schonend umzugehen"[15]. Der Diskurs über das Zusammenleben von Menschen findet theoretisch eher in den Sozialwissenschaften und seit etwa einer Generation immer ausgeprägter im Zusammenhang der Zivilgesellschaftsforschung statt. Zugleich hat ebendiese Zivilgesellschaft immer mehr die Aufgabe übernommen, dieses Zusammenleben selbst zu organisieren, nachdem hierarchisch geprägte Herrschaftsmodelle vielfach an das Ende ihrer Möglichkeiten gekommen sind. Es erscheint auch von daher notwendig, den theologischen oder religiösen Diskurs durch einen dezidiert zivilgesellschaftlichen zu ergänzen. Dies ist das Anliegen des Forschungsprojekts ‚Trialog und Zivilgesellschaft', dessen Ergebnisse in diesem Band vorgestellt werden. Die Projektleiterin und Autorin, meine Kollegin Eva Hinterhuber, der an erster Stelle Dank für die geleistete hervorragende Arbeit gebührt, legt ihrer Untersuchung ein Zivilgesellschaftskonzept zugrunde, das sie selbst im weiteren erläutert. Ich kann mir daher weitere Ausführungen dazu ersparen. Dieses Konzept kann auch in der Herausstellung praktischer Konsequenzen und Handlungsanleitungen hilfreich sein.

Aufbauend auf zwei vorausgegangenen Forschungsprojekten zur gleichen Thematik[16], die von der Karl-Konrad-und-Ria-Groeben-Stiftung initiiert und gefördert waren, liegt der von 2007 bis 2009 durchgeführten Untersuchung die zentrale Fragestellung zugrunde, ob und inwiefern zivilgesellschaftliche trialogische Initiativen einen wirksamen Beitrag zur Lösung tatsächlicher und möglicher religiös bestimmter Konflikte und zur Ermöglichung eines nachhaltigen Integrationsprozesses leisten können. Um diese Frage zu beantworten, war zunächst erneut (nach 2001) zu erheben, welche zivilgesellschaftlichen trialogischen Initiativen in Deutschland bestehen. Dabei wurde ein Anspruch auf Vollständigkeit ausdrücklich nicht erhoben. Vielmehr sollte durch die dargestellten Organisationsportraits, für deren Erarbeitung Marie v. Manteuffel besonders zu danken ist, die Palette der Ansätze und Möglichkeiten aufgezeigt und sollen Entwicklungsprozesse und Erfolgsfaktoren geschildert werden. Dies war zunächst auch das primäre Interesse der Herbert Quandt-Stiftung, die den Anstoß zu diesem Projekt gab und es gemeinsam mit der Karl-Konrad-und-Ria-Groeben-Stiftung förderte. In gemeinsamer Konzeptarbeit mit den beteiligten Stiftungen wurde jedoch der Rahmen weiter gesteckt. Nicht nur wurde zum Vergleich auch auf ausländische Initiativen geschaut, die, wie darzustellen war, zum Teil unter ganz anderen, zum Teil aber auch unter vergleichbaren historischen, kulturellen, politischen und sonstigen Bedingungen arbeiten. Es wurde darüber hinaus versucht, anhand konkreter Forschungsfragen den zivilgesellschaftlichen Rahmen trialogischen Handelns auszuloten und insbesondere zu untersuchen, ob und inwieweit eine dezidiert

---

15 Habermas, loc. cit., S. 33
16 S. hierzu: Martin Bauschke, Trialog und Zivilgesellschaft, Bd. 1: Internationale Recherche von Institutionen zum trilateralen Dialog, Berlin 2001; Martin Bauschke/Petra Stegmann, Trialog und Zivilgesellschaft, Bd. 2: Berichte und Texte, Berlin 2001; Peter Heine/Aslam Sayed (Hrsg.), Muslimische Philanthropie und Bürgerschaftliches Engagement /Muslim Philanthropy and Civil Engagement, Berlin 2005.

zivilgesellschaftliche Herangehensweise ein tragfähiges theoretisches Fundament und praktisches Handlungskonzept beinhaltet oder erzeugt.

Den differenzierten Ergebnissen, die im weiteren dargestellt werden, sei an dieser Stelle nur insoweit vorgegriffen, als evident geworden ist, daß eine von zivilgesellschaftlichen Werten getragene Arbeitsweise ein hohes Erfolgspotential beinhaltet. Dies gilt etwa für den Begriff des Respekts vor Unterschieden, durchaus im Gegensatz zum häufig bemühten Toleranzbegriff.[17] Andersartigkeit nicht lediglich zu ertragen, sondern bewußt zu respektieren, ohne die eigenen Überzeugungen zu relativieren oder gar aufzugeben, ist, so wird deutlich, die Grundvoraussetzung für ein funktionierendes Arrangement des Zusammenlebens. Und ein weiteres: das Zusammenleben entwickelt sich besonders gut, wenn an Themen und Projekten, die den Diskurs nicht oder nur mittelbar berühren, gemeinsam gearbeitet wird. Das Beispiel der regelmäßigen Fußballspiele unter Beteiligung von Imamen, Rabbinern und Pfarrern in Berlin mag exotisch klingen, ist aber prägnant. Denn so wie wir unser ethisches Universum aus vielen Quellen speisen[18] (und oft geneigt sind, dabei sehr selektiv vorzugehen), so speist sich auch das Zusammenleben aus unterschiedlichen Erfahrungen, und die Erfahrung des selbstbestimmten, respektvollen Umgangs mit anderen kann zu einem bestimmenden Faktor werden.

Jan Assmann hat den Monotheismus explizit auch mit Herrschaft in Verbindung gebracht.[19] Er hat damit notwendigerweise kulturhistorisch auf ein Modell der Gesellschaft abgehoben, das gerade im 20. Jahrhundert so gründlich pervertiert worden ist, daß es auf absehbare Zeit seine Glaubwürdigkeit eingebüßt hat. Nur bedingt läßt sich menschliches Zusammenleben heute noch durch Herrschaft organisieren. Das Erstarken der Zivilgesellschaft ist dafür überzeugender Beweis.

Die Zivilgesellschaftsdebatte kann daher ihrerseits durch die Hereinnahme der ebenso zentralen wie aktuellen religiösen Dimension nur gewinnen. Sie muß sich an konkreten Fragestellungen des herrschaftsfreien Zusammenlebens auch von Menschen unterschiedlicher Glaubensüberzeugungen bewähren, will sie ihren Anspruch, dritte bestimmende Kraft einer gesellschaftlichen Wirklichkeit zu sein, einlösen. Zivilgesellschaft als politische Aktion ist in der konkreten Wirklichkeit des 21. Jahrhunderts anders nicht vorstellbar. Auch aus diesem Grund ist das Maecenata Institut für Philanthropie und Zivilgesellschaft an der Humboldt Universität zu Berlin dankbar für die Möglichkeit, dieses über den konkreten Erfolg hinaus bedeutsame Projekt zu realisieren.

Der Dank gilt der Projektleiterin und ihren Mitarbeiterinnen, den fördernden Stiftungen, deren Stiftungsräten, Vorständen und Mitarbeitern, die das Projekt aktiv mitgestaltet haben, den vielen Gesprächspartnern in den Initiativen, die bereitwillig über

---

17 Vgl. hierzu Jakob Neusner, Ein Rabbi spricht mit Jesus [1993], Freiburg 2007, S. 22 u. passim
18 Armstrong, loc. cit., S. 218
19 Assmann, loc. cit., S. 68 f.

ihre Arbeit und die dahinter stehenden Konzepte Auskunft gaben und den Kolleginnen und Kollegen, die in Einzelgesprächen und im Rahmen des am 11. Dezember 2007 durchgeführten Colloquiums[20] viel Wichtiges zu den Ergebnissen des Projekts beigetragen haben.

Berlin, im Januar 2009

Rupert Graf Strachwitz
Direktor des Maecenata Instituts

---

20 S. hierzu: Eva Maria Hinterhuber, Zivilgesellschaft, Trialog, Integration (Opusculum des Maecenata Instituts für Philanthropie und Zivilgesellschaft an der Humboldt Universität zu Berlin Nr. 28), Berlin 2008 (www.maecenata.eu)

Inhalt

Eva Maria Hinterhuber
Abrahamischer Trialog und Zivilgesellschaft 1

1 Einführung 1
   1.1 Themeneinführung:
       Vom „Kampf der drei Monotheismen" zum Trialog? 1
   1.2 Zivilgesellschaftliche Akteure im trilateralen Dialog zwischen
       Judentum, Christentum und Islam – der Forschungsgegenstand ... 3
   1.3 Trialog-Initiativen als „Brücken zur Integration"?
       Fragestellung und Hypothesen 5
   1.4 Quellen und Methode 6
   1.5 Zum Aufbau der Studie 8

2 Zum Forschungsstand 9

3 Zivilgesellschaft, Sozialkapital und Integration.
   Zum theoretischen Hintergrund und Interpretationsrahmen 14
   3.1 Zivilgesellschaft, Sozialkapital und Integration 15
       3.1.1 Zur Definition von Zivilgesellschaft 15
       3.1.2 Zivilgesellschaft und Sozialkapital 15
       3.1.3 Zur Definition von Sozialkapital 15
       3.1.4 Zur Definition von Integration 16
   3.2 Der Beitrag von Zivilgesellschaft und Sozialkapital zu Integration . 18
       3.2.1 Die dunklen Seiten von Zivilgesellschaft 18
       3.2.2 Soziales Kapital und soziale Ungleichheit 18
       3.2.3 Bindendes und Brücken bildendes Sozialkapital 20
   3.3 Exkurs: Religionsgemeinschaften und Zivilgesellschaft 21
       3.3.1 Kirche und Religionsgemeinschaften als Teil
             der Zivilgesellschaft? 21
       3.3.2 Die Eigenwahrnehmung der Kirchen und
             Religionsgemeinschaften 22
       3.3.3 Die sozialwissenschaftliche Perspektive 23
       3.3.4 Kirchen und Religionsgemeinschaften zwischen Staat und
             Zivilgesellschaft 24
       3.3.5 Gemeinsamkeiten und Unterschiede 27
       3.3.6 Fazit 28

4 Migration, Integration und Religion in Deutschland 29
   4.1 Migration, Integration und Desintegration in Deutschland 29
   4.2 Der Diskurs über Integration und Religion in Deutschland 31

	4.3	Religionen in Deutschland	33
	4.4	Christentum, Judentum und Islam in Deutschland	35
	4.5	Staat und Religion in Deutschland	37
	4.6	Zur aktuellen Situation der Religionen	39
	4.7	Intrareligiöser Dialog als Herausforderung	42
	4.8	Der interreligiöse Dialog zwischen den Religionsgemeinschaften	43
5	Dialog und Religion		46
	5.1	Dialog – eine Begriffsbestimmung	47
	5.2	Zivilgesellschaft als Ort des Dialogs	48
	5.3	Religion zwischen Dialog und alleinigem Wahrheitsanspruch	49
	5.4	Dialog der Kulturen – Dialog der Religionen	50
	5.5	Ebenen des Dialogs	51
	5.6	Kriterien für eine gelungene Zusammenarbeit	52
	5.7	Chancen und Grenzen des interreligiösen Dialogs	53
6	Zivilgesellschaftliche Akteure im trilateralen Dialog zwischen Judentum, Christentum und Islam in Deutschland		57
	6.1	Vom Dialog zum Trialog	57
	6.2	Zur Geschichte des Trialogs seit den 1970er Jahren in Deutschland	60
	6.3	Zivilgesellschaftliche Akteure im trilateralen Dialog zwischen Judentum, Christentum und Islam in Deutschland	65
	6.4	Grundlegende Informationen	66
		6.4.1 Uni-, bi-, tri- und multilaterale Ausrichtung	66
		6.4.2 Engagement im trilateralen Dialog	68
		6.4.3 Gründungszeiträume	69
		6.4.4 Regionale Verteilung	73
		6.4.5 Rechtsform und Formalisierungsgrad	77
		6.4.6 Mitglieder	78
	6.5	Aktivitäten im Bereich „Trialog zwischen Judentum, Christentum und Islam"	79
		6.5.1 Ebenen des Dialogs	79
		6.5.2 Die Vielfalt abrahamischen Engagements – das Spektrum an Aktionsformen	82
		6.5.3 Die behandelten Themen im Überblick	93
	6.6	Kriterien für eine gelungene Zusammenarbeit und ihre Relevanz in der Praxis	94
		6.6.1 Fazit	98
	6.7	Zielgruppe	99
		6.7.1 Prägende Personengruppen	99
		6.7.2 Die Teilnehmerinnen und Teilnehmer: Religionszugehörigkeit bzw. Weltanschauung	100

6.7.3	Altersgruppen	103
6.7.4	Frauen und Männer	104
6.7.5	Bildungsschichten	105
6.7.6	Teilnehmerzahl sowie Erreichbarkeit potentieller Teilnehmer	106
6.7.7	Lokal – regional – national – international: Auf welchen Ebenen sind die Trialog-Initiativen tätig?	109
6.8	Auswirkungen internationaler Konflikte und Naturkatastrophen	111
6.9	Öffentlichkeits- und Medienarbeit	113
6.9.1	Einschätzung des öffentlichen Interesses	113
6.9.2	Relevanz der Öffentlichkeits- und Medienarbeit	114
6.9.3	Formen der Öffentlichkeits- und Medienarbeit	114
6.9.4	Grad der Zufriedenheit mit der Berichterstattung	116
6.10	Beziehungen zu Politik und Verwaltung	117
6.10.1	Relevanz der Beziehungen	117
6.10.2	Formen des Austauschs	117
6.10.3	Erfahrungen mit Politik und Verwaltung	121
6.11	Zivilgesellschaft und Vernetzung	121
6.11.1	Partner der Trialog-Initiativen in der Zivilgesellschaft	121
6.11.2	Formen des Austauschs mit anderen zivilgesellschaftlichen Organisationen	123
6.11.4	Zielvorstellungen in punkto Vernetzung	126
6.12	Ziele und Motivation	126
6.12.1	Relevanz bestimmter Ziele	126
6.12.2	Ziele	128
6.12.3	Chancen	135
6.12.4	Motivation	136
6.13	Probleme und Hürden	138
6.13.1	Strukturelle Problemlagen	138
6.13.2	Interpersonelle Problemlagen	139
6.13.3	Grenzen	139
7	**Länderstudien**	**144**
7.1	Frankreich	145
7.2	Großbritannien	150
7.3	Niederlande	154
7.4	Österreich	157
7.5	Bosnien-Herzegowina	161
7.6	Schweiz	167
7.7	Türkei	171
7.8	Israel	176
8	**Das sozialintegrative Potenzial zivilgesellschaftlicher Initiativen im trilateralen Dialog zwischen Judentum, Christentum und Islam**	**184**

Marie von Manteuffel
Zivilgesellschaftliche Trialog-Initiativen in Deutschland 195

Organisationsportraits 195
Vorbemerkung 195
 1. Abraham Geiger Kolleg 196
 2. Abrahams Runder Tisch Hildesheim 196
 3. Ad-hoc-Arbeitsgruppe „Weißt Du, wer ich bin?" 197
 4. Alif, Aleph, Alpha – Kooperationsverbund 198
 5. Arbeitsgemeinschaft Religion & Integration Nordrhein-Westfalen (ARI) 199
 6. Arbeitskreis Integration im Bistum Essen 200
 7. Artneuland e.V. 201
 8. Begegnungsstätte Kleine Synagoge 202
 9. Bendorfer Forum für ökumenische Begegnung und interreligiösen
    Dialog e.V. 203
10. BRÜCKE-KÖPRÜ. Begegnung von Christen und Muslimen 204
11. Bundesverband Jüdischer Studenten in Deutschland e.V. (BJSD) .. 205
12. Christlich-Islamische Arbeitsgemeinschaft Bielefeld (CIAG BI) ... 206
13. Christlich-Islamische Arbeitsgemeinschaft Marl 207
14. Christlich-Islamischer Arbeitskreis Münster mit Juden, Christen,
    Muslimen (CIAK) 207
15. Christlich-Islamische Gesellschaft Region Stuttgart e.V. 208
16. Deutsche Muslim-Liga Bonn e.V. (DML Bonn) 209
17. Deutscher Koordinierungsrat der Gesellschaften für
    Christlich-Jüdische Zusammenarbeit e.V. 210
18. Evangelische Akademie Arnoldshain 211
19. Evangelische Akademie Hofgeismar 212
20. Evangelische Akademie Loccum 212
21. Evangelische Akademie zu Berlin 214
22. Evangelische Flughafenseelsorge Frankfurt a.M. 214
23. Forum für Interkulturellen Dialog e.V. (FID) 216
24. Forum Religionen und Weltverantwortung 216
25. Gesellschaft Freunde Abrahams e.V. 217
26. Gesellschaft für Christlich-Jüdische Zusammenarbeit Augsburg und
    Schwaben e.V. 218
27. Gesellschaft für Christlich-Jüdische Zusammenarbeit Freiburg e.V. 219
28. Gesellschaft für Christlich-Jüdische Zusammenarbeit Lippe e.V. .. 220
29. Gesellschaft für Christlich-Jüdische Zusammenarbeit Oldenburger
    Münsterland e.V. 220
30. Gesellschaft für Christlich-Jüdische Zusammenarbeit Rhein-Neckar e.V. 221
31. Haus Abraham e.V. 221
32. Herbert Quandt-Stiftung 222

33. Interkultureller Rat in Deutschland e.V. 223
34. International Council of Christians and Jews (ICCJ) 224
35. Internationale Orient-Okzident Gesellschaft e.V. (IOOG) 225
36. Interreligiöse Fraueninitiative Bamberg 226
37. Interreligiöse Konferenz Europäischer Theologinnen (IKETH) e.V. 227
38. Interreligiöser Arbeitskreis Kiel 228
39. Jüdisch-Christlicher Freundeskreis Wesel e.V. 229
40. Karl-Konrad-und-Ria-Groeben-Stiftung 230
41. Katholisch Soziale Akademie Franz Hitze Haus 231
42. Katholische Erwachsenenbildung Frankfurt a.M. 232
43. Katholische Junge Gemeinde Bundesstelle e.V. (KJG) 232
44. KlangTrialog 233
45. Muslimische Jugend in Deutschland (MJD) 234
46. Ökumenische Centrale der Arbeitsgemeinschaft Christlicher Kirchen
    in Deutschland (ACK) 235
47. Ökumenischer Vorbereitungsausschuss für die Interkulturelle Woche
    in Berlin 236
48. Religionen für den Frieden (WCRP) Nürnberg mit J, C, M 237
49. Runder Tisch mit Juden, Christen und Muslimen der Bremischen
    Evangelischen Kirche 238
50. Sarah und Hagar Initiative Hessen 239
51. Stiftung Weltethos 239
52. Türkisch-Islamische Union der Anstalt für Religion e.V. (DITIB) 241
53. Zentralrat der Juden in Deutschland (ZJD) 242
54. Zentralrat der Muslime in Deutschland e.V. (ZMD) 242

Literaturverzeichnis 246

Autorinnen 262

Eva Maria Hinterhuber

Abrahamischer Trialog und Zivilgesellschaft
Eine Untersuchung zum sozialintegrativen Potenzial des Dialogs zwischen Juden, Christen und Muslimen

1 Einführung

1.1 Themeneinführung:
Vom „Kampf der drei Monotheismen" zum Trialog?

Entgegen der Prognose, dass Religionen im Zuge gesellschaftlicher Modernisierungsprozesse allmählich verschwinden, haben religiöse Fragen in jüngster Vergangenheit an politischer und gesellschaftlicher Bedeutung gewonnen (vgl. Palaver 2006). Die Säkularisierungsthese wurde von einer sozialen Realität überholt, für die Jürgen Habermas den Begriff der „postsäkularen Gesellschaft" (2001) geprägt hat. Nunmehr ist überall von einer „Rückkehr der Religionen" (vgl. Riesebrodt 2000) in den öffentlichen Raum die Rede.[21]

Religion ist ein Teil von Kultur: Denn sie prägt Kultur und wird umgekehrt von Kultur geprägt (vgl. Klinkhammer 2007: 3). Beide stehen gegenwärtig im Zentrum politischer, medialer und wissenschaftlicher Debatten. Dabei werden sie nicht erst seit den Terroranschlägen auf das World Trade Center am 11. September 2001 überwiegend als konflikträchtig angesehen. Samuel Huntington publizierte seine These vom „Kampf der Kulturen" bereits Anfang der 1990er Jahre, und sie hat, ungeachtet ihres teils holzschnittartigen Zuschnitts, als Interpretationsmuster (nicht nur) im Kontext internationaler Konflikte weite Verbreitung gefunden. Jüngst hat Peter Sloterdijk dem seines Erachtens intrinsischen Gewaltpotenzial der monotheistischen Religionen eine eigene Publikation gewidmet und spricht, wohl in Anlehnung an Huntington, im Untertitel seines Buches „[v]om Kampf der drei Monotheismen" (Sloterdijk 2007).

Die aktuelle politische Lage scheint dieser Perspektive Recht zu geben: Die Ereignisse in der Folge des 11.09.2001 zeichnen auf internationaler wie auf nationaler Ebene ein wenig optimistisch stimmendes Bild von Vereinfachung, Verhärtung, Radikalisierung und Instrumentalisierung von Kultur und Religion. Huntingtons und Sloterdijks düstere Prophezeiungen eines „Clash of Civilizations" bzw. eines „Kampfs der drei Monotheismen" scheint vielen bereits Wirklichkeit geworden zu sein. Es gilt zu verhindern, dass sie zur „self-fulfilling prophecy" werden.[22]

---

21 Für die intensive Auseinandersetzung mit der Studie und deren praktische wie inhaltliche Begleitung danke ich Marie von Manteuffel und Julia Thomas.
22 Vordergründig auf derselben kategorialen Ebene verbleibt die in diesem Sinne aktive „Alliance of Civilizations": Der Rat wurde im November 2006 von Kofi Annan ins Leben gerufen, „zur Förderung des Dialogs zwischen der muslimischen und der westlichen Welt. In dem sind neben Azoulay und Védrine

Eine Möglichkeit, um von kulturell oder religiös eingefärbten Konflikten zu einem Miteinander zu gelangen, wird im interkulturellen bzw. interreligiösen Dialog gesehen. Anstatt die aus den jeweiligen Wahrheitsansprüchen abgeleiteten Antagonismen zu fördern, soll durch einen Dialog der Religionen auf deren Fähigkeit „zur Konfliktsprophylaxe oder -vermittlung, zum Gewaltabbau" und damit auf ihre Befähigung zur Minderung von konflikttträchtigen Gegensätzen gesetzt werden (Kuschel o. A.). Angesichts der zunehmenden religiösen Pluralität von Gesellschaft und damit einhergehenden sozialen Spannungen erhofft man sich positive Auswirkungen auf den gesellschaftlichen Zusammenhalt.

Die hier vorgelegte Studie geht diesem Potenzial nach, indem sie den Schwerpunkt auf den zivilgesellschaftlichen trilateralen Dialog zwischen Juden, Christen und Muslimen legt. Sie verfolgt dabei ein doppeltes Ziel: Im ersten Teil der Arbeit wird aus einer sozialwissenschaftlichen Perspektive untersucht, ob und wie die Trialog-Initiativen einen zivilgesellschaftlichen Mehrwert erbringen. Einen solchen Mehrwert stellt in diesem Zusammenhang vor allem die Verhinderung von lokalen Desintegrationsprozessen dar, bzw. positiv gewendet, die Förderung von Prozessen der Integration und Inklusion, von Respekt und der Akzeptanz von Pluralität. Im zweiten Teil erfolgt die Sammlung und Darstellung der existierenden Trialog-Foren, -Vereinigungen, -Initiativen und -Organisationen mit ihren Programmen, Profilen und Kontaktdaten.[23]

Eine spezifische Variante des interreligiösen Dialogs ist der trilaterale Dialog zwischen den drei monotheistischen Weltreligionen: Statt das Trennende in den Vordergrund zu stellen, werden die gemeinsamen Wurzeln des Judentums, Christentums und des Islam betont. Auch von diesem „Trialog" (zum Begriff vgl. Kap. 5) erhofft man sich einen positiven Einfluss auf bestehende, v. a. sicherheits- und integrationspolitische Konfliktlagen,[24] besteht doch zwischen den drei sog. „abrahamischen" Weltreligionen ein besonderes Verständigungspotenzial.[25]

---

u. a. Frederico Mayor Zaragoza, der frühere Generaldirektor der UNESCO, der ehemalige iranische Staatspräsident Mohammad Khatami, der südafrikanische Erzbischof und Friedensnobelpreisträger Desmond Tutu, die britische Religionshistorikerin Karen Armstrong, der ehemalige Außenminister Indonesiens Ali Alatas sowie Sheikha Mozah Bint Nasser Al Missned, die Ehefrau des Emirs von Katar, vertreten" (Bistrich 2007). Vgl. auch http://unaoc.org (Zugriff am 06.12.2007).

23 Dies geschieht in Anknüpfung an das Projekt „Trialog und Zivilgesellschaft" des Maecenata Instituts von 2001 (vgl. Bauschke 2001). Ein weiteres Projekt des Maecenata Instituts im Themenfeld „Islam und Zivilgesellschaft" befasste sich mit Formen muslimischer Philanthropie (vgl. Heine/Syed 2005).

24 „Der trilaterale Dialog ist als eine Hilfe für die Etablierung eines neuen Verständnisses von Einwanderung und Integration zu begreifen, sofern dieser Dialog selber ein Mittel der Integration und der dem Dialog zugrunde liegende religiöse Humanismus auch eine Motivation für Einwanderung sein könnte" (Bauschke/Stegmann 2001: 30).

25 Vgl. www.h-quandt-stiftung.de (Zugriff am 28.02.2007); zur Bezugnahme auf den gemeinsamen Stammvater Abraham (sowie zum Teil auch auf seine Ehefrauen Sarah und Hagar) und die daraus abgeleitete Bezeichnung der drei monotheistischen Weltreligionen als „abrahamisch" siehe Kap. 5.

1.2 Zivilgesellschaftliche Akteure im trilateralen Dialog zwischen Judentum, Christentum und Islam – der Forschungsgegenstand

Weltweit besinnen sich Menschen auf die gemeinsamen Grundlagen von Judentum, Christentum und Islam und nehmen das abrahamische Element als Ausgangspunkt, um aufeinander zuzugehen. Im Frühjahr 2008 wurde die erste Etappe des „Abrahamswegs" in Jordanien eröffnet. Auf den Spuren Abrahams soll der Weg zukünftig durch Jordanien, Syrien, Israel, die Türkei und den Irak führen und „zum Symbol der religiösen Toleranz zwischen Judentum, Christentum und Islam werden" (tdt 2007).

Auch in Deutschland engagiert sich ein weites Spektrum an Akteuren für den Trialog. Unter ihnen sind staatliche Institutionen, vereinzelt auch Wirtschaftsunternehmen,[26] das Gros ist jedoch der Zivilgesellschaft zuzurechnen. Zu den zivilgesellschaftlichen Akteuren zählen jüdische Gemeinden, Kirchengemeinden, Moscheegemeinden, allgemeinen die Religionsgemeinschaften mit ihren verschiedenen Hierarchiestufen und Beauftragten für den interreligiösen Dialog sowie besonders die mit ihnen verbundenen konfessionellen Akademien. Weiter sind Dachverbände, Vereine, Stiftungen, gemeinnützige GmbHs, aber auch lose Zusammenschlüsse wie Arbeitskreise und Runde Tische im trilateralen Dialog aktiv. Zivilgesellschaft ist der Ort, so lässt sich konstatieren, an dem Trialog vor allem stattfindet,[27] jedoch im Wesentlichen in kleinen und kleinsten Schritten.

Hierauf konzentriert sich die vorliegende Studie: Forschungsgegenstand sind zivilgesellschaftliche Initiativen im trilateralen interreligiösen Dialog zwischen Judentum, Christentum und Islam. Abrahamisches Engagement von Akteuren aus den beiden gesellschaftlichen Aktionsfeldern Staat und Wirtschaft werden nicht berücksichtigt. Der regionale Schwerpunkt liegt auf Deutschland.

Sich auf den Dialog zwischen den drei abrahamischen Religionen zu konzentrieren, ist aus verschiedenen – u. a. inhärenten wie kontextgebundenen Faktoren – sinnvoll. Monotheistische Glaubensbekenntnisse gelten als latent gewalttätig, folgt doch aus der „Festlegung auf ein einziges Bekenntnis Gottes, [dass] dem gegenüber alle anderen falsch sind" (Schwab 2004: 94; vgl. auch Assmann 2003). Gleichzeitig lassen sich in der Beschäftigung mit den kanonischen Texten der monotheistischen Religionen das Potenzial und der Auftrag zur Gewalteindämmung und -überwindung herauslesen (vgl. Pury 2003). Aus einer Perspektive, die den deutschen Kontext in den Mittelpunkt stellt, liegt es besonders nahe, sich mit dem Zusammenspiel von Christentum, Islam und Judentum zu beschäftigen: aus historischem Interesse ebenso wie aus aktuellen Anlässen, Problemen und Konfliktlinien.

---

26 Auch staatliche Institutionen, Einrichtungen und Beauftragte auf der Ebene von Ländern, Städten, Kommunen und Gemeinden widmen sich der Förderung des Trialogs. Ebenso setzen sich universitäre Institutionen, Bildungseinrichtungen wie z.B. Volkshochschulen, Schulen – Gymnasien, Real-, Haupt- oder Grundschulen – für das Thema ein, sogar Kindergärten können Ausgangspunkt und Träger eines trilateralen Dialogs sein. Selbst Wirtschaftsunternehmen treten, wenn auch selten, als Unterstützer des interreligiösen Dialogs zwischen Judentum, Christentum und Islam auf.

27 Zur Frage, inwieweit Religionsgemeinschaften der Zivilgesellschaft zuzurechnen sind, s. u. Kap. 3.

Die Forschungsarbeit berücksichtigt verschiedene Formen des zivilgesellschaftlichen Engagements im Geiste Abrahams, Sarahs und Hagars. Sowohl die inhaltliche als auch die partizipatorische Bedeutungsebene werden mit einbezogen (zur Unterscheidung zwischen den beiden Ebenen vgl. Wolleh/Zunzer 2007: 22).

Die Studie beschränkt sich nicht auf Initiativen mit einer trialogischen Projektpartnerstruktur. Voraussetzung für die Aufnahme als Forschungsgegenstand ist also nicht, dass Angehörige des jüdischen, christlichen und muslimischen Glaubens gleichermaßen und gleichberechtigt in der Struktur der Vereinigung vertreten sind.

Um in die Untersuchung aufgenommen zu werden, lautete die Minimalanforderung an die Initiativen, dass sie die anderen monotheistischen Weltreligionen durch die Konzentration auf trialogische Inhalte symbolisch miteinbeziehen. Demnach wurden auch Organisationen, die sich primär an Angehörige einer Glaubensrichtung wenden, berücksichtigt – sofern sie in ihren Aktivitäten auch Angebote machen, die den Trialog betreffen (bspw. in Form einer Vortragsreihe zum Thema). In den meisten Fällen gehen die Handlungszusammenhänge noch einen Schritt weiter (vgl. hierzu ebd.: 22), indem trialogische Begegnungen oder Aktivitäten organisiert werden, zum Teil auch auf der Basis einer gemeinsamen Projektplanung durch Angehörige aller drei Religionen.

Dementsprechend umfasst der Forschungsgegenstand folgende vier Gruppen von Akteuren, sofern sie sich dem trilateralen Dialog zwischen Judentum, Christentum und Islam widmen:

1. Unilaterale Organisationen, die sich an trilateralen Aktivitäten beteiligen. Unilateral sind sie in dem Sinne, dass sie eine der drei abrahamischen Religionen repräsentieren und nur *unter anderem* im Bereich Trialog tätig sind.
2. Bilaterale Organisationen, die sich auf zwei Religionsgemeinschaften konzentrieren und daneben auch abrahamisch aktiv sind. Hierbei handelt es sich überwiegend um die Gesellschaften für Christlich-Jüdische-Zusammenarbeit, gefolgt von den Christlich-Islamischen-Arbeitsgemeinschaften. Explizit jüdisch-muslimische Organisationen sind in Deutschland bislang eine Seltenheit; sie befinden sich meist noch im Gründungsstadium und traten im gegebenen – trialogischen – Zusammenhang nicht als Akteure auf.
3. Trilaterale Akteure sind sozusagen abrahamische Initiativen *sui generis*. Sie konzentrieren sich von vornehrein auf die drei monotheistischen Religionen, was sich auch in ihrer Projektsstruktur widerspiegelt.
4. Multilaterale Organisationen sind außer in einem breiteren interreligiösen Dialog (der auch bspw. Buddhisten und Hinduisten mit einschließt) fallweise auch in der abrahamischen Konstellation tätig.

Die Analyse zivilgesellschaftlicher Trialog-Initiativen in Deutschland wird um Beispiele aus exemplarisch ausgewählten europäischen und außereuropäischen Ländern ergänzt: Für Bosnien-Herzegowina, Frankreich, Großbritannien, die Niederlande, Israel, Österreich, die Schweiz und die Türkei wurden Länderstudien erstellt, die sowohl eine kurze Darstellung des historischen und gegenwärtigen Kontexts beinhalten als auch eine abrahamische Initiative vorstellen.[28] Es handelt sich dabei nicht um eine komparative Studie im sozialwissenschaftlichen Sinn. Vielmehr werden Schlaglichter auf die einzelnen Fallbeispiele geworfen, mit dem Ziel, den Blick auf die deutsche Situation zu schärfen.

1.3 Trialog-Initiativen als „Brücken zur Integration"? Fragestellung und Hypothesen

Im Zentrum der Studie steht die Frage: Welchen Beitrag können zivilgesellschaftliche Akteure im trilateralen Dialog zwischen Judentum, Christentum und dem Islam zur gesellschaftlichen Integration leisten? Inwiefern bzw. unter welchen Umständen können sie „Brücken zur Integration" (Fijalkowski 2004: 193) sein?

Um darauf antworten zu können, müssen weitere Fragen gestellt werden:
- Welche abrahamischen Initiativen existieren in der Zivilgesellschaft?
- Welches Profil weisen sie auf?
- Welche Aktionsformen wählen sie?
- An welche Zielgruppe richten sich ihre Angebote?
- Wie sind sie innerhalb der Zivilgesellschaft vernetzt, wie mit Politik und Verwaltung? Wie treten sie an die Öffentlichkeit?
- Welche Ziele verfolgen sie?
- Mit welchen Problemen sind sie konfrontiert?
- Wo liegen die Chancen, wo die Grenzen ihres Engagements?

Um die Forschungsfrage beantworten zu können, sind sowohl ein theoretischer Interpretationsrahmen als auch geeignete Analyseinstrumente notwendig (Kap. 3). Hierzu wird das Konzept Zivilgesellschaft auch auf theoretischer Ebene herangezogen. Als „dritte Kraft neben Staat und Markt" (Strachwitz 2005: 131) gilt sie als elementarer Träger von Sozialkapital, dem wiederum eine zentrale Rolle für den gesellschaftlichen Zusammenhalt zugeschrieben wird. Sozialkapital kann jedoch sowohl bindend als auch Brücken bildend wirken: Ein automatischer Zusammenhang zwischen zivilgesellschaftlichem Engagement und gesellschaftlicher Integration (verstanden als „Integration der Bevölkerung" insgesamt; vgl. Fijalkowski 2004: 193) besteht nicht. Zivilgesellschaftliche Akteure wirken nur unter bestimmten Bedingungen sozialintegrativ.

Zum zweiten bedarf es einer Beschreibung des aktuellen gesellschaftspolitischen Kontextes, in dem die zivilgesellschaftlichen Akteure agieren (vgl. hierzu Kap. 4). Hierzu gehören der tatsächliche integrationspolitische Stand mit seinen Errungenschaften,

---

28 Leider konnte der Libanon entgegen der ursprünglichen Absicht nicht mit aufgenommen werden, da die Recherche keine ausreichenden Ergebnisse erbrachte.

aber auch Verwerfungen entlang einer zunehmenden sozialen Differenzierung, Probleme wie Diskriminierung, Xenophobie, Rechtsextremismus, Antisemitismus und Angst vor dem Islam sowie religiöser Fundamentalismus. Aber auch der Diskurs um „Integration" und „Religion" ist wirkungsmächtig und steckt gleichsam den Rahmen ab, in dem sich die Trialog-Initiativen bewegen. Darüber hinaus wird die Situation der abrahamischen Religionsgemeinschaften in Deutschland thematisiert: Ihre historisch bedingte, unterschiedliche Positionierung, gerade auch gegenüber dem Staat, sowie die Mehrheitsverhältnisse untereinander bleiben nicht ohne Auswirkungen auf den interreligiösen Dialog. Desgleichen beeinflusst ihre innere Verfasstheit[29] den interreligiösen Dialog. Ebenso von Bedeutung sind Prozesse der Annäherung bzw. Konflikte zwischen den Religionsgemeinschaften.

Auf der Grundlage der theoretischen Überlegungen sowie der Kontextualisierung werden die der Arbeit zugrunde liegenden Hypothesen wie folgt formuliert:

Der Studie liegt die Annahme zugrunde, dass zivilgesellschaftliche abrahamische Initiativen sehr gute Voraussetzungen haben, zu gesellschaftlicher Integration beizutragen: Sowohl ihre Akteure als auch der Zweck der Zusammenschlüsse sind nicht an einer internen Verbindung und damit an einer exklusiven Stoßrichtung interessiert, sondern haben *per se* die Zielsetzung, Brücken zwischen verschiedenen Gruppen aufzubauen.

Dennoch sind auch Trialog-Initiativen nicht „automatisch" sozialintegrativ: Durch die Adressierung des Gegenübers als Moslem/Christ/Jude kann religiöse Identität auf eine Weise gestärkt werden, die aufgrund einer möglichen Reduktion auf Religion im Gegenteil zur „Verfestigung von Grenzziehungen" (Riedmüller/Vinz 2007: 150) führen kann. Daraus kann ein erhebliches Konfliktpotenzial erwachsen.

Diese Offenheit in der Wahrnehmung von möglichen Verwerfungen wird im Verlauf der Studie beibehalten. Sowohl in den theoretischen Ausführungen als auch in Bezug auf den Kontext wird auf dieses Spannungsverhältnis eingegangen.

1.4 Quellen und Methode

Methodisch basiert die Untersuchung auf der Kombination von quantitativen und qualitativen sozialwissenschaftlichen Zugängen. Konkret steht sie auf zwei Säulen: einer schriftlichen (Fragebogen-)Umfrage sowie einer Dokumentenanalyse. Bei letzterer handelt es sich um eine qualitative Analyse „grauer" Literatur von und über die abrahamischen Initiativen. Die Auswertung erfolgt nach der Methode einer „Globalanalyse" nach Flick (1998: 215).

Vor dem Hintergrund des theoretischen Interpretationsrahmens wurde zu Beginn des Projekts ein Fragebogen entwickelt, der sowohl geschlossene als auch offene Fragen

---

[29] d.h. ihre Organisations- und Verwaltungsstrukturen: Diese beeinflussen aber auch Probleme und Konflikte innerhalb der jeweiligen Religionsgemeinschaft.

zu verschiedenen Themenblöcken enthielt. Es handelte sich dabei um Fragen nach grundlegenden Informationen (Gründung, Sitz, Rechtsform u. Ä.), Aktionsformen, Zielgruppe, Kriterien für eine gelungene Zusammenarbeit, Zivilgesellschaft und Vernetzung, Politik und Verwaltung, Öffentlichkeits- und Medienarbeit, Ziele, Motivation, Probleme und Hürden, Chancen und Grenzen des Trialogs. Bei der Konzeption wurden sowohl Akteure bedacht, die unter anderem im Bereich Trialog tätig sind, als auch solche, bei denen es sich gleichsam um abrahamische Initiativen *sui generis* handelt. Für die exemplarisch ausgewählten Länderbeispiele wurde der Fragebogen übersetzt und gegebenenfalls adaptiert.

Parallel dazu wurde eine Recherche nach zivilgesellschaftlichen Akteuren im trilateralen Dialog durchgeführt. Angesichts des Forschungsfeldes stellte dies ein komplexes Unterfangen dar. Die Spezifik des Forschungsgegenstandes führt dazu, dass die Trialog-Initiativen nicht einfach zentral erfasst werden können.[30] Vielmehr bedarf es der sukzessiven Einarbeitung und der Anbahnung von Kontakten im Forschungsfeld, um die Daten sammeln zu können. Bei der Recherche wurden dementsprechend verschiedene Wege eingeschlagen. Die Literatur zum Thema wurde gesichtet, ebenso wie relevante Quellen im Internet. Zentrale Persönlichkeiten und die Religionsgemeinschaften[31] sowie deren Bildungseinrichtungen (die Katholischen und Evangelischen Akademien sowie die Muslimische Akademie in Deutschland) wurden kontaktiert, außerdem die Ausländer-, Migrations- und Integrationsbeauftragten der Bundesländer, Städte, Kommunen und Gemeinden.

Nach einem Pretest wurden schließlich insgesamt 90 Initiativen angeschrieben und eingeladen, an der Umfrage teilzunehmen und den Fragebogen auszufüllen.[32]

Insgesamt wurden 37 ausgefüllte Fragebögen zurückgesandt. Damit beträgt die Rücklaufquote 41% und liegt damit weit über den 10 bis 15%, die für schriftliche Umfragen bereits als solide Basis gelten. Bei den Ausfällen ist im Übrigen keine Systematik festzustellen.

Den Fragebogen zurückgeschickt haben 31 uni-, bi-, tri- und multilaterale Organisationen, die sich im trilateralen Dialog zwischen Judentum, Christentum und Islam engagieren. Zudem haben sechs Initiativen an der Umfrage teilgenommen, die die Frage nach einem abrahamischen Engagement abschlägig beantworteten. Von den

---

30 Die fehlende staatliche Verpflichtung zivilgesellschaftlicher Vereinigungen zur Selbstauskunft und Rechenschaftslegung sowie zur Veröffentlichung (überprüfter) Daten hat zur Folge, dass (im Gegensatz bspw. zu den USA) weder on- noch offline eine zentrale Datenbank existiert, die Auskunft über (fast) alle deutschen *civil society organizations* geben könnte. Zur Übertragbarkeit des US-amerikanischen Modells der Online-Datenbank GuideStar auf Deutschland siehe Dobbertien (2005), darüber hinaus sei auf das Entwicklungspotenzial von Helpedia verwiesen (www.helpedia.org).
31 Bei der Katholischen Kirche wurden die einzelnen Bistümer angeschrieben, vermittelt von der Deutschen Bischofskonferenz Die Evangelischen Landeskirchen wurden direkt kontaktiert. Auf muslimischer Seite wurde beim Zentralrat der Muslime in Deutschland, der Muslimischen Jugend in Deutschland sowie der DITIB angefragt. Weiter wurde der Zentralrat der Juden in Deutschland nach eigenen und ihm bekannten Trialog-Initiativen gefragt.
32 Die Aussendung des Fragebogens fand schwerpunktmäßig im Oktober 2007 statt, dann fortlaufend, sobald wir Kenntnis von einer weiteren Trialog-Initiative erhielten.

37 eingegangenen Fragebögen können demnach 31 zur Analyse herangezogen werden.

Die Trialog-Initiativen, bei denen wir über eine gleichartige Datenlage verfügen, wurden einer intensiven Auswertung und Analyse unterzogen. Es handelt sich dabei um diejenigen, die an der Umfrage teilgenommen haben, und bei denen darüber hinaus „graue Literatur" vorliegt. Die empirischen Ergebnisse der vorliegenden Studie umfassen also sowohl die Auswertung der schriftlichen Umfrage (konkret die 31 verwertbaren Fragebögen) als auch die Analyse der über sie vorliegenden „grauen" (und zu einem geringen Teil auch wissenschaftlichen) Literatur. Sie stellen die Grundlage des ersten Teils der Studie dar.

Im zweiten Teil der Studie werden die Trialog-Initiativen, die sich an der Umfrage beteiligt haben, in kurzen Portraits mit ihren Programmen, Profilen und Kontaktdaten vorgestellt. Weitere Trialog-Initiativen, deren Existenz und Aktivitäten gesichert sind, wurden auf der Basis einer Dokumentenanalyse ebenfalls aufgenommen. Aufgrund der methodischen Anforderung einer gleichartigen Datenlage werden sie aber nur in Ausnahmefällen in den ersten Teil der Studie mit einbezogen. Die Studie erhebt trotz der Ergänzung des Samples durch diese weiteren Trialog-Initiativen keinen Anspruch auf eine vollständige Erfassung des abrahamischen Engagements in Deutschland. Eine solche ist, wie oben bereits beschrieben, schon aufgrund des spezifischen Charakters des Forschungsgegenstands nicht zu leisten. Vielmehr wurde eine aussagekräftige Darstellung zivilgesellschaftlicher Akteure angestrebt, die Erkenntnisgewinne ermöglicht und für die Beteiligten ebenso wie für die Rezipienten von Interesse sein kann.

1.5 Zum Aufbau der Studie

Auf das vorliegende Propädeutikum folgt ein Literaturbericht über wissenschaftliche Projekte zum Trialog mit einem Schwerpunkt auf sozialwissenschaftlichen Beiträgen. Er dient auch zur Markierung der Forschungslücke, die die Studie zu schließen sucht. Im Anschluss daran werden mit der Erläuterung der Begriffe Zivilgesellschaft, Sozialkapital und Integration der theoretische Interpretationsrahmen und die Analyseinstrumente der Untersuchung vorgestellt. Es folgt ein Kapitel zu Migration, Integration und Religion in Deutschland und damit zum gesellschaftlichen Kontext, in dem sich die Akteure des trilateralen Dialogs bewegen. Ausführungen zu Dialog und Religion leiten zum empirischen Teil der Untersuchung über, der mit einem Überblick über die Geschichte des Trialogs in Deutschland eingeleitet wird. In diesem zentralen Abschnitt werden die Ergebnisse der schriftlichen Umfrage und der Dokumentenanalyse von zivilgesellschaftlichen Trialog-Initiativen in Deutschland systematisch und ergänzt durch wissenschaftliche Literatur vorgestellt. Die Darstellung folgt mit kleinen Abweichungen der oben genannten Dramaturgie des Fragebogens. Es werden die Basisfakten genannt (Name der Initiativen, Ausrichtung, Engagement im trilateralen Dialog, Gründungszeiträume, regionale Verteilung, Rechtsform, Mitglieder) und auf die verschiedenen Aktivitäten der Initiativen eingegangen. In diesem Zusammenhang werden Kriterien für eine gelungene Zusammenarbeit genannt. Es folgen detaillierte Ausführungen zur Zielgruppe sowie zu den Auswirkungen internationaler Konflikte und Naturkatastrophen auf das abrahamische Engagement. Die Öffentlichkeits- und Medienarbeit der Initiativen wird behandelt, ebenso ihre Beziehungen zu Politik und Verwaltung und ihre Stellung in der Zivilgesellschaft. Es wird auf die Ziele und Motive der Akteure eingegangen, typische Probleme und Hürden aufgezeigt und schließlich die Chancen und Grenzen des Trialogs erörtert. Es folgen die Länderstudien aus dem europäischen und außereuropäischen Raum. Die empirischen Ergebnisse werden im Schlusskapitel an die theoretischen Ansätze zurückgebunden und zusammengefasst.

2 Zum Forschungsstand

Die Säkularisierungsthese hat einen sukzessiven Bedeutungsverlust oder gar ein Verschwinden von Religion in der Moderne vorausgesagt, doch stattdessen ist in der jüngeren Vergangenheit verstärkt von der Rückkehr der Religionen in den öffentlichen Raum die Rede (vgl. Riesebrodt 2000). Damit geht eine Thematisierung von Verschiebungen im religiösen Feld einher: Die Rede ist von der bereits genannten Säkularisierung, von Pluralisierung und Individualisierung von Religion (vgl. Krech 2003: 20). Ob die drei genannten Stichworte, wie Volkhard Krech meint, letztlich wenig Neues beschreiben, sondern vielmehr als epochenübergreifende Vorgänge begriffen werden müssen, sei hier dahin gestellt (vgl. ebd.: 28). Der Autor hält es jedoch für berechtigt, für die Gegenwart von einer Veränderung im religiösen Feld und des religiösen Feldes im Ganzen zu sprechen, da „jene drei Stichworte in einem bislang unbekannten Ausmaß in das öffentliche Bewusstsein eingegangen sind" (ebd.). Dies wirkt sich in erheblichem Ausmaß auf die religiöse Praxis aus: „Die religiöse Praxis versteht sich nicht von selbst – heute weniger denn je" (ebd.: 29).

Darüber hinaus befindet sich Religion gegenwärtig in einem Spannungsverhältnis zwischen Universalisierung und Partikularisierung. Zum einen kommt es im Zuge von Modernisierungsprozessen zunehmend zu einer Reflexion und universalisierenden Abstraktion (wenn bspw. in welttheologischen Ansätzen auf das Gemeinsame der verschiedenen Religionen eingegangen wird) sowie zu einer Relativierung von Religion. Zum anderen reagiert der Fundamentalismus „als eine [...] regressive [...] Konkretionsform des Religiösen" auf den Verlust des Traditionellen, Eindeutigen und Konkreten (ebd.: 41). Diese beiden Prozesse sind nur vermeintlich gegenläufig, tatsächlich handelt es sich um zwei verschiedene Reaktionsformen von Religionen auf die Herausforderungen der Globalisierung. „Mit der Gegenläufigkeit der Bestrebungen von Abstraktion und Konkretion oder Universalisierung und Partikularisierung hängt auch das Konfliktpotenzial von Religionen zusammen" (ebd.: 45). Religion ist wieder zum politischen Faktor geworden – sowohl durch das ihr eigene Gewaltpotenzial als auch durch „die humane Chance, die in religiösen Weltsichten liegt" (ebd.: 50).

Angesichts der hier theoretisch angedeuteten Entwicklungen und ihrer praktischen Manifestationen im nationalen und internationalen Kontext ist die neue publizistische und wissenschaftliche Aufmerksamkeit gegenüber der Religionsthematik wenig verwunderlich. Neben den Kerndisziplinen wie der Theologie und der Religionswissenschaft nehmen sich so unterschiedliche wissenschaftliche Disziplinen wie die Biologie verstärkt (hier vor allem Vertreter des „neuen Atheismus", am prominentesten der Biologe und Populärwissenschaftler Dawkins 2006) und die Soziologie (jüngst bspw. Beck 2008) des Themas an. Auch in die Philosophie und in die Ideologiekritik scheint Religion „zurückgekehrt als akzeptierter und zuweilen durchaus willkommener Bestandteil philosophischer Reflexion" (Frühbauer 2006: 165).[33] Dabei reicht das Spektrum auch innerhalb der Wissenschaftszweige vom sog. „neuen Atheismus" bis hin zu explizit religiösen Beiträgen.

Im Zuge des neu erwachten Interesses an Religion erfolgt eine verstärkte Auseinandersetzung mit dem interreligiösen Dialog. Dabei gilt das Interesse seit den Terroranschlägen vom 11. September 2001 insbesondere dem Dialog als einer gesellschaftspolitischen Aufgabe (vgl. Klinkhammer 2008: 25). Weiterhin überwiegen vor allem theologische und historische Abhandlungen sowie einige wenige philosophische Beiträge; neuerdings treten auch sozialwissenschaftliche (darunter religionswissenschaftliche, soziologische und politikwissenschaftliche) Studien hinzu, wenn auch noch in geringer Zahl (vgl. Satilmis 2008: 104).

Allerdings überwiegen in der Literatur vor allem „normativ zu proklamierende Aspekte und Ziele des Dialogs" (Klinkhammer 2008: 31). Theoretische und konzeptionelle Überlegungen sowie empirische Annäherungen an das Thema sind bislang eher selten, nehmen aber zu: Bezogen auf den „Dialog mit dem Islam" loten Klinkhammer/Satilmis auf der Basis qualitativer sozialwissenschaftlicher Methoden Kriterien und Standards der interreligiösen und interkulturellen Kommunikation aus (Klinkhammer/Satilmis 2007, Satilmis 2008). Schmid et al. (2008) haben eine umfangreiche empirische Studie über islamische Vereinigungen als Partner von Kirchen, kommunalen und anderen Einrichtungen in Baden-Württemberg vorgelegt (zum Thema Dialog siehe v. a. 203-216). Auch ein Teil der Veröffentlichung von Halm (2008) über den Islam als Diskursfeld befasst sich auf der Grundlage empirischer Daten mit dem interreligiösen Dialog. Unter den theoretischen Abhandlungen zum Thema seien die Veröffentlichungen von Tezcan (2006) und Birkenfeld (2007a, 2007b, 2008) genannt. An den angeführten Beispielen (mit Ausnahme der Forschung von Birkenfeld) wird einmal mehr deutlich, dass der christlich-islamische Dialog deutlich im Mittelpunkt

---

33 Der Autor verweist hier vor allem auf die breit rezipierten Beiträge von Jürgen Habermas, aber auch auf Philosophen wie Gianni Vattimo oder Slavoj Zizek; auch der Ideologiekritiker Terry Eagleton reiht sich hier ein.

der Aufmerksamkeit steht – auch in der wissenschaftlichen Bearbeitung des interreligiösen Dialogs.

Hingegen steht im gegebenen Kontext der trilaterale interreligiöse Dialog zwischen Judentum, Christentum und Islam im Zentrum. Publikationen zum Thema finden sich in den Naturwissenschaften ebenso wie in den Geistes- und Kulturwissenschaften, in der Philosophie und den Sozialwissenschaften. Das Gros der Arbeiten stammt – wenig überraschend – aus der Theologie, an zweiter Stelle stehen Beiträge aus den Geschichtswissenschaften. Darüber hinaus beteiligen sich die Religionswissenschaften, zum Teil auch die Erziehungswissenschaften und die Philosophie. Selbst aus dem Bereich der Medizin und aus den Wirtschaftswissenschaften liegen einschlägige Veröffentlichungen vor. Die Politikwissenschaft und die Soziologie halten sich zum Thema „Trialog" bislang weitgehend bedeckt. Im Folgenden werden Beiträge aus den Wissenschaftszweigen, in denen zum Thema geforscht wird, exemplarisch angegeben.

Wie bereits beschrieben, überwiegt die theologische Auseinandersetzung mit dem trilateralen Dialog zwischen Juden, Christen und Muslimen. Die theologische Literatur zum Thema weist dabei eine erhebliche Bandbreite auf.

In Lexika werden religiöse Grundbegriffe der drei abrahamischen Glaubensgemeinschaften erklärt (z.B. Khoury 1987) oder biblische Personen und ihr Fortleben in Judentum, Christentum und Islam vorgestellt (vgl. Bocian 1989).

Andere Studien behandeln die Rezeption der jeweiligen Heiligen Schriften durch ihre Schwesterreligionen (z.B. Küng 1991, 1994, 2004) oder loten deren theologische Beziehungen zueinander aus (vgl. Busse 1988).

Ein großes Gewicht nehmen in den einzelnen religiösen Traditionen Bücher über bestimmte Figuren ein, darunter über Eva (vgl. Caspi 2004), Adam, Noach, Moses (eine Literaturübersicht zu den drei letztgenannten findet sich bei Kuschel 2007: 647ff.) und nicht zuletzt über den gemeinsamen Stammvater Abraham (siehe ebd., Küng 1992, Schumann 1997, Klappert 2000, Tröger 2000, Kessler 2006, Wilk 2006, Poya 2006, Morgenstern 2006, Bauschke 2008). Die Beschäftigung mit den Erzmüttern Sarah und Hagar spielt vor allem in der feministischen Rezeption eine Rolle (z.B. Fischer 1994, Mehlhorn 2008). Es liegen aber auch Veröffentlichungen zur Rezeption von Maria und Jesus (z.B. Imbach 1989, Tröger 1992, Siegwald 1996) sowie zu Mohammed (vgl. Braun 2004) durch die anderen Buchreligionen vor.

Weitere theologische Publikationen behandeln bestimmte Themen aus der Sicht der drei abrahamischen Religionen. Zum Menschenbild in Bibel, antikem Judentum und Koran liegt ein Sammelband vor (Mittmann-Richert et al. 2003), das Thema Fundamentalismus haben zahlreiche Autoren zum Gegenstand genommen (vgl. bspw. Möller 2006, Armstrong 2000, Kienzler 1999). Die „Erlösung" in der Religionsgeschichte von Judentum, Christentum und Islam behandelt Baudler (1999), zur Problematik der Mission vgl. z.B. Feldtkeller (2003). Die Ethik der drei monotheistischen Weltreligionen lotet Zager (2002) aus.

Aus dem theologischen Spektrum kommen sicherlich die Veröffentlichungen über die abrahamische Ökumene dem Thema der vorliegenden Studie am nächsten. Hierzu zählen vor allem die Publikationen des katholischen Theologen Karl-Josef Kuschel zu Einendem und Trennendem zwischen Judentum, Christentum und Islam (vgl. Kuschel 1993, 1994, 1999, 2000, 2001, 2006). Auf protestantischer Seite befürwortet Berthold Klappert mit unterschiedlichen Argumentationslinien eine Erweiterung des jüdisch-christlichen Dialogs um den Islam (Klappert 2000). Auch die zahlreichen Publikationen von Martin Bauschke zum jüdisch-christlich-islamischen Dialog seien hier genannt (darunter Bauschke 2004, 2006). Die Frage nach der Möglichkeit einer abrahamischen Ökumene erörtert Volker Küster (2006). Aus jüdischer Perspektive schreibt Jonathan Magonet über den interreligiösen Dialog zwischen den drei monotheistischen Weltreligionen (Magonet 2000). Jüdische, muslimische und christliche Sichtweisen vereint der Sammelband „Religionen im Dialog" (Heimbach-Steins 2003). Darüber hinaus sei auf die einschlägigen Publikationen von Zirker (2001), Görg (2002), Kratz/Nagel (2003) und Schulze-Berndt (2005) verwiesen.

Geschichtswissenschaftliche Untersuchungen zum Thema haben neben theologischen Beiträgen den zweitgrößten Anteil an der trialogischen Literatur. Mit den historischen Beziehungen der hier im Mittelpunkt stehenden Religionen zueinander sowie mit dem „Heidentum" beschäftigt sich bspw. Carsten Colpe (1990). Den Anspruch, eine Geschichte der „Monotheisten" zu schreiben, hat Francis Peters (2003). Vormoderne Stiftungen in Judentum, Christentum und Islam untersucht Michael Borgolte (2005).

Ein besonderes Augenmerk liegt auf dem Mittelalter, bspw. in dem Werk über das Zusammenleben von Christen, Juden und Muslimen in multireligiösen Gesellschaften in Europa von Borgolte (2006) (siehe auch Lutz-Bachmann/Fidora 2004).

In den Geschichtswissenschaften sind auch die Publikationen mit regionaler Ausrichtung anzusiedeln, die sich mit Perioden des friedlichen Zusammenlebens von Juden, Christen und Muslimen im historischen Spanien, Sizilien, Bosnien oder dem Libanon beschäftigen (vgl. Tischler 2006; Mann et al. 1992, Menocal 2003, Barkaï 1994, de Epalza 1996).

Ursprünglich in der Ägyptologie und damit in den Altertumswissenschaften beheimatet ist Jan Assmann, dessen Publikationen, insbesondere zur „Mosaische[n] Unterscheidung oder de[m] Preis des Monotheismus" (2003), weit über die Grenzen seiner Disziplin hinaus Beachtung erfahren haben.

Im Bereich der Kunstgeschichte geht es bspw. um die historischen, aber auch zeitgenössischen religiösen Stätten im Judentum, Christentum und Islam (z.B. Gorys 1985, Gerhard/Uelsberg 2008).

An der Schnittstelle zur Populärwissenschaft angesiedelt ist die Studie über Engel in der jüdischen, christlichen und islamischen Tradition von Alix de Saint-André (2001).

Jenseits von Theologie und Geschichtswissenschaften nehmen sich weitere Wissenschaftszweige mit jeweils unterschiedlichem Forschungsinteresse des Themas „Trialog" an:

Mit dem Verhältnis der drei monotheistischen Religionen aus religionswissenschaftlicher Sicht beschäftigt sich bspw. Kurt (1988).

Wie Judentum, Christentum und Islam in europäischen Lehrplänen behandelt werden, erforschen Kaul-Seidmann et al. (2003).

Das bereits eingangs genannte Werk des Philosophen Peter Sloterdijk „Gottes Eifer: Vom Kampf der drei Monotheismen" setzt sich mit ihrem inhärentem Konfliktpotenzial sowie der Frage auseinander, ob und wie sie auf einen „zivilisatorischen Weg" geführt werden können.

Sicherlich eine Ausnahme stellt die in den Naturwissenschaften verortete Auseinandersetzung mit dem „Anfang und Ende des menschlichen Lebens aus der Sicht der Medizin und den drei monotheistischen Religionen Judentum, Christentum und Islam" dar (Rey-Stocker 2006). Ziel des Buchs ist es, neben theoretischen Ausführungen auch praktische Hinweise auf Besonderheiten im Umgang mit jüdischen, christlichen und muslimischen Patienten zu geben (ebd.: 219-230).

Fundierte und theoriegeleitete Einblicke in die praktische Arbeit von Trialog-Initiativen geben die Veröffentlichungen von Jürgen Micksch, so z. B. über die Arbeit von abrahamischen und interreligiösen Teams (2003) oder allgemein über abrahamische Dialoge in Deutschland (2006). Ebenfalls über abrahamische Teams schreiben Rachel Herweg und Rabeya Müller (2006). Sie berichten über deren Erfahrungen an deutschen Schulen und in der Erwachsenenbildung. Einsichten in die interreligiöse Arbeit in Kiel gewährt Klaus Onnasch 2006. Ausgehend von konkreten Erlebnissen formuliert Hans-Christoph Goßmann (2006) Thesen zum abrahamischen Dialog. Die Schriften von Organisationen wie dem International Council of Christians and Jews, die Loccumer Protokolle und die Publikationen der Gesellschaft der Freunde Abrahams seien hier gesondert genannt. Auf die Buchpublikationen des Abrahamischen Forums in Deutschland, bspw. zur 2006 vorgelegten Handreichung der EKD „Klarheit und gute Nachbarschaft. Christen und Muslime in Deutschland" (vgl. Micksch 2007) oder der Diskussion der Frage „Vom christlichen Abendland zum abrahamischen Europa?" (vgl. Micksch 2008a) wird an anderer Stelle näher eingegangen. Verwiesen sei auch auf die Veröffentlichung von Gebetsbüchern, die Gebete aus Judentum, Christentum und Islam beinhalten (vgl. vor allem Bauschke et al. 2004).

Wissenschaftliche Beiträge aus den Politik- und Sozialwissenschaften, die ausdrücklich den Trialog in Deutschland zum Gegenstand haben, liegen bislang noch nicht vor.[34] Die vorliegende Untersuchung über zivilgesellschaftliche Akteure im trilateralen interreligiösen Dialog zwischen Judentum, Christentum und Islam strebt an, diese Forschungslücke zu verkleinern. Sie wählt einen theoriegeleiteten empirischen Zugang. Im Gegensatz zu Bauschke (2001) und Bauschke/Stegmann (2001), die den Forschungsgegenstand ebenfalls in der Zivilgesellschaft verorten, wird hier das Konzept Zivilgesellschaft auch als Analyseinstrument herangezogen. Im Mittelpunkt steht die Frage nach dem Beitrag der Trialog-Initiativen zur gesellschaftlichen Integration in Deutschland.

3 Zivilgesellschaft, Sozialkapital und Integration. Zum theoretischen Hintergrund und Interpretationsrahmen

Zivilgesellschaft ist – auf deskriptiver Ebene – der Ort, an dem Trialog stattfindet. Auch aus einer analytischen Perspektive heraus scheint sie prädestiniert für den trilateralen Dialog zwischen Juden, Christen und Muslimen. Pluralismus ist eine *conditio sine qua non* für die Zivilgesellschaft. Zivilgesellschaft ist auch ein Ort für Innovationen: Hier können neue Ansätze ausprobiert und Veränderungen eher durchgesetzt werden als in staatlichen oder wirtschaftlichen Zusammenhängen.

Vor diesem Hintergrund empfiehlt es sich, das Konzept „Zivilgesellschaft" auch in theoretischer Hinsicht zu nutzen. Dabei bedürfen Forschungsgegenstand und Fragestellung der Definition und Verknüpfung von drei Konzepten: Zivilgesellschaft, Sozialkapital und Integration.

Im Folgenden wird der in der wissenschaftlichen Literatur oft noch im Vagen verbleibende Terminus der Zivilgesellschaft konkretisiert. Das Konzept des Sozialkapitals wird in der Zivilgesellschaft verortet. Der Begriff der gesellschaftlichen Integration wird inhaltlich gefüllt. Im Anschluss daran werden Zivilgesellschaft und Sozialkapital mit Integration in Beziehung gesetzt. Dabei werden sowohl die „dunklen" Seiten von Zivilgesellschaft als auch das exklusive bzw. inklusive Potenzial von sozialem Kapital berücksichtigt. Vor dem Hintergrund dieser Überlegungen werden der theoretische Hintergrund und der Interpretationsrahmen für die vorliegende empirische Studie aufgespannt.

---

[34] Wenn auch die Veröffentlichung von Wolleh/Zunzer (2007) deutlich die Handschrift von Politik- und Sozialwissenschaftlern trägt (zudem mit der Friedens- und Konfliktforschung im Hintergrund), so handelt es sich hierbei explizit um eine *Evaluation* des Projekts „Weißt Du, wer ich bin?" der Arbeitsgemeinschaft Christlicher Kirchen, des Zentralrats der Juden, des Zentralrats der Muslime und der DITB.

3.1 Zivilgesellschaft, Sozialkapital und Integration

3.1.1 Zur Definition von Zivilgesellschaft

Unter Zivilgesellschaft wird „ein gesellschaftlicher Raum, nämlich die plurale Gesamtheit der öffentlichen Assoziationen, Vereinigungen und Zusammenkünfte verstanden, die auf dem freiwilligen Zusammenhandeln der Bürger und Bürgerinnen beruhen. Vereine, Verbände und soziale Bewegungen sind dabei typische Organisationsformen. Diese Vereinigungen sind unabhängig von einem staatlichen Apparat und in der Regel auch unabhängig von wirtschaftlichen Profitinteressen, das heißt, idealtypisch bilden sie eine Sphäre aus, die nicht staatlich ist und nicht auf reinen Marktprinzipien beruht" (Adloff 2005: 8).[35]

Darüber hinaus wird dieser Raum in der Literatur regelmäßig von der Privatsphäre, zum Beispiel von der Familie, abgegrenzt – zu Zivilgesellschaft gehört Öffentlichkeit. Meist werden zudem bestimmte Verhaltensstandards mit der Zivilgesellschaft verbunden, dazu gehören Toleranz, Verständigung, der Verzicht auf physische Gewalt als Aktionsmodus, aber auch Gemeinsinn (vgl. ebd.) und Transparenz. Damit wird deutlich, dass das Konzept „Zivilgesellschaft" sowohl deskriptiv-analytische als auch normative Elemente enthält.

3.1.2 Zivilgesellschaft und Sozialkapital

In der aktuellen Diskussion um Zivilgesellschaft spielt der Begriff „Sozialkapital" eine zentrale Rolle. Zivilgesellschaft wird als „elementare[r] Träger des Sozialkapitals" angesehen (Wiss. AG Dt. Bischofskonferenz 2000: 25, zit. nach Schade 2002: 42). Grund ist ihre charakteristische Selbstorganisation in Gruppen und Verbänden und die damit einhergehende Vielfalt ihres Beziehungsgefüges (vgl. Schade 2002: 42). In seinen Auswirkungen bleibt Sozialkapital jedoch nicht auf die Zivilgesellschaft beschränkt: Vielmehr wird dem sozialen Kapital in verschiedener Hinsicht eine zentrale Rolle zugeschrieben, beispielsweise bei der Entstehung und Konsolidierung von Demokratie (vgl. Merkel/Lauth 1998: 5), aber auch für die ökonomische Leistung und die Qualität des Handelns von Politik und Administration (vgl. Offe/Fuchs 2001: 430).

3.1.3 Zur Definition von Sozialkapital

Das einflussreichste Konzept des sozialen Kapitals entwickelte der Pluralismustheoretiker Robert Putnam (1993, 2000, 2001), das seit den 1990er Jahren breit rezipiert wurde. Sozialkapital umfasst nach Putnam drei konstituierende Elemente, nämlich soziales Vertrauen, Normen der generalisierten Reziprozität sowie Assoziationen und freiwillige Vereinigungen, in denen diese Reziprozität gepflegt und soziales Vertrauen hergestellt wird (vgl. Putnam 2003; vgl. auch Braun 2002: 4).

---

35 Vgl. auch Sprengel 2007.

Für die Fragestellung der vorliegenden Studie wird die folgende Definition von sozialem Kapital herangezogen: Sozialkapital ist „[...] die Gesamtheit sozialer Verhaltensmuster sowie formeller und informeller Netzwerke einer Gesellschaft, die dazu beitragen, soziale Interaktionsprobleme zu lösen und die Erträge sozialer Kooperation dauerhaft zu stabilisieren" (Wiss. AG der Deutschen Bischofsgemeinschaft 2000: 13). Damit geht es letztlich um die Frage nach gesellschaftlicher Integration (vgl. Adloff 2005: 152).

3.1.4 Zur Definition von Integration

Ebenso wie die Begriffe Sozialkapital und Zivilgesellschaft (ein Begriff, dem noch in unmittelbarer Vergangenheit ein schillernder Charakter und damit Unbestimmtheit vorgeworfen wurde) bedarf der Terminus „Integration" einer näheren Definition.

Grundsätzlich ist Integration von Assimilation und Segregation abzugrenzen. Assimilation meint die Angleichung der Minderheit an die dominierende Kultur der (Mehrheits-)Gesellschaft und zielt auf eine vollständige Absorption sowie das Verschwinden aller Fremdheit ab[36] (vgl. Fijalkowski 2004: 197). Segregation wiederum zielt auf eine parallelgesellschaftliche Existenz ab, die mit anderen Bevölkerungsteilen möglichst nicht in Berührung kommt. Im Extremfall geht dies mit einer völligen Selbstgesetzgebung und der Exklusion alles Fremden einher (vgl. ebd.).

Dagegen ist Integration gerichtet auf „ein konfliktarmes – jedenfalls: Konflikte nicht aus ethnischen [ebenso wenig wie aus kulturellen oder religiösen, EH] Unterschieden herleitendes – Miteinander in einer übergreifenden Umgebungsgesellschaft". Sie strebt somit danach, dass „[...] gleichberechtigte Anerkennung und gleiche Chancen des Zugangs zu den materiellen und ideellen Gütern gewährleistet" werden (ebd.).

Dabei ist zwischen sozialer und politischer Integration zu unterscheiden: Soziale Integration beinhaltet, dass die gegebene Ungleichheit der Lebenslagen von der Bevölkerung akzeptiert wird, ebenso wie die Prozesse, die diese Lebenslagen entstehen lassen, sie erhalten oder verändern. Indem auf eine geteilte, wertgebundene Grundsolidarität zurückgegriffen wird, können Konflikte regelmäßig in gewaltfreien Formen ausgetragen werden. Eine gewalttätige Eskalation wird so verhindert oder bleibt zumindest ein transitorisches Phänomen (vgl. ebd.: 197-198).

Politische Integration meint das Vertrauen in Legislative, Exekutive und Judikative sowie der Gebrauch der zugehörigen Institutionen; auch hier ist das entscheidende

---

36 „Während die Mehrheitsgesellschaft Integration gern als Assimilation versteht und erwartet, dass die Heterogenität privatisiert wird, bis sie hinter der Assimilation verschwunden ist, streben die betroffenen Minderheiten nach einer Gleichanerkennung und Chancengleichheit, die sie nicht nötigt, ihre Herkunftsverschiedenheit aufgeben zu müssen. Die Assimilationserwartungen, denen die Minderheiten von Seiten einer umgebenden Mehrheitsgesellschaft begegnen, nehmen diese Minderheiten deshalb als einen Dominanzanspruch wahr, den sie entsprechend abzuwehren bemüht sind" (Fijalkowski 2004: 199).

Kriterium, dass etwaige Konflikte weitgehend gewaltfrei gelöst werden können, d. h. ohne dass die zugrunde liegende Ordnung gefährdet wird (vgl. ebd.: 198).

In Bezug auf Integration stellen also Toleranz[37] und eine friedliche Form der Konfliktlösung die übergeordneten Werte dar (vgl. ebd.: 208).

Integration bedarf zwingend eines entgegenkommenden Verhaltens der Umgebungsgesellschaft und ihrer Akteure (vgl. ebd.: 208). Fijalkowski (2004) schreibt entsprechend von der „Integration der Bevölkerung" insgesamt (2004: 193), also nicht der Integration einer Teilgruppe in das gesellschaftliche Ganze. Dies soll im gegebenen Zusammenhang mit dem Begriff der „gesellschaftlichen Integration" unterstrichen werden. Das beinhaltet ein „Zwei-Bahnen-Verständnis von Integration" (vgl. Klinkhammer/Satilmis 2007), in dem sowohl Minderheiten als auch die Mehrheitsgesellschaft angesprochen werden.

Die zentrale Voraussetzung, damit das Zusammenleben einer Vielzahl heterogener Gruppen innerhalb einer Gesellschaft gelingen kann, ist die Gewährleistung von Teilhaberechten für alle Gesellschaftsmitglieder.

Im Kern steht dabei „die Frage, in welchem Ausmaß es [...] gelingt, an den für die Lebensführung bedeutsamen gesellschaftlichen Bereichen teilzunehmen, also Zugang zu Arbeit, Erziehung und Ausbildung, Wohnung, Gesundheit, Recht, Politik, Massenmedien und [- neben diesen Faktoren auch -, EH] Religion zu finden. [...] Integration bezeichnet daher eine Problemstellung, mit der unterschiedslos alle Menschen konfrontiert sind" (Bommes 2007: 3). Migranten bilden dabei lediglich eine Teilgruppe, die neben anderen Gruppen, wie zum Beispiel dem so genannten Prekariat (also Arbeitslose und Menschen in ungeschützten Arbeitsverhältnissen), in das gesellschaftliche Ganze integriert werden soll.

Darüber hinaus sind auch unter Migranten verschiedene Gruppen zu unterscheiden, deren Partizipationsmöglichkeiten aufgrund einer gruppenspezifischen Politik erheblich differieren. Während Aussiedler in die Mehrheitsgesellschaft integriert werden sollen, ist die Politik gegenüber Asylbewerbern vor allem restriktiv. Arbeitsmigranten schließlich wurde vor dem Hintergrund der Erwartung, dass diese in ihre Heimat zurückkehren würden, zwar ein kontrollierter Zugang zu Teilbereichen der Gesellschaft, i. e. dem Arbeitsmarkt, gewährt, gleichzeitig aber wurden ihnen staatsbürgerliche Rechte sowie die politische Mitwirkung vorenthalten. Hinzu kommt eine differenzierte Ausgrenzung auf informeller Ebene durch Xenophobie, Rassismus, Antisemitismus u. Ä. (vgl. Han 2000: 301).

Integration, dies wird hieran nochmals deutlich, ist als ein wechselseitiger Prozess zwischen Mehrheitsgesellschaft und Minderheiten zu sehen, er lässt die Gesellschaft in ihrer Gesamtheit nicht unverändert.

---

37 Zum Begriff der Toleranz vgl. bspw. Klinkhammer/Satilmis (2008). Sie unterscheiden zwischen ediktorischer und reziproker Toleranz (ebd.: 3). Brumlik (2008: 49) stützt sich auf Forsts (2003) Unterscheidung von Erlaubniskonzeption, Koexistenzkonzeption, Respektkonzeption und Wertschätzungs-Konzeption von Toleranz.

Das Ziel von gesellschaftlicher Integration kann nicht ein letztlich problematisches Nebeneinander sein, sondern es kann nur aus einem Miteinander bestehen: „In dem Ausmaß, in dem die Zusammensetzung der Bevölkerung ethnisch pluraler und heterogener wird, wird die Herstellung gesellschaftlicher Bedingungen notwendiger werden, die die bunte Vielfalt zu einer übergeordneten Einheit zusammenfasst und integriert" (Han 2000: 341). Ziel der Integrationsbemühungen muss es sein, dass die wachsende Pluralität und Heterogenität zur Normalität wird und entsprechend auf Akzeptanz stößt. Auf diese Weise kann „[k]ulturelle [und religiöse] Vielfalt [...] so zur Quelle gesellschaftlichen Reichtums werden [...]" (Han 2000: 342).

3.2 Der Beitrag von Zivilgesellschaft und Sozialkapital zu Integration

3.2.1 Die dunklen Seiten von Zivilgesellschaft

Wenn es nun um den möglichen Beitrag von Zivilgesellschaft und Sozialkapital zu Integration geht, so muss gerade angesichts des Forschungsgegenstands im Blick behalten werden, dass Zivilgesellschaften in der Realität „keine heile Welt jenseits von sozialer Ungleichheit, von Exklusion oder innerorganisatorischer Vermachtung" sind (Geißel et al. 2004).

Dass sich hier im gegebenen Zusammenhang ein weites und komplexes Feld auftut, zeigt sich unmittelbar an Beispielen aus dem „Real-Trialog" (Herweg/Müller 2006): Die Autorinnen Rachel Herweg und Rabeya Müller berichten von der Arbeit der abrahamischen Teams, die sich aus jüdischen, christlichen und muslimischen Fachkräften zusammensetzen, und die gemeinsam Schulen oder Einrichtungen der Erwachsenenbildung besuchen. Selbst innerhalb dieser Teams kann es zu Konflikten kommen, die mit innerorganisatorischer Vermachtung als Reflexion sozialer Ungleichheit bzw. Exklusion zu tun haben – beispielsweise, wenn sich ein christliches Teammitglied paternalistisch oder diskriminierend gegenüber seinen jüdischen bzw. muslimischen Kollegen oder Kolleginnen verhält, um nur eine mögliche Konfliktkonstellation zu nennen.

3.2.2 Soziales Kapital und soziale Ungleichheit

Soziales Kapital wiederum ist Wandlungsprozessen unterworfen, zudem verfügen darüber nicht alle sozialen Gruppen in gleichem Maße (vgl. Adloff 2005: 126).
Zu den relevanten Faktoren für soziale Ungleichheit zählen:
- Einkommenshöhe
- religiöse Bindungen
- Bildungsniveau
- Alter (bürgerschaftliches Engagement v. a. zwischen 30 und 59 Jahren)
- Kluft zwischen West- und Ostdeutschland
- Geschlecht (vgl. Offe/Fuchs 2001).

Das führt letztlich dazu, dass untere Einkommensgruppen sowie Menschen mit niedrigem Bildungsniveau in zivilgesellschaftlichen Vereinigungen in der Regel unterrepräsentiert sind und damit geringeres soziales Kapital aufweisen (vgl. Adloff 2005: 127). „Der vermutliche Effekt ist eine geringere soziale Integration derjenigen, die mit weniger Sozialkapital ausgestattet sind" (vgl. Offe/Fuchs 2001: 502).

Es empfiehlt sich vor diesem Hintergrund, die zugrunde gelegte Definition von Sozialkapital mit dem Begriff von Sozialkapital zu kontrastieren, den Pierre Bourdieu in den 1980er Jahren entwickelte (vgl. Bourdieu 1983). Bei Bourdieu ist soziales Kapital primär eine individuelle Ressource, die im Zusammenspiel mit ökonomischem und kulturellem Kapital letztlich immer auch zur Aufrechterhaltung oder gar Verstärkung sozialer Ungleichheit beiträgt (vgl. Braun 2002: 6, Enquete-Kommission 2002: 78). Die Ausblendung des Aspekts der sozialen Ungleichheit – „eine der größten Gefahrenquellen für die Freiheit in der gegenwärtigen Welt" (Held 2000: 87) – kann jedoch traditionellen oder autoritären Ausprägungen von Zivilgesellschaft Vorschub leisten (vgl. Braun 2002: 8, unter Bezugnahme auf Cohen 1999) und damit nicht zuletzt in Hinblick auf gesellschaftliche Integration kontraproduktiv wirken. Es gilt daher, beide Konzepte zu integrieren, indem der „Sozialkapitaldiskurs à la Putnam das Problem der wachsenden sozialen Ungleichheiten zukünftig intensiver aufgreift und auf die Frage nach den Perspektiven des gesellschaftlichen Zusammenhalts bezieht" (Braun 2002: 10).

In der Beschäftigung mit dem Trialog zwischen Judentum, Christentum und dem Islam ist die Auseinandersetzung mit gesellschaftlicher Ungleichheit von vorneherein angelegt (vgl. im Detail das nachfolgende Kontextualisierungskapitel):

Bereits hinsichtlich der Mehrheitsverhältnisse, aber auch ihres rechtlichen Status unterscheiden sich die Religionsgemeinschaften voneinander.[38]

Menschen jüdischen und muslimischen Glaubens erfahren im Alltag verschiedene Formen von Diskriminierung in Zusammenhang mit ihrem religiösen Bekenntnis – für erstere ist Antisemitismus (sowohl in seiner rechten bis hin zu seiner neonationalsozialistischen Ausprägung als auch von muslimischer Seite) ein nicht endendes, existenzielles Problem., Die gegenwärtige Medienberichterstattung unterscheidet oft nicht zwischen „Islam" und „Islamismus" und stellt damit Angehörige des muslimischen Glaubens implizit oder explizit unter eine Art „Generalverdacht", wenn auch diese Form der Diskriminierung nicht mit dem Antisemitismus gleichgesetzt werden kann.

Menschen mit Migrationshintergrund gleich welchen Glaubens – zum Beispiel türkischstämmige Muslime, Angehörige des jüdischen Glaubens aus der ehemaligen Sowjetunion oder arabische Christen – erfahren Diskriminierungen wiederum auf

---

38 Die abweichende rechtliche Stellung des muslimischen Spektrums wird von vielen Muslimen und Muslimas als Ungleichbehandlung wahrgenommen, verglichen mit den als Körperschaften des öffentlichen Rechts agierenden christlichen Kirchen und der jüdischen Religionsgemeinschaft.

struktureller Ebene (man denke an die Ergebnisse der deutschen PISA-Studie, die für Kinder mit Migrationshintergrund allein aufgrund ihrer Herkunft deutlich schlechtere Chancen im deutschen Bildungssystem konstatiert) ebenso wie auf individueller Ebene (bspw. auf dem Arbeits-, aber auch auf dem Wohnungsmarkt).

Schließlich unterscheiden sich die beteiligten Gruppen auch hinsichtlich ihres Zugangs zu ökonomischen Ressourcen.

3.2.3 Bindendes und Brücken bildendes Sozialkapital

Vor dem Hintergrund des Zusammenspiels von Sozialkapital, gesellschaftlichem Zusammenhalt und sozialer Ungleichheit gilt es, die dem sozialen Kapital inhärente Ambivalenz näher zu untersuchen.

Zwar wird Sozialkapital zunehmend als ein bedeutender gesellschaftlicher Faktor anerkannt, es birgt jedoch gleichzeitig den Nachteil aller an Gemeinschaft orientierten Konzeptionen: Sie bedeuten immer auch den Ausschluss anderer. Konkret heißt dies, dass sich „Gruppen gerade entlang sozialer Trennlinien bilden können, anstatt diese zu überwinden" (Schade 2002: 43).

Es ist daher eine wesentliche Differenzierung einzuführen und zwischen Brücken bildendem und bindendem Sozialkapital zu unterscheiden (vgl. Putnam 2003: 23f). „Brückenbildendes Sozialkapital bezieht sich auf soziale Netzwerke, die völlig unterschiedliche Menschen zusammenbringen; bindendes Sozialkapital bringt in einigen Punkten (wie Ethnizität, Alter, Geschlecht, soziale Klasse usw.) ähnliche Menschen zusammen" (Putnam/Goss 2001: 28f). Die Außenwirkung von *bridging social capital* wird entsprechend positiv eingeschätzt, weil es in dieser Ausprägung „gemeinschaftsbildende Verhaltensmuster zwischen Bürgern" beinhaltet (Schade 2002: 42) und tendenziell in der Lage ist, gesellschaftliche Trennlinien zu überwinden. Dagegen fällt die Bewertung von bindendem Sozialkapital deutlich zurückhaltender aus (vgl. ebd.), da es zu sozialer Trennung führen kann (vgl. Enquete Kommission 2002: 78): Impliziert doch „jede Form der sozialen Gruppenorientierung Ausgrenzungsstrategien" (Schade 2002: 41).

Vor diesem Hintergrund wird deutlich, dass es keinen automatischen Zusammenhang gibt „zwischen dem Engagement in zivilgesellschaftlichen Netzwerken und Assoziationen auf der einen und sozialer wie politischer Integration auf der anderen Seite" (Geißel et al. 2004: 13). Auch Fijalkowski (2004: 193) weist darauf hin, dass die genauen Determinationszusammenhänge zwischen bürgerschaftlichem Engagement und Integration noch weitgehend im Dunkeln liegen. Er vertritt die Auffassung, dass bereits im Einzelfall nur eine konkrete empirische Prüfung zu Aussagen führen kann: „Bei Generalisierungsversuchen vermag sogar nur eine große Anzahl vergleichbar angelegter Einzelfallstudien weiterzuhelfen" (ebd.). Der Autor argumentiert in Bezug auf ethnische Vereinigungen und deren Beitrag zur Integration, dass die Existenz – oder Nichtexistenz – solcher Vereinigungen noch keine Aussage über die Entstehung von Sozialkapital erlaubt, geschweige denn in Bezug auf ihren Beitrag zur Integration. Vielmehr sind die *Ziele* und die *Wirkungen der dabei benutzten Mittel* zur Erreichung dieser Ziele ausschlaggebend, ebenso wie der *Kontext*, also nicht zuletzt die zivilgesellschaftlichen und staatlichen Akteure der Mehrheitsgesellschaft sowie die „Entwicklungsdynamik der wechselseitigen Reaktionen" (Fijalkowski 2004: 209; meine Hervorhebung, EH).

Diese Einschätzung wird von anderen Wissenschaftlern und Wissenschaftlerinnen geteilt. Demnach sind die integrativen und politischen Effekte zivilgesellschaftlichen Engagements (vgl. Geißel et al. 2004: 12) letztlich abhängig

- von den jeweiligen Akteuren,
- dem Zweck der Assoziationen
- und ihrer Zusammensetzung
- sowie von den gesellschaftlichen Kontexten.

Zivilgesellschaftliche Akteure werden dann zu „Sozialkapital hervorbringende[n] Vereinigungen, wenn ihr Zweck die am Gemeinwohl orientierte Mitgestaltung der gesellschaftlichen Lebensverhältnisse ist, und wenn diese Mitgestaltung durch Einwirkung auf die Öffentlichkeit, auf andere zivilgesellschaftliche Akteure und auf die staatlichen Institutionen der Politik und Verwaltung verfolgt wird" (Fijalkowski 2004: 195; ähnliche Komponenten finden sich bei Klinkhammer/Satilmis 2007).

Für die soziale und politische Integration scheint demnach „vor allem die *Förderung jener Assoziationen sinnvoll zu sein, durch die Brücken zwischen Gruppen aufgebaut werden*, denn *nur so können die positiven Auswirkungen von Sozialkapital* (gegenseitige Unterstützung, kooperatives Handeln, Vertrauensbildung, institutionelle Effektivität) maximiert und gleichzeitig die negativen Effekte (Bildung von Cliquen und Sekten, Ethnozentrismus, Korruption) minimiert werden" (Geißel et al. 2004: 13; meine Hervorhebung, EH).

Wie sich die zivilgesellschaftlichen Akteure im trilateralen Dialog zwischen Judentum, Christentum und Islam letztlich in dieses Spannungsverhältnis einordnen, wird für die Beantwortung der forschungsleitenden Frage ausschlaggebend sein – ob nämlich die abrahamischen Initiativen einen Beitrag zur gesellschaftlichen Integration leisten.

3.3 Exkurs: Religionsgemeinschaften und Zivilgesellschaft

3.3.1 Kirche und Religionsgemeinschaften als Teil der Zivilgesellschaft?

Ob religiöse Gemeinschaften der Zivilgesellschaft zuzurechnen sind oder nicht, ist regelmäßig Gegenstand von Diskussionen. Sowohl Vertreter von Kirchen und Religionsgemeinschaften als auch die Sozialwissenschaften stellen den Zusammenhang zwischen Kirchen und dem Konzept Zivilgesellschaft regelmäßig in Frage. Andere – mittlerweile vielleicht die Mehrzahl – gehen selbstverständlich davon aus, dass diese der Zivilgesellschaft zuzurechnen sind.

Grundsätzlich ist bei der Beantwortung dieser Frage zwischen der Eigenwahrnehmung der Religionsgemeinschaft und einer (sozial-)wissenschaftlichen Sicht auf das Thema zu unterscheiden (vgl. Adloff 2005: 119).

Besondere Relevanz erhält das Thema, wenn man die Beziehungen zwischen Staat und Kirche ebenfalls berücksichtigt (vgl. Strachwitz 2007: 30). Gerade in Deutschland muss in diesem Zusammenhang die Rechtsstellung der einzelnen Religionsgemeinschaften berücksichtigt werden, nehmen doch die meisten christlichen Kirchen sowie das Judentum eine Sonderstellung ein.[39] Der Islam hingegen ist keine Körperschaft öffentlichen Rechts. Vielmehr tritt er in Form zahlreicher Vereine in Erscheinung. Dies ist in anderen Ländern (wie z. B. in Österreich) anders geregelt; der vergleichende Blick ins Ausland ist bei der Verortung von Religionsgemeinschaften im Spannungsverhältnis zwischen Staat und Zivilgesellschaft generell hilfreich.

3.3.2 Die Eigenwahrnehmung der Kirchen und Religionsgemeinschaften

Insbesondere die christlichen Kirchen sehen sich in Deutschland mit einer zunehmenden Selbstverständlichkeit als Akteure der Zivilgesellschaft.[40] Sie werden auch von der medialen Öffentlichkeit als solche betrachtet, wie exemplarisch an einer These zum Evangelischen Kirchentag 2007 verdeutlicht werden soll: „Evangelische Kirchentage sind die wichtigsten Foren der bundesdeutschen Zivilgesellschaft seit jeher. Sie – evangelische wie katholische – sind die großen Diskussionszirkel der Zivilgesellschaft seit Anfang der Fünfzigerjahre" (Feddersen et al. 2007: 3).

Hinter der Wahrnehmung von religiösen Gemeinschaften als Teil der Zivilgesellschaft steht, dass sich die Religionen als *auch* „von dieser Welt" begreifen. Sie beschränken sich nicht nur auf die Glaubensvermittlung, sondern stellen sich nicht erst in der Gegenwart auch (zivil-)gesellschaftlichen Aufgaben. So verknüpfen Vertreter der christlichen Kirchen „das Wachhalten der christlichen Gottesfrage unauflöslich mit dem öffentlichen Wirken von Christen" (Adloff/Schneider 2002: 11). Der katholische Theologe Andreas Lob-Hüdepohl beispielsweise fordert aus diesem Grund „eine zivilgesellschaftliche Diakonie, d.h. eine Diakonie in der Zivilgesellschaft im Sinne eines Anwalts der Schwachen und eine Diakonie im Dienst der Zivilgesellschaft, damit die

---

39 Ob diese Sonderstellung eine „Privilegierung" darstellt, ist in der Literatur umstritten. Ein pointierter Befürworter der Einschätzung, dass der Status als Körperschaft öffentlichen Rechts eine Privilegierung bedeute, ist Jetzkowitz: „Im Hinblick auf die Stellung von Religionsgemeinschaften in der bundesdeutschen Rechtsordnung fällt die Interpretation der Ergebnisse vergleichsweise eindeutig aus. Die bundesdeutsche Rechtsordnung fördert religiöse Gemeinschaften generell, sie privilegiert aber besonders etablierte christliche und jüdische Gemeinschaften, insbesondere die großen Kirchen. Diese Privilegierung, die sich insbesondere im Körperschaftsstatus manifestiert, ist Ausdruck eines Zwei-Klassen-Systems von Religionsgemeinschaften, das eine nahezu undurchlässige Grenze einzieht zwischen solchen Gemeinschaften, die den Körperschaftsstatus inne haben und öffentliche Anerkennung genießen, auf der einen und Religionsgemeinschaften minderen Status auf der anderen Seite" (Jetzkowitz 2002: 65f).

40 Sie nähern sich damit den USA an, wo Religionsgemeinschaften als Non-Profit-Organisation und damit als konstitutiver Bestandteil der *civil society* betrachtet werden (vgl. Adloff 2005: 119).

sich dem Schutz der kommunikativen Öffentlichkeit verschreibt" (ebd.; Lob-Hüdepohl 2002).

Andere sehen in der zivilgesellschaftlichen Aktivität eine Möglichkeit, wenn nicht eine Notwendigkeit, um dem abnehmenden Einfluss des Christlichen in der Gesellschaft entgegen zu wirken. Vor diesem Hintergrund sei es „ [...] für die Kirchen von wachsender Wichtigkeit, sich als Teil der – nationalen wie grenzüberschreitenden – Zivilgesellschaft zu begreifen und entsprechend zu agieren" (Meyer 2002: 63). Denn: „Staat-Kirche-Verträge, so spitzt Meyer zu, haben letztlich keine Bedeutung, wenn nicht christliches Wirken inmitten der Gesellschaft lebendig bleibt" (Adloff/Schneider 2002: 13).

3.3.3 Die sozialwissenschaftliche Perspektive

In den Sozialwissenschaften fällt die Beantwortung der Frage, ob Kirchen und Religionsgemeinschaften in der Zivilgesellschaft zu verorten sind, weniger eindeutig aus.

Dies ist vor allem den unterschiedlichen Auffassungen von Religion geschuldet, die zwischen den folgenden Polen oszillieren: Aus einer systemtheoretischen Perspektive stellt Religion ein eigenständiges gesellschaftliches Subsystem (Teilsystem) dar, und die Kernfunktion von (christlichen) Kirchen wird auf die rituelle Heilsvermittlung beschränkt (vgl. Adloff 2005: 119). Dem gegenüber steht der Hinweis auf das (Gesellschafts-)Politische im Religiösen, wie er sich bereits bei Max Weber findet.[41]

Will man auf Religion im Kontext von Zivilgesellschaft eingehen, so ist das letztgenannte Verständnis eine *conditio sine qua non*. Aber auch in der Zivilgesellschafts- und Dritte-Sektor-Forschung fällt die Beantwortung der Frage, ob Religionsgemeinschaften Teil der Zivilgesellschaft sind, unterschiedlich aus. Dies hat seine Ursache in unterschiedlichen Auffassungen von Zivilgesellschaft, die von den einzelnen Autoren und Autorinnen (mehr oder weniger explizit) vertreten werden. Je nachdem, ob Religionsgemeinschaften vor dem Hintergrund eines formalen oder eines funktionalistischen Zivilgesellschaftsbegriffs betrachtet werden, kommt man zu unterschiedlichen Schlussfolgerungen:

Wird ein formales Verständnis von Zivilgesellschaft zugrunde gelegt, so ergeben sich aus der unterschiedlichen rechtlichen Stellung der drei Religionsgemeinschaften in Deutschland einige spezifische Problemstellungen. Denn in einem Konzept von *civil society*, das die Organisations*form* betont und das Definitionsmerkmal „nichtstaatlich" in den Vordergrund rückt, zählen zwar unwidersprochen religiöse islamische *Vereine* zur Zivilgesellschaft. Bei den christlichen Kirchen und der jüdischen Religionsgemeinschaft wäre es jedoch aufgrund ihres rechtlichen Status' als Körperschaft öffentlichen Rechts und damit ihrer Verortung im staatsnahen Bereich strittig, ob sie

---

41 Dass Religionen keine „rein religiösen" Phänomene sind, wird in der zeitgenössischen Medienberichterstattung häufig außer Acht gelassen, oder die Religionen, insbesondere der Islam, werden ausschließlich auf ihre politische Seite reduziert (vgl. kritisch Sezgin 2007).

zur Zivilgesellschaft zu rechnen sind, oder ob sie nicht doch dem ersten Sektor, dem Staat, zugeschlagen werden müssen.

Funktionalistische Konzepte von Zivilgesellschaft (vgl. Croissant et al. 2000: 10) postulieren zwar die Nichtstaatlichkeit zivilgesellschaftlicher Akteure sozusagen als „Eingangsvoraussetzung", interessieren sich danach aber primär für die Zielrichtung der Organisation: Ist sie in der Lage, die der Zivilgesellschaft zugeschriebenen Funktionen, die Kontroll-, Sozialisierungs-, Vermittlungs- und Kommunikationsfunktion, zu erfüllen? Eine Vereinigung wird nur dann als zivilgesellschaftliche Akteurin erfasst, wenn sie den darin enthaltenen Anforderungen entspricht. Übertragen auf die hier interessierende Fragestellung: Die entsprechenden Kriterien müssten demnach auch an die Kirchen und Religionsgemeinschaften angelegt werden.

In der wissenschaftlichen Literatur zur Zivilgesellschaft ist allerdings eine explizite Ausführung dieser Überlegungen kaum zu finden. Entweder werden Religionsgemeinschaften aufgrund ihrer formalen Organisationsform stillschweigend als zivilgesellschaftliche Akteure behandelt, oder das Kriterium der Erfüllung der verschiedenen zivilgesellschaftlichen Funktionen wird an Vereinigungen im Allgemeinen angelegt. Das Thema „Religionsgemeinschaften als zivilgesellschaftliche Akteure" wird jedoch vielmehr in Bezug auf das Spannungsverhältnis zwischen Staat und Zivilgesellschaft virulent. Es geht darum, die Kirchen bzw. Religionsgemeinschaften zwischen Staat und Zivilgesellschaft zu verorten und die Auswirkungen der jeweiligen Positionierung auszuloten.

3.3.4 Kirchen und Religionsgemeinschaften zwischen Staat und Zivilgesellschaft

In der wissenschaftlichen Literatur werden verschiedene Typen des Staat-Kirche-Verhältnisses unterschieden. Das Spektrum reicht von einer strikten Trennung zwischen Kirche und Staat über eine moderate Trennung und ein laizistisches Modell bis hin zum Staatskirchenmodell.

Während in den USA Kirchen und religiöse Gemeinschaften fraglos der Zivilgesellschaft zugeschlagen werden, positionieren sie sich in anderen Ländern in der Nähe zum Staat: „On the other hand, for example in the United Kingdom, and in many Islamic countries, the religious and political establishments are closely intertwined, and the Church leaders see themselves as a part of universal authority commonly associated with the state" (Strachwitz 2007: 30).

Die Situation in Deutschland ist in der Mitte zwischen diesen beiden Extremen einzuordnen. Die christlichen Kirchen und das Judentum sind durch ihren Status als Körperschaften öffentlichen Rechts zwar keine Staatskirchen wie zum Beispiel die Anglikanische Kirche. Durch ihre hervorgehobene Rechtsstellung werden ihnen jedoch von Seiten des Staates bestimmte Rechte eingeräumt.[42] Damit entspricht die

---

42 Die Erhebung der Kirchensteuer durch den Staat ist sicherlich das von der Öffentlichkeit am stärksten wahrgenommene Recht. Interessant ist, dass diese staatliche Dienstleistung wohl am häufigsten als Privileg wahrgenommen wird. Dabei wird ignoriert, dass die Kirchen für diese Dienstleistung zum

Situation in Deutschland dem Modelle einer moderaten Trennung: „Eine *moderate Trennung* ist dadurch gekennzeichnet, dass der Staat zwar auf die Kontrolle der religiösen Gemeinschaften verzichtet, gleichwohl aber sie in bestimmter Weise rechtlich und/oder finanziell unterstützt. Der Staat ist damit also neutral, aber er ist zu gleicher Zeit bereit zur Kooperation. Dahinter steht ein positives Bild von der religiösen Funktionswahrnehmung. Religion wird als gesellschaftlich nützlich angesehen und daher als unterstützenswert behandelt" (Pollack 2002: 34; Hervorhebung im Original).

Die verschiedenen Ausprägungen des Verhältnisses zwischen Staat und Religionsgemeinschaften haben Auswirkungen auf das religiöse Leben. Die modernisierungstheoretische These einer quasi „automatisch fortschreitenden" Säkularisierung (vgl. bspw. Joas 2007) wurde vielfach kritisiert. Ein Einwand lautet, „dass für die gesellschaftliche Relevanz von Religion und Kirchen der Grad der Trennung von Kirche und Staat entscheidend sei [...]. Wo Kirche und Staat rechtlich strikt getrennt seien wie in den USA oder in Irland, wo mit anderen Worten keine Religionsgemeinschaft gegenüber anderen privilegiert werde, floriere das religiöse Leben. [...] Werde die Kirche dagegen staatlich unterstützt und gehe sie eine enge Verflechtung mit dem Staat ein oder formiere sie sich gar zu einer Staatskirche, trockne das religiöse Leben aus" (Pollack 2002: 21f).[43]

Die sich daraus ergebenden Konsequenzen werden in der Wissenschaft unter verschiedenen Gesichtspunkten diskutiert. Prinzipiell wird davon ausgegangen, dass die Kirchen und Religionsgemeinschaften die Wahl haben, in welche Richtung sie eher tendieren wollen: hin zu einer mikrosozial geprägten Institution, die sich stärker als Freiwilligenassoziation versteht und damit zur Zivilgesellschaft neigt, oder aber zur Makroebene, „wenn sie sich in den Dienst übergreifender gesellschaftlicher Werte und Normen stellt" (Pollack 2002: 29).

Dabei scheint den Kirchen und Religionsgemeinschaften *idealerweise* eine Annäherung an die zivilgesellschaftliche Sphäre nahe gelegt zu werden, wenn auch die Begründungen dafür variieren.

Strachwitz (2007: 31f.; vgl. auch Perroux 1960) macht darauf aufmerksam, dass das zentrale Wesensmerkmal der Zivilgesellschaft die Gabe sei – im Unterschied zum Gewaltmonopol des Staates und den Tauschmechanismen des Marktes.[44] Das Prinzip des Gebens (von Empathie, Zeit, Ideen und auch Geld) rückt er in die Nähe der

---

einen bezahlen (der Staat erhebt von den Kirchen für die Einziehung der Kirchensteuern eine Verwaltungsgebühr in Höhe von 4% des Kirchensteueraufkommens), und dass zum anderen dieses Recht allen Religionsgemeinschaften, die den rechtlichen Status einer Körperschaft öffentlichen Rechts aufweisen, offen steht.

43 Allerdings ist diese These m. E. kritisch zu hinterfragen, wenn es um ihre Übertragbarkeit auf islamische Staaten geht, in denen die Einheit von Staat und Religion offenbar nicht zu einem Rückgang der religiösen Bindung der Bevölkerung führt.

44 Allerdings ist die „Gabe" in Deutschland zum einen steuerbegünstigt, wird also honoriert; zum zweiten ist die „Gabe" – was ihre Verteilung betrifft – letztlich willkürlich. Staatliche Sozialleistungen beruhen zwar auf staatlich gesteuerter Umverteilung und damit auf Zwang; sie sind aber ein vom Empfänger bzw. der Empfängerin einklagbares Recht. *Charity* steht hier *entitlement* gegenüber.

Attribute, mit denen Glauben belegt wird, nämlich des Vertrauens und der Liebe (vgl. Strachwitz 2007: 31). Darin sieht der Autor eine Nähe zwischen Religion und Zivilgesellschaft begründet. Er geht noch einen Schritt weiter und postuliert eine religiöse Fundierung von Zivilgesellschaft, die deutlich stärker als die entsprechende Fundierung von Staat und Markt ausfalle.[45] In Bezug auf die Kirchen erhebt Strachwitz vor diesem Hintergrund die Forderung, dass diese ihre Rolle nicht länger als Säule des Staates, als wohlfahrtsstaatliche Institutionen, konzipieren. Sie sollten sich vielmehr zu dem bekennen, was sie aus der Außenperspektive betrachtet sind: freiwillige Zusammenschlüsse. Darin sieht der Autor nicht zuletzt die Chance, sich dem zunehmenden Misstrauen, das staatlichen Institutionen entgegengebracht werde, zu entziehen und als „subject of trust" anerkannt zu werden (ebd.: 32) – und damit eine starke Position innerhalb der Zivilgesellschaft zu erlangen (ebd.: 33).

Auch Pollack (2002) plädiert für eine Positionierung der Kirchen und Religionsgemeinschaften näher „bei den Menschen" und damit in der Zivilgesellschaft. Auch seine Argumentation zielt letztlich darauf ab, das Misstrauen, das gesellschaftlichen Großinstitutionen entgegengebracht wird, durch eine stärkere Betonung der zivilgesellschaftlichen Seite zu umgehen. Hier in den Worten von Adloff/Schneider: „Bei den Menschen, also inmitten der zivilen Gesellschaft zu stehen, schließt ein kooperatives Verhältnis zum Staat nicht aus, sofern es keine Privilegierungen bedeutet und damit auch anderen Akteuren offen steht. Andernfalls wird die Kirchen das gleiche Misstrauen treffen, das heute staatstragenden Großinstitutionen häufig entgegengebracht wird" (2002: 10).

Nun fallen die Umfrageergebnisse hinsichtlich des Vertrauens, das gesellschaftlichen Großinstitutionen, darunter den Kirchen, entgegen gebracht wird, in verschiedenen Erhebungen unterschiedlich aus.[46] In der Tendenz ist das Vertrauen in die Kirchen jedoch nicht allzu hoch; dies gilt auch für andere Religionsgemeinschaften. Interessant

---

45 „Perroux attributed the use of force to the state, exchange mechanisms to the market, and the gift relationship to civil society. The idea of a sphere of society in which people give – compassion, time, ideas, and funds – corresponds quite closely to what Hans Joas attributes to faith. Faith, he emphasized, was not primarily a means of rescue in a state of emergency, but a positive sphere of trust and love. This seems to me to be very close to the idea of giving, and if this is true, the fundamental concept of civil society is closely related to that of religion. Thus, in conceptualizing fields of public activity, there appears to be a religious foundation to civil society which is much stronger than to either the state or the market" (Strachwitz 2007: 31f.).

46 In einer deutschlandweiten Umfrage des Leipziger Instituts für Marktforschung sprechen immerhin 53% der Befragten den Kirchen das Vertrauen aus. Die Kirchen erhalten somit innerhalb der Studie den höchsten Wert, direkt nach dem demokratischen System, dem 60% der Befragten vertrauen (dass sich daraus eine erschreckend hohe Skepsis gegenüber der Demokratie ableiten lässt, beschäftigte nach Erscheinen der Studie die Öffentlichkeit mehrere Wochen lang) (vgl. www.sueddeutsche.de/deutschland/artikel/850/170352/print.html, Zugriff am 07.10.2008). In einer 2006 durchgeführten forsa-Umfrage im Auftrag der Alfred Herrhausen Gesellschaft hatten hingegen nur 40% der Befragten großes Vertrauen in die (hier:) evangelischen Kirchen, bei der Katholischen Kirche waren es noch weniger, nämlich lediglich 27%. Der Zentralrat der Juden genoss der Erhebung zufolge bei 26% der Befragten großes Vertrauen, der Zentralrat der Muslime nur bei 12% (vgl. www.alfred-herrhausen-gesellschaft.de/pdf/Umfrage_forsa_FINAL.pdf, Zugriff am 07.10.2008). Ein systematischer Vergleich von Umfragen zum Thema liegt leider außerhalb des Rahmens der vorliegenden Studie.

für den gegebenen Zusammenhang ist, dass die Sozialträger Caritas und Diakonie dagegen unvermindert hohes Ansehen genießen (vgl. Schnabel 2004[47]). Dieses Ergebnis stützt die Forderung der genannten Autoren an die Kirchen und Religionsgemeinschaften, auf ihre zivilgesellschaftliche Seite zu setzen und diese zukünftig stärker zu betonen.

In der sozialwissenschaftlichen Diskussion über die Positionierung von Kirchen und religiösen Gemeinschaften zwischen Staat und Zivilgesellschaft scheint neben den Entwicklungspotentialen eines zivilgesellschaftlichen Selbstverständnisses vor allem die Gefahr einer zu „staatstragenden" Rolle (in den Augen der kritischen Öffentlichkeit) gesehen zu werden (vgl. Adloff/Schneider 2002: 13).

„Die Kirche ist mit anderen Worten gut beraten, Abstand zur Staatsmacht zu halten. Sie wird gesellschaftlich umso mehr Akzeptanz finden, je näher sie bei den Interessen der Menschen ist, also sich als Teil der zivilen Gesellschaft versteht und nicht als ein unmittelbares Gegenüber zum Staat oder sogar als ein Teil des Staates. Zugleich aber spricht nichts dagegen, dass sie aus staatlicher Unterstützung Vorteile zieht, die ihre organisatorische Wirksamkeit und Gestaltungsfähigkeit zu erhöhen vermögen. In dem Augenblick aber, wo diese Unterstützung als eine Privilegierung wahrgenommen wird, dürfte die Bereitschaft zur Akzeptanz der Kirchen zurückgehen" (Pollack 2002: 38f). Denn: „Die Zurücknahme sozialer, politischer und rechtlicher Privilegien für die Kirche würde wahrscheinlich mehr negative als positive Auswirkungen auf ihre Bestandswahrung haben. Negativ würde allerdings auch eine allzu große Nähe der Kirche zum Staat und eine allzu sichtbare Bevorzugung der etablierten Kirchen gegenüber anderen Religionsgemeinschaften sein, denn in diesem Falle wird die Kirche als eine obrigkeitliche Institution, also als eine Herrschaftskirche wahrgenommen [...]" (Pollack 2002: 38).

3.3.5 Gemeinsamkeiten und Unterschiede

Wenn auch die Meinung vorherrscht, dass Kirchen Teil der Zivilgesellschaft sind und ihr Profil dahingehend schärfen sollten, so wird dennoch betont, dass die Begriffe „Kirche" und „Zivilgesellschaft" nicht deckungsgleich sind. „Wie groß die Überschneidungen sind, auch das ist eine offene Frage. In der Zivilgesellschaft geht es nicht um die ‚letzten Fragen', sie hat keine transzendenten Bezüge; Heilsvermittlung im Ritus ist sicher ebenfalls keine der Zivilgesellschaft zugedachte Rolle. Und ebenso ist die Kirche nicht nur zivilgesellschaftlich-karitatives Engagement. Die Heilsvermittlung, die im Mittelpunkt steht, lässt sich nicht in bürgerschaftliche Partizipation, in demokratiepolitische und soziale Aktivitäten auflösen" (Adloff/Schneider 2002: 20). Diese

---

[47] Der Autor bezieht sich auf die 2006 von der Unternehmensberatung McKinsey durchgeführten Online-Erhebung „Perspektive Deutschland"; vgl. www.perspektive-deutschland.de/files/presse_2006/pd5-Projektbericht.pdf (Zugriff am 07.10.2008).

Eigenschaft wird als spezifischer Beitrag auch für die Zivilgesellschaft angesehen, der nicht verloren gehen dürfe (Adloff/Schneider 2002: 18).

Gleichzeitig liegt in der Annäherung der Kirchen und Religionsgemeinschaften gerade „vor dem Hintergrund des deutschen Staat-Kirche-Verhältnisses und der damit verbundenen Traditionen [...] eine Chance der Selbstreflexion, bezeichnet Zivilgesellschaft doch einen zwar durchaus politischen, aber nicht-staatlichen autonomen Raum" (Adloff/Schneider 2002: 9).

3.3.6 Fazit

Vor diesem Hintergrund geht die vorliegende Studie vom zivilgesellschaftlichen Charakter von religiösen Gemeinschaften aus. Gemäß dem zugrunde liegenden formalen Begriff von Zivilgesellschaft werden den christlichen Kirchen und den israelitischen Kultusgemeinden eine Stellung an der Grenze zwischen Staat und Zivilgesellschaft mit einem *bias* zu letzterer zugewiesen. Angesichts des Umstandes, dass innerhalb des muslimischen Spektrums bislang lediglich den Aleviten (und hier ist strittig, ob sie dem Islam zuzurechnen sind bzw. sich selbst dem Islam zurechnen) die Rechtsform einer Körperschaft des öffentlichen Rechts verliehen wurde, ist das muslimische Leben in Deutschland weiterhin nach dem Vereinsrecht organisiert. Die religiösen Vereine innerhalb des weiten muslimischen Spektrums sind daher nach einem formalen Verständnis Teil der Zivilgesellschaft.

Bei der Recherche nach Akteuren, die sich dem trilateralen Dialog zwischen Juden, Christen und Muslimen widmen, wurden angesichts dieser Überlegungen auch die Religionsgemeinschaften berücksichtigt. Die einzelnen katholischen Bistümer wurden ebenso wie die Evangelischen Landeskirchen angeschrieben, es wurde beim ZMD, der MJD und der DITIB sowie beim Zentralrat der Juden in Deutschland nach Trialog-Initiativen gefragt. Im Umfragesample sind letztlich vor allem Vereine vertreten, darüber hinaus auch Stiftungen und andere Vereinigungen (kirchliche Einrichtungen, Einrichtungen der Stadtverwaltung, gemeinnützige GmbHs bzw. AGs) sowie Zusammenschlüsse ohne Rechtsform. Der zweite Teil der Studie schließt darüber hinaus auch Organisationsportraits weiterer Trialog-Initiativen mit ein, die zwar nicht an der Umfrage teilgenommen haben, von denen wir aber dennoch Kenntnis erlangt haben. Aus pragmatischen Gründen wurden jedoch zum Beispiel von einzelnen im trilateralen Dialog aktiven Pfarrgemeinden[48] keine Portraits verfasst. Wiesen sie besonders originelle Aktionsformen auf oder schlicht solche, die im Rahmen unseres Samples nicht auftauchten, können diese im ersten Teil der Studie nachgelesen werden.

---

[48] In der Darstellung der Initiativen, die im Rahmen des Projekts der drei großen Religionen für ein friedliches Zusammenleben in Deutschland gefördert wurden, wurde ein anderer Weg gewählt: Hier werden nicht, wie in unseren Organisationsportraits, die einzelnen Akteure vorgestellt, sondern ihre Projekte (nach Orten geordnet) beschrieben (vgl. „Weißt Du, wer ich bin?" 2007b).

4 Migration, Integration und Religion in Deutschland

4.1 Migration, Integration und Desintegration in Deutschland

Die Entwicklung Deutschlands von einem Auswanderungs- zu einem Einwanderungsland begann im 19. Jahrhundert (vgl. Reißlandt 2004). 1979 wurde im sog. „Kühn-Memorandum" erstmals anerkannt, dass es sich bei der Einwanderung in die Bundesrepublik um eine unumkehrbare Realität handelt, und gefordert, statt eine „Rückkehr" von Migranten deren „Integration" zu unterstützen.[49]

Die Migrationspolitik, die in der Bundesrepublik seit Mitte des vergangenen Jahrhunderts verfolgt wird, begünstigt die Entwicklung zum Einwanderungsland. Allerdings wandelte sich die Zuwanderung nach Deutschland mehrfach, wodurch heute zwischen unterschiedlichen Formen differenziert wird (vgl. ebd.).

Seit den 1950er Jahren kamen ca. 4,5 Millionen deutschstämmige Aussiedler aus den MOE-Staaten nach Deutschland, wobei der Großteil von der BRD aufgenommen wurde.

Die erste der drei großen interkulturellen Zuwanderungsbewegungen war der Zuzug von Arbeitsmigranten, vor allem aus den Mittelmeerländern, ab den 1950er Jahren (vgl. Bade 2008). Ca. drei der insgesamt 14 Millionen blieben dauerhaft, nach dem Anwerbestopp im Jahr 1973 folgten ihnen Familienangehörige nach (vgl. Reißlandt 2004). Auch in die DDR gab es Arbeitsmigration, allerdings vor allem aus Vietnam und Mosambik (vgl. Bade 2008).

In den 1980er Jahren standen Flüchtlinge und Asylsuchende im Mittelpunkt der Aufmerksamkeit, auch wenn ihre Zahl um ein vielfaches niedriger war als diejenige der sog. „Gastarbeiter". Ein Asylrecht kannte auch die DDR. Nachdem im wieder vereinten Deutschland in Reaktion auf 440.000 Asylgesuche im Jahr 1992 ein Jahr später eine Einschränkung des Grundrechts auf Asyl normiert wurde, ging ihre Zahl innerhalb von 15 Jahren auf 19.000 Gesuche im Jahr zurück (ebd.).

Spätaussiedler, d.h. „Gruppen deutscher Herkunft mit Kriegsfolgeschicksal aus Ost-, Mittelost- und Südosteuropa" (ebd.) kamen vermehrt Ende der 1980er Jahre und in den 1990er Jahren nach Deutschland.

Die Zuwanderung von Juden aus postsowjetischen Staaten nach Deutschland geht auf eine Initiative zu DDR-Zeiten zurück und wurde vom wiedervereinigten Deutschland nach anfänglichem Zögern weiter geführt. Bis 2007 wanderten 200.000 Juden aus der Gemeinschaft unabhängiger Staaten (GUS) ein. Auch in Bezug auf die beiden letztgenannten Gruppen erfolgte eine Einschränkung, indem durch das Zuwanderungsgesetz von 2005 Hürden wie Sprachprüfungen oder eine „Integrationsprognose" (ebd.) eingebaut wurden.

---

49 Das „Kühn-Memorandum" ist benannt nach Heinz Kühn, dem ersten Ausländerbeauftragten des Bundes und ehemaligen Ministerpräsident von Nordrhein-Westfalen (vgl. www.migration-boell.de/web/integration/47_1581.asp, Zugriff am 03.11.3008).

Diese Realität von Migration wurde jedoch lange ignoriert. Der eingangs erwähnte Kühnsche Appell von 1979 blieb über Jahrzehnte unbeachtet, ebenso wissenschaftliche Analysen.[50] Seit Ende der 1970er Jahre befanden sich die Zuwandererfamilien daher in einem gesellschaftlichen Paradoxon, nämlich „in einer Einwanderungssituation ohne Einwanderungsland" (Bade 2008). Die grundlegenden integrationspolitischen Probleme haben sich seither nicht nur wenig verändert, sondern sich durch jahrzehntelange Untätigkeit und Ignoranz tendenziell eher noch verstärkt.

Erst nach der Jahrtausendwende wandte sich die Politik verstärkt dem Thema zu. Ein erster Schritt war die Reform des Ausländerrechts im Jahr 1990. Ein Jahrzehnt später folgten Änderungen im Staatsangehörigkeitsrecht. Konzepte, wie mit Zuwanderung umgegangen und Integration gewährleistet werden kann, wurden 2001 im Zuge des Berichts der Unabhängigen Kommission Zuwanderung sowie im Vorfeld des Zuwanderungsgesetzes diskutiert, welches 2005 in Kraft trat und zwei Jahre später überarbeitet wurde. 2006 brachten die Integrationsgipfel im Kanzleramt, an denen Vertreter aus Politik und Medien, von Migranten- und Arbeitgeberverbänden, Gewerkschaften und Sportverbänden teilnehmen, sowie die Deutsche Islamkonferenz, ein auf ca. drei Jahre angelegter Dialog zwischen dem Staat und in Deutschland lebenden Muslimen, neue Bewegung in die Debatte. Auf dem zweiten Integrationsgipfel im Jahre 2007 wurde der auf Selbstverpflichtungen beruhende Nationale Integrationsplan verabschiedet. 2008 riefen acht unabhängige Stiftungen den „Sachverständigenrat für Integration und Migration" ins Leben, ein wissenschaftliches Expertengremium, das die deutsche Integrationspolitik systematisch und langfristig bewerten soll (vgl. am Orde 2008).[51]

Die Problematik ist seit Jahrzehnten fast unverändert:[52] Herausforderungen bestehen hinsichtlich der Integration in den Arbeitsmarkt, zu dem Menschen mit Migrationshintergrund deutlich schlechtere Zugangschancen haben. Zu den Folgen gehören ein niedriges, zum Teil nicht existenzsicherndes Einkommen, prekäre Arbeitsverhältnisse, Arbeitslosigkeit u. Ä. Vielleicht das zentrale Problemfeld bildet Erziehung und Bildung. Dass das deutsche Bildungssystem Migrantenkinder strukturell diskriminiert, wurde und wird in zahlreichen Untersuchungen, am prominentesten in der sog. PISA-Studie der OECD, immer wieder aufs Neue nachgewiesen. Zwar besteht hinsichtlich der Schritte, die für eine allein schon aus demographischen Gründen zwingende Veränderung nötig wären, medial ein breiter Konsens, ihre Umsetzung erfolgt jedoch schleppend. Ein weiteres Problemfeld stellt das Wohnen und das Wohnumfeld dar. Dem stadtplanerischen Leitbild von sozial und ethnisch gemischten Wohngegenden

---

50 Darunter fallen die Forderungen des hier zitierten Klaus Bade in den 1980er Jahren, der sich schon damals für integrationspolitische Maßnahmen, einen islamischen Religionsunterricht an deutschen Schulen und ein Bundesamt für Migration stark machte – letzteres wurde erst zwanzig Jahre später eingerichtet.
51 Sein staatlicher Vorläufer, der 2003 eingerichtete Zuwanderungsrat unter der CDU-Politikerin Rita Süssmuth, wurde nur zwei Jahre später vom damaligen SPD-Innenminister Otto Schily wieder aufgelöst.
52 Nachzulesen nicht zuletzt im Nationalen Integrationsplan; vgl. Die Bundesregierung 2007.

steht in der Realität vielerorts eine sozialräumliche Segregation entgegen. Gentrifizierungsprozesse verstärken negative Entwicklungen in entsprechenden Stadtteilen, was ein erhebliches gesellschaftliches Konfliktpotenzial nach sich zieht. Im Bereich Gesundheit sind in Bezug auf die Integration von Migranten und Migrantinnen in die Gesetzliche Krankenversicherung ebenfalls Defizite zu konstatieren. So muss etwa die Zugangsschwelle zu Präventionsmaßnahmen abgesenkt werden. Auch in rechtlicher und politischer Hinsicht besteht weiterhin Handlungsbedarf. Es gilt, Integrationshemmnisse in Teilbereichen des deutschen Zivil- und Strafrechts zu überwinden, ebenso wie eine „Verbesserung der Teilhabe der Migrantinnen [und Migranten] an den gesellschaftlichen und politischen Prozessen [zu erreichen], die ihrerseits Normen und Werte maßgeblich mitgestalten" (Die Bundesregierung 2007: 88).

Formen einer differenzierten Ausgrenzung auf informeller Ebene durch Xenophobie, Rassismus, Antisemitismus sowie die weit verbreitete Angst vor dem Islam stellen ein anhaltendes Problem dar.

Dabei muss betont werden, dass sich die Herausforderungen der Integration nicht auf die Gruppe der Migranten und Migrantinnen, die zudem in sich höchst heterogen ist, beschränken. Vielmehr sind Migranten nur eine gesellschaftliche Teilgruppe neben anderen, die es zu integrieren gilt (vgl. Bommes 2007: 3). Und es ist festzuhalten, dass neben Ethnie bzw. Religion auch andere gesellschaftliche Strukturkategorien wie Schichtzugehörigkeit wirkungsmächtig sind. Die Zugehörigkeit zu einer bestimmten gesellschaftlichen Schicht ist für die Position, die ein Individuum in der Gesellschaft innehat, wichtiger als seine ethnische Zugehörigkeit. Dies zeigt sich in Deutschland nicht zuletzt an allgemeinen gesellschaftlichen Desintegrationsprozessen im Zuge der zunehmenden sozialen Differenzierung insbesondere des letzten Jahrzehnts. Diese Erkenntnis spiegelt sich jedoch im gegenwärtigen medialen und politischen Diskurs über Integration nicht wider.

4.2 Der Diskurs über Integration und Religion in Deutschland

Die Wahrnehmung religiöser und kultureller Besonderheiten hat im letzten Jahrzehnt einen zentralen Stellenwert erlangt. Die Überzeugung hat weite Verbreitung gefunden, dass „der Religion eine wesentliche, [wenn nicht zentrale, EH] Bedeutung für den Integrationsprozess zukomme" (Tezcan 2006: 28). Besondere Aufmerksamkeit kommt in diesem Zusammenhang dem Islam zu.

Die Ignoranz gegenüber religiösen Interessenslagen der sog. Gastarbeiter in den 1980er Jahren ist mittlerweile durch eine „einseitige Fixierung auf Religion und Kultur ersetzt worden. Dies wiederum führt dazu, dass die offenkundigen Probleme der Integrationspolitik, deren Ursachen vielfältig sein können, oft vorschnell als Ausdruck religiös-kultureller Fremdheit interpretiert werden" (Bielefeldt 2007: 32).

Wenn also das Thema Integration zunehmend unter den Vorzeichen „Kultur" und Religion" verhandelt wird, so werden umgekehrt kulturelle und religiöse Faktoren zunehmend zur Analyse nationaler und internationaler Konflikte herangezogen. Normativ werden Kultur und Religion gleichzeitig als Lösung betrachtet, wenn es um die Kohäsionsfähigkeit von Gesellschaft geht (vgl. bspw. Böckenförde 2006): In Reaktion auf gesellschaftliche Desintegrationsprozesse wird im nationalen Kontext die Besinnung auf gemeinsame Werte gefordert, deren Quelle oft in Religion oder zumindest religiösen Traditionen gesehen wird. Auch Errungenschaften wie die Grundrechte oder die Aufklärung werden aus einer (christlichen) Tradition abgeleitet oder als christlich-jüdisches Erbe postuliert. In ähnlicher Weise erfolgt der Rekurs auf die so genannte „Leitkultur".

Komplexere Erklärungsmuster für gesellschaftliche Desintegrationsprozesse, bei denen politische und historische Kontexte oder sozialstrukturelle Faktoren einbezogen werden, werden häufig in den Hintergrund gedrängt. Charakteristisch ist dabei zum einen, dass Religion vielfach gleichsam als Verdichtung von Kultur betrachtet wird. Zum zweiten werden sowohl Kultur als auch Religion als statische Größen aufgefasst, anstatt als dynamische, Veränderungen unterworfene Prozesse.[53] Schließlich werden Menschen nicht als Träger von pluralen, komplexen, vielleicht sogar widersprüchlichen Identitäten wahrgenommen, sondern auf ein Identitätsmerkmal, ihre religiöse oder kulturelle Identität, reduziert.

Eine solche „Kulturalisierung und Religiösisierung der Diskurse" (Misik 2006; vgl. auch Meier/Scheiterbauer 2007) birgt die Gefahr in sich, das kulturell Andere festzuschreiben und die Konflikte somit als unabänderlich wahr- und hinzunehmen bzw. sogar erst hervorzubringen.[54]

Diese Diskurse bleiben nicht folgenlos, sondern sind wirkungsmächtig. Aus einer „an der Religion festgemachte[n] politischen Betrachtungsweise" werden schließlich auch „institutionelle Maßnahmen" abgeleitet (Sen 2007: 88). Mittels eines Beispiels aus der gegenwärtigen Integrationspolitik – der o.g. Islamkonferenz – lässt sich illustrieren, wie ein solches „politisches Differenzierungshandeln" (Riedmüller/Vinz) aussehen kann. Unter dem Titel „Islamkonferenz" werden nicht nur Fragen behandelt, die bei-

---

53 In den modernen Gesellschaften hat solch ein statisches Kulturverständnis seine Gültigkeit verloren und muss einem dynamischen und offenen Kulturverständnis weichen (vgl. Han 2000: 333). „Nach dem modernen dynamischen Kulturverständnis gibt es die Kultur schlechthin nicht, die als eine inhaltlich homogene Einheit zu verstehen wäre und eine umfassende gesellschaftliche Integration stiften könnte. Kultur bleibt ständig in Bewegung und ist veränderbar" (Han 2000: 333). Dabei wird deutlich, dass Kultur „kein homogenes, sondern ein komplexes Mehrebenensystem (ein System mit kognitiven, künstlerisch-expressiven, lebenspraktisch-instrumentellen, sozialintegrativen, affektiv-psychosomatischen Ebenen) darstellt, das plurale Trägergruppen mit unterschiedlichen Organisationsmustern und Arbeitsweisen hat" (Han 2000: 333).
54 „Wenn man die zwischenmenschlichen Beziehungen nur unter dem Aspekt der Beziehungen zwischen Gruppen sieht, etwa der ‚Freundschaft' oder des ‚Dialogs' zwischen Zivilisationen und Religionsgemeinschaften, und dabei andere Gruppen ignoriert, denen die betreffenden Menschen gleichzeitig angehören (seien es Zusammenschlüsse wissenschaftlicher, sozialer, politischer oder sonstiger kultureller Natur), dann geht vieles, was im menschlichen Leben von Bedeutung ist, gänzlich unter, und man steckt die Menschen in kleine Kästchen" (Sen 2007: 12). Eine solche reduktionistische Perspektive eint fundamentalistische islamische Eiferer mit westlichen Vertretern der Huntingtonschen These des „Kampfs der Kulturen".

spielsweise die Anerkennung des Islam als Religionsgemeinschaft betreffen, sondern es stehen auch sozialpolitische Themen auf dem Programm. Problemfelder wie Arbeit oder Bildung werden unter „Religion" subsummiert. Durch diese „Vermischung von Integrations- und Religionsfragen [werden] soziale und politische Probleme in religiöse umgemünzt" (Meier/Scheiterbauer 2007).

In der Migrations- und Integrationsforschung herrscht weitgehende Einigkeit, dass „eine [solche] kulturelle Ausrichtung der Integrationspolitik für ethnische Minderheiten ohne ihre Integration in die Sozialstruktur der Gesellschaft [...] in ihrer letzten Konsequenz mehr als problematisch [ist]" (Han 2000: 299).

Sie kann zu einer „Verfestigung von Grenzziehungen" (Riedmüller/Vinz 2007: 150) entlang von Kultur und Religion führen, was erhebliches Konfliktpotenzial nach sich zieht. Denn eine „[...] Gesellschaft mit einer Vielzahl von unmittelbar abgegrenzten und gegensätzlichen Kulturen ist eine ethnisch parzellierte und segmentierte Gesellschaft, in der der ethnische Wettbewerb um die gesellschaftlichen Ressourcen unvermeidlich ethnische Mobilisierung und Konflikte mit sich bringt" (Han 2000: 334). Wie bereits im theoretischen Teil dieser Studie ausgeführt, muss das Ziel letztlich darin bestehen, eine positive Sichtweise auf gesellschaftliche Vielfalt zu etablieren und auf der Basis der demokratischen Grundordnung von einem Neben- zu einem Miteinander zu gelangen.

4.3 Religionen in Deutschland

Bei aller Aufmerksamkeit, die das Zusammenleben unterschiedlicher Konfessionen und Religionen derzeit erhält, wird oft außer Acht gelassen, dass religiöser Pluralismus ein altes Phänomen ist. Bereits seit der Spätantike lebten zum Beispiel Juden in Europa, sodass man auch für frühere Epochen von plurireligiösen Gesellschaften sprechen kann. Seit der Reformation war das zentrale Thema der Religions- und Verfassungspolitik in Europa allerdings das Zusammenleben unterschiedlicher christlicher Konfessionen (vgl. Maier 2008), weshalb in Abgrenzung zur heutigen plurireligiösen meist von einer plurikonfessionellen Zeit die Rede ist.[55]

Der zentrale Unterschied zwischen dieser plurikonfessionellen und der heutigen plurireligiösen Zeit besteht im räumlichen Aspekt. Seit dem Augsburger Religionsfrieden (1555) waren es die Landes- bzw. Stadtgrenzen, die die christlichen Konfessionsgruppen voneinander trennten. Durch den Grundsatz „cuius regio eius religio" waren innerhalb einer Landesgrenze die strukturelle Privilegierung einer Konfession und die Marginalisierung der jeweils anderen Glaubensgemeinschaften gegeben.

Die plurireligiöse Situation der Gegenwart ist hingegen dadurch gekennzeichnet, dass Anhänger unterschiedlicher Religionen in einem Dorf oder in einer Stadt nebenein-

---

55 Zum Unterschied von „plurireligiös" und „plurikonfessionell" vgl. auch Delgado (2006: 342).

ander wohnen – oftmals Tür an Tür – ein Phänomen, das erst durch die Zuwanderung der Flüchtlinge nach 1945 verbreitet auftrat.

Ein weiteres Kennzeichen der heutigen Pluralität der Religionen betrifft die unterschiedlichen Formen von Religiosität. Auch hier spielt die Geschichte eine Rolle: Die Religions- bzw. Konfessionskriege im alten Europa mündeten, gebunden an die Herausbildung von Grundrechten in der Neuzeit, in institutionalisierte Formen der Religionsfreiheit und wechselseitige Toleranz. Eine Begleiterscheinung der damit einhergehenden Säkularisierung in Europa war, von Ausnahmen besonders in katholischen Gebieten abgesehen, die Zurückdrängung der Religion – d. h. des Christentums – in den privaten Bereich. Dies steht in Kontrast zu Forderungen nach einer größeren Sichtbarkeit und Öffentlichkeit von Religion, wie sie von bestimmten Gruppen derzeit eingefordert wird (v. a. von bestimmten muslimischen Gruppierungen, aber beispielsweise auch von evangelikalen Christen).

Wenn auch die christlichen Konfessionen die geschichtliche Entwicklung in Deutschland maßgeblich beeinflussten, so heißt das nicht, dass das Christentum die einzige Religion auf deutschem Gebiet war.

In der Zeit des Deutschen Reichs und noch bis in die 1930er Jahre der Weimarer Republik lebten ungefähr 500.000 bis 600.000 Juden in Deutschland.[56] Infolge der systematischen Vertreibung und Ermordung von Menschen jüdischer Abstammung zwischen 1933 und 1945 unter dem Nationalsozialismus kam es zu einem großen Einbruch jüdischen Lebens in Deutschland. In der Nachkriegszeit gab es in den jüdischen Gemeinden in der BRD nur noch ca. 26.000 Mitglieder, deren Zahl sich infolge der Auswanderung nach Israel auf ca. 15.000 Juden im Jahr 1950 verringerte. Erst seit dem Zusammenbruch der Sowjetunion kamen im Zuge der Einwanderung aus den ehemaligen Ostblockstaaten auch etwa 190.000 so genannte jüdische Kontingentflüchtlinge nach Deutschland. Von diesen wurden etwa 80.000 in die jüdischen Gemeinden integriert. Heute gibt es in Deutschland 107 jüdische Gemeinden, die dem Zentralrat der Juden angehören. Sie zählen insgesamt rd. 104.000 Mitglieder.

Muslime kamen, wenn auch in geringer Zahl, bereits vor der Arbeitsmigration der 1960er Jahre nach Deutschland: Diese waren im Diplomatischen Dienst tätig oder waren als Kriegsgefangene nach Deutschland gekommen (vgl. Spuler-Stegemann 2002: 18-24). Zu einem bedeutenden Zuwachs der muslimischen Migranten kam es allerdings Anfang der 1960er Jahre: 1961 entschlossen sich die deutsche Wirtschaft und die deutsche Regierung erstmals, ein Anwerbeabkommen mit der Türkei abzuschließen, welches 1964 ausgeweitet wurde. In den darauf folgenden Jahren wurden außerdem Anwerbeverträge mit weiteren muslimischen Ländern, mit Marokko (1963) und Tunesien (1965), geschlossen. Somit hat der Islam zunächst über die sog. „Gast-

---

[56] Diese und die folgenden Zahlen sind den Angaben des Zentralrats der Juden entnommen. http://www.zentralratdjuden.de/de/topic/17.html, http://www.zentralratdjuden.de/de/topic/62.html (Zugriff am 2.11.2008)

arbeiter" und später durch den bis heute andauernden Familiennachzug sowie durch Asylbewerber Einzug in Deutschland gefunden.

Heute leben ca. 3,5 Millionen Muslime in Deutschland, die in der Mehrheit einen türkischen Hintergrund haben. Daneben gibt es Muslime aus dem Iran, Marokko, Afghanistan, dem Irak, dem Libanon, Pakistan, Syrien, Tunesien, Algerien, Ägypten, Indonesien, Jordanien sowie eine kleinere Anzahl aus afrikanischen Staaten wie Somalia, dem Sudan und Senegal. Seit den Jugoslawien-Kriegen kommen Muslime bosnischer Herkunft hinzu. Und schließlich befinden sich heute unter den Muslimen in Deutschland eine wachsende Anzahl Konvertiten deutscher Herkunft.

Eine deutsche Besonderheit ergibt sich aus der jüngsten deutschen Geschichte. Das Verhältnis der DDR zu Religionen und Kirchen war, bedingt durch den atheistisch ausgerichteten Marxismus-Leninismus, von Beginn an spannungsreich; in der DDR existierten die christlichen Kirchen trotz der religionsfeindlichen Haltung des Staates weiter, wenn auch unter gesellschaftlicher und politischer Benachteiligung ihrer Mitglieder. Die Anzahl der Juden beschränkte sich auf rund 400 Mitglieder in fünf Gemeinden.[57] Als Resultat der atheistischen Politik in der DDR gibt es heute eine vergleichsweise hohe Zahl konfessionsloser Menschen in den neuen Bundesländern. In den alten Bundesländern sind knapp 75% der Bevölkerung Mitglieder der Evangelischen oder Katholischen Kirche, in den neuen Bundesländern hingegen nur weniger als 20%.[58] Muslime haben sich in Ostdeutschland erst seit der Wende verstärkt angesiedelt.

4.4 Christentum, Judentum und Islam in Deutschland

Die Mehrheit der in Deutschland lebenden Bevölkerung ist christlichen Glaubens (31,5% römisch-katholisch, 30,8% evangelisch). Ein weiteres Drittel (29,04%) gehört keiner Religionsgemeinschaft an. Die übrigen 8,66% der Bevölkerung verteilen sich auf andere Religionsgemeinschaften und Untergruppen. Darunter stellt der Islam 4% und das Judentum 0,2%. Weitere 1,8% gehören den orthodoxen Kirchen an sowie 1,42% kleineren Gemeinschaften, die dem christlichen Spektrum zugeordnet werden (vgl. Krech 2007: 34).

In absoluten Zahlen sind dies 25,7 Millionen Katholiken, 25,1 Millionen evangelische Christen, 1,4 Millionen orthodoxe Christen, 1,5 Millionen Mitglieder christlicher Freikirchen und Sondergemeinschaften, etwa 112.000 Mitglieder jüdischer Gemeinden und 3,5 Millionen Muslime. Damit stellen die Muslime, wenn auch mit zahlenmäßig großem Abstand, in Deutschland die drittgrößte Religionsgruppe dar.[59]

Alle drei großen Religionen weisen eine Vielzahl von Untergruppierungen bzw. Ausdifferenzierungen auf. Die Bandbreite ist in Deutschland, bedingt durch die Refor-

---

57 Vgl. Zentralrat der Juden, http://www.zentralratdjuden.de/de/topic/65.html (Zugriff am 2.11.2008).
58 Vgl. www.remid.de/info_zahlen_ grafik.html (Zugriff am 2.11.2008).
59 Vgl. http://www.remid.de/info_zahlen_grafik.html (Zugriff am 27.10.2008).

mation sowie die schon lange währende Migration nach Deutschland besonders ausgeprägt.

Neben der Katholischen und Evangelischen Kirche gibt es in Deutschland eine Vielzahl christlicher Freikirchen und freikirchlicher Gemeinschaften unterschiedlicher Prägung (Baptisten, Mennoniten, Methodisten, Pfingstler u.a.).[60] Darüber hinaus setzt sich das christliche Spektrum in Deutschland aus den verschiedenen orthodoxen Kirchen (griechisch-, russisch-, ukrainisch-, serbisch-, rumänisch-, bulgarisch-, georgisch-orthodox) zusammen.[61]

Das Spektrum der jüdischen Gemeinden in Deutschland reicht bezüglich ihrer Ausrichtung von streng orthodoxen über konservative bis hin zu reformjüdischen und liberalen Gemeinden. Trotz der inneren Heterogenität gibt es auf jüdischer Seite nur zwei große Vertretungsorgane: zum einen den 1950 gegründeten Zentralrat der Juden, in dem heute die Mehrzahl der jüdischen Gemeinden zusammengeschlossen ist. Die Dachorganisation vertritt den Anspruch, alle religiösen Strömungen zu vereinigen. Daneben gibt es die Union progressiver Juden in Deutschland (UpJ), welche 1997 gegründet wurde. Diese vereinigt hauptsächlich liberale und progressiv ausgerichtete Gemeinden.

Das muslimische Spektrum untergliedert sich zum einen nach Unterschieden in Glaubenslehre und -praxis (Sunniten, Schiiten, Ismaeliten, Imamiten, Aleviten, Ahmadiyya, Süleymanlıs, diverse Sufigemeinschaften u.a.).[62]

Teilweise besteht zwischen den Gruppen gegenseitige Ablehnung, die u.a. im Streit um den rechten Glauben zwischen Schiiten bzw. Aleviten und Sunniten zum Ausdruck kommt. In diesem Zusammenhang wird den Aleviten von sunnitischer Seite in manchen Fällen die Zugehörigkeit zum Islam abgesprochen. Unter den Aleviten selbst gibt es unterschiedliche Ansichten darüber, ob man zum Islam gehöre oder eine eigene Religionsgemeinschaft darstelle. Trotz der Differenzen kommt es an anderer Stelle auch zu Kooptationsversuchen, bspw. wenn es darum geht, als Muslime zahlenmäßig stark aufzutreten. Ebenso erfahren viele liberale und größtenteils unorganisierte Muslime in Deutschland eine ungewünschte Vereinnahmung, wenn konservative Organisationen für sie sprechen wollen. Vor allem im integrationspolitischen Kontext ist dies von Bedeutung, zum Beispiel in Zusammenhang mit der o.g. Islamkonferenz.

Zum anderen besteht unter den Muslimen in Deutschland eine sehr große Heterogenität bezüglich ihrer Herkunftsländer, die sich teilweise in der Gruppenbildung niederschlägt. Die Mehrheit der Muslime in Deutschland (76%) ist türkischer Her-

---

60 Für eine gemeinsame Interessenvertretung und Repräsentation sind diese mehrheitlich in der 1926 gegründeten Vereinigung Evangelischer Freikirchen e. V. zusammengeschlossen.
61 Sie haben seit 1994 mit der Kommission der Orthodoxen Kirchen in Deutschland (KoKiD) ein Gremium der Zusammenarbeit und Repräsentanz.
62 Die hier aufgelisteten religiösen Ausrichtungen stehen nicht als klar abgrenzbare Kategorien und gleichwertige Größen nebeneinander, sondern es finden sich hier Ober- und Unterbegriffe gemischt.

kunft. Die größten Organisationen haben daher mehrheitlich türkische Mitglieder und spiegeln in gewissem Maß die religiösen und politischen Verhältnisse in der Türkei selbst wider.[63]

4.5 Staat und Religion in Deutschland

Unter den staatskirchenrechtlichen Systemen in Europa nimmt Deutschland eine Mittelstellung zwischen Staatskirchentum und einer strikten Trennung von Staat und Kirche ein (vgl. Robbers 2005: 86). Das rechtliche Verhältnis von Staat und Kirche in Deutschland wird oft als „hinkende Trennung" oder, positiver formuliert, als „wohlwollende bzw. freundliche Kooperation" bezeichnet.

Die rechtlichen Rahmenbedingungen für Religionsgemeinschaften in der Bundesrepublik Deutschland werden vereinfacht mit der Bezeichnung „Staatskirchenrecht" zusammengefasst. Das Staatskirchenrecht ist nicht systematisch konzipiert worden, sondern historisch gewachsen. Es ist geprägt durch das Verhältnis von Staat und Kirche in der Vergangenheit und durch die innerkirchlichen Entwicklungen selbst.[64]

Artikel 4 Abs. 1 und 2 GG sichert die Religionsfreiheit, welche sowohl die Versammlungsfreiheit als auch die Freiheit des Glaubens, des Gewissens und des religiösen Bekenntnisses umfasst. Auch das Bekenntnis, keiner Religion anzugehören, ist durch die so genannte negative Religionsfreiheit darin eingeschlossen. Durch Artikel 7 GG wird an öffentlichen Schulen Religionsunterricht als ordentliches Lehrfach gewährleistet. Das Selbstbestimmungsrecht der Religionsgemeinschaften gibt ihnen das Recht, ihre inneren Angelegenheiten im Rahmen der für alle geltenden Gesetze eigenverantwortlich zu regeln (Artikel 140 GG in Verbindung mit Artikel 137 Abs. 3, Abs. 7 WRV). Da die Verfassung die Religionspflege zwar nicht als staatliche, jedoch als öffentliche Aufgabe betrachtet, fördert der Staat die Religionsgemeinschaften. Wie diese Förderung aussieht, ist wiederum an den rechtlichen Status der jeweiligen Religionsgemeinschaft gebunden.

Religionsgemeinschaften können in Deutschland einen unterschiedlichen Rechtsstatus innehaben. Zum einen existiert unter bestimmten Voraussetzungen auch für diese der Status der Körperschaft des öffentlichen Rechts (K.d.ö.R.). Zum anderen haben Religionsgemeinschaften die Möglichkeit, sich privatrechtlich als eingetragene Vereine zu organisieren.

---

63 Allerdings mit dem Unterschied, dass gerade die in der Türkei benachteiligten oder unterdrückten Gruppierungen in Deutschland große Entfaltungsfreiheit erfahren (vgl. Landman 2005: 587ff.). Auch andere muslimische Gemeinschaften und Verbände sind vielfach national bzw. ethnisch zusammengesetzt, so z.B. arabisch geprägte Gemeinschaften oder Vereine aus Indien bzw. Pakistan.

64 Ein Teil der heute gültigen Regelungen zwischen Staat und Kirche/Religionsgemeinschaften geht auf die Weimarer Reichsverfassung von 1919 zurück: Artikel 140 GG übernimmt ausdrücklich die Artikel 136-141 der Weimarer Reichsverfassung (WRV). In heutigen Diskussionen über den rechtlichen Rahmen der Beziehung zwischen Staat und Religion taucht daher bisweilen die Frage auf, ob Deutschland ein neues Staatskirchenrecht brauche und ob es nicht angemessener wäre, von einem „Religions- und Weltanschauungsgemeinschaftsrecht" zu sprechen.

Im Verhältnis von Staat und Religion in Deutschland nehmen die so genannten großen Kirchen, die Katholische und die Evangelische Kirche, eine Sonderstellung ein: An ihnen wurden in der Vergangenheit maßgeblich diejenigen Gesetze entwickelt und geformt, die die Religion betreffen. Die großen Kirchen erhielten den Status von Körperschaften des öffentlichen Rechts bereits vor der Weimarer Zeit. So erklärt sich, dass dieser Rechtsstatus heute noch an kirchenähnliche Gemeinschaftsstrukturen geknüpft ist bzw. die rechtliche Regelung deshalb die Kirchenstruktur als Organisationsmodell nimmt. Es kann anderen Religionsgemeinschaften Probleme bereiten, wenn sie versuchen, die Vorraussetzungen zur Erlangung dieses Status zu erfüllen

Für den Status einer Körperschaft des öffentlichen Rechts gilt, dass grundsätzlich jede Gemeinschaft den Status erlangen kann, wenn sie sich entsprechend organisiert: „Anderen Religionsgesellschaften sind auf ihren Antrag gleiche Rechte zu gewähren, wenn sie durch ihre Verfassung und die Zahl ihrer Mitglieder die Gewähr der Dauer bieten" (Art. 140[65] GG in Verbindung mit Art. 137 Abs. 5 WRV).[66] Zuständig für die Verleihung des Körperschaftsstatus sind die Bundesländer.

In Deutschland haben heute auf christlicher Seite die einzelnen Kirchengemeinden, Diözesen, Landeskirchen und kirchlichen Zusammenschlüsse der Katholischen, Evangelischen, Lutherischen und Reformierten Kirche den Status von Körperschaften des öffentlichen Rechts inne. Ebenso sind ein Großteil der evangelischen Freikirchen und einige kleine Gemeinschaften, wie z.B. die Altkatholische Kirche, die Gemeinschaft der Siebenten-Tags-Adventisten, die Christengemeinschaft, die Neuapostolische Kirche und auch die Zeugen Jehovas als Körperschaften des öffentlichen Rechts organisiert.

Ähnlich wie die Kirchen besitzen auf jüdischer Seite sowohl der Dachverband, der Zentralrat der Juden in Deutschland, als auch die meisten Einzelgemeinden den Körperschaftsstatus.

Auf islamischer Seite gibt es bislang keine Gemeinschaft und keinen Verband mit diesem Status. Die meisten Moscheegemeinden und islamischen Dachverbände haben die rechtliche Form eines eingetragenen Vereins.[67]

Neben den genannten rechtlichen Formen gibt es die Möglichkeit, so genannte Staatskirchenverträge abzuschließen, die ein alternatives Instrument der Zusammenarbeit zwischen Staat/Bundesland und einer Religionsgemeinschaft darstellen.[68] Dabei gehen die zwei Vertragspartner durch Selbstbindung eine beidseitige Regelung ihrer Interessen ein. Seit der Wiedervereinigung und dem Beitritt der neuen Bundes-

---

65 Für weitere Kriterien vgl. Bundesministerium des Innern (2008c).
66 Für die besondere Rechte, die an den Status der K.d.ö.R. geknüpft sind, Bundesministerium des Innern (2008a).
67 Für eine Übersicht über die Religionsgemeinschaften mit dem Status K.d.ö.R. vgl. Bundesministerium des Innern (2008b).
68 Die Staatsverträge fassen Sachverhalte zusammen, die ansonsten in zahlreichen Einzelvereinbarungen geregelt wären. Diese betreffen z.B. Theologische Fakultäten, Fachhochschulen, Religionsunterricht, Schulen, Erwachsenenbildung, Diakonische Einrichtungen, Denkmalpflege, Sonderseelsorge, Staatsleistungen und einiges mehr (vgl. Schmitz 2007).

länder haben diese Verträge an Bedeutung gewonnen. In den 1990er Jahren haben die Evangelische Kirche und auch jüdische Gemeinden mit den neuen Bundesländern derartige Verträge geschlossen. Für die Römisch-Katholische Kirche gilt im Wesentlichen das Reichskonkordat von 1933 fort.

4.6 Zur aktuellen Situation der Religionen

Zu den innerreligiösen Spannungen kommen Konflikte mit der umgebenden Mehrheitsgesellschaft und zum Teil auch mit den staatlichen Institutionen hinzu.

Der Zuzug jüdischer Menschen aus den ehemaligen Ländern der Sowjetunion seit den 1990er Jahren ist für die jüdischen Gemeinden in Deutschland eine große Herausforderung. Er stellt die bestehenden Gemeinden vor die große Aufgabe, die neuen Mitglieder sowohl sprachlich als auch kulturell zu integrieren. Da sie in den ehemaligen Ostblock-Staaten ihre Religion zum Teil gar nicht oder nur sehr eingeschränkt ausüben konnten, muss bei den Grundlagen begonnen werden: So wird vielfach Religionsunterricht für die neu Hinzugekommenen angeboten.

Für das Judentum in Deutschland erhebt der Zentralrat der Juden den Anspruch, die übergreifende Interessenvertretung für sämtliche Gemeinden zu sein, trotz ihrer oft unterschiedlichen Ausrichtung. So wurden die neu zugewanderten Juden und Jüdinnen teilweise in die existierenden, dem Zentralrat der Juden zugehörigen Gemeinden eingegliedert. Es haben sich jedoch auch neue Gemeinden mit progressiver Ausrichtung gebildet, die sich in der Union progressiver Juden zusammengeschlossen haben. In einigen Fällen bestehen auch innerhalb einer Gemeinde Spannungen entlang dieser Linien.

Jenseits inhaltlicher Differenzen besteht ein Konfliktfeld darin, dass der deutsche Staat seine Zuwendungen an die jüdischen Gemeinden über ihr zentrales Organ, den Zentralrat der Juden, verteilen lässt. Da dieser, dem Parochialprinzip entsprechend, alle neu hinzukommenden Juden als seine Mitglieder erfasst, sich jedoch nicht alle von ihm vertreten lassen wollen, kommt es bei der Finanzierung der vom Zentralrat unabhängigen jüdischen Gemeinden zu Schwierigkeiten.

Juden in Deutschland werden von Seiten der deutschen Gesellschaft immer noch mit Antisemitismus konfrontiert, der sich in rechten Gruppen und Bewegungen radikalisiert. Hinzu kommt eine weit verbreitete antijüdische Gesinnung unter Muslimen, meist in Verbindung mit einer israelfeindlichen Perzeption des Nahostkonflikts.

Die internen Problemlagen der beiden großen christlichen Kirchen in Deutschland hängen mit dem Rückgang ihrer Mitgliederzahlen zusammen. Dadurch wird den Kirchen ein Strukturwandel abverlangt: Verhältnisse, die noch aus Zeiten stammen, in denen es in der deutschen Gesellschaft deutlich mehr Kirchenmitglieder gab, müssen nun der neuen Situation angepasst werden. Die Kirchen reagieren auf den Rückgang ihrer Mitgliederzahlen mit der Zusammenlegung oder gar Schließung von Gemeinden. Weitere Folgen der Umstrukturierungen sind Lohnkürzungen beim Personal oder

der Abbau von Stellen. Darüber hinaus müssen Baustopps von Kirchengebäuden verhängt werden, zum Teil kommt es auch zum Verkauf von Sakralbauten.

Auf katholischer Seite besteht ein weiteres Problem in einem Mangel an Priestern, vor allem fehlt es an Nachwuchs.

Die christlichen Konfessionen stehen darüber hinaus vor der Herausforderung, mit der veränderten Stellung von Religion in der Gesellschaft umzugehen: Ihr Einfluss ist allgemein zurückgegangen, Religion wird zunehmend als Privatsache verstanden.

Zwar werden christliche Werte nach wie vor als grundlegend für die deutsche (Mehrheits-)Gesellschaft wahrgenommen, und Christen sehen sich in Deutschland keiner Diskriminierung aufgrund ihrer Glaubenszugehörigkeit ausgesetzt. Angesichts der geschilderten Herausforderungen werden andere Religionsgemeinschaften, vor allem der Islam, leicht als Bedrohung angesehen, was das Zusammenleben und den Dialog erschweren kann.

Der Islam steht gegenwärtig im Zentrum der öffentlichen Aufmerksamkeit. Herausforderungen bestehen sowohl innerhalb des muslimischen Spektrums als auch im Verhältnis zur Mehrheitsgesellschaft, sie sind zudem auf verschiedenen Ebenen angesiedelt. Meist sind die aktuellen Themen an der Schnittstelle zwischen Minderheit und umgebender Gesellschaft zu verorten.

Für die Muslime in Deutschland gilt, dass sich die junge Generation gegenwärtig verstärkt der Religion zuwendet. Dies äußert sich unter anderem in einem verstärktem Rückgriff auf religiöse Symbole (z.B. das Kopftuch) sowie einem neuen, konservativen Werteverständnis unter jungen Muslimen in Deutschland. Die Entwicklung wird u. a. als Kompensationsreaktion auf strukturelle Benachteiligung und Diskriminierung gedeutet.[69]

Innerhalb der „eigenen Reihen" führt die große Heterogenität der religiösen Ausrichtungen sowie der ethnischen bzw. nationalen Herkunft zu Schwierigkeiten.

Im Zusammenhang mit der Breite des muslimischen Spektrums in Deutschland sind auch islamistische Strömungen als Problem zu nennen. Von seinem antidemokratischen Potenzial sind Minderheit und Mehrheitsgesellschaft betroffen. Islamismus[70] ist zunächst jedoch ein innerislamisches Problem, indem Forderungen gegenüber anderen Muslimen erhoben werden, die nicht entsprechend islamistischer ideologischer Vorgaben leben. „Ebenso wie sich die deutsche Bevölkerung mit ihren extremistischen Potenzialen selbstkritisch auseinandersetzen muss, muss sich auch die muslimische Bevölkerung selbstkritisch mit ihren islamistischen Potenzialen auseinandersetzen" (Pfahl-Traughber 2001: 53).

---

69 „Der Rückgriff auf die Religion bietet gerade auch jungen Migranten kulturellen Halt, während sie sich in der Gesellschaft ausgegrenzt fühlen oder geringe Aufstiegschancen verspüren. Die Jugendlichen, die sich verstärkt der Religion zuwenden, gehören zu einer Generation, die zumeist in Deutschland geboren wurde und aufgewachsen ist, die aber den Anspruch erhebt, ihre Kultur und ihre Religion selbstbewusst und ohne Beschränkung zu leben (Dietrich Reetz zit. nach Pötzl/Traub 2008)."
70 Für eine Definition von Islamismus vgl. Pfahl-Traughber (2001).

Ebenfalls im Kontext seiner Heterogenität wird derzeit die Frage nach dem Rechtsstatus des Islams in Deutschland diskutiert. Bislang sind die Moscheegemeinden und islamischen Verbände in Deutschland als Vereine organisiert. Innerhalb des muslimischen Spektrums besteht keine Einigkeit in der Frage, ob der Status einer öffentlich-rechtlichen Körperschaft erlangt werden soll oder nicht. Entsprechende Bemühungen muslimischer Gruppen seit den 1970er Jahren blieben bislang erfolglos.

Damit verbunden ist der insbesondere von politischer Seite geäußerte Wunsch nach einem offiziellen und repräsentativen Vertretungsorgan für religiöse Belange der in Deutschland lebenden Muslime. In Folge der vom Innenministerium einberufenen Islamkonferenz wurde 2007 der bereits genannte Koordinierungsrat der Muslime in Deutschland gegründet, den genannten Anspruch kann er jedoch nicht erfüllen. Der Heterogenität des muslimischen Spektrums wäre wohl angemessener, wenn sich Bund und Länder auf mehrere Ansprechpartner auf muslimischer Seite einlassen würden. Zudem spricht – wenn die rechtlichen Voraussetzungen gegeben sind – nichts dagegen, mehreren muslimischen Akteuren den Status von Körperschaften des öffentlichen Rechts zuzuerkennen.

Die Frage nach einem Ansprech- bzw. Kooperationspartner für Bund und Länder wird regelmäßig auch im Hinblick auf einen islamischen Religionsunterricht sowie auf Lehrstühle für islamische Religionslehre erhoben. Dieser Status ist jedoch nicht notwendig, um Religionsunterricht an staatlichen Schulen erteilen zu können. Vielmehr genügt es, vom jeweiligen Bundesland als Religionsgemeinschaft anerkannt zu werden. Einzelne Länder organisieren islamischen Religionsunterricht für Mitglieder der islamischen Dachverbände, die eine größere Zahl an Muslimen repräsentieren.[71]

Auch die Frage, ob das Tragen eines Kopftuchs für Lehrerinnen an deutschen Schulen erlaubt ist oder nicht, wurde in den einzelnen Bundesländern unterschiedlich entschieden. Während in einigen Fällen religiöse Symbole generell verboten wurden, bestehen in anderen Ländern Ausnahmeregelungen für christliche Zeichen.

Die Bestrebungen von muslimischen Gemeinschaften, aus den sog. Hinterhofmoscheen in repräsentativere Räumlichkeiten zu ziehen, werden zwar zum Teil als Schritt in Richtung der notwendigen Einbürgerung des Islams in Deutschland wahrgenommen. Gleichzeitig entzünden sich am Thema „Moscheebau" regelmäßig Konflikte mit der christlich geprägten Mehrheitsgesellschaft.

Nicht erst seit dem 11. September 2001 herrscht in den deutschen Medien ein negatives Islambild vor. Zwar gibt es auch positives Interesse, allgemein ist jedoch eine

---

71 Ein verwandtes Thema, über das auch innerhalb des muslimischen Spektrums keine Einigkeit besteht, ist die Frage nach einer Ausbildung von Imamen in Deutschland.

weit verbreitete Angst vor dem Islam festzustellen, mit der in Deutschland lebende Muslime konfrontiert werden.[72]

4.7 Intrareligiöser Dialog als Herausforderung

Judentum, Christentum und Islam weisen nicht nur in Deutschland eine große innere Heterogenität auf. Diese Diversität innerhalb der Religionen geht teilweise mit Spannungen, Diskriminierungen und sogar Anfeindungen zwischen den Untergruppen einher.

Als Beispiel für den Versuch einer innerreligiösen Zusammenarbeit und Überwindung der bestehenden Grenzen kann auf christlicher Seite die Ökumenische Bewegung genannt werden. Durch den Zusammenschluss verschiedener Kirchen bzw. Konfessionen versuchte man Anfang des 20. Jahrhunderts, eine Zusammenarbeit zu etablieren und zu einer Einheit der christlichen Kirchen zu gelangen. 1948 wurde auf internationaler Ebene der Ökumenische Rat der Kirchen gegründet. Im gleichen Jahr entstand auf nationaler Ebene als assoziierte Organisation die Arbeitsgemeinschaft Christlicher Kirchen in Deutschland (ACK). Bei allen Erfolgen in der überkonfessionellen Zusammenarbeit werden zugleich auch immer deren Grenzen deutlich, so z.B. in Bezug auf Frauenordination oder Homosexualität. Zudem ist die Bereitschaft zur Teilnahme bei den einzelnen Konfessionen unterschiedlich ausgeprägt.

Unter den muslimischen Gruppen in Deutschland ist es bereits zu mehreren „konfessionsübergreifenden" Zusammenschlüssen gekommen. Als Dachorganisation mehrerer Verbände existiert der 1986 gegründete Islamrat für die Bundesrepublik Deutschland (IRD). Er stellt eine Koalition dar, in der Gemeinschaften unterschiedlicher Ausrichtung und ethnischer Herkunft zusammenarbeiten. Seine Mitgliedsverbände sind jedoch insgesamt türkisch geprägt und werden von Milli Görüş[73] dominiert. Als nicht-türkisches Pendant dazu existiert der seit 1994 bestehenden Zentralrat der Muslime in Deutschland (ZMD), der unterschiedliche Gruppen arabischer, deutscher und multi-ethnischer Herkunft sowie Gruppen unterschiedlicher Ausrichtung vereint. Seit April 2007 haben sich vier der großen (Dach-)Verbände als Ansprechpartner für

---

[72] Die Debatte kreist um eine Vielzahl an Themen. Es ist hier nicht der Raum, um angemessen auf die konfliktträchtigen und meist sehr komplexen Problemlagen zwischen muslimischen Minderheiten und Mehrheitsgesellschaft einzugehen. Die zum Diskurs gehörenden Themen können lediglich aufgezählt werden. Neben der angesprochenen Gefahr islamistischen Terrors wird bspw. die Vereinbarkeit des Islam mit einer demokratischen Rechtsordnung diskutiert, es geht um demographische Fragen und eine befürchtete Islamisierung Europas. Fragen der Gleichberechtigung und der sexuellen Selbstbestimmung werden in verschiedenen Kontexten thematisiert, z. B. hinsichtlich des Schwimm- und Sexualkundeunterrichts an Schulen oder in Bezug auf Menschenrechtsverletzungen wie Zwangsheiraten und sog. „Ehrenmorde". Auch Gewaltbereitschaft muslimischer junger Männer wird unter den Vorzeichen von Religion abgehandelt.
[73] Der nach der Türkisch-Islamischen Union der Anstalt für Religion (DITIB) zweitgrößte muslimische Verband in Deutschland ist umstritten. U. a. wird ihm eine antidemokratische Haltung (darunter Antisemitismus, Islamismus und Nationalismus) vorgeworfen, außerdem stand er wegen dubioser Wirtschaftsaktivitäten in der Kritik.

die Deutsche Bundesregierung im Koordinierungsrat der Muslime (KRM) zusammengeschlossen: der IRD, der ZMD, die Türkisch-Islamische Union der Anstalt für Religion (DITIB) und der Verband der Islamischen Kulturzentren. Dessen Repräsentanz als Vertretung der Muslime in Deutschland ist jedoch umstritten, da die Mitgliedsverbände nicht alle Moscheegemeinden in Deutschland umfassen. Außerdem sind Aleviten und Ahmadiyya in diesem Organ nicht vertreten.[74] Weiterhin bleiben Differenzen bestehen: Besonders bei konkreten Themen wie der Einrichtung eines einheitlichen islamischen Religionsunterricht oder einer Imamausbildung finden die unterschiedlichen muslimischen Gemeinschaften nur schwer zu einem Konsens.

Für das Judentum in Deutschland erhebt der Zentralrat der Juden – wie bereits diskutiert nicht unumstritten – den Anspruch, die übergreifende Interessenvertretung für sämtliche Gemeinden zu sein, ungeachtet ihrer oft unterschiedlichen Ausrichtung .

Bereits der intrareligiöse Dialog stellt also eine nicht beträchtliche Herausforderung dar. Dies ist im Kontext eines bi- oder gar trilateralen interreligiösen Dialogs zu beachten. Zum einen wirken sich innerreligiöse Differenzen auch auf den Austausch mit weiteren Religionen aus. Zum anderen wird daran deutlich, welche Hürden zu nehmen sind, um jenseits der Verständigung innerhalb einer Glaubensrichtung in Dialog mit weiteren Religionen zu treten.

4.8 Der interreligiöse Dialog zwischen den Religionsgemeinschaften

Im Laufe der Geschichte haben sich im Zusammenleben der Religionen äußerst vielfältige Formen und Modelle entwickelt. Darunter hat es friedliche Zeiten gegeben, in denen sich die Religionen gegenseitig bereicherten, aber auch lange Strecken der Unterdrückung, der Verfolgung, der Feindschaft und der Kriege. Jahrhundertelang war das Verhältnis der Religionen von gegenseitiger Abgrenzung, Abwertung und von verhärteten Fronten geprägt. Durch das diesen Einstellungen zugrunde liegende „Konfrontationsdenken" (Kuschel 2007: 31ff) war ein auf gegenseitiges Verständnis und auf Respekt zielender (theologischer) Dialog der Religionen von vornherein ausgeschlossen.

In den letzten 50 Jahren hat es diesbezüglich Veränderungen und einen Gesinnungswandel gegeben, der, bei allen Differenzen und Problemen, die weiterhin bestehen, auf offizieller Seite bzw. bei den Religionsgelehrten an manchen Stellen ein neues „Beziehungsdenken" (ebd.) und Aufeinanderzugehen erkennen lässt.[75]

---

74 Insgesamt zeigen sich auf muslimischer Seite sehr vielfältige Formierungsprozesse von Organisierung, die teilweise direkt von Außen angestoßen werden. Andererseits formieren sich neue Bündnisse in Reaktion auf das politische und soziale Umfeld, wobei es teilweise zu ganz zweckgebundenen Zusammenschlüssen kommt, wie im Falle islamischer Föderationen, die sich in einzelnen Bundesländern als Vereine gegründet haben. Ihr konkretes Anliegen ist die Durchsetzung und Durchführung islamischen Religionsunterrichts an deutschen Schulen, welchen sie in Berlin bereits erreicht haben.
75 Eine Beschreibung der Verschiebung vom „Konfrontations- zum Beziehungsdenken" im theologischen Religionsdialog findet sich bei Kuschel 2007: S. 32-77.

So vertritt die Katholische Kirche seit dem Zweiten Vatikanischen Konzil (1962-1965) eine neue Lehrmeinung bezüglich ihres Verhältnisses zu den nichtchristlichen Religionen, die in der Erklärung „Nostra Aetate" im Jahr 1965 öffentlich verkündet wurde. Entgegen der früher vertretenen „Enterbungs-, Abstoßungs- und Übertrumpfungstheologie" (Kuschel 2007: 64) wird darin bezüglich des Verhältnisses zum Judentum eine geistliche Verbindung (vgl. ebd.) festgestellt; beide Religionsgemeinschaften bestünden nebeneinander vor Gott.

Auch das Verhältnis zum Islam wird in „Nostra Aetate" angesprochen: Die besondere Beziehung der Kirche zu den Muslimen wird „mit dem gleichen *Verständnis des einen und wahren Gottes als Schöpfer und Richter*" (ebd.: 61; Hervorhebung im Original) begründet. Zudem werden die von allen drei Religionen geteilten Glaubenstraditionen biblischen Ursprungs gewürdigt, die exemplarisch in der gemeinsamen Verehrung Abrahams, Jesus und Marias zum Ausdruck kommen, unter Berücksichtigung der jeweiligen Unterschiede (vgl. ebd.: 63).

Als Ausdruck dieser Richtungsänderung in der offiziellen katholischen Lehrmeinung können die Besuche des Papstes in Synagogen und Moscheen gelten, die zudem einen symbolischen Schritt im Trialog darstellen. Johannes Paul II. besuchte 1986 erstmals in der Geschichte als Papst die Synagoge in Rom und 2001 erstmals eine Moschee, die Umaiyaden-Moschee in Damaskus. Papst Benedikt XVI. folgte seinem Vorgänger und stattete 2005 der Synagoge in Köln und 2007 der Sultan-Ahmet-Moschee in Istanbul Besuche ab.[76]

Ein positives Signal für den jüdisch-christlichen Dialog stellt von jüdischer Seite die am 10. September 2000 in der New York Times und der Baltimore Sun veröffentlichte Erklärung „Dabru Emet" („Redet Wahrheit") dar (vgl. Kuschel 2007: 46-50). Mehr als 200 jüdische Gelehrte und Rabbiner nahmen darin, im Interesse des Dialogs, Stellung zum Verhältnis zwischen Juden und Christen. Die Unterzeichner verstanden das Dokument als eine jüdische Antwort und eine Würdigung des positiven Wandels, der sich in den vergangenen Jahren in den christlich-jüdischen Beziehungen vollzogen hatte. Sie betonten ihrerseits, dass für das Verhältnis zwischen Juden und Christen die Gemeinsamkeiten (gleicher Gott, Autorität des gleichen Buchs, Anerkennung der gleichen moralischen Prinzipien) eine wichtige Ausgangsbasis sein können. Und sie

---

76 Johannes Paul II. richtete sich mit den Worten „Ihr seid unsere bevorzugten Brüder und, so könnte man gewissermaßen sagen, unsere älteren Brüder" an die jüdische Gemeinde und betonte die besondere Verbindung zwischen Christen und Juden (zit. nach Kuschel 2007: 34). In Damaskus regte er Christen und Muslime an, ein „besseres gegenseitiges Verständnis" zu entwickeln und „[n]icht als Gegner, [...] sondern als Partner für das Wohl der Menschheitsfamilie" zusammenzuarbeiten (zit. nach Kuschel 2007: 37).
Benedikt XVI. wiederum sprach einerseits die Shoa an und erinnerte andererseits an „Nostra Aetate": „Auch und gerade in dem, was uns aufgrund unserer tiefsten Glaubensüberzeugung voneinander unterscheidet, müssen wir uns gegenseitig respektieren und lieben" (zit. nach Kuschel 2007: 35). Gegenüber Vertretern muslimischer Gemeinschaften in Köln nannte er den interreligiösen und interkulturellen Dialog zwischen Christen und Muslimen „eine vitale Notwendigkeit, von der zum großen Teil unsere Zukunft abhängt" (zit. nach Kuschel 2007: 37).

forderten Juden und Christen dazu auf, „getrennt und vereint" daran zu arbeiten, „unserer Welt Gerechtigkeit und Frieden zu bringen".[77]

Als ein weiterer wichtiger Schritt in den interreligiösen Beziehungen ist das East-Western Divan Orchestra zu nennen, auch wenn es nicht theologischer, sondern kultureller Art ist. Es wurde 1999 von dem Dirigenten Daniel Barenboim und dem Literaturwissenschaftler und Kulturkritiker Edward Said ins Leben gerufen und vereint Musiker aus Syrien, Jordanien und den Palästinensergebieten sowie Musiker aus Israel (vgl. Kuschel 2007: 43).

Ein offener Brief von 38 führenden muslimischen Gelehrten aus aller Welt in Reaktion auf die umstrittene Regensburger Rede Papst Benedikts XVI. (2006) zeugte auf muslimischer Seite von dem Willen, aufeinander zuzugehen.[78] Während es in Teilen der islamischen Welt zu Ausschreitungen und sogar zu Gewalttaten mit Todesfolge kam, weil Benedikt XVI. abwertende Äußerungen eines mittelalterlichen Kaisers über den Propheten Mohammed missverständlich zitiert hatte, beinhaltete der Brief in direktem Bezug auf die Papstrede eine Stellungnahme zum muslimischen Gottesverständnis. Darüber hinaus forderten die Unterzeichner zu einem „ernsthaften und freien Dialog" (zit. nach Kuschel 2007: 71) zwischen Christen und Muslimen auf, um an „friedvollen und freundlichen Beziehungen in gegenseitigem Respekt" (ebd.) zu arbeiten. Dabei betonten die Gelehrten die globalpolitische Notwendigkeit friedlicher Beziehung der beiden weltweit größten Religionsgemeinschaften und verweisen in theologischer Hinsicht auf gemeinsame abrahamische Traditionen und das Gebot der Gottes- und Nächstenliebe, welche das Verhältnis von Muslimen und Christen bestimmen sollte (vgl. ebd.: 72).

Ein zweiter offener Brief von diesmal 138 muslimischen Gelehrten folgte ein Jahr später. Adressat war diesmal nicht nur der Papst, sondern alle Vertreter der christlichen Glaubensgemeinschaft. Im Mittelpunkt des Briefes stand der Verweis auf die gemeinsamen Werte von Muslimen und Christen. In der Gottes- und Nächstenliebe wurde die Basis für ein weltweites, religionsübergreifendes Engagement gläubiger Menschen für den Frieden gesehen. Der Brief stellte dabei nicht nur ein Novum hinsichtlich der Beziehungen zwischen Christentum und Islam dar, sondern war angesichts des breiten muslimischen Spektrums ein bedeutendes intrareligiöses Ereignis.

Neben den angeführten positiven Ereignissen gibt es allerdings auch Rückschritte im offiziellen interreligiösen Dialog.

Mit der Neueinführung bzw. Wiederzulassung der so genannten „Karfreitagsfürbitte für die Juden"[79] löste Papst Benedikt XVI. im Frühjahr 2008 eine heftige Debatte

---

77 Vgl. http://www.jcrelations.net/de/?id=1046 (Zugriff am 30.10.2008).
78 Das Dokument der 38 muslimischen Gelehrten vom 12. Oktober 2006 „Offener Brief an Seine Heiligkeit Papst Benedikt XVI." in deutscher Übersetzung von Dr. Michael Blume findet sich unter http://islam.de/files/misc/ulema_papst_10_06.pdf (Zugriff am 31.10.2008).
79 Der von Papst Benedikt XVI. autorisierte neue Text lautet in deutscher Übersetzung: „Lasst uns auch beten für die Juden. Dass unser Gott und Herr ihre Herzen erleuchte, damit sie Jesus Christus erkennen, den Heiland aller Menschen" (zit. nach Heinz/Brandt 2008).

zwischen Juden und Katholiken aus und erntete internationalen Protest sowohl von jüdischer als auch von christlicher Seite. Rabbiner kritisierten, dass der Text Bekehrungsbestrebungen gegenüber Juden ausdrücke und einen erheblichen Rückschritt in der mühsam vorangebrachten Arbeit darstelle. Partnerschaft, nicht Mission, sollte das Verhältnis zwischen Christen und Juden weiterhin bestimmen.[80]

Für Kontroversen sorgten außerdem verschiedene Publikationen zum Religionsdialog. Ein Beispiel hierfür ist die vom Rat der Evangelischen Kirche in Deutschland herausgegebene Handreichung zum Dialog zwischen Christen und Muslimen in Deutschland (vgl. Evangelische Kirche in Deutschland 2007). Von muslimischer Seite wurde kritisiert, dass die Handreichung ein Hemmnis im Dialog darstelle (nicht zuletzt in Hinblick auf die darin enthaltenen Aussagen zum Thema Mission), da sie bestehende Vorurteile transportiere und zur Angst vor dem Islam beitrüge (vgl. Koordinierungsrat der Muslime in Deutschland 2007). Nicht nur von Muslimen, auch von christlicher und jüdischer Seite sowie von anderen wurde Kritik an der Handreichung geäußert (vgl. Micksch 2007).

Auf den o. g. offenen Brief der 138 muslimischen Gelehrten reagierte der Ratsvorsitzende der Evangelischen Kirche in Deutschland, Bischof Wolfgang Huber, wiederum mit Abgrenzung: Er betonte die Unterschiede zwischen dem christlichen und dem muslimischen Glauben(sverständnis). Einem jüdisch-christlich-muslimischen Dialog erteilte Huber eine ausdrückliche Absage (vgl. Keller 2007).

Was die Verständigung zwischen den Religionsgemeinschaften auf institutioneller Ebene betrifft, weist die jüngste Geschichte in eine positive Richtung. Das alte Konfrontationsdenken ist dem neuen, relationalen Denken jedoch noch nicht ganz gewichen. Gerade in einer Situation, in der Verschiebungen in der religiösen Landschaft stattfinden, bei denen es auch um Macht- und Verteilungsfragen geht, können die offiziellen Vertreter der Religionen in die Versuchung geraten, sich auf Kosten der anderen profilieren zu wollen. Dies stellt eine Belastungsprobe für die gegenseitigen Beziehungen dar.

5 Dialog und Religion

Das folgende Kapitel befasst sich mit dem Wesen des Dialogs, insbesondere mit dem Wesen des Dialogs zwischen den Religionen.

Im ersten Teil geht es um die Frage, was einen Dialog ausmacht. Nach einer kursorischen historischen Hinführung werden Merkmale des Dialogs angeführt und Charakteristika aufgezeigt. Zivilgesellschaft wird als ein zentraler Ort des Dialogs markiert. Der nächste Schritt gilt der Spezifizierung des Dialogbegriffs, geht es im gegebenen Zusammenhang doch um einen Dialog zwischen den Kulturen und schließlich zwi-

---

[80] Vgl. http://www.juden-in-bamberg.de/Aktuelles/03_2008/FT%202008-03-20%20Seite%20141.pdf, http://www.oe24.at/zeitung/welt/weltpolitik/article269735.ece (Zugriff jeweils am 2.11.2008).

schen den Religionen. Interkultureller und interreligiöser Dialog werden zueinander in Beziehung gesetzt. Im Anschluss werden sowohl die positiven Erwartungen als auch Kritikpunkte am interkulturellen bzw. interreligiösen Dialog vorgestellt.

5.1 Dialog – eine Begriffsbestimmung

Es ist in der Philosophie und in der Ideengeschichte lange Tradition, sich mit dem Wesen des Dialogs zu beschäftigen. Platon sah im Dialog ein Mittel zum Erkenntnisgewinn (vgl. Birkenfeld 2006: 49).[81] So lautet beispielsweise eine Grundfrage in Platons „Gorgias", seinem umfangreichstem Dialog: „Wie soll man leben?" (vgl. Erler 2007: 134). Im Mittelalter wurde der Dialog verstärkt als Lehrgespräch aufgefasst und war in dieser Form weit verbreitet (vgl. ebd.: 50). Die Platon'sche Vorstellung wurde im deutschen Idealismus durch die philosophische Methode der Dialektik aufgegriffen.[82] Im 20. Jahrhundert beförderte die hermeneutische Philosophie die Perzeption von Dialog als Mittel zum Erkenntnisgewinn (vgl. ebd.); die hermeneutische Sichtweise um Hans-Georg Gadamer prägt bis heute maßgeblich das Verständnis von „Dialog".

Einige grundlegende Merkmale des Dialogs lassen sich festhalten: Im Unterschied zum Monolog, den eine Person mit sich alleine führt, meint der Terminus „Dialog" die Rede und Gegenrede zwischen mehreren Menschen, mindestens aber ein Zwiegespräch. Dass die Dialogbeteiligten dabei physisch anwesend sind, ist ebenfalls ein wesentliches Merkmal.

Um den Dialog von anderen kommunikativen Akten wie der Diskussion, dem reinen Informationsaustausch, der Konversation oder einer Verhandlung abzugrenzen, bedarf es jedoch einer weitergehenden Spezifizierung. Unter den zahlreichen Vorschlägen, Dialog zu definieren, wurde im Rahmen der vorliegenden Studie die folgende Begriffsbestimmung herausgegriffen: Dialog ist ein Kommunikationsvorgang, „in dem Menschen mit unterschiedlichen Überzeugungen und Geltungsansprüchen unter dem Primat des zivilen Umgangs miteinander in Widerstreit treten" (Birkenfeld 2006: 46).

Da Überzeugungen und Geltungsansprüche artikuliert werden, enthält der Dialog immer auch ein konfrontatives Element. Hingegen ist Konsens kein wesentlicher Bestandteil des Dialogs. Vielmehr gehört zum Wesen des Dialogs, dass er sowohl zu einem Einverständnis als auch zu einer Verständigung führen kann. So kann, als ein mögliches Ergebnis, zwischen den Kommunizierenden ein Gemeinsamkeiten (re-)produzierendes Einverständnis erzielt werden. Gleichzeitig können die am Dialog

---

[81] Auch in der Gegenwart wird im philosophischen Kontext mit den sog. „Sokratischen Gesprächen" methodisch an diese Tradition angeknüpft, so z.B. bei der Gesellschaft für Sokratisches Philosophieren, vgl. http://www.philosophisch-politische-akademie.de/gsp.html (Zugriff am 20.10.2008).
[82] „Die Dialektik will durch die Logik des Widerspruchs, wie sie sich in der Wechselrede von These und Antithese manifestiert, zur Erkenntnis – mit Hegel gesprochen: zur Synthese – gelangen" (Birkenfeld 2006: 49).

Beteiligten ihre Geltungsansprüche aufrechterhalten, aber dennoch zu einer Verständigung in dem Sinne gelangen, dass Differenzen auf vernünftige Weise stehen gelassen werden können (vgl. ebd.: 46), „allerdings mit guten, im Dialog plausibilisierten Gründen" (Birkenfeld 2007: 4).

Mögliche Resultate eines Dialogs sind demnach eine weiter bestehende Ablehnung, ein Lerneffekt, eine kritische (Selbst-)Reflexion, die Koordination von Handlungen oder gar ein Sozialisationseffekt (vgl. Birkenfeld 2006: 52).

Zu den weiteren Charakteristika von „Dialog", die im gegebenen Zusammenhang relevant sind, gehört, dass „die Autorität eines Dialogpartners auf – womöglich erst im Kommunikationsverlauf erworbener – sozialer Anerkennung beruht" (ebd.: 53). Damit werden im Dialog vorgegebene Machtstrukturen und soziale Hierarchien aufgebrochen. Neben einer solchen Reziprozität ist ein weiteres wesentliches Merkmal von Dialog die Adressivität, die Ausrichtung der Ansprache an einem Gegenüber (vgl. ebd.: 53): Hier ist der bereits angesprochene sozialisierende Nebeneffekt von Dialog anzusiedeln.

Schließlich nennt Birkenfeld noch einige Kriterien für den Eintritt in einen Dialog, nämlich „fallibles Bewusstsein, die Befähigung zur (Selbst-)Kritik und zur vernünftigen Argumentation sowie eine ‚zivile' Haltung *(civility)*. Dazu zählten Offenheit, Fairness, Takt bzw. Distanzwahrung und die Fähigkeit, zuzuhören" (ebd.: 121; Hervorhebung im Original, EH).

5.2 Zivilgesellschaft als Ort des Dialogs

Hier zeigen sich deutliche Verbindungen zur Zivilgesellschaft, wie sie vor allem von der neueren Kritischen Theorie gesehen wird: In den Augen deliberativer oder diskurstheoretischer Demokratietheoretiker und -theoretikerinnen (Habermas 1998, Cohen/Arato 1994, Benhabib 1996, Fraser 2001, Sänger 2007) ist sie eine freie öffentliche Sphäre, „die getrennt von Staat und Wirtschaft den Bürgern einen Raum für freie Debatte, Beratung und Teilhabe an der demokratischen Willensbildung bietet" (Croissant et al. 2000: 14). Auch Luhmann beschreibt (Zivil-)Gesellschaft als „das umfassende Sozialsystem aller kommunikativ füreinander erreichbaren Handlungen" (Luhmann 2008: 16).

Zivilgesellschaft dient aus dieser Sicht dazu, Öffentlichkeit herzustellen und Kritik zu üben, d.h. sie eröffnet einen Raum zur Artikulation und Aggregation von Interessen. Auch gesellschaftlich untergeordnete oder marginalisierten Gruppen können hier ihre Interessen finden und artikulieren.

Habermas charakterisiert die der Zivilgesellschaft zugeschriebene Kommunikationsfunktion wie folgt: „Die Zivilgesellschaft setzt sich aus jenen mehr oder weniger spontan entstandenen Vereinigungen, Organisationen und Bewegungen zusammen, welche die Resonanz, die die gesellschaftlichen Problemlagen in den privaten Lebensbereichen finden, aufnehmen, kondensieren und lautverstärkend an die politische Öffentlichkeit weiterleiten. Den Kern der Zivilgesellschaft bildet ein Assoziationswesen, das problemlösende Diskurse zu Fragen allgemeinen Interesses im Rahmen veranstalteter Öffentlichkeit institutionalisiert" (Habermas 1998: 443-444).

Während der vorgestellte Dialogbegriff auf einer abstrakten Ebene die Charakteristika eines spezifischen Kommunikationsvorgangs beschreibt, ist Zivilgesellschaft in einen größeren Kontext eingebettet: Zivilgesellschaft beinhaltet immer auch die Bezugnahme auf Öffentlichkeit und damit auf das politische System. In beiden Fällen wird auf eine bestimmte Form des Umgangs rekurriert: In der Definition von Dialog wird auf ein „Primat des zivilen Umgangs miteinander" sowie auf eine „‚zivile' Haltung" verwiesen (s. o.). Bei der (normativ verorteten) Begriffsbestimmung einer „guten" Zivilgesellschaft werden bestimmte Verhaltensstandards (wie Toleranz, Verständigung, der Verzicht auf physische Gewalt als Aktionsmodus, die Orientierung an Gemeinsinn) mit Zivilgesellschaft verbunden. Sowohl beim Dialogbegriff als auch bei einem Konzept der Zivilgesellschaft, das sich auf ihre Kommunikationsstrukturen richtet, stehen ergebnisoffene Aushandlungsprozesse im Mittelpunkt. Zivilgesellschaft kann somit als ein Ort des Dialogs begriffen werden.

5.3 Religion zwischen Dialog und alleinigem Wahrheitsanspruch

Der Fokus der vorliegenden Studie liegt auf dem trilateralen Dialog zwischen Judentum, Christentum und Islam und damit auf dem interreligiösen Dialog. Den Begriff des interreligiösen Dialogs zu definieren, stellt vordergründig kein Problem dar – beim interreligiösen Dialog handelt es sich um einen Dialog zwischen Angehörigen von (mindestens zwei) verschiedenen Religionen bzw. Konfessionen (zur Unterscheidung von interreligiösem und interkulturellem Dialog s. u.).

Wie verträgt sich der den Religionen inhärente Anspruch auf alleinige Wahrheit mit dem Wunsch, in einen Dialog zu treten? Fördert Religion Dialog, oder hemmt sie ihn? Befähigt sie zum Dialog, oder macht sie dialogunfähig?

Die Theorie hat diese Fragen unterschiedlich beantwortet. Zu konfligierenden Einschätzungen hinsichtlich der Dialogfähigkeit von Religion gelangen beispielsweise Jürgen Habermas und Richard Rorty. Während Habermas in seiner Rede anlässlich der Verleihung des Friedenspreises des Deutschen Buchhandels im Jahr 2001 die „Artikulationskraft religiöser Sprache" (vgl. Habermas 2001) positiv hervorhob, bezeichnete Rorty Religion als „Konversations-Stopper" (zit. nach Birkenfeld 2007: 1). Es sind Geltungsansprüche, im Falle von Religionen deren absolute Wahrheitsansprüche, die einen Dialog erschweren oder sogar verhindern können. „Religion fördert und hemmt zugleich den Dialog, Religion kann dialogfähig und auch dialogunfähig machen" (Bauschke 2006: 4).

Mit ebendiesem Spannungsverhältnis setzt sich Dorit Birkenfeld in ihren Forschungsarbeiten auseinander (dies. 2006, 2007) und macht den oben zitierten Dialogbegriff mit Religion kompatibel. Dies gelingt dann, wenn der religiöse Wahrheitsanspruch

„nicht als Beanspruchung von Wahrheit, sondern als auf die Wahrheit hin offene Anspruchs*haltung* gedacht wird" (dies. 2006: 121). Damit geht einher, Religion als „Fürwahrhalten", d.h. als Überzeugung zu verstehen: „Religion weist demnach eine voluntative Komponente auf, denn sie muss wie alle anderen Überzeugungen gebildet werden und wäre mithin Folge einer freien, auf einem Reflexionsvorgang beruhenden (nachholenden) Entscheidung" (Birkenfeld 2006: 121). Dies ermöglicht es, am eigenen Geltungsanspruch festzuhalten und gleichzeitig den Anspruch des Dialogpartners auf dessen eigene Wahrheit stehen zu lassen. Bemerkenswert ist dabei, dass Toleranz nicht bereits vor dem Dialogeintritt gefordert bzw. vorausgesetzt wird, sondern dass (aktive) Toleranz vielmehr als Folge eines Dialogs anzusehen ist (vgl. ebd.: 2007: 4-5).

Unter bestimmten Umständen bzw. Voraussetzungen also sind Religionen fähig zum Dialog und weisen Dialog stiftende Potenziale auf.

5.4 Dialog der Kulturen – Dialog der Religionen

Die beschriebenen gegensätzlichen Perspektiven finden sich nicht nur auf theoretischer Ebene, sondern auch in der praktischen Beurteilung der Relevanz des interreligiösen Dialogs. Bevor hier sowohl auf die Hoffnungen, die mit dem interreligiösen Dialog verbunden werden, als auch auf die Kritik an ihm eingegangen wird, erfolgt eine Unterscheidung zwischen interreligiösem und interkulturellem Dialog.

Hinsichtlich der Abgrenzung des interreligiösen vom interkulturellen Dialog sind verschiedene Positionen anzutreffen.

Einer Sichtweise zufolge stehen der interreligiöse und der interkulturelle Dialog gleichsam nebeneinander. Die Unterscheidung erfolgt auf der inhaltlichen Ebene. Es wird davon ausgegangen, dass beim interkulturellen Dialog Themen des Zusammenlebens im Vordergrund stehen (vgl. Micksch 2007: 22). Nicht so beim interreligiösen Dialog: Hier werden Glaubensfragen berührt, weshalb er meist von Theologen und Schriftgelehrten geführt wird (vgl. ebd.).[83]

Eine zweite Sichtweise subsumiert Religion unter Kultur und begreift den interreligiösen Dialog folglich als Teil des interkulturellen Dialogs: „Ausgehend davon, dass Religion und Kulturen in einem sich bedingenden Wechselverhältnis stehen und Religion einen Teil der Identität ausmacht, ist der Dialog zwischen den Religionen als ein

---

[83] Eine Hierarchie führt Micksch hinsichtlich der Erfolgsbilanz ein: Die Erfolgsbilanz interreligiöser Dialoge fällt nach Ansicht des Autors im Vergleich zu den Erfolgen interkultureller Dialogbemühungen bescheiden aus. „Dennoch tragen dauerhaft angelegte interreligiöse Dialoge dazu bei, sich besser zu verstehen, Verständnis für andere Positionen zu entwickeln und neue Zugänge zu eigenen Traditionen zu finden. Vor allem entwickeln sich dadurch Freundschaften, die eine große Ausstrahlung haben" (ebd.). Die Chance sieht Micksch im Zusammenspiel von interkulturellem und interreligiösem Dialog. Dieses kann den Weg zu einem friedlichen Miteinander ebnen, konkret bei der Bewältigung von Konflikten, wie sie beispielsweise im Zusammenhang mit Moscheebauten auftreten. „Eine Intensivierung und stärkere Förderung dieser Dialogarbeit ist erforderlich" (ebd.: 23).

Bestandteil des Dialogs zwischen den Kulturen aufzufassen" (Klinkhammer/Satilmis 2007: 9).[84]

Tatsächlich lassen sich die Grenzen zwischen interreligiösem und interkulturellem Dialog in der Praxis nicht eindeutig ziehen. Dies belegt auch der empirische Teil der vorliegenden Studie. Geht man von einem Nebeneinander von interkulturellem und interreligiösem Dialog aus, so besteht eine erhebliche Schnittmenge zwischen den beiden Formen. Die im trilateralen interreligiösen Dialog aktiven zivilgesellschaftlichen Initiativen basieren meist weder auf einer bestimmten Personengruppe (wie den o. g. religiösen Spezialisten), noch beschränken sie sich auf das theologische und spirituelle Feld. Vielmehr mobilisieren sie unterschiedliche Bürgerinnen und Bürger, wählen vielfältige Aktionsformen und verfolgen – trotz erheblicher Übereinstimmung – eine Vielzahl von Zielen. Gemeinsam ist ihnen jedoch, dass sie den *Zugang* über das Religiöse, über die Religionen wählen. Mögen sie sich mit sozialpolitischen Themen beschäftigen oder Fußball spielen, Feste ausrichten oder Kunstausstellungen organisieren – sie tun dies unter Bezugnahme auf ihren religiösen Hintergrund. Eine Initiative, die mit dem Ziel der Friedensarbeit regelmäßig Treffen in Deutschland zwischen palästinensischen, israelischen und deutschen (also mutmaßlich jeweils mehrheitlich muslimischen, jüdischen und christlichen) Frauen organisiert, dabei aber auf die unterschiedliche Religionszugehörigkeit der Teilnehmerinnen keinen Bezug nimmt, ist demnach kaum als interreligiöse Initiative zu betrachten. Ein Fußballturnier – weit von einer theologischen Auseinandersetzung entfernt – zwischen Pfarrern und Imamen, mit Rabbinern als Linienrichtern, ist hingegen eher als interreligiöse Initiative zu werten. Diese Einschätzung verträgt sich besser mit der letztgenannten Position: Die Unterordnung des interreligiösen Dialogs unter den interkulturellen scheint geeigneter, die vielfältigen Gesichter zu erfassen, die ein interreligiöser Dialog annehmen kann.

5.5 Ebenen des Dialogs

Die verschiedenen Ebenen, auf denen ein Dialog zwischen den Religionen stattfinden kann, versucht ein Modell der Deutschen Bischofskonferenz zu fassen. Im Modell wird zwischen den folgenden vier Ebenen bzw. verschiedenen Dialogformen unterschieden (vgl. Deutsche Bischofskonferenz 2003: 142ff.):

1. Dialog des Lebens (alltägliche Begegnung)
2. Dialog des theologischen Austauschs
3. Dialog des Handelns (über gesellschaftspolitische Fragen)
4. Dialog der religiösen Erfahrung (Spiritualität).

Dabei oszilliert der Dialog zwischen zwei Polen: Die praktische, gesellschaftspolitische Ebene steht der theologischen Ebene gegenüber (vgl. Tezcan 2006: 29). Gleich-

---

84 Kultur und Religion werden hier nicht als statische Größen verstanden, im Gegenteil bedürfen beide einer gesellschaftlichen Kontextualisierung.

zeitig erweckt die Reihung der einzelnen Ebenen die Vermutung, dass der Dialog des Lebens die grundlegendste Form des Dialogs[85] darstellt. Gegen die Annahme, das Modell als Stufenmodell aufzufassen, spricht allerdings, dass im Rahmen der Katholischen Kirche der Dialog auf theologischer Ebene lange Zeit als Königsweg galt (vgl. Halm 2008: 53).

5.6 Kriterien für eine gelungene Zusammenarbeit

Leonard Swidler hat bereits Mitte der 1980er Jahre zehn Regeln für den interreligiösen Dialog aufgestellt (Swidler 1986: 315-317; vgl. auch „Weißt Du, wer ich bin?" 2007c: 35).

An erster Stelle steht ihm zufolge die Bereitschaft der Gesprächspartner zu lernen und gemäß des im Dialog Erlernten zu handeln. Zweitens muss der Dialog sowohl als Projekt innerhalb der eigenen Religionsgemeinschaft als auch als Projekt zwischen den beteiligten Religionsgemeinschaften angesehen werden. Die dritte Regel des interreligiösen Dialogs verlangt Aufrichtigkeit und Ehrlichkeit im eigenen Verhalten, aber auch die Annahme, dass beide Eigenschaften beim Gesprächspartner vorhanden sind. Viertens geht es darum, eigene Ideale mit denen des Gegenübers, eigene Praxis mit der des Gegenübers zu vergleichen und darauf zu achten, die jeweiligen Bereiche nicht zu vermischen. Die fünfte Regel legt Wert darauf, dass alle Teilnehmenden ihre Standpunkte selbst erklären und sich in einer etwaigen Interpretation durch andere wieder finden. Offenheit und Unvoreingenommenheit sind Inhalt der sechsten Regel. In ihr wird gefordert, sich nicht mit unveränderlichen Annahmen in den Dialog und damit auch in mögliche Kontroversen zu begeben. An siebter Stelle steht der Austausch von Gleichen mit Gleichen: Dialog muss als wechselseitiges Unterfangen auf gleicher Ebene angesehen werden. Die achte Regel stellt das gegenseitige Vertrauen als Grundlage des interreligiösen Dialogs in den Mittelpunkt. Dabei geht es auch um das Verhältnis zwischen Struktur und Individuum: Ein Dialog kann nur zwischen Personen (nicht zwischen Institutionen) geführt werden. Eine weitere Voraussetzung für den interreligiösen Dialog, so die neunte Regel, ist die Bereitschaft zur Selbstkritik sowie zur kritischen Auseinandersetzung mit der eigenen religiösen Tradition, sei sie auch noch so minimal. Zehntens ist Einfühlungsvermögen in die Religion des Gegenübers gefragt, etwas, das über die rationale Durchdringung des anderen Standpunkts hinausgeht.

Swidlers Regeln betreffen ausdrücklich nicht nur den interreligiösen Dialog im weiteren Sinne, sondern umfassen darüber hinaus auch den Dialog zwischen Anhängern verschiedener Ideologien.

---

85 Wenn dem so wäre, würde die Anordnung der aus der interkulturellen Pädagogik und Kommunikation stammenden sog. Kulturkontaktthese folgen: (Nur) das gemeinsame (Er-)Leben von Menschen unterschiedlicher Kultur löst einen Lernprozess aus.

5.7 Chancen und Grenzen des interreligiösen Dialogs

Nationale und internationale Konfliktlagen haben zu einer erhöhten medialen und politischen, aber auch wissenschaftlichen Aufmerksamkeit für den interreligiösen Dialog in Deutschland geführt. Vor dem Hintergrund einer zunehmenden Verknüpfung des Themas Religion mit Fragen der Integration und der Inneren Sicherheit erhofft man sich vom interreligiösen Austausch, das er das Verständigungspotenzial der Religionen stärkt. Angesichts der bestehenden Konfliktfelder Antisemitismus, Xenophobie und Islamismus, aber auch angesichts der weit verbreiteten Angst vor „dem" Islam, gilt das Interesse in Deutschland dem Dialog zwischen den drei dominierenden Religionen Judentum, Christentum und Islam. Insbesondere auf die zivilgesellschaftlichen Initiativen und ihren potenziellen Beitrag zum gesellschaftlichen Zusammenhalt werden große Hoffnungen gesetzt.

Insofern hat die Rede vom interreligiösen Dialog Konjunktur, gerade auch angesichts religiöser Fundamentalismen.

Interessanterweise werden sowohl der Dialog zwischen den Religionen als auch religiöse Fundamentalismen aus (religions-)wissenschaftlicher Sicht im selben Kontext verortet: Volkhard Krech beschreibt sie als zwei entgegen gesetzte Reaktionsmuster von Religionen auf die Herausforderungen der Globalisierung.

Im Kontext von Globalisierung können Religionen einerseits mit einer „Tendenz zur universalisierenden Abstraktion" (Krech 2003: 35) reagieren. „Mit der Universalisierung des Heils geht eine zunehmende Abstraktion einher", schreibt der Autor (ebd.: 39), und ordnet beispielsweise die Katholische Kirche und die verschiedenen Befreiungstheologien dieser Tendenz zu (ebd.: 42). Aber auch die Ansätze zu einer Welttheologie, wie sie am prominentesten Hans Küng angestoßen hat, werden hier verortet. „Auch Teile des interreligiösen Dialogs, sofern er die Schnittmengen der verschiedenen Religionen benennen möchte, gehören zum Universalisierungsprozess" (ebd.: 39).

In einem dialektischen Verhältnis dazu können Religionen andererseits verstärkt zu Konkretion und Partikularisierung tendieren. „[D]as Aufkommen des Fundamentalismus als einer regressiven Konkretionsform des Religiösen" (ebd.: 41) ist somit eine zweite Reaktionsmöglichkeit von Religionen auf die Anforderungen (möglicherweise auch Überforderungen) in einer globalisierten Welt.

Der Dialog zwischen den Religionen wird im Kontext von Globalisierung, Migrationsbewegungen und damit einhergehender gesellschaftlicher Pluralisierung zunehmend positiv gesehen. Angesichts nationaler und internationaler (oft ethno-religiöser) Konfliktlagen, insbesondere in Folge von islamistischen Terroranschlägen, wird der Ruf nach einem Dialog der Religionen lauter. In diesem Kontext „scheint sich der interreligiöse Dialog von seinen eigentlichen inhaltlichen Schwerpunkten – nach allgemeinem Verständnis zuvorderst der Austausch über Glauben und religiöse Erfahrungen – zu emanzipieren und immer weiter in Richtung gesamtgesellschaftlicher Integrationsfragestellungen zu driften" (Halm 2008: 12). Jenseits von religiösen bzw. theologischen Argumenten, die das durch verschiedene historische und/oder politische Umstände verschüttet gegangene Einende zwischen den verschiedenen Religionen wieder freilegen wollen, wird auf den interreligiösen Dialog vor allem im Kontext von (innerer) Sicherheit und gesellschaftlicher Integration Bezug genommen. Er wird als eine Möglichkeit betrachtet, mäßigend auf gesellschaftliche Konfliktlagen einzuwirken, zur wechselseitigen Integration von Mehrheitsgesellschaft und Minderheiten beizutragen und den inneren Frieden einer Gesellschaft zu sichern. Nicht nur von politischer Seite wird der interreligiöse Dialog damit als ein Weg gesehen, soziale Spannungen zu mindern und somit zum gesellschaftlichen Zusammenhalt beizutragen. Ihm werden somit originär zivilgesellschaftliche Aufgaben zugeschrieben.

Wie der interreligiöse Dialog als „Integrationswerkzeug" (Malik 2008: pass.) funktioniert, ist in der Literatur jedoch umstritten.

Die eine Seite, hier vertreten durch Jamal Malik, dessen Argumentationslinie für diese Studie maßgeblich ist, befürwortet die Einbeziehung sowohl nicht-religiöser als auch religiöser Gruppen (ebd.: 147; der Autor konzentriert sich auf den muslimisch-christlichen Dialog), wobei auch nicht institutionell organisierte Gläubige teilnehmen sollen. Seines Erachtens ist der Dialog mit Blick auf die verschiedenen politischen und kulturellen Ebenen auf bestimmte Themen und Ziele zu konzentrieren „einschließlich sensibler Themen wie Demokratie, Menschenrechte, Bildung, Globalisierung, Ausländerfeindlichkeit, Antisemitismus und religiöse Toleranz sowie Apostasie, Frauenrechte und die Förderung kultureller Vielfalt" (ebd.: 152). An anderer Stelle werden auch Themenkomplexe wie Verhütung oder Homosexualität angeführt (ebd.: 156). Das bedeutet, dass gerade in Hinblick auf den interreligiösen Dialog die Auseinandersetzung mit umstrittenen Themen als Integrationswerkzeug dienen kann (ebd.: 156). Überhaupt muss, soll der Dialog sein sozialintegratives Potenzial entfalten, der Respekt für die Vielfalt im Mittelpunkt stehen (ebd.). Einem Dialog auf regionaler Ebene räumt der Autor im Vergleich mit einem zentral organisierten Austausch größere Erfolgschancen ein (ebd.: 155). Schließlich plädiert Malik für einen Dialog auf den Ebenen des Handelns und des Lebens: „Die effektivsten Formen von Dialog sind jedoch nicht in großen Projekten zu suchen, sondern im alltäglichen Leben der Menschen, die Gemeinsamkeit etwa durch Feste zelebrieren" (ebd.: 158).

Andere Autoren (z.B. Halm 2008, auch er nimmt Bezug auf den christlich-islamischen Dialog) sehen eine gesellschaftspolitische Ausrichtung im interreligiösen Dialog als problematisch an. „Der interreligiöse Dialog vor Ort hat eine stark gesellschaftspolitische Konnotation, nur selten findet ein interreligiöses Gespräch im engeren Sinne als Glaubensdialog statt. Diese Entwicklung hat zum Ergebnis, dass der Kontakt heute stark von Stereotypen bestimmt zu werden droht, da unmittelbare religiöse Erfahrungen in den Gemeinden vor Ort entweder nicht (mehr) gemacht werden oder oberflächlich bleiben" (Halm 2008: 102). Damit beteilige man sich an der konflikttrachtigen Kulturalisierung und Religionisierung gesellschafts- und integrationspolitischer Ansätze. Vor diesem Hintergrund erfolgt die Mahnung, der interreligiöse Dialog möge sich wieder auf seine Kernthematik konzentrieren, nämlich auf die

Auseinandersetzung mit religiösen Inhalten. Dann allerdings wird ihm das Potenzial zugeschrieben, zur gesellschaftlichen Integration beizutragen.

Neben einer positiven Perspektive mit Blick auf seine integrative Wirkung gibt es aber auch eine zunehmend skeptische Haltung gegenüber dem interreligiösen Dialog. Auch auf Seiten der Kritiker finden sich neben Polemiken fundierte wissenschaftliche Auseinandersetzungen. Nicht zuletzt im Kontext religiös motivierten Terrors wird der interreligiöse Dialog vielfach als naiv, gar als Kuschel- oder Schmusedialog gebrandmarkt. Der prominenteste Vertreter dieser Position ist sicherlich der Publizist Henryk M. Broder, der den seines Erachtens falschen Umgang mit „dem" Islam im nationalen wie internationalen Kontext kritisiert. Er übt harte Kritik an den „Migrationsforschern" und „Integrationsbeauftragen", die seiner Meinung nach durch ihr Reden über einen „Dialog der Kulturen" ein desaströses Konzept propagieren, das lediglich der Verschleierung von Ohnmacht und Feigheit diene. Er kritisiert die „Allmacht einer Phrase" und erteilt dem seiner Ansicht nach gefährlichen Konzept des interkulturellen bzw. religiösen Dialogs eine harsche Abfuhr: „Würde jemand vorschlagen, Kannibalen und Vegetarier, Brandstifter und Feuerwehrleute, Drogendealer und Junkies sollten in einen Dialog miteinander treten, würde man ihm zur Ernüchterung kalte Fußbäder verordnen" (Broder 2006).

Neben solchen provokativen, das Kind mit dem Bade ausschüttenden Stimmen existiert (nicht nur) auf wissenschaftlicher Seite deutlich differenziertere Kritik.

So weist der Nobelpreisträger Amartya Sen auf die Gefahren hin, die mit der Reduktion pluraler Identität(en) auf einen Bestandteil – hier: der Religion – verbunden ist. Er kritisiert die Zuordnung von Individuen zu einer Handvoll monolithisch und statisch verstandener Kulturen und die Kategorisierung nach ihrer Zugehörigkeit zu einer Religion: Damit werden andere Gruppen ignoriert, denen diese Menschen ebenso angehören, z.B. Zusammenschlüsse wissenschaftlicher, sozialer, politischer oder sonstiger kultureller Art. Darin sieht er die Gefahr von Gewalt und Konflikteskalation: „Die Aufteilung der Welt nach einem einzigen Kriterium stiftet weit mehr Unfrieden als das Universum der pluralen und mannigfaltigen Kategorien, welche die Welt prägen, in der wir leben" (Sen 2007: 9-10). Autorinnen wie Riedmüller und Vinz weisen auf die Nähe dieser Argumentation zu Diversity-Konzepten hin, die betonen, „dass Menschen nicht anhand einer einzigen Zugehörigkeit klassifizierbar sind, sondern einer Vielfalt von Identität stiftenden Kategorien angehören" (Riedmüller/Vinz 2007: 146).

In eine ähnliche Richtung weist die Kritik von Levent Tezcan, der sich konkret auf den bilateralen christlich-islamischen Dialog in Deutschland bezieht. Angesichts des Umstands, dass in der Gegenwart in Integrationsfragen auf den interkulturellen Dialog und zunehmend auf den interreligiösen Austausch gesetzt wird, lenkt Tezcan (2006:

31) das Augenmerk auf die negativen Implikationen dieser Schwerpunktsetzung.[86] Er problematisiert, dass auch diejenigen, die sich von einem „Kampf der Kulturen" abgrenzen und stattdessen auf einen Dialog der Kulturen setzen, die „Vorstellung von kulturellen Einheiten, die gewissermaßen als Subjekte handeln", übernehmen (Tezcan 2006: 26).

Denn der interreligiöse Dialog schafft im doppelten Sinn eigene Subjekte: Zum einen werden sowohl von christlicher (bei den Kirchen) als auch von muslimischer Seite (z.B. bei der DITIB) Stellen für entsprechende Beauftragte ins Leben gerufen und besetzt. Zum anderen werden die vielfältigen Identitäten von Migranten einzig auf das Merkmal der Religionszugehörigkeit reduziert, in bestimmten Zusammenhängen herrscht gar ein „Bekenntnisdruck". Damit werden bestimmte Gruppen in ihrer Homogenität erst konstruiert. Durch diesen Identitätsdiskurs entstehen unter Umständen Probleme, die durch den interreligiösen Dialog gerade überwunden werden sollen. „Solange der interreligiöse Dialog ein spezifischer Diskurs bleibt, wird er zur Entspannung des Problems in vielen Lebensbereichen beitragen. Überwölbt er aber den Integrationsdiskurs, verwandelt er also die eingewanderten Bürger vor allem in muslimische Wesen, wird er Teil des Problems" (ebd.). Tezcan nennt dies das Paradoxon des interreligiösen Dialogs: „Wenn sich durch den Dialog Identitäten selbstbewusst gegenüberstehen sollen, können sie in keinen echten Austausch miteinander treten" (ebd.: 32). Stattdessen bliebe es bei einem Monolog mit Zuschauern. Denn „nur unvollendete, prekäre ‚Identitäten' können miteinander im Sinne eines intendierten empathischen Dialogs kommunizieren. Ein gelungener Dialog würde also paradoxerweise über die bestehenden Identitätsgrenzen hinaus funktionieren, indem sich die Akteure (als Christen und Muslime) nicht einfach nur im Namen von Religionen ansprechen, sondern als religiös bewegte Menschen, die mit anderen religiös bewegten Menschen ins Gespräch kommen und dabei die Grenzen ihrer Identität durchaus aufs Spiel setzen" (ebd.). Den Ausweg sieht der Autor also in der Selbstbeschränkung, in der produktiven Rückbesinnung auf die eigene „Schwäche".[87] Ein derartiges Szenario

---

86 Tezcan postuliert, dass sich „Kultur" in der „Religion" verdichtet. Interkulturelle Dialoge werden zunehmend zu interreligiösen Dialogen. Seine These vor diesem Hintergrund lautet: „Es ist die Religion, die den Diskurs des Multikulturalismus für gesellschaftspolitisches Handeln operationalisierbar macht" (ebd.: 26). Dies ist verbunden mit der „Überzeugung, dass der Religion eine wesentliche Bedeutung für den Integrationsprozess zukomme" (ebd.: 28).

87 Tezcan (2006) argumentiert, dass die Bereitschaft der Religionsgemeinschaften zum interreligiösen Dialog gleichsam aus einer Position der „Schwäche" heraus geboren wurde. Auch hier argumentiert der Autor in Hinblick auf das Christentum und den Islam; das Judentum zieht er in seine Überlegungen nicht mit ein. Religion ist in der modernen Gesellschaft bzw. im säkularen Staat ein Teilbereich neben anderen geworden, ihre Institutionen haben damit ihre über Jahrhunderte gegebene Vormachtstellung aufgegeben. Die Konsequenzen aus dieser gesellschaftsstrukturell bedingten „Schwäche" präsentieren sich für Muslime und Christen jedoch unterschiedlich.
Zum einen profitiert der Islam als Minderheitenreligion von der „Schwäche" der Religion im säkularen Europa, da sie dadurch „paradoxerweise in den Genuss der Religionsfreiheit kommen" (ebd.: 27). Gleichzeitig stellt der interreligiöse Dialog gerade für den Minderheitenislam in Europa eine besonders geeignete Möglichkeit dar, sich in der Öffentlichkeit Gehör zu verschaffen (ebd.: 28).
Zum anderen beschreibt der Autor die Folgen in „theologischer" Hinsicht: Das Christentum habe diese Position der „Schwäche" produktiv gewendet, indem „diese zeitgenössische Schwäche als ureigene

hält er allerdings für optimistisch. Im Gegenteil geht er offenbar davon aus, dass letztlich die negativen Seiten dominieren werden: „Die institutionalisierte Struktur des Dialogs, ihre strenge Ausrichtung auf Integrationspolitik, über die die Religionen gesellschaftliche Aktualität genießen, scheint aber gerade ein solches Gespräch zu erschweren" (ebd.).

Ein weiterer kritischer Punkt betrifft den Umstand, dass ein Dialog, der sich aus dem Religiösen speist, notwendigerweise Grenzen aufweist. Um wirklich inklusiv zu sein, müsste der interreligiöse Dialog in der Lage sein, nicht nur Angehörige verschiedener Religionen, sondern auch (in Anlehnung an Max Weber) religiös unmusikalische Menschen zu integrieren (vgl. hierzu für den abrahamischen Dialog Mohagheghi 2008). Andere Autoren halten eine säkulare Fundierung des interreligiösen Dialogs für deutlich erfolgversprechender als eine religiöse.[88] Jörg Dittmer sieht die Lösung in einer interkulturellen bzw. religiösen Allgemeinbildung sowie in einer intra- und interkulturellen Hermeneutik und damit in einem methodischen Zugang (Dittmer 1999: 212-213). Hier zeigen sich wiederum Parallelen zu dem o. g. Dialogbegriff und den Anforderungen an die Religionen, die notwendig sind, um deren Dialogpotenziale hervorzubringen.

6 Zivilgesellschaftliche Akteure im trilateralen Dialog zwischen Judentum, Christentum und Islam in Deutschland

6.1 Vom Dialog zum Trialog

Der Dialog zwischen den Religionen kann in vielen verschiedenen Konstellationen geführt werden: zwischen zwei Religionen, mit mehreren Religionsgemeinschaften, oder aber in einer spezifischen, auf bestimmte Kriterien rekurrierenden Zusammensetzung. Dabei stehen bi-, tri-, und multilaterale interreligiöse Dialoge nicht in Konkurrenz zueinander, sondern ergänzen einander (vgl. Bauschke 2006: 4).

---

christliche Haltung, als Grundzug eines genuin christlichen Glaubensverständnisses" bejaht und damit in moralische, substantielle Stärke übersetzt werde (ebd.: 27). Dies bereite den Boden für den Dialog mit einer anderen Religionsgemeinschaft. Im Islam fehle eine solche positive Interpretation, „Schwäche" bleibe negativ konnotiert. „Eine sich für das Andere überhaupt öffnende Selbstbeschränkung wäre aber auch auf muslimischer Seite kulturell durchaus aufzufinden", postuliert der Autor (ebd.: 27) und führt Beispiele an, in denen Schriftsteller und Denker sich jenseits einer orthodoxen Haltung auf die Suche nach Quellen und Interpretationen machen.

88 „Das Weltethos, das wir brauchen, ist im Grunde ein humanistisches Ethos. Die Weltreligionen können dazu beitragen, insofern sie in ihren jeweiligen Traditionen passende Werte oder angebrachte Deutungen ihrer Werte herausarbeiten können. Ihre Anhänger sollten sich jedoch dessen bewusst sein, dass die Grundmoral der Menschen zum Teil unabhängig von den Religionen ist und, wie uns an Beispielen der Diskriminierung einleuchtet, auch die Autorität hat, die Religionen moralisch zu bestimmen und zum Teil neu zu gestalten" (Shepherd 1994: 163).

Für den trilateralen Dialog zwischen Angehörigen des jüdischen, christlichen und muslimischen Glaubens hat sich die Bezeichnung „Trialog" durchgesetzt[89] – ein „lediglich aus philologischer Perspektive zweifelhafter Begriff".[90] Mit dem Terminus wird verdeutlicht, dass der damit gemeinte interreligiöse Dialog nicht beliebig viele Teilnehmende umfasst, sondern sich (idealtypisch) auf die drei monotheistischen Weltreligionen Judentum, Christentum und Islam konzentriert.

Der Dialog in dieser Dreier-Konstellation erfolgt häufig unter Bezugnahme auf religiöse Inhalte: Im Zentrum steht die Berufung auf den gemeinsamen Stammvater Abraham (Ibrahim)[91], teils auch auf die Stamm*eltern*, d. h. auf Abraham mit seinen Ehefrauen Sara und Hagar als den Stammmüttern. Eine wichtige Rolle spielt darüber hinaus regelmäßig der Verweis auf Noach und Mose.

Zwar muss die Bezugnahme auf die gemeinsamen Stammeltern nicht automatisch verbindend sein: „Nicht in den biblischen Texten selbst, wohl aber in ihrer späteren Auslegung werden die Abrahamsöhne Isaak und Ismael als Stammväter von Juden und Muslimen modelliert. Ganz ähnlich sah man im rabbinischen Schrifttum Jakob und Esau als Chiffren für Juden und Christen. Die Gefahr einer solchen Rückprojektion gegenwärtiger Konflikte in die ferne Vergangenheit ist ihre theologische Überhöhung und damit unhinterfragbare Perpetuierung in die Zukunft hinein" (Meißner 2005). Die Berufung auf Abraham, den gemeinsamen Glaubensvater, kann jedoch eine

---

[89] Der Terminus „Trialog" wird in verschiedenen Bedeutungen und Kontexten verwendet. Grundsätzlich ist damit ein Dialog zwischen drei Parteien gemeint, häufig bezogen auf Nationen – in diesem Sinne also ein tri*nationaler* Dialog. Trialog ist außerdem in der Medizin ein feststehender Begriff. In der Psychiatrie wird mit „Trialog" (Amering et al. 1999: pass.) der Austausch von Informationen und Erfahrungen zwischen Patienten, Angehörigen und professionellen Helfern bezeichnet.

[90] (http://www.Herbert Quandt-stiftung.de/root/index.php?lang=de&page_id=32, Zugriff am 29.09.2008)

[91] Davon abgeleitet wird die Bezeichnung „abrahamische" Religionen für die drei monotheistischen Weltreligionen Judentum, Christentum und Islam. Neben dem Wort „abrahamisch" findet sich in Wissenschaft und Praxis regelmäßig auch das Adjektiv „abrahamitisch". Es gibt keinen einheitlichen Sprachgebrauch, und in den meisten Fällen wird nicht begründet, warum die eine oder die andere Bezeichnung verwendet wird. Bauschke (2006: 26-27) schlägt vor diesem Hintergrund eine Sprachregelung vor, die zwischen „abrahamisch", „abrahamitisch" und „abrahamistisch" differenziert. Gleichzeitig dient der Unterscheidung dazu, verschiedene mögliche Modelle der Ökumene zu kennzeichnen:
1. „Abrahamitisch" meint im Sinne des Autors einen synkretistischen Ansatz, der eine Metareligion anstrebt, gleichsam eine Zusammenführung von Judentum, Christentum und Islam.
2. „Abrahamistisch": „Auch eine monotheistische Allianz dieser drei Religionen, die alle Anders- oder Nichtglaubenden ausgrenzt, wäre denkbar" (Bauschke 2006: 27).
3. „Abrahamisch" bedeutet weder Nivellierung noch Verabsolutierung, sondern es wird eine Komplementarität angestrebt (ebd.: 28).

Vor diesem Hintergrund wird in der vorliegenden Studie der Terminus „abrahamisch" verwendet. Dass der abrahamische Dialog immer wieder synonym als „Dialog im Hause Abrahams, Sarahs und Hagars" bezeichnet wird, geht auf den Hinweis einer Umfrageteilnehmerin zurück. Sie macht darauf aufmerksam, dass eine ausschließliche Bezugnahme auf Abraham verkürzend ist, indem seine beiden Frauen Sarah und Hagar und damit die Stammmütter der Juden und Christen bzw. der Muslime und ihre zentrale Rolle ausgeblendet werden Schließlich treten Sarah, Hagar und Abraham quasi als Personalisierungen menschlicher Grunderfahrungen auf, erst im Zusammenspiel und im Widerstreit ergeben sie ein Ganzes (vgl. hierzu Mehlhorn 2008). Richtiger wäre also, statt lediglich auf Abraham als Stammvater auf Abraham, Sarah und Hagar gleichsam als „Stammeltern" zu rekurrieren. Daran soll von Zeit zu Zeit erinnert werden.

Grundlage für die Kooperation zwischen Judentum, Christentum und Islam schaffen. Inhalte, die mit Abraham verbunden werden, sind, neben dem Gehorsam gegenüber dem einen Gott, Gastfreundschaft, Gerechtigkeit und Frieden – mithin Werte, denen sich die drei monotheistischen Religionen bis heute verbunden fühlen.[92]

Durch die eng miteinander verwobenen Entstehungsgeschichten sind die drei Religionen seit jeher aufeinander bezogen. Verbindungslinien zwischen den drei Religionen gibt es verschiedene (vgl. im Folgenden Bauschke 2006: 5): Juden und Christen sind einander durch die Hebräische Bibel bzw. das „Alte Testament" verbunden. Juden und Muslime eint die Figur Moses; zwischen ihren Riten, Speise- und Reinheitsgeboten bestehen Ähnlichkeiten. Sie verfolgen einen konsequenten Monotheismus und teilen die Bevorzugung der Orthopraxie gegenüber der Orthodoxie. Christen und Muslime wiederum sind durch Jesus und Maria einander verbunden. Zwar mögen Judentum, Christentum und Islam hinsichtlich ihrer inhaltlichen Glaubensüberzeugungen divergieren (lat. *fides quae creditur*, engl. *beliefs*), im Blick auf den Glaubensakt als solchen (lat. *fides qua creditur*, engl. *faith*) besteht jedoch eine Konvergenz (vgl. Bauschke 2006: 26).

Entsprechend wird die Beziehung zwischen Judentum, Christentum und Islam als eine besondere erachtet; ihre Spezifik wurde über die Jahrhunderte von verschiedenen Seiten reflektiert (vgl. im Folgenden Sturm-Berger 2003). Als Beispiel sei der aus Katalonien stammende Ramon Llull (Raimundus Lullus) genannt, der bereits im 13. Jahrhundert dialogisch inspirierte Schriften über die Gemeinsamkeiten und Unterschiede zwischen Judentum, Christentum und Islam verfasste. Weithin bekannt sind die Werke von Theophilus Lessing (1669), vor allem aber jene von Gotthold Ephraim Lessing (1779). Dessen Ideendrama „Nathan der Weise" sowie die darin enthaltene „Ringparabel" über die friedliche Koexistenz zwischen Judentum, Christentum und Islam sind bis heute aktuell.

Jenseits der theologisch-philosophischen Auseinandersetzung werden in Hinblick auf das Zusammenspiel zwischen Judentum, Christentum und Islam immer wieder jene „vergleichsweise seltenen Ansätze zu religiöser Toleranz und interreligiösem Dialog im Verlaufe der Geschichte" (vgl. ebd.) genannt. Verwiesen sei auf Sizilien (9.-13. Jahrhundert), Bosnien (14.-20. Jahrhundert) oder den Libanon (16.-20.Jahrhundert) sowie auf das maurisch-andalusische Spanien vom 8.-15. Jahrhundert (vgl. Bauschke 2006: 3). „Für Jahrhunderte haben unter islamischer Oberherrschaft Juden, Christen und Muslime einigermaßen einträchtig zusammengelebt und dabei wunderbare Kultur- und Geistesschöpfungen hervorgebracht" (ebd.). Wenn auch in der Rückschau Realität und Mythos oftmals nur schwer auseinander zu halten sind (eine differenzierte Auseinandersetzung in Bezug auf das mittelalterliche Spanien findet sich bei Tischler 2006), so wird die Berufung auf ein friedliches Zusammenleben in der Vergangenheit zum Ausgangspunkt für ein heutiges Miteinander genommen.

---

92 Ebendiese abrahamischen Werte führen die Vertreter und Vertreterinnen des Trialogs an (vgl. Micksch 2006: 215), wenn es darum geht, einen „Kampf der Kulturen" zurückzuweisen.

6.2 Zur Geschichte des Trialogs seit den 1970er Jahren in Deutschland

Zivilgesellschaftliche Bemühungen um trilaterale Dialoge zwischen Juden, Christen und Muslimen in Deutschland haben mittlerweile eine über 35-jährige Geschichte.[93]

Einen Anfang machten 1972 die Bendorfer Konferenzen, die von der Evangelischen Akademie in Berlin ins Leben gerufen wurden. Sie wurden über drei Jahrzehnte gemeinsam mit dem Leo Baeck College für Rabbiner-Ausbildung in London, dem Hedwig-Dransfeld-Haus in Bendorf sowie der Deutschen Muslim-Liga Bonn getragen (vgl. Micksch 2006: 215). Nachdem das Hedwig Dransfeld Haus geschlossen wurde, gründete sich 2003 der Verein „Bendorfer Forum für ökumenische Begegnung und interreligiösen Dialog", der die bisherigen Tätigkeiten nicht nur weiterführt, sondern sogar ausbaute. Jährlich finden fünf bis acht Tagungen und Begegnungen statt, und zwar nicht nur in tri-, sondern auch in bi- oder multilateralen Konstellationen.

Sechs Jahre, nachdem die erste Bendorfer Konferenz stattgefunden hatte, kam ebenfalls in Bendorf zum erstmalig eine jüdisch-christlich-muslimische Frauenkonferenz zustande. Zusammen mit den Bendorfer Konferenzen war die bis heute alljährlich im Herbst stattfindende Tagung lange Zeit die einzige abrahamische Aktivität in Deutschland (vgl. ebd.: 215).

1991 kam eine einwöchige Sommerschule hinzu, die JCM Jewish Christian Muslim Summer School, die alle zwei Jahre in Ammerdown/Großbritannien stattfindet. Sie wurde von der Deutschen Muslim-Liga Bonn, zusammen mit einem Rabbiner und einem christlichen Pater aus Großbritannien, ins Leben gerufen. Tagungssprache ist englisch. Unter den Teilnehmenden sind die drei abrahamischen Religionsgemeinschaften möglichst gleichgewichtig vertreten.

Als ein zentrales Ereignis in der Entwicklung des trilateralen Dialogs (nicht nur) in Deutschland beschreibt Micksch (2006: 216) die Veröffentlichung des Buches „Streit um Abraham. Was Juden, Christen und Muslime trennt – und was sie eint" des römisch-katholischen Theologen Karl-Josef Kuschel Mitte der 1990er Jahre (vgl. Kuschel 1994). Die Publikation lieferte fortan „theologische Orientierungen für abrahamische Dialoge" (Micksch 2006: 216).

Ein Jahr nach Erscheinen des Buches richtete der Internationale Rat von Christen und Juden (angesiedelt im Martin-Buber-Haus in Heppenheim) ein internationales Abrahamisches Forum ein (vgl. ebd.).

Im selben Jahr wurde die Stiftung Weltethos gegründet.[94] Ihr war die Verabschiedung einer „Erklärung zum Weltethos" auf dem Parlament der Weltreligionen 1993 in Chicago sowie das bereits 1990 erschienene Buch „Projekt Weltethos" des späteren Stif-

---

93 Die Auswahl der nachfolgenden Beispiele ist keine Aussage über Best-Practice-Modelle, nicht erwähnte Initiativen können genauso gute Arbeit leisten.
94 Sie verdankt ihre Gründung Karl Konrad Graf von der Groeben, der später auch die Karl-Konrad-und-Ria-Groeben-Stiftung ins Leben rief.

tungsvorstands Hans Küng vorangegangen. Mit ihm, Karl-Josef Kuschel und Martin Bauschke vereint die Stiftung zentrale Autoren zum jüdisch-christlich-islamischen Dialog unter ihrem Dach.

1996 nahm die 1980 gegründete, überkonfessionelle Herbert Quandt-Stiftung das Themenfeld „Trialog der Kulturen" zu ihren Schwerpunkten hinzu. Ihr Ziel ist es seither, das interkulturelle und interreligiöse Verständigungspotenzial zu fördern, wobei der Fokus explizit auf den drei abrahamischen Religionen Judentum, Christentum und Islam liegt. Es werden Konferenzen ausgerichtet, Wettbewerbe im Bereich Forschung und Lehre ausgerichtet, Stipendien vergeben sowie Studien und Lösungsvorschläge für gesellschaftspolitische Probleme erarbeitet.

1997 begann die Evangelische Akademie Loccum mit ihrem Engagement im trilateralen Dialog von Judentum, Christentum und Islam. Sie veranstaltete die erste interreligiöse Sommeruniversität zum Thema „Ohne Angst verschieden sein. Muslime, Juden und Christen begegnen sich". Seither fanden im Zweijahrestakt insgesamt fünf interreligiöse Sommeruniversitäten statt. Das Themenspektrum der einwöchigen Veranstaltungen reichte bislang von der Auseinandersetzung mit interreligiösem Leben und interreligiöser Spiritualität über den Menschen als Geschöpf Gottes, die jüdisch-christlich-muslimische Geschichte bis hin zu Recht und Gesetz aus der Perspektive der drei Religionen.

Das erste „Abrahamsfest" wurde 2000 in Filderstadt gefeiert, getragen wurde es von der Christlich-Islamischen Gesellschaft in Stuttgart (ebd.).

Seither entstanden zahlreiche Initiativen zur Förderung des trilateralen Dialogs zwischen Juden, Christen und dem Islam, vor allem auf Seiten der christlichen Akademien. Auch auf Kirchentagen, in den Medien, außerdem auf Veranstaltungen im Rahmen der jährlich stattfindenden Interkulturellen Wochen wird am trilateralen Dialog gearbeitet.[95] An den Islam-Foren[96] der Karl-Konrad-und-Ria-Groeben-Stiftung (in Zusammenarbeit mit dem Interkulturellen Rat sowie dem Rat der Türkeistämmigen Staatsbürger in Deutschland) nehmen auch Vertreter und Vertreterinnen der jüdischen Religionsgemeinschaft teil.

Das Abrahamische Forum in Deutschland, ebenfalls eine Einrichtung des von der o. g. Groeben-Stiftung geförderten Interkulturellen Rates in Deutschland, wurde 2001 ins Leben gerufen (im Martin-Buber-Haus in Heppenheim, vgl. ebd.). Es trägt den Charakter eines Netzwerkes und vereinigt Angehörige des Zentralrats der Juden in Deutschland, der Arbeitsgemeinschaft Christlicher Kirchen in Deutschland, des Zen-

---

95 Die „Interkulturellen Wochen – Wochen der ausländischen Mitbürger" finden seit 1975 jedes Jahr im September auf Initiative der Deutschen Bischofskonferenz, der Evangelischen Kirche in Deutschland und der Griechisch-Orthodoxen Metropolie statt. Mitgetragen bzw. unterstützt werden die Interkulturellen Wochen von den Gewerkschaften, von Wohlfahrtsverbänden, Kommunen, Ausländerbeiräten und Integrationsbeauftragten, Migranten-Organisationen und Initiativgruppen. Unter den Beteiligten sind zahlreiche Gemeinden, Vereine, Vertreter von Kommunen und Einzelpersonen in mehr als 270 Städten; es finden insgesamt etwa 3000 Veranstaltungen statt (vgl. www.interkulturellewoche.de).
96 Vgl. www.interkultureller-rat.de/Themen/Islamforen/Islamforen_allgemein.shtml.

tralrats der Muslime in Deutschland, der DITIB sowie Vertreter und Vertreterinnen von Ministerien oder Stiftungen, Personen aus Wissenschaft und Praxis (vgl. ebd.). Während sich die vom Abrahamischen Forum in Deutschland geplante Gründung regionaler Abrahamischer Foren nur schwer realisieren ließ, stieß die Idee der „Abrahamischen Teams" auf sehr positive Resonanz (vgl. ebd.). Sie nahmen ihre Tätigkeiten nach dem 11. September 2001 auf und sind vor allem an Schulen und im Bereich der Erwachsenenbildung tätig (vgl. Herweg/Müller 2006).[97] Zu den Mitwirkenden zählen über 70 jüdische, christliche und muslimische Persönlichkeiten. Die in zahlreichen Veranstaltungen behandelten Themen sind vor allem solche von gesellschaftspolitischer Relevanz, zu ihnen gehören z.B. die Aspekte „Integration, Diskriminierung, Partizipation, Konflikte beim Bau von Moscheen oder die Einführung islamischen Religionsunterrichts, Auseinandersetzungen beim Streit um das Kopftuch, Beispiele von antisemitischen oder antiislamischen Einstellungen und missionarische Aktivitäten" (Micksch 2006: 217). Theologische Fragen werden ebenfalls, aber seltener behandelt.

Die ebenfalls vom Abrahamischen Forum in Deutschland initiierte Idee gemeinsamer abrahamischer Feiern wird bis heute verfolgt. Im Jahre 2001 fand eine solche Feier erstmals im Frankfurter Flughafen statt, seitdem wird sie einmal jährlich an verschiedenen Orten durchgeführt.

Im selben Jahr wurde an der Ludwig-Maximilians-Universität München eine wissenschaftliche Plattform für den interreligiösen Dialog, insbesondere in der trilateralen Konstellation von Christen, Juden und Muslimen, gegründet: Die Gesellschaft Freunde Abrahams e.V. führt mehrmals pro Semester Projekte im Bereich Forschung und Lehre durch, organisiert Seminare und Tagungen und verfolgt eine rege Publikationstätigkeit.

Ebenfalls 2001 wurde die „Sarah-Hagar-Initiative" in Hessen ins Leben gerufen. Sie fördert in vorwiegend kleineren Gruppen die alltägliche Begegnung von Frauen. Drei- bis viermal jährlich finden Arbeitstreffen, Tagungen und Seminare zu tagespolitischen Themen wie dem Kopftuchstreit, dem Nahostkonflikt u.Ä. statt. Nach einem dreijährigen Arbeitsprozess wurde Anfang 2006 ein Impulspapier mit praktischen Anregungen zur Entwicklung von Lösungsstrategien für aktuelle gesellschaftspolitische Probleme in Form von Leitlinien für die Familien-, Bildungs- und Arbeitspolitik erarbeitet und herausgegeben.

Genannt sei hier auch das JCM Lernhaus, das zwischen 2002 und 2005 auf Initiative der Deutschen Muslim-Liga und der Evangelischen Akademie Arnoldshain in Kooperation mit der katholischen Rabanus-Maurus-Akademie gegründet wurde. Geistliche,

---

[97] Einen tiefen Einblick in die Praxis der Abrahamischen Teams gewährt der Artikel von Herweg/Müller (2006). Der Arbeit abrahamischer Teams schreiben die Autorinnen im Idealfall eine gewichtige Bedeutung zu: „Sollten die Konzepte einzelner Teams oder Fachgruppen einmal verschriftlicht werden, sollten sie Eingang in die Lehrpläne finden und wirkliche bildungspolitische Relevanz erlangen, würde die Arbeit abrahamischer Teams zu einer alternativen Antwort auf Terrorismus, Islamophobie und Antisemitismus werden" (ebd.: 228-229).

Lehrende und MultiplikatorInnen der drei monotheistischen Religionen trafen sich einmal im Jahr für ein verlängertes Wochenende, um im theologisch ausgerichteten trilateralen Dialog voneinander zu lernen. Nachdem die Stelle für Interreligiösen Dialog an der Evangelischen Akademie in Arnoldshain gestrichen wurde, musste das Lernhaus geschlossen werden; nach wie vor wird jedoch nach Wegen gesucht, es wieder öffnen zu können.

Ein weiteres großes Projekt war das multireligiöse Dialogprojekt „TRIALOG – together in difference", initiiert vom Bundesverband Jüdischer Studenten in Deutschland, der Katholischen Jungen Gemeinde und der Muslimischen Jugend in Deutschland. 2004 fand während des Ramadans in Nürnberg die „Zentrale Veranstaltung" (KJG 2004: 14) statt. Diese richtete sich an Jugendliche, sie sind die Zielgruppe der drei beteiligten Organisationen. Die Zusammensetzung der Teilnehmer spiegelte in etwa die Stärke der jeweiligen Religionsgemeinschaft in der deutschen Bevölkerung wider. Die dreitägige Veranstaltung basierte auf Workshops,[98] ergänzt durch Referate und aufgelockert durch einen trialogischen Stadtrundgang.[99]

Das bislang umfangreichste Projekt im Bereich des trilateralen Dialogs von Christen, Juden und Muslimen in Deutschland war wohl „Weißt Du, wer ich bin?". Das gemeinsame Großprojekt der Ökumenischen Centrale der Arbeitsgemeinschaft Christlicher Kirchen in Deutschland (ACK), des Zentralrats der Muslime in Deutschland (ZMD) und des Zentralrats der Juden (ZJD) sowie der Türkisch-Islamischen Union der Anstalt für Religion e.V. (DITIB) war bundesweit angelegt und wurde von 2004 bis 2007 durchgeführt. Ziel der Träger war es, durch die Begegnung von Angehörigen des Judentums, Christentums und des Islams sowie durch Wissensvermittlung über die jeweils anderen Religionen das friedliche Zusammenleben in Deutschland zu fördern. Ein wichtiger Aspekt bei der Planung des Gesamtprojekts war die intensive Einbeziehung Ostdeutschlands in den interreligiösen Dialog. Konkret wurden hierzu in einem Zeitraum von drei Jahren über 100 lokale Einzelinitiativen sowohl finanziell als auch organisatorisch gefördert. Die Veranstaltungsformen der Initiativen deckten ein breites Spektrum ab und reichten von Vorträgen, gegenseitigen Besuchen und gemeinsamen Essen (als die drei am häufigsten gewählten Aktivitäten) über Gesprächskreise, Gottesdienste, Ausstellungen und Musik sowie Podiumsdiskussionen, Kino und Theater, Fußball und gemeinsame Feste bis hin zu einem gemeinsam herausgegebenen Kalender, einem Infostand, einem Religionsquiz und Tanz. Dabei umfassten die meisten Einzelinitiativen gleich mehrere der Aktionsformen. Sowohl die einzelnen Initiativen als auch das Gesamtprojekt wurde extern evaluiert (vgl.

---

98 Themen waren: die praktische Ausübung der Religion, religiöse Identität/modernes Leben/Areligiosität, individuelle Bedeutung und Stellenwert der Religion sowie Religion und Fundamentalismus, Religion und Globalisierung, Religion und Kultur. Hervorzuheben ist, dass alle beteiligten Organisationen Studierende aller Fachrichtungen zusammenführen.
99 Befragt danach, was für sie in der Rückschau am wichtigsten war, stellten die jugendlichen Teilnehmenden im Übrigen das gegenseitige Kennenlernen in den Vordergrund, die Möglichkeit zur Kommunikation, zum informellen Austausch bzw. zum Austausch in kleinen Gruppen sowie die Offenheit und Sensibilität der Teilnehmenden.

Wolleh/Zunzer 2007) und in drei ausführlichen Materialsammlungen dokumentiert („Weißt Du, wer ich bin?" 2007a, b, c, „Weißt Du, wer ich bin?" i.E.). Das Basisheft enthält Einführungen in die drei beteiligten Religionsgemeinschaften sowie Erläuterungen. Darüber hinaus umfasst es umfangreiche Darstellungen und Erklärungen der Riten und Bräuche des Judentums, Christentums und des Islams. Eine allgemeine Einführung in den interreligiösen Dialog sowie ganz konkrete Anleitungen und Tipps für das Gelingen von interreligiösen Veranstaltungen sind ebenfalls enthalten. Ein weiteres Materialheft wurde zur Projektarbeit für Jugend und Schule erstellt, eine Materialsammlung für die Projektarbeit im Kindergarten soll noch veröffentlicht werden. In einem weiteren Materialheft wurden die Projekte aller geförderten Initiativen ausführlich dokumentiert.

Neben abrahamischen Symposien und Akademietagungen nennt Micksch (2006: 217) für 2004 noch das abrahamische Jugendforum der Evangelischen Akademie Arnoldshain, das in jenem Jahr erstmals durchgeführt wurde, und an dem neben christlichen, jüdischen und muslimischen Jugendlichen auch junge Bahā'ī teilnahmen.

2005 schließlich wurde erstmals ein islamisches Opferfest gemeinsam mit einem abrahamischen Team gefeiert (in Rüsselsheim; ebd.: 218).

Zwei Jahre später wurde der Verein „Haus Abraham e.V." gegründet. Als Abrahamshaus bietet der Verein Raum für alle Formen des Dialogs. Das Haus Abraham ist Begegnungsort für Menschen christlichen, jüdischen und muslimischen Glaubens und darüber hinaus, es führt Veranstaltungen zum Thema durch, fördert den Trialog und ist Partner internationaler interreligiöser Organisationen.

Auf die umstrittene Handreichung der Evangelischen Kirche in Deutschland „Klarheit und gute Nachbarschaft. Christen und Muslime in Deutschland" reagierte das Abrahamische Forum, indem es 14 jüdische, christliche und muslimische Professoren und Professorinnen um Stellungnahmen zu diesem Text bat und diese dann in Buchform veröffentlichte (vgl. Micksch 2007). Genannt seien auch die Thesen „Vom christlichen Abendland zum abrahamischen Europa", die das Forum erarbeitete und anlässlich des Europäischen Jahres des interkulturellen Dialogs 2008 zur Diskussion stellte. Beiträge von Persönlichkeiten aus unterschiedlichen Lebensbereichen (Wissenschaft, Politik, Religion u.a.) sind ebenfalls in einer Buchpublikation nachzulesen (vgl. Micksch 2008a).

Anfang 2008 wurde schließlich das Forum Religionen und Weltverantwortung in Bad Herrenalb gegründet. Das Forum zielt darauf ab, dem theologischen und gesellschaftspolitischen Dialog (nicht nur) von Juden, Christen und Muslimen einen weiteren Ort zu bieten und den so entstehenden authentischen interreligiösen Dialog mit der Weltverantwortungs- und Friedensthematik zu verbinden.

6.3 Zivilgesellschaftliche Akteure im trilateralen Dialog zwischen Judentum, Christentum und Islam in Deutschland

Die zentrale Frage der vorliegenden Studie ist die nach dem Beitrag, den zivilgesellschaftliche Akteure im trilateralen Dialog zwischen Judentum, Christentum und dem Islam zur sozialen und politischen Integration leisten können. Welchen Beitrag leisten zivilgesellschaftliche Trialog-Initiativen zur gesellschaftlichen Entwicklung in Hinblick auf sozialen Frieden, Inklusion und Integration? Um sich einer Antwort nähern zu können, müssen zunächst bestimmte Themenkomplexe beleuchtet werden.

Hierzu zählen, neben grundlegenden Informationen über die Trialog-Initiativen (zu ihrer Ausrichtung, Gründung, zur regionalen Verteilung, ihrem Formalisierungsgrad und ihrer internen Struktur), vor allem ihr Tätigkeitsspektrum und ihre Aktionsformen, eng verbunden mit Fragen, die die Zielgruppe betreffen. Ihre Stellung in der Zivilgesellschaft wird beleuchtet, ebenso ihre Beziehungen zu Politik und Verwaltung sowie ihre Arbeit mit den Medien und der Öffentlichkeit. Darüber hinaus werden ihre Motivation und ihre Ziele eingehend beleuchtet. Desgleichen wird auf Probleme und Hürden eingegangen. Die Grenzen, aber auch die Chancen des abrahamischen Engagements werden aufgezeigt.

Dabei basieren die Ausführungen auf den empirischen Ergebnissen der schriftlichen Umfrage, ergänzt durch eine Dokumentenanalyse von Materialien von den und über die Initiativen.

Folgende im trilateralen Dialog zwischen Judentum, Christentum und Islam engagierte Initiativen haben an der Umfrage teilgenommen:

Name der Initiative	Sitz
1. Abraham Geiger Kolleg	Potsdam
2. Arbeitskreis Integration im Bistum Essen	Essen
3. Begegnungsstätte Kleine Synagoge	Erfurt
4. Bendorfer Forum für ökumenische Begegnung und interreligiösen Dialog	Rüsselsheim
5. Brücke-Köprü Begegnung von Christen und Muslimen	Nürnberg
6. Christlich-Islamische Arbeitsgemeinschaft Marl	Marl
7. Christlich-Islamische Gesellschaft Region Stuttgart	Filderstadt
8. Deutscher Koordinierungsrat der Gesellschaften für Christlich-Jüdische Zusammenarbeit	Bad Nauheim
9. Deutsche Muslim-Liga Bonn	Bonn
10. Evangelische Akademie Arnoldshain	Schmitten
11. Evangelische Akademie Hofgeismar	Hofgeismar
12. Evangelische Akademie zu Berlin	Berlin
13. Forum Religionen und Weltverantwortung	Karlsruhe

14. Gesellschaft Freunde Abrahams	München
15. Gesellschaft für Christlich-Jüdische Zusammenarbeit Augsburg und Schwaben	Augsburg
16. Gesellschaft für Christlich-Jüdische Zusammenarbeit Freiburg	Freiburg
17. Gesellschaft für Christlich-Jüdische Zusammenarbeit Lippe	Detmold
18. Gesellschaft für Christlich-Jüdische Zusammenarbeit Oldenburger Münsterland	Vestrup Bakum
19. Gesellschaft für Christlich-Jüdische Zusammenarbeit Rhein-Neckar	Mannheim
20. Haus Abraham	Denkendorf
21. Herbert Quandt-Stiftung	Bad Homburg
22. Interkultureller Rat in Deutschland	Darmstadt
23. Interreligiöse Fraueninitiative „Sarah und Hagar"	Frankfurt a. M.
24. Interreligiöser Arbeitskreis Kiel	Kiel
25. Jüdisch-Christlicher Freundeskreis Wesel	Wesel
26. Karl-Konrad-und-Ria-Groeben-Stiftung	Weinheim
27. Katholische Erwachsenenbildung Frankfurt a. M.	Frankfurt a. M.
28. Katholische Akademie Franz Hitze Haus	Münster
29. Runder Tisch mit Juden, Christen und Muslimen der Bremischen Evangelischen Kirche	Bremen
30. Stiftung Weltethos	Tübingen, Berlin
31. Ad-hoc-Argeitsgruppe „Weißt du, wer ich bin?"	Frankfurt a. M.

6.4 Grundlegende Informationen

6.4.1 Uni-, bi-, tri- und multilaterale Ausrichtung

Unter den angeführten Initiativen sind sowohl uni-, bi- und tri- als auch multilaterale bzw. -religiöse zivilgesellschaftliche Akteure vertreten. Das heißt, dass sie ihrem Zuschnitt nach entweder eine, zwei oder alle drei monotheistischen Weltreligionen adressieren bzw. repräsentieren oder in den interreligiösen Dialog auch grundsätzlich andere (z. B. den Buddhismus), auch polytheistische Religionen (wie z. B. den Hinduismus) mit einbeziehen. Entsprechend unterschiedlich ist der Stellenwert, der dem Trialog eingeräumt wird.

Unter den oben angeführten Initiativen betrachten sich sechs vor allem als unilateral: die vier christlichen (der Arbeitskreis Integration im Bistum Essen, die Evangelischen Akademien Hofgeismar und Berlin sowie die Katholische Akademie Franz Hitze Haus), eine jüdische (das Abraham Geiger Kolleg) und eine muslimische Organisation (Deutsche Muslim-Liga Bonn).

Die Vereinigungen, die von vornherein mehrere Religionen im Blick haben, sind in der Mehrzahl.

Acht bilaterale, darunter sechs jüdisch-christliche Organisationen (der Deutsche Koordinierungsrat der Gesellschaften für Christlich-Jüdische Zusammenarbeit, die Gesellschaften für Christlich-Jüdische Zusammenarbeit Augsburg und Schwaben, Freiburg, Lippe, Rhein-Neckar und der Jüdisch-Christliche Freundeskreis Wesel) und ein christlich-muslimischer Zusammenschluss (die Christlich-Islamische Gesellschaft Region Stuttgart), sind im Sample vertreten, ebenso ein multilaterales Bündnis (der Interreligiöse Arbeitskreis Kiel).

Hinzu kommen sechs, die sich im Fragebogen selbst als jüdisch-christlich-muslimische Organisation bezeichnen: die Gesellschaft für Christlich-Jüdische Zusammenarbeit Oldenburger Münsterland, das Haus Abraham, die Interreligiöse Fraueninitiative „Sarah und Hagar", der Runde Tisch mit Juden, Christen und Muslimen der Bremischen Evangelischen Kirche und das Forum Weltverantwortung; auch die Christlich-Islamische Gesellschaft Region Stuttgart ordnet sich selbst hier nochmals ein. Damit zeigt sich deutlich, dass die jeweilige Zuordnung vielfach nicht die ursprüngliche Ausrichtung widerspiegelt, sondern dass damit ein Zeichen gesetzt werden soll: Nicht nur die originär trilateralen Organisationen, auch zwei bilaterale Vereinigungen geben an, eine jüdisch-christlich-muslimische Organisation zu sein. Eine Erklärung dafür könnte sein, dass der trilaterale Dialog im Laufe der Jahre innerhalb der Organisation einen herausragenden Stellenwert erlangte, der zu einer veränderten Selbsteinschätzung bzw. -darstellung nach außen führt.

Auch vier überkonfessionelle Vereinigungen betätigen sich im Trialog (die Herbert Quandt-Stiftung und die Karl-Konrad-und-Ria-Groeben-Stiftung, die Stiftung Weltethos und der Interkulturelle Rat in Deutschland).

Nicht alle definieren sich über die drei abrahamischen Religionen bzw. den Bezug zu Religionen überhaupt (trotz des oft zentralen Stellenwerts des Trialogs in ihrer Arbeit), sondern betonen im Gegenzug zum Beispiel ihre akademische Ausrichtung (so u. a. die Gesellschaft Freunde Abrahams).

Wie in Bezug auf die trilateralen Vereinigungen schon angeklungen, machen einige bereits dadurch ein inhaltliches Statement, dass sie sich innerhalb der Umfrage in verschiedenen Feldern einordnen: Die kirchliche, evangelische Einrichtung „Brücke-Köprü" verortet sich sowohl als christliche als auch als christlich-muslimische Organisation und betont damit wohl das partnerschaftliche Selbstverständnis im Miteinander der beiden Religionen. Auch beim „Trialog der Religionen" der Katholischen Erwachsenenbildung in Frankfurt a.M. wird dem Charakter des Projekts Rechnung getragen, indem eine Einordnung als „jüdisch-christlich-muslimische Organisation" vorgenommen wird (ähnlich beim „Forum Religionen und Weltverantwortung", das bei der Evangelischen Landeskirche in Baden angesiedelt ist).

Die Christlich-Islamische Arbeitsgemeinschaft in Marl wiederum bezeichnet sich als „christlich-muslimische Organisation", als „jüdisch-christlich-muslimische Organisation" und als „überkonfessionelle Organisation" und markiert damit ihre verschiedenen Tätigkeitszusammenhänge.

Die Ad-hoc-Arbeitsgruppe „Weißt Du, wer ich bin?" wird entsprechend der Trägerschaft des übergeordneten Projekts „jüdischen", „christlichen" und „muslimischen" Organisationen zugeordnet, worin sich die trialogische Projektpartnerschaft bereits widerspiegelt.

6.4.2 Engagement im trilateralen Dialog

Der eigenen Einschätzung nach sind letztlich sechs Organisationen *ausschließlich* im trilateralen Dialog zwischen Juden, Christen und Muslimen tätig. Ihren Angaben zufolge sind dies das Haus Abraham in Denkendorf, die Herbert Quandt-Stiftung, das Katholische Bildungswerk Frankfurt (wiederum Bezug nehmend auf sein Projekt „Trialog der Religionen") sowie die Ad-hoc-Arbeitsgruppe „Weißt Du, wer ich bin?", das „Forum Religionen und Weltverantwortung" und das Abraham Geiger Kolleg. Diese Selbsteinschätzung überrascht angesichts der Tatsache, dass es sich dabei um ein Rabbinerseminar handelt (vgl. das Organisationsportrait des Abraham-Geiger-Seminars). Auch hier mag die eigene Einschätzung eine gewisse Programmatik widerspiegeln, die beabsichtigt, den tatsächlichen Stellenwert des abrahamischen Engagements in der eigenen Arbeit bzw. im Leitbild der Organisation hervorzuheben.

Der Großteil, nämlich 22 der Initiativen, die an der Umfrage teilnahmen, ist *unter anderem* im trilateralen Dialog aktiv. Innerhalb dieser Gruppe spezifizierten zwei Organisationen, dass sie „in anderen (z.B. bilateralen) interreligiösen Konstellationen tätig" sind – im Fall der Gesellschaft für Christlich-Jüdische Zusammenarbeit Rhein-Neckar e.V. „hauptsächlich"; die Gesellschaft für Christlich-Jüdische Zusammenarbeit Augsburg und Schwaben e.V. versieht die Antwort mit dem Zusatz „Runder Tisch der Religionen".

Zwei der Befragten gaben im Rahmen der Umfrage ausdrücklich an, sich nicht im trilateralen Dialog zu engagieren. Es sind der Interreligiöse Arbeitskreis Kiel und die evangelische Akademie Arnoldshain. Beide werden dennoch im Sample berücksichtigt, im Unterschied zu anderen Initiativen, die die besagte Frage mit „nein" beantwortet haben, den Fragebogen aber dennoch auf unsere (aus konzeptionellen Gründen vorgebrachte) Bitte hin zurück gesandt haben.

Dies hat verschiedene Gründe: Die Ansprechpartnerinnen der Evangelischen Akademie Arnoldshain machten ihr Kreuz zwar bei „nein", setzten das Ausfüllen des Fragebogens aber fort und gaben vor allem in der darauf folgenden Frage eine Reihe von trialogischen und sogar ausdrücklich abrahamischen bzw. an Sarah und Hagar orientierten Projekten an.

Auch die Ansprechperson beim Interreligiösen Arbeitskreis Kiel füllte den Fragebogen trotz Verneinung eines Engagements im trilateralen Dialog weiter aus. In einem Gespräch mit ihr anlässlich des Colloquiums „Trialog und Zivilgesellschaft" am 11.12.2007 an der Humboldt-Universität zu Berlin konnte der Punkt geklärt werden: Beim Interreligiösen Arbeitskreis Kiel handelte es sich von Anfang an um eine multilaterale Organisation, an der nicht nur Vertreter und Vertreterinnen der drei monotheistischen Religionen, sondern auch Angehörige vor allem des Buddhismus beteiligt waren bzw. sind. Dennoch bringt sich in einigen Projekten *de facto* ausschließlich die jüdische, christliche und muslimische Seite ein, sodass der Interreligiöse Arbeitskreis Kiel als multilaterale Organisation kategorisiert werden kann, die sich unter anderem im trilateralen Dialog zwischen Judentum, Christentum und Islam engagiert.

Eine Organisation schließlich hat sich nicht positioniert, nämlich der Verein „Freunde Abrahams". Dies mag sich dadurch erklären, dass sie sich ihrem Selbstverständnis nach primär als wissenschaftliche Organisation versteht. Da in unserer Auffassung die wissenschaftliche Annäherung an das Thema zu den Formen des Trialogs zählen kann, ist es gerechtfertigt, sie in das Sample aufzunehmen – bestärkt durch den Umstand, dass die „Freunde Abrahams" zudem den Fragebogen weiter ausgefüllt haben, was dafür spricht, dass sie sich auch selbst dem Feld zuordnen.

6.4.3 Gründungszeiträume

Die ältesten Organisationen des Samples, die Evangelischen Akademien Arnoldshain und Hofgeismar, wurden 1946 bzw. 1947 gegründet. Die jüngsten Initiativen wurden 2007 (Haus Abraham e. V.) und 2008 (das Forum Religionen und Weltverantwortung) ins Leben gerufen.[100]

Gründungs-jahr	Initiativen
1946	Evangelische Akademie Arnoldshain
1947	Evangelische Akademie Hofgeismar
1949	Deutscher Koordinierungsrat der Gesellschaften für Christlich-Jüdische Zusammenarbeit, Gesellschaft für Christlich-Jüdische Zusammenarbeit Freiburg [erste Gründung]
1954	Deutsche Muslim-Liga Bonn [erste Gründung]
1959	Gesellschaft für Christlich-Jüdische Zusammenarbeit Rhein-Neckar
1979	Gesellschaft für Christlich-Jüdische Zusammenarbeit Freiburg [zweite Gründung]
1980	Herbert Quandt-Stiftung
1984	Christlich-Islamische Arbeitsgemeinschaft Marl
1988	Gesellschaft für Christlich-Jüdische Zusammenarbeit Lippe
1989	Deutsche Muslim-Liga Bonn [zweite Gründung], Gesellschaft für Christlich-Jüdische Zusammenarbeit Augsburg und Schwaben
1991	Katholische Erwachsenenbildung Frankfurt a. M.

---

100 Die Angaben beruhen auf den Aussagen der Initiativen selbst. Drei von ihnen ließen die Frage nach dem Gründungsjahr unbeantwortet: die Begegnungsstätte Kleine Synagoge, die Interreligiöse Traueninitiative „Sarah und Hagar" und die Katholische Akademie Franz-Hitze-Haus.

1992	Jüdisch-Christlicher Freundeskreis Wesel
1993	Brücke-Köprü Begegnung von Christen und Muslimen, Gesellschaft für Christlich-Jüdische Zusammenarbeit Oldenburger Münsterland, Interreligiöser Arbeitskreis Kiel
1994	Interkultureller Rat in Deutschland
1995	Stiftung Weltethos
1998	Christlich-Islamische Gesellschaft Region Stuttgart
2000	Arbeitskreis Integration im Bistum Essen
2001	Evangelische Akademie zu Berlin, Gesellschaft Freunde Abrahams
2003	Bendorfer Forum für ökumenische Begegnung und interreligiösen Dialog[1], Runder Tisch mit Juden, Christen und Muslimen der Bremischen Evangelischen Kirche
2006	Ad-hoc-Arbeitsgruppe „Weißt Du, wer ich bin?"
2007	Haus Abraham
2008	Forum Religionen und Weltverantwortung

[1] Der 2003 gegründete Verein steht jedoch in einer über 30-jährigen Tradition des trilateralen Austauschs und Engagements. Bereits im Jahr 1972 wurden im Hedwig Dransfeld Haus die sog. Bendorfer Konferenzen sowie die Ständige Konferenz von Christen, Juden und Muslimen (JCM) begründet. Nachdem das Hedwig Dransfeld Haus Anfang des neuen Jahrtausends geschlossen werden musste, wurde das Bendorfer Forum e.V. ins Leben gerufen. Nicht nur die Tätigkeiten, sondern auch der Name konnte so weiter geführt werden (vgl. auch das Organisationsportrait über das Bendorfer Forum).

Nimmt man eine Gewichtung vor, so haben die Gründungen innerhalb der Befragtengruppe seit den 1980er Jahren zugenommen. In den 1940er Jahren sind vier, in den 1950er Jahren zwei und in den 1960er Jahren keine einzige Gründung in unserem Sample verzeichnet. 1979 nennt eine Initiative als Gründungsjahr, sie bildet gleichsam den Auftakt für eine Reihe von Neugründungen: In den 1980ern wurden fünf Organisationen gegründet, im Laufe der 1990er Jahre acht Initiativen, und nach 2000 folgen im Sample noch einmal neun Organisationen.[101]

Auffällig ist, dass es sich im Zeitraum von Ende der 1940er bis zum Ende der 1970er Jahre vor allem um bilaterale, christlich-jüdische Initiativen handelt. Ausnahmen bilden lediglich die Evangelische Akademie Hofgeismar als unilateral christliche Organisation (gegr. 1947) und die erste Gründung der Deutschen Muslim-Liga (1954). In dieser Zeit stand der Dialog zwischen Judentum und Christentum im Vordergrund, der vor allem der Aufarbeitung des Nationalsozialismus und des Holocaust diente.[102]

---

101 Die folgenden Schlüsse basieren auf dem Sample dieser Studie; darüber hinaus gehende Initiativen wurden nicht berücksichtigt. Daher können auch keine Aussagen bspw. über Organisationen, die ihre Tätigkeit wieder eingestellt haben, getroffen werden.
102 Die Aufnahme diplomatischer Beziehungen zwischen der Bundesrepublik Deutschland und Israel (1963) sowie das Zweite Vatikanische Konzil (1964), zwei Ereignisse, die unzweifelhaft großen Einfluss auf das Dialoggeschehen hatten (vgl. Birkenfeld 2007b: 8), spiegeln sich in der Gruppe der im Rahmen dieser Studie Befragten nicht wider.

In den 1980er Jahren werden weiterhin christlich-jüdische Dialog-Initiativen ins Leben gerufen. Aber es kamen auch erste muslimische und christlich-muslimische Organisationen hinzu sowie mit der Herbert Quandt-Stiftung eine überkonfessionelle Organisation. Dies ist unmittelbar einleuchtend, gerieten in diesem Jahrzehnt doch die zu einem großen Teil muslimischen Arbeitsmigranten und -migrantinnen unter dem Stichwort „Gastarbeiter" erstmals in den Blickwinkel der gesellschaftlichen Öffentlichkeit.

In den 1990er Jahren wurde das Bild bunter: Auch in diesem Jahrzehnt wurden unilaterale Organisationen ins Leben gerufen, das Katholische Bildungswerk Frankfurt a. M., „Brücke-Köprü" und das Abraham Geiger Kolleg. Dabei zielte die kirchliche, evangelische Einrichtung „Brücke-Köprü" durch ihren Zuschnitt von Beginn an auf die „Begegnung von Christen und Muslimen in Nürnberg" und ist damit de facto bilateral ausgerichtet.

Es kamen drei weitere bilaterale Neugründungen hinzu, konkret zwei christlich-jüdische (der Jüdisch-Christliche Freundeskreis Wesel e.V., die Gesellschaft für Christlich-Jüdische Zusammenarbeit Oldenburger Münsterland e.V.) und eine christlich-islamische Organisation (Christliche-Islamische Gesellschaft Region Stuttgart e.V.) sowie eine multilaterale Initiative (Interreligiöser Arbeitskreis Kiel).

Schließlich wurden gleich zwei überkonfessionelle Organisationen gegründet, der Interkulturelle Rat in Deutschland e.V. und die Stiftung Weltethos.

Damit sind im gegebenen Sample in den 1990er Jahren ebenso viele bilateral christlich-jüdische wie christlich-muslimische Organisationen ins Leben gerufen worden. Neu in der Befragtengruppe ist die Vielzahl multilateraler Initiativen, ordnet man die beiden überkonfessionellen Organisationen dieser Kategorie zu.

Zu Beginn des neuen Jahrtausends wurden zwei weitere unilaterale Organisationen unseres Samples gegründet: der Arbeitskreis Integration im Bistum Essen und die Evangelische Akademie zu Berlin. Die 2002 gegründete Karl-Konrad-und-Ria-Groeben-Stiftung ist überkonfessionell. Es folgten eine multilaterale Initiative, das Bendorfer Forum für ökumenische Begegnung und interreligiösen Dialog, und die ersten originär trilateralen Initiativen: der Bremer Runde Tisch mit Juden, Christen und Muslimen, das Projekt „Weißt Du, wer ich bin?" und das Haus Abraham in Denkendorf sowie das „Forum Religionen und Weltverantwortung". Bei den „Freunden Abrahams e.V.", die sich im Fragebogen als „sonstige Organisation" eingestuft hatte, handelt es sich um eine wissenschaftlich ausgerichtete, aber am Abrahamischen orientierte Organisation.

Damit setzt sich nach 2000 die Neigung zur Gründung multilateraler Organisationen fort, die sich bereits in den 1990er Jahren abzeichnete. Zudem fällt auf, dass Initiativen hinzukommen, die sich ausdrücklich und von Anfang an als trilateral begreifen.

Das Sample scheint also insgesamt die Tendenzen zu bestätigen, die bereits in anderen Forschungen zum Thema aufgezeigt wurden, z.B., dass bis in die 1970er Jahre der bilaterale Dialog zwischen Judentum und Christentum vorherrschend war und der christlich-islamische Dialog seit den 1980er Jahren verstärkt hinzutrat.[103] In unserem Sample häufen sich in den 1990er Jahren dann die Neugründungen von multilateralen bzw. interreligiösen Initiativen. Das Sample spiegelt allerdings nicht die Tatsache wider, dass diese eine lange Geschichte haben (die älteste Initiative, die im interreligiösen Dialog tätig ist, reicht bis ins 19. Jahrhundert zurück[104]). Die Gründungen von multilateralen Initiativen (innerhalb des untersuchten Samples) setzen sich nach 2000 fort, zudem fällt auf, dass die ersten Initiativen hinzukommen, die sich ausdrücklich und von Anfang an als trilateral begreifen. Während von Beteiligten berichtet wird, dass noch 2001 ein Rechtfertigungsdruck bestand, wenn anstelle eines bilateralen Dialogs alle drei monotheistischen Religionen angesprochen wurden, scheint sich der „Trialog" gegenüber den bilateralen Ansätzen zunehmend zu emanzipieren.[105]

---

[103] Eine Ausnahme bilden die Bendorfer Konferenzen sowie die Ständige Konferenz von Christen, Juden und Muslimen (JCM), die in den 1970er Jahren beginnen (s. o.); in der Umfrage wird wie gesagt jedoch das Datum der Neu- bzw. Wiedergründung im Jahr 2003 angegeben.

[104] 1893 trat im Zusammenhang mit der Weltausstellung in Chicago erstmals das „Weltparlament der Religionen" zusammen. Darauf folgte weltweit eine Reihe von Gründungen multilateraler interreligiöser Organisationen, wie sie in der tabellarisch aufgerollten Geschichte des interreligiösen Dialogs von Sturm-Berger (2003) angeführt werden (darunter die „International Association for Religious Freedom" (1900), die „Universal Alliance. Worldwide Congress of Religions, Faiths, Fraternities and Spiritual Philosophies" (1912), der „Religiöse Menschheitsbund" (1920/21, erneuert 1956), die „World Fellowship of Faiths" (1929), der „World Congress of Faiths" (1936), die „World Alliance for International Friendship through Religion" (1948), der „World Congress on the Foundation of the World Peace through Religion" (1954), die „World Conference on Religion and Peace" (1970); das „Weltparlament der Religionen" trat anlässlich seines hundertjährigen Jubiläums 1993 erneut zusammen und beschloss die „Erklärung zum Weltethos" (vgl. ebd.)).
Selbstverständlich gibt es zahlreiche und verschiedenartige historische Beispiele, die auf einen trilateralen Dialog zwischen Judentum, Christentum und Islam verweisen. Die bei Sturm-Berger (ebd.) aufgeführten (zivilgesellschaftlichen) Organisationen, die seit Beginn des 20. Jahrhunderts entstanden, lassen jedoch keinen Zweifel daran, dass der multilaterale Dialog zwischen den Religionen als der längste und etablierteste zu bewerten ist.

[105] Ich verdanke diesen Hinweis Dr. Martin Bauschke, im Zuge des Colloquiums „Trialog und Zivilgesellschaft" am 11.12.2007 in der Humboldt-Universität zu Berlin (vgl. das Protokoll der Veranstaltung in Hinterhuber 2008: 34).

6.4.4 Regionale Verteilung

Ein Blick auf die regionale Verteilung[106] ergibt folgendes Bild:

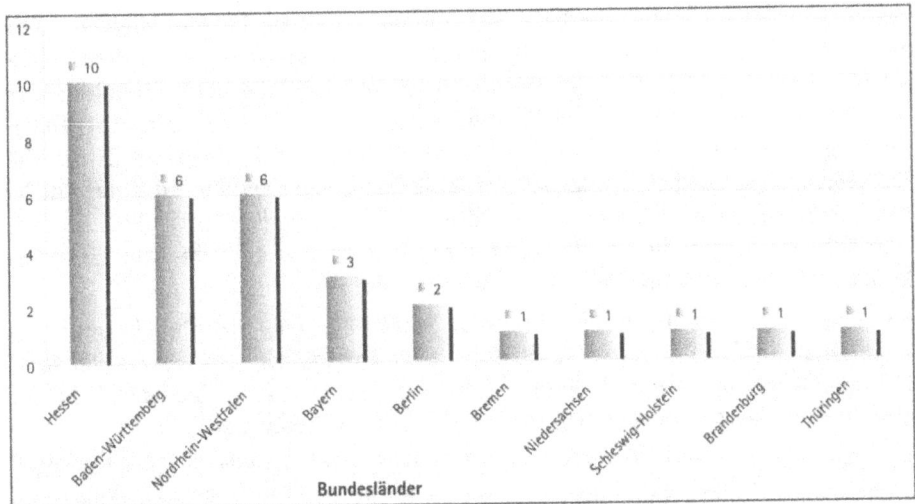

Grafik 1: Regionale Verteilung

Es liegt nahe, die regionale Verteilung der Initiativen im Zusammenhang mit Migration zu interpretieren. Tatsächlich weisen die Länder Baden-Württemberg, Hessen und Nordrhein-Westfalen aus zeithistorischen Gründen mit jeweils mehr als 10% den höchsten Ausländeranteil an der Gesamtbevölkerung nach den Stadtstaaten auf (vgl. Statistisches Bundesamt 2006: 15). Vor diesem Hintergrund ist es einleuchtend, dass gerade dort der interreligiöse Dialog von Angehörigen der abrahamischen Religionsgemeinschaften verstärkt gesucht wird.

Weshalb jedoch die Stadtstaaten im Sample vergleichsweise selten vertreten sind – in Berlin haben zwei Initiativen an der Umfrage teilgenommen, in Bremen lediglich eine, Hamburg taucht im Sample überhaupt nicht auf –, ist erklärungsbedürftig. Zumindest für Berlin kann geltend gemacht werden, dass der Anteil an Mitgliedern von Religionsgemeinschaften mit 45,8% (darunter 39,5% Christen, 0,3% Juden und 5,9% Muslime)[107] im bundesweiten Durchschnitt relativ gering ist, nicht zuletzt aufgrund des ehemals ostdeutschen Stadtteils. Denkbar ist, dass in der Zivilgesellschaft vor diesem Hintergrund anderen, mehr in Richtung des interkulturellen Dialogs gehenden Formen der Vorzug gegeben wird.

---

106 Die Gesamtzahl 32 erklärt sich dadurch, dass die Stiftung Weltethos sowohl in Berlin als auch in Tübingen ansässig ist.
107 www.statistik-berlin.de/pms/2b2/1998/98%2D08%2D06.html (Zugriff am 17.06.2008). Die Datenlage hierzu ist jedoch mangelhaft, die vorhandenen Daten sind zum großen Teil sehr alt.

Aufschlussreicher als der Anteil der Ausländer an der Gesamtbevölkerung wäre wohl die Verbreitung bzw. die Anzahl der Mitglieder der drei Religionsgemeinschaften in den genannten Bundesländern. Hierbei stellt sich aber das Problem, dass die Statistischen Landesämter nur sehr begrenzt über Informationen zu diesem Thema verfügen, da sie keine Rechtsgrundlage besitzen, um Daten zur Religionszugehörigkeit zu erheben.[108] Eine umfassende Möglichkeit bestand zuletzt bei der Volkszählung im Jahr 1987, wodurch die Regionalergebnisse zudem auf die „alten" Bundesländer beschränkt sind.[109] Sich auf die Ergebnisse einer zwanzig Jahre zurückliegenden Zählung zu beziehen, ist wenig sinnvoll, verweisen aktuelle (leider nicht für alle Bundesländer vorhandene) Angaben der Religionsgemeinschaften selbst auf erhebliche Veränderungen. Während die Mitgliederzahlen der beiden christlichen Kirchen rückläufig sind, steigt die Anzahl der Muslime deutlich, und auch die Zahl der Angehörigen des jüdischen Glaubens weist Zuwächse auf.[110]

Für einen Zusammenhang zwischen den Mitgliederzahlen der Religionsgemeinschaften und der Verbreitung des abrahamischen Engagements spricht die Situation in denjenigen Bundesländern, für die Zahlen vorliegen. Der ausschlaggebende Faktor scheint dabei die Anzahl dort lebender muslimischer Gläubiger zu sein.

So leben z.B. in Nordrhein-Westfalen mit 42% im Bundesvergleich nicht nur überdurchschnittlich viele Katholiken, sondern auch „ungewöhnlich viele Muslime, etwa ein Drittel der bundesweit drei Millionen".[111] Ähnliches gilt für Hessen, wo mit 300.000 Muslimen ein Zehntel aller in Deutschland lebenden Muslime ansässig ist.

Aber auch hier gilt, dass die Korrelation letztlich eine relative ist – müsste doch in Städten wie Berlin demnach der Trialog deutlich lebendiger sein.

Die Konzentration des abrahamischen Engagements in den drei Bundesländern Hessen, Baden-Württemberg und Nordrhein-Westfalen zeigt darüber hinaus deutlich, dass sich der überwiegende Teil der Initiativen des Samples im ehemaligen Westdeutschland befindet. In den neuen Bundesländern einschließlich des Sonderfalls Berlins sind hingegen nur vier der Trialog-Initiativen angesiedelt.[112]

---

108 Es können offenbar nur die Angehörigen von Religionsgemeinschaften erfasst werden, welche den Status einer Körperschaft des öffentlichen Rechts besitzen, d.h. die christlichen Kirchen sowie die Jüdische Religionsgemeinschaft.
109 Ich danke Herrn Wolfgang Zentarra vom Landesamt für Datenverarbeitung und Statistik Nordrhein-Westfalen für seine Auskunft.
110 Stellt man z.B. die Angaben der Kirchen und Religionsgemeinschaften über ihre Mitgliedszahlen von 2004 dem Mikrozensus von 1987 gegenüber, so hat sich die Zahl der Angehörigen muslimischen und jüdischen Glaubens in den vergangenen Jahrzehnten beinahe verdoppelt. Während 1987 170.600 Muslime und 6.200 Juden in Hessen lebten, waren 2004 über 300.000 Menschen islamischen und 12.250 jüdischen Glaubens. Die Katholische Kirche zählte 1987 1,67 Millionen Gläubige, 2004 waren es 1,56 Millionen. Der Evangelischen Kirche gehörten zur Zeit des Mikrozensus 2,9 Millionen Menschen an, 2004 wurde die Anzahl der Mitglieder mit 2,56 Millionen angegeben (Hessisches Statistisches Landesamt 2008: 168).
111 Siehe www.wdr.de/themen/politik/nrw02/integration/religion/index.jhtml, Zugriff am 17.6.2008.
112 Angesichts dessen, dass keine eindeutigen bzw. einheitlichen Definitionen von Regionsbegriffen wie Nord-, Süd- oder gar Mitteldeutschland existieren, ist eine dahingehende Einordnung nur begrenzt sinnvoll. Zählt man Baden-Württemberg, Bayern, den südlichen Teil von Hessen und die Regionen

Abrahamischer Trialog und Zivilgesellschaft 75

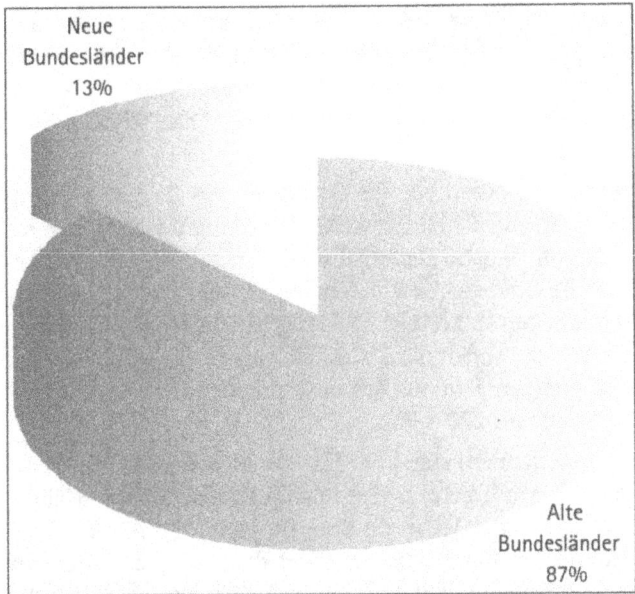

Grafik 2: Trialog-Initiativen in den Alten und Neuen Bundesländern

An dieser Stelle sei jedoch darauf hingewiesen, dass von der prozentualen Verteilung der Trialog-Initiativen nicht automatisch Rückschlüsse auf die Verbreitung eines breiteren, z. B. auch Buddhismus und Hinduismus umfassenden oder aber eines bilateralen interreligiösen Dialogs in Ostdeutschland gezogen werden können. So existieren zum Beispiel in der Stadt Leipzig eine Reihe interreligiöser Aktivitäten (vgl. Gugutschkow o. A.). Um also fundierte Aussagen über den multi- oder bilateralen interreligiösen Dialog treffen zu können, wäre eine eigene Studie nötig.

Auch hier liegt es nahe, einen Zusammenhang zwischen dem Ausländeranteil an der Gesamtbevölkerung und der Verbreitung des trialogischen Engagements anzunehmen, vergegenwärtigt man sich den geringen nichtdeutschen Bevölkerungsanteil in den Ländern der ehemaligen DDR. Dies gilt umso mehr, als dass sich an der

südlich von Frankfurt a. M. hinzu, so spielt sich das Engagement im trilateralen Dialog zwischen Judentum, Christentum und Islam vor allem in Süddeutschland ab. Nordrhein-Westfalen wiederum wird in der Regel nicht zu Mitteldeutschland, wohl aber in Teilen zu Norddeutschland gezählt. Hier zeigt sich besonders deutlich, dass eine Bewertung anhand der Regionen eher verzerrt als klärt, da dadurch das zweite „Ballungszentrum" abrahamischer Aktivitäten im Rahmen unseres Samples gleichsam zerrissen wird.
Die Verteilung zwischen Ost und West in der vorgelegten Studie entspricht im Übrigen beinahe exakt der Verteilung der im Rahmen des Projekts „Weißt Du, wer ich bin?" geförderten Initiativen. 85% der Initiativen waren in Westdeutschland angesiedelt, lediglich 15% stammten aus den neuen Bundesländern (vgl. Wolleh/Zunzer 2007: 58). Die Gruppe der im Rahmen von „Weißt Du, wer ich bin?" geförderten Projekte in Ostdeutschland und diejenigen des Samples der vorliegenden Studie sind jedoch nicht identisch.

diesbezüglichen Verteilung nach der Wende bis heute wenig geändert hat – was u. a. darauf zurückzuführen ist, „dass es in der ehemaligen DDR keine vom Umfang her mit den Verhältnissen im früheren Bundesgebiet vergleichbare Beschäftigung ausländischer Arbeitnehmerinnen und Arbeitnehmer gegeben hat" (Statistisches Bundesamt 2006: 15).

Gleichzeitig geben die Fragebögen (ebenso wie die Evaluation des Projektes „Weißt Du, wer ich bin?", vgl. Wolleh/Zunzer 2007) Hinweise auf weitere, wahrscheinlich ausschlaggebendere Faktoren. Auf christlicher Seite wird von Schwierigkeiten berichtet, jüdische und muslimische Dialogpartner zu finden, um auch auf der partizipatorischen Ebene trialogisch arbeiten zu können. Dies liegt einerseits an dem geringen Prozentsatz jüdischer Einwohner, andererseits aber auch an der im Vergleich zum Westen der Republik deutlich anderen Struktur des muslimischen Bevölkerungsanteils (vgl. im Folgenden Wolleh/Zunzer 2007: 56).

Zum einen ist in den neuen Bundesländern eine Vielzahl verschiedener Herkunftsländer vertreten, während unter den Muslimen im ehemaligen Westdeutschland diejenigen mit türkischer Abstammung in der Mehrzahl sind. Die Heterogenität der muslimischen Bevölkerung in den neuen Bundesländern führt dazu, dass der Grad der Organisiertheit im Vergleich zu Westdeutschland geringer ausfällt. Das erschwert der christlichen und jüdischen Seite die Suche nach Kooperationspartnern.

Zum zweiten erfolgte im Westen der Republik die Zuwanderung seit Ende der 1950er Jahre, während der Großteil der in Ostdeutschland ansässigen Menschen mit muslimischem Glauben (als Flüchtlinge, Asylbewerber oder Studierende) nach 1989 zugezogen ist. Eine Konsequenz daraus ist, dass die Gruppe potenzieller muslimischer Projektpartner sehr heterogen ist, insbesondere in Bezug auf die Kenntnisse des Deutschen, aber auch hinsichtlich des Bildungsniveaus im Allgemeinen. Während es relativ leicht ist, mit muslimischen Studierenden in Kontakt zu treten, gestaltet sich die Kontaktaufnahme und die Zusammenarbeit mit Flüchtlingen und Asylbewerbern bzw. -bewerberinnen deutlich schwieriger.

Hier steht der im Vergleich zum Westen noch junge trilaterale Dialog zwischen Judentum, Christentum und Islam in den neuen Bundesländern vor einer besonderen Herausforderung.

Zusammenfassend ist davon auszugehen, dass natürlich die Zusammensetzung der Bevölkerung und insbesondere das reale Aufeinandertreffen verschiedener Kirchen und Religionsgemeinschaften (und insbesondere die zunehmende Sichtbarkeit v. a. der Muslime) den interreligiösen Dialog zwischen Judentum, Christentum und Islam begünstigt. Ob der Trialog jedoch Fuß fassen kann, hängt letztlich wohl von konkreten Einzelpersonen und Netzwerken ab, die in der Lage sind, vertrauensvoll zu kooperieren[113].

---

113 Für diese Einschätzung danke ich Katrin Kuhla, ehemals Projektkoordinatorin von „Weißt Du, wer ich bin?".

6.4.5 Rechtsform und Formalisierungsgrad

Zu den Charakteristika von Zivilgesellschaft gehört nicht zuletzt ihre Heterogenität, die mit einem Hang zum Chaotischen und auch Volatilen einhergeht. Hinsichtlich ihres Formalisierungsgrads bedeutet dies für zivilgesellschaftliche Akteure, dass sie „mehr oder weniger formell strukturiert" sein können (Strachwitz 2005: 136f.), und „nur zum Teil als juristische Personen konstituiert" sind (ebd.). Während die befragten Initiativen zum großen Teil eine beachtliche Kontinuität in ihrer Arbeit aufweisen, Volatilität also nicht zu ihren Kennzeichen gehört, sind sie hinsichtlich ihrer Rechtsform typische Vertreter der Zivilgesellschaft. Innerhalb des Samples existiert in Bezug auf den jeweiligen Formalisierungsgrad eine große Spannbreite, wobei die juristischen Personen überwiegen.

71% der befragten Initiativen haben sich für die Wahl einer Rechtsform entschieden. Die meisten davon (mit 45% etwas weniger als die Hälfte) haben sich als Verein konstituiert. Die restlichen 26% agieren, ohne eine juristische Person zu sein. 3% haben keine Angabe zur Rechtsform gemacht.

Dabei wurden die folgenden Rechtsformen gewählt; unter „Sonstigen" verbergen sich Initiativen, die als kirchliche Einrichtung oder als Einrichtung der Stadtverwaltung Teil einer Körperschaft des öffentlichen Rechts sind.

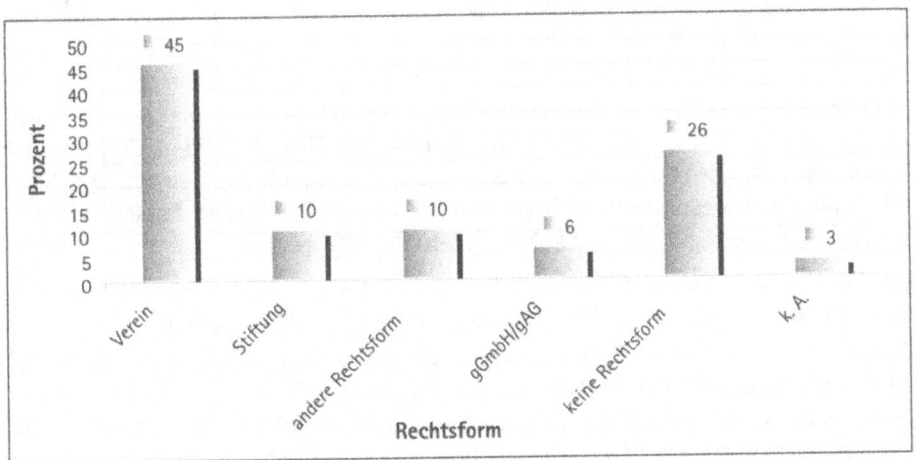

Grafik 3: Zur Wahl der Rechtsform

Die Wahl einer Rechtsform oder aber eine (bewusste) Entscheidung für den Verzicht auf diesen Status sagt jedoch nichts über die Qualität der Arbeit der Initiativen aus, ebenso wenig wie über ihre Stabilität im Sinne der Dauer ihres Bestehens. Letztlich hängt es u. a. vom Kontext sowie den verfolgten Zielen ab, welcher Formalisierungsgrad sich für eine Initiative bewährt.

6.4.6 Mitglieder

Nicht alle der Trialog-Initiativen des Samples haben Mitglieder, was hauptsächlich mit ihrem jeweiligen rechtlichen Status zusammenhängt. So haben die staatlichen und kirchlichen Einrichtungen innerhalb der Befragtengruppe keine Mitglieder (konkret sind dies der Arbeitskreis Integration im Bistum Essen, die der Stadtverwaltung zugeordnete Begegnungsstätte Kleine Synagoge in Erfurt, die evangelische, kirchliche Einrichtung „Brücke-Köprü" sowie eine katholische und drei evangelische Akademien und das Abraham Geiger Kolleg). Angesichts der Tatsache, dass rechtsfähige Stiftungen im Unterschied zum Verein *per definitionem* mitgliedslos sind, gilt dasselbe zwangsläufig auch für die beteiligten Stiftungen (die Herbert Quandt-Stiftung, die Stiftung Weltethos und die Karl-Konrad-und-Ria-Groeben-Stiftung).[114]

Insofern es die Rechtsform bzw. der Charakter der Organisation erlaubt, bauen die Trialog-Initiativen jedoch überwiegend auf das Mitwirken zahlreicher Aktivisten und Aktivistinnen. 60 % und damit der Großteil der Trialog-Initiativen ist „mitglieder-gestützt", darunter (notwendigerweise) die Vereine. Aber auch Assoziationen, die keine Rechtsform aufweisen, gaben Mitgliedszahlen an, wenn es sich dabei auch nicht um eine formelle Mitgliedschaft handeln kann.

Vergleicht man diese „mitglieder-gestützten" Vereinigungen hinsichtlich der Anzahl ihrer Mitglieder, so liegt die Spanne zwischen der kleinsten und der größten Organisation sehr weit auseinander: Der Bremische Runde Tisch mit Juden, Christen und Muslimen weist mit zehn Personen die geringste Zahl an Mitgliedern auf, der Deutsche Koordinierungsrat der Gesellschaften für Christlich-Jüdische Zusammenarbeit sticht als Dachverband mit 20.000 Mitgliedern deutlich hervor.

Die Verteilung zwischen diesen beiden Extremen fällt nicht gleichmäßig aus. Eine gewichtende Darstellung der Mitgliedszahlen ergibt vielmehr Grafik 4.

Damit hat der Großteil der befragten Vereinigungen unter hundert Mitglieder (39 %), sechs Initiativen unter 500 (19 %), und eine Organisation hat 20.000 Mitglieder. Insgesamt zählen die „mitglieder-gestützten" Trialog-Initiativen des Samples 22.070 Mitglieder. Da unter den zivilgesellschaftlichen Akteuren des Samples jedoch sowohl „originäre" Trialog-Initiativen als auch Vereinigungen vertreten sind, die nur *unter anderem* im Bereich Trialog tätig sind, kann diese an sich beeindruckende Zahl nicht als Beleg für eine entsprechend hohe Anzahl an Trialog-Aktivisten und -Aktivistinnen herangezogen werden.

---

114 Beim vom Katholischen Bildungswerk Frankfurt getragenen Projekt „Trialog der Religionen" wurden die darin involvierten Personen angegeben.

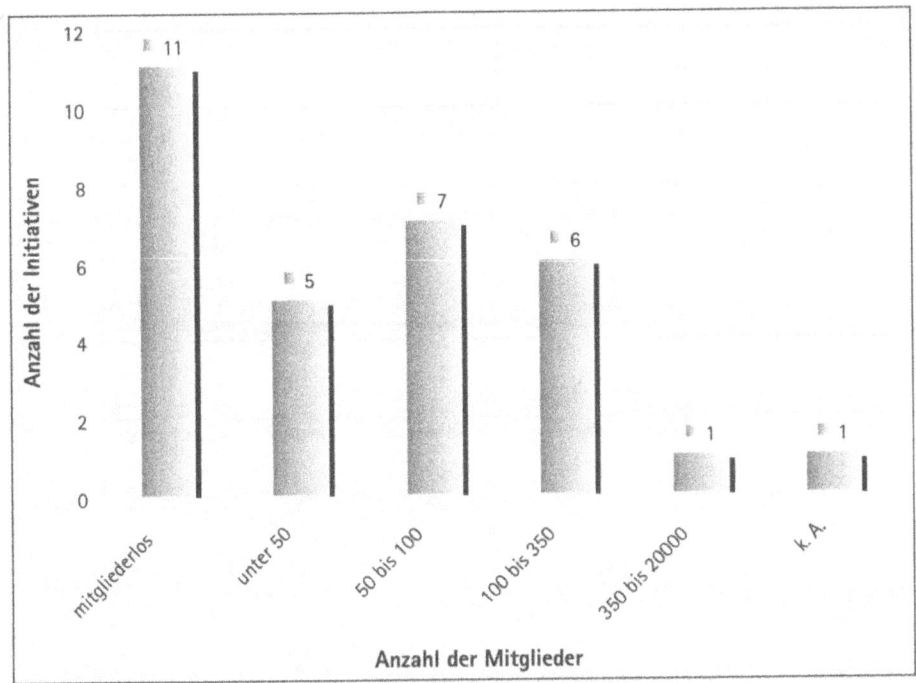

Grafik 4: Mitglieder

6.5 Aktivitäten im Bereich „Trialog zwischen Judentum, Christentum und Islam"

Die Aktivitäten der Trialog-Initiativen umfassen ein beeindruckendes Spektrum. Dabei spielt sich der Dialog auf verschiedenen Ebenen ab. Gleichzeitig werden die unterschiedlichsten Aktionsformen gewählt, um sich mit dem Thema auseinander zu setzen bzw. um in Kontakt zu treten und den trilateralen Dialog zu gestalten.

6.5.1 Ebenen des Dialogs

Auf welchen Ebenen des Dialogs (vgl. Kap. 5) siedeln die Befragten ihre Aktivitäten an? Hier waren Mehrfachnennungen vorgesehen. In jedem Falle bestätigen die Initiativen weder, dass der Dialog des Lebens gleichsam eine Grundvoraussetzung für die weiteren Ebenen darstellt, noch unterschreiben sie ein „Primat des theologischen Elements im Dialog" (Halm 2008: 53).

An erster Stelle steht für die Trialog-Initiativen die Auseinandersetzung mit gesellschaftspolitischen Fragen. Allerdings ist den Akteuren der Dialog des theologischen Austauschs kaum weniger wichtig. Der Dialog beschränkt sich also nicht auf Themen des Zusammenlebens von Angehörigen verschiedener Religionsgemeinschaften. Auch die alltägliche Begegnung spielt für die beteiligten Initiativen eine herausragende Rolle. Die Spiritualität folgt hingegen mit auffallendem Abstand.

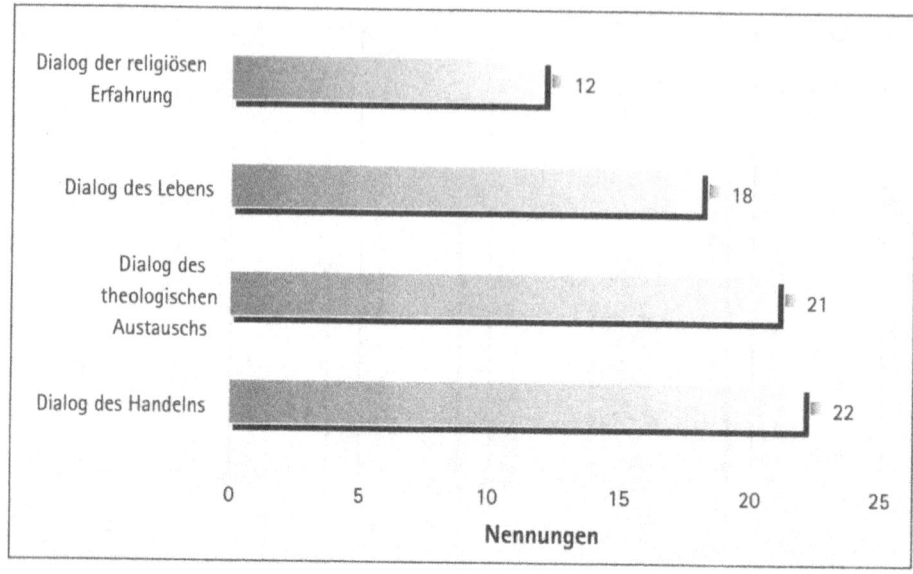

Grafik 5: Die Ebenen des Dialogs 1

Um nochmals zu verdeutlichen, wie nah beieinander die Angaben der Akteure gerade in den erstgenannten drei Bereichen liegen, sei hier der jeweilige Prozentsatz der Organisationen, die sich auf einer Ebene verorten, angeführt (Grafik 6).

Eine gemeinsam erlebte Spiritualität scheint demnach zwar einen ausgeprägten, nicht aber denselben hohen Stellenwert einzunehmen wie gesellschaftspolitische und theologische Aspekte sowie Aspekte des alltäglichen Lebens. Dies mag – neben der auf theologischer Ebene geführten Diskussion um die Legitimität verschiedener Formen des gemeinsamen Betens[115] – auch und vor allem damit zusammenhängen, dass es sich bei der Spiritualität letztlich um einen sehr persönlichen Bereich handelt.

Insgesamt ergibt sich folgendes Bild:[116] Die Aktivitäten der Trialog-Initiativen sind größtenteils auf den Ebenen des Lebens und des Handelns angesiedelt. Dabei ist

---

[115] Es können verschiedene Formen des gemeinsamen Gebets unterschieden werden (vgl. Bauschke 2006: 33): In der Regel wird es (abgesehen von fundamentalistischen Kreisen) als unproblematisch angesehen, nebeneinander bzw. nacheinander ausschließlich die eigenen Gebete zu sprechen (das sog. multireligiöse Gebet). Beim sogenannten interreligiösen Beten hingegen werden gemeinsam formulierte Gebete oder aber die Gebete der jeweils anderen Religionsgemeinschaft mitgesprochen. Dieser Schritt geht allerdings manchen (eher konservativen) Gruppen zu weit. Darüber hinaus existiert eine Verbindung der beiden Formen (v. a. in liberalen und mystischen Kreisen, vgl. ebd.: 34), die als „abrahamisches Beten" bezeichnet wird (ebd.: 33).

[116] Das Bild ändert sich auch dann nicht, wenn die Mehrfachnennungen auf ein Muster hin untersucht werden. Eine Aufschlüsselung der Kombinationen bringt keinen Erkenntnisgewinn gegenüber der Auszählung insgesamt. Denn die Mehrheit der Initiativen verortet sich gleich auf verschiedenen Ebenen. In sieben Fällen haben die Ansprechpersonen eine einmalige Zuordnung vorgenommen und damit einen eindeutigen Schwerpunkt angegeben. Drei Initiativen siedeln ihre Aktivitäten auf der

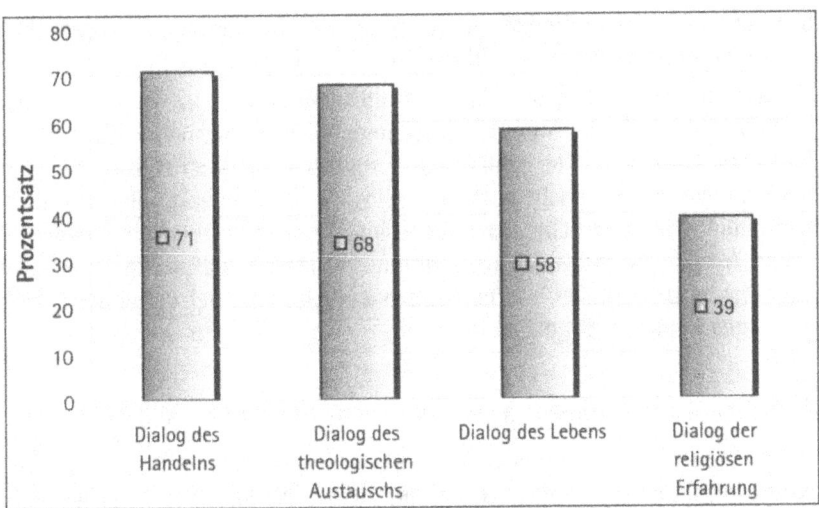

Grafik 6: Die Ebenen des Dialogs 2

der Vorsprung gegenüber Fragen des theologischen Austauschs zwar eindeutig, aber nicht sehr groß: Die theologische Komponente des Dialogs zwischen Judentum, Christentum und Islam spielt ebenfalls eine wichtige Rolle. Lediglich die gemeinsame spirituelle Erfahrung steht deutlich im Hintergrund, wird aber auch noch von mehr als einem Drittel der Teilnehmenden angegeben.

Fasst man die beiden religiösen Ebenen Theologie und Spiritualität (45% aller Nennungen) sowie die „säkularen" Themen Gesellschaftspolitik und Alltag (55% aller Nennungen) zusammen, so ergibt sich im Übrigen *keine* klare Präferenz für die weltliche oder die geistliche Sphäre. Vielmehr zeichnet sich ab, dass im trilateralen Dialog religiö-

Ebene des Dialogs des Handelns an, zwei auf der Ebene des Dialogs des Lebens, weitere zwei geben eine Konzentration auf den Dialog des theologischen Austauschs an.
Auch hier sind die Angaben relativ gleich verteilt, auch wenn sich keine der befragten Initiativen auf die Ebene des Dialogs der religiösen Erfahrung beschränkt. Allerdings konzentrieren sich mit fünf Organisationen insgesamt mehr Initiativen auf die Aspekte Alltag und Gesellschaftspolitik als auf theologische Fragestellungen.
Elf der Teilnehmenden haben bei der Beantwortung der Frage zwei Kreuze gemacht. Bei der Auswertung ergibt sich folgendes Muster: Vier siedeln ihre Aktivitäten auf der Ebene des Dialogs des Lebens und des Handelns an, drei auf der des Dialogs des Lebens in Kombination mit dem Dialog des theologischen Austauschs, vier setzen den Schwerpunkt auf Theologie und Handeln, zwei auf Theologie und Spiritualität. Fasst man die Angaben hinsichtlich der Gewichtung zusammen, so legen in dieser Gruppe sieben Initiativen den Schwerpunkt sowohl auf den Bereich Alltag und Gesellschaftspolitik als auch auf religiöse Aspekte. Vier konzentrieren sich sogar auf den ersten Bereich. Zwei Organisationen hingegen befassen sich mit theologischen und spirituellen Fragestellungen.
Bei den vier Befragten, die drei Kreuze gemacht haben, ergibt sich in der Zusammenfassung folgendes Bild: In allen Fällen werden „weltliche" und religiöse Aspekte angegeben, in zwei Fällen wird Theologie und Spiritualität mit Handeln verbunden, in weiteren zwei Fällen Leben und Handeln entweder mit Theologie oder Spiritualität. Damit halten sich in dieser Gruppe beide Bereiche die Waage.
Schließlich siedeln sieben der Initiativen ihre Aktivitäten auf allen genannten Ebenen an.

sen *und* sozialen Aspekten eine ähnliche hohe Bedeutung zukommt, mit einer geringfügig stärkeren Betonung gesellschaftspolitischer und den Alltag berührender Fragen.
Schließlich liegt die Annahme nahe, dass sich hinsichtlich der Dialogebenen deutlicher „Gruppen" innerhalb des Samples abzeichnen würden, beispielsweise entlang der Religionsgemeinschaften oder gemäß der grundlegenden Ausrichtung der Vereinigung. Sie hat sich jedoch nicht bestätigt. Selbst für die beiden großen Gruppierungen innerhalb des Samples lässt sich keine solche Tendenz festmachen: Weder die Evangelischen Akademien und noch nicht einmal die Gesellschaften für Christlich-Jüdische Zusammenarbeit zeigen ein einheitliches Muster, die Schwerpunktsetzung variiert von Organisation zu Organisation.

6.5.2 Die Vielfalt abrahamischen Engagements – das Spektrum an Aktionsformen

Unter den Trialog-Initiativen des Samples sind *Tagungen* die am häufigsten gewählte Aktionsform. *Seminare* folgen an zweiter Stelle. Die am dritthäufigsten auftretende Aktionsform sind *gegenseitige Besuche* gefolgt von gemeinsamen *Festen*. Den fünften und sechsten Platz nehmen die *Herausgabe von Publikationen* und die *gemeinsame Entwicklung von Lösungsstrategien für praktische Probleme* ein. Zehn Initiativen haben den Punkt „*Sonstiges*" angekreuzt und spezifiziert; dabei werden dreimal „Vorträge" angeführt, zweimal „Podiumsdiskussionen" sowie je einmal Fortbildungsveranstaltungen, ein an dieser Stelle nicht näher erläutertes Begegnungsfest, Gottesdienstbeteiligungen, Studienreisen, Beratungssitzungen und die „Errichtung eines Raster-Bogens". Ebenfalls zehnmal angeführt wurden Aktionsformen im *Bereich „Schule und Erziehung"*, dicht gefolgt von *„Forschung und Lehre"* mit neun Einträgen. An achter Stelle liegen gleichauf *Gebete und Andachten* sowie die *gemeinsame Auslegung der Heiligen Schriften*.[117] Drei Initiativen sind unter anderem bzw. ausschließlich als *„Abrahamshaus"* konzipiert. An letzter Stelle steht die *finanzielle Förderung* abrahamischen Engagements.

Knapp zwei Drittel der Aktivitäten findet regelmäßig statt, ein Drittel in loser Folge. Vereinzelt sind Projekte auch nach einmaliger Durchführung abgeschlossen.

Umgekehrt, also von den Akteuren statt von den Aktivitäten aus betrachtet, engagieren sich mit 21 der befragten Initiativen zwei Drittel regelmäßig für den Trialog, sechs von ihnen führen zusätzlich zu den regelmäßigen Aktivitäten einmalige Projekte zum Thema oder Projekte in loser Folge durch. Ein Viertel der Befragten ist zwar kontinuierlich, aber in unregelmäßigen Abständen im trilateralen Dialog tätig, ihre diesbezüglichen Aktivitäten finden in loser Folge statt.[118]

---

117 Nimmt man die „Gottesdienstbeteiligungen" unter „Sonstiges" der Interreligiösen Fraueninitiative „Sarah und Hagar" hinzu, so betätigen sich 11 Initiativen im religiösen Kernfeld, d.h. etwas mehr als ein Drittel der Initiativen, die an der Umfrage teilgenommen haben.
118 Der prozentuale Rest entfällt auf Initiativen, die sich nicht zur Frequenz der Projekttätigkeiten geäußert haben, sowie eine, die angibt, ein einmaliges Projekt durchzuführen. Entgegen der Selbsteinschätzung hat sie nach der Umfrage ihr trialogisches Engagement jedoch weitergeführt.

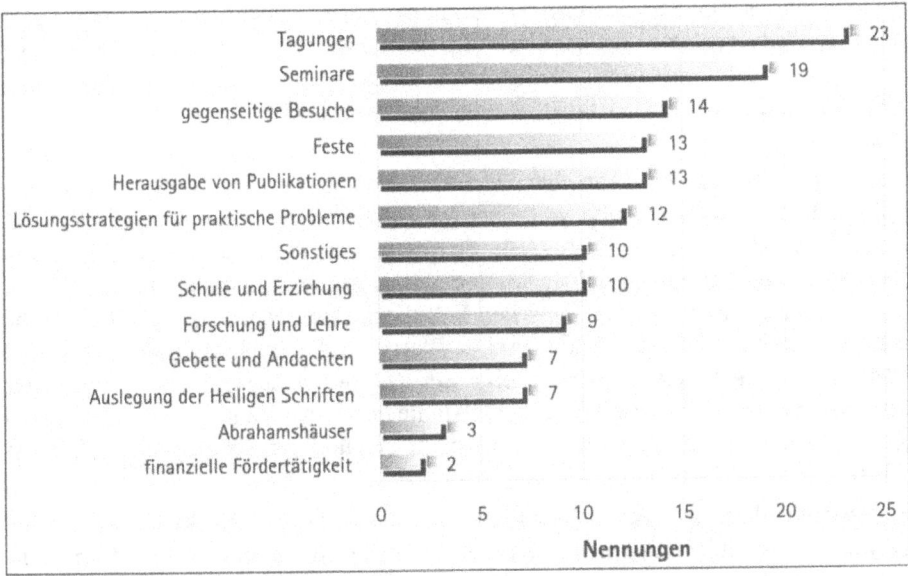

Grafik 7: Aktionsformen

Das weite Spektrum an Aktionsformen wird im Folgenden an einigen Beispielen illustriert. Dabei geht es nicht um die Vorstellung besonders repräsentativer Beispiele oder um eine Auswahl im Sinne von Best-Practice-Beispielen. Vielmehr soll ein Eindruck von der Vielfalt abrahamischen Engagements vermittelt werden.[119] Die jeweiligen Aktionsformen werden fallweise um Beispiele jenseits des der Studie zugrunde liegenden Samples ergänzt.

Das prominenteste Beispiel für *Tagungen* im Bereich des Trialogs sind zweifelsohne die Bendorfer Konferenzen. Wie bereits in der Entstehungsgeschichte abrahamischer Dialoge beschrieben, finden sie seit über 35 Jahren einmal jährlich statt. Eine ganze Woche lang setzen sich die Teilnehmenden mit einem Oberthema auseinander. Themen der vergangenen Jahre waren beispielsweise die Auseinandersetzung mit den großen Lehrern des Judentums, Christentums und Islams, die religiösen und sozialen Herausforderungen angesichts der Dynamik einer pluralistischen Gesellschaft, Geschichte und Krieg oder das Thema Freiheit. Das Tagungsprogramm umfasst Vorträge, interreligiöse Gesprächsgruppen, gemeinsame Textarbeit, Gebete und Andachten, aber auch Kulturabende, Musik, Tanz und Spaziergänge. Die Tagungen werden zweisprachig, in Deutsch und Englisch, durchgeführt. Hinsichtlich ihrer Kontinuität, darauf weist die Deutsche Muslim-Liga Bonn zu Recht hin, dürften die Bendorfer Konferenzen in der ganzen Welt einmalig sein.

---

[119] Die vorgestellten Initiativen beschränken sich nicht auf die im Folgenden vorgestellte Aktionsform, sondern führen oft mehrere der genannten Aktivitäten durch. Auch sind unter den Beispielen sowohl uni-, bi- und tri- als auch multilateral orientierte Organisationen vertreten.

Auch die jüngste im Sample vertretene Initiative, das neu gegründete Forum Religionen und Weltverantwortung, beteiligte sich bereits an der Durchführung der Tagung „Religiöser Friede – friedfertige Religionen? Situationen der Gewalt aus christlicher, jüdischer und muslimischer Sicht" an der Evangelischen Akademie Baden (im November 2007).

Gegenseitige Besuche – mehr oder weniger formalisiert – von Gotteshäusern, Begräbnisstätten oder anlässlich von Feiertagen gehören zu den grundlegenden Aktionsformen abrahamischer Initiativen. So veranstaltet der Arbeitskreis „Trialog der Religionen" der Katholischen Erwachsenenbildung gemeinsam mit der Evangelischen Stadtakademie Frankfurt, der Jüdischen Volkshochschule Frankfurt, der Volkshochschule Frankfurt sowie der Evangelischen Pfarrstelle für interreligiösen Dialog und Weltanschauungsfragen in kurzer Folge Besuche der Synagoge, einer Frankfurter Moschee, des Doms und der Alten Nikolaikirche oder unternimmt Friedhofsrundgänge (bezeichnet als „Rundgänge"; vgl. Faltblatt „Trialog der Religionen" 1. Halbjahr 2007).

Stellvertretend für das gemeinsame Feiern von *Festen* sei das seit 2001 stattfindende „Abrahamsfest" in Marl genannt. Dabei handelt es sich um eine von der Christlich-Islamischen Arbeitsgemeinschaft in Marl mit verschiedenen Kooperationspartnern organisierte Veranstaltungsreihe, die in einem „Abrahams-Gastmahl" kulminiert. Im Jahr 2007 haben am Abschlussfest über 300 Menschen teilgenommen.

Bei den SpeiseReisen des Begegnungszentrums „Brücke-Köprü" in Nürnberg geht der trilaterale Dialog ganz zentral „durch den Magen". Die jüdisch-christlich-muslimischen SpeiseReisen werden anlässlich religiöser Feiertage veranstaltet. Dabei werden von den Beteiligten die jeweiligen religiösen Hintergründe der einzelnen Speisen erklärt, bevor dann gemeinsam ein Festessen zubereitet wird. Ähnliche interreligiöse Gastmähler fanden auf Initiative der örtlichen jüdischen und islamischen Gemeinde sowie verschiedener christlicher Kirchen in Bad Segeberg statt (vgl. „Weißt Du, wer ich bin?" 2007b: 30).

Publikationen zum Thema: Neben wissenschaftlichen Veröffentlichungen aus den verschiedensten Disziplinen, wie sie bereits im Forschungsstand angesprochen wurden, sind hier vor allem erste explizit abrahamisch ausgerichtete Gebetsbücher zu nennen, wie sie seit Mitte der 1990er Jahre in Deutschland erschienen sind. Das aufgrund der Verteilung von Soldaten sicherlich verbreitetste Beispiel hierfür ist das 2004 erschienene Buch „Gemeinsam vor Gott. Gebete aus Judentum, Christentum und Islam" von Martin Bauschke, Walter Homolka und Rabeya Müller. Neben den Gebetsbüchern sei auf den gemeinsamen Festkalender für Juden, Christen und Muslime hingewiesen, den das Institut für Kirche und Gesellschaft in Iserlohn seit mehreren Jahren im Klartext Verlag veröffentlicht.[120]

---

120 Eine kostenlose Download-Version, allerdings ohne Bilder, steht im Netz unter http://www.klartext-verlag.de/?kalender=1 zur Verfügung.

Die *Gemeinsame Entwicklung von Lösungsstrategien für praktische Probleme* soll hier nicht am im öffentlichen Diskurs so präsenten Thema „Moscheebauten" illustriert werden, sondern an der Veröffentlichung „Impulse für eine geschlechtergerechte Sozialpolitik auf der Basis jüdischer, christlicher und muslimischer Traditionen" (epd 2006), der interreligiösen und überparteilichen Fraueninitiative „Sarah und Hagar" Rhein-Main. Bei dem Positionspapier handelt es sich um differenzierte Empfehlungen zu sozialpolitischen Problemstellungen in den Bereichen Familie, Arbeit und Bildung, das in einem mehrjährigen Prozess von Vertreterinnen der drei abrahamischen Religionen erarbeitet wurde. Hervorzuheben ist dabei nicht zuletzt, dass sich Angehörige der drei monotheistischen Religionen gemeinsam eines Themas jenseits der eigenen Glaubensrichtung annehmen; die jeweiligen religiösen Überzeugungen stehen also nicht im Mittelpunkt, sondern fließen in die Sicht auf ein „drittes" Thema ein.

Zahlreiche zivilgesellschaftliche Akteure im trilateralen Dialog betätigen sich im *Bereich „Schule und Erziehung"*.

Die Stiftung Weltethos zum Beispiel weist einen eigenen Bereich „Schule und Weltethos" auf und macht in diesem Rahmen eine Reihe von Angeboten. Hierzu gehört das multimediale Projekt „Spurensuche – die Weltreligionen auf dem Weg", es werden Unterrichtsmaterialien, Arbeitsblätter und sonstige Materialien (wie die Reden zum Weltethos von prominenten Persönlichkeiten) zur Verfügung gestellt. Die Wanderausstellung „Weltreligionen – Weltfrieden – Weltethos" steht auch Schulen offen. Es steht eine Bibliographie zum Thema zur Verfügung, es werden Projekte (wie bspw. ein trilaterales Jugend-Camp, 1997) vorgestellt und Bezüge zu den einzelnen Glaubensgemeinschaften hergestellt.

Eine prominente Stellung nehmen im Bereich „Schule und Erziehung" die Abrahamischen Teams des Interkulturellen Rats ein. Im Rahmen des Europäischen Jahrs des Interkulturellen Dialogs 2008 gehörten die Abrahamischen Teams des Interkulturellen Rats zu den acht geförderten nationalen Projekten in Deutschland. Bundesweit wurden im Laufe des Jahres 20 Dialogveranstaltungen durchgeführt (vgl. www.interculturaldialogue2008.eu/536.0.html?&L=1, Zugriff am 01.08.2008). Bei den Abrahamischen Teams handelt es sich um spontan zusammengestellte Zusammenschlüsse von Personen unterschiedlicher Glaubensrichtung, Ausbildung, Berufstätigkeit, auch regionaler Provenienz. Sie sind seit 2001 vor allem an Schulen, aber auch im Bereich der Erwachsenenbildung tätig. Dabei besuchen qualifizierte Vertreter der drei abrahamischen Religionen sowie der Bahā'ī und zum Teil der Buddhisten in ca. 20 Veranstaltungen pro Jahr Schulen und andere Bildungseinrichtungen in ganz Deutschland, um nach einer Einführung in die jeweilige Religion den Schülern Rede und Antwort zu stehen. Während die Besuche an Schulen meist ein punktuelles Ereignis sind, handelt es sich bei den Aktivitäten im Bereich der Erwachsenenbildung meist um längerfristige Veranstaltungen. Bei allen Schwierigkeiten wird in ihnen ein großes Potenzial gesehen: „Sollten die Konzepte einzelner Teams oder Fachgruppen einmal verschriftlicht werden, sollten sie Eingang in die Lehrpläne finden und wirkliche bildungspolitische Relevanz erlangen, würde die Arbeit abrahamischer Teams zu einer alternativen Antwort auf Terrorismus, Islamophobie und Antisemitismus werden" (Herweg/Müller 2006: 228-229).

Für die Verbreitung des trialogischen Gedankens insbesondere unter Jugendlichen spielt der Schulenwettbewerb der Herbert Quandt-Stiftung eine zentrale Rolle. Er wird seit 2005 jährlich ausgeschrieben und konzentrierte sich bislang auf die Länder Hessen, Thüringen, Baden-Württemberg und Berlin. Unter dem Motto „Trialog in der Schule" entwickeln die 25 Schulen, die jährlich am Wettbewerb teilnehmen, kreative Beiträge, die das Wissen über die drei Religionen erhöhen und zu einem besseren Verständnis für sie beitragen sollen. Diese werden am Ende des Jahres von einer Jury bewertet und prämiert. Ziel ist es, die interkulturelle Kompetenz von Schülerinnen und Schülern zu fördern. Die Herbert Quandt-Stiftung ergänzt ihr Engagement im Bereich Schule durch Lehrerfortbildungen zu diesem Thema.

Dem Bereich *Forschung und Lehre* sind gleich mehrere der hier anwesenden Akteure verpflichtet:

Die Gesellschaft Freunde Abrahams wurde im Jahr 2001 ausdrücklich mit dem Ziel gegründet, eine wissenschaftliche Plattform für den interreligiösen Dialog, insbesondere zwischen Judentum, Christentum und Islam ins Leben zu rufen. Die Gesellschaft ist sowohl in der Forschung als auch in der Lehre tätig. Vor allem, aber nicht nur im Bereich der Theologie werden eigene wissenschaftliche Projekte durchgeführt, Seminare und Tagungen veranstaltet und Publikationen herausgegeben. Als ein Beispiel sei die Dokumentation der wissenschaftlichen Tagung „Reizthemen interreligiös. Dschihad – Mission – Zionismus" angeführt (Interkulturelles Dialogzentrum München e.V./Freunde Abrahams e.V. 2007). Zweimal jährlich erscheint zudem „Abrahams Post", das Infoblatt der Freunde Abrahams e.V., das Hinweise auf eigene Vorträge und Veranstaltungen, auf empfehlenswerte Veranstaltungen anderer Träger sowie Berichte, Notizen und (Buch-)Tipps enthält. Seit 2002 erscheint darüber hinaus die Zeitschrift „Blätter Abrahams. Beiträge zum interreligiösen Dialog", die wissenschaftliche Aufsätze zum Themenfeld enthält.

Die Stiftung Weltethos betreibt wissenschaftliche Grundalgenforschung im Bereich einer Theologie des Trialogs und vereint mit Hans Küng, Karl-Josef Kuschel und Martin Bauschke zentrale Autoren (nicht nur) zu theologischen Aspekten des jüdisch-christlich-islamischen Dialogs.

Die Herbert Quandt-Stiftung ist nicht nur Mitinitiatorin und Förderin des vorliegenden sozialwissenschaftlichen Projekts des Maecenata Instituts, sondern hat, um ein Beispiel zu nennen, 2003 eine Studie zum Thema „Europäische Identität und kultureller Pluralismus: Judentum, Christentum und Islam in europäischen Lehrplänen" (Kaul-Seidman et al. 2003) vorgelegt.

Wie bereits im Forschungsstand deutlich wurde, erfolgt die Annäherung an das Thema aus verschiedenen Disziplinen heraus, das Spektrum reicht von theologischen über pädagogische bis hin zu sozialwissenschaftlichen Beiträgen.

Gebete und Andachten sind oftmals Bestandteil anderer Aktionsformen. So eröffnet das Abrahamische Forum seine Sitzungen in Frankfurt mit Gebeten, die die Vertreter bzw. Vertreterinnen der jeweiligen Religionsgemeinschaften verlesen. In der Begegnungsstätte „Kleine Synagoge" in Erfurt finden seit 2005 regelmäßig „Interreligiöse Andachten" mit anschließendem Gespräch statt (vgl. Fragebogen).

Der Interreligiöse Arbeitskreis Kiel organisiert seit 1996 dreimal pro Jahr interreligiöse Gebete. Der Anstoß hierzu kam von den Bahā'ī. Gemäß seiner grundsätzlich multireligiösen Ausrichtung finden die Gebete allerdings nicht in ausschließlich abrahamischer Konstellation statt, sondern schließen auch Buddhisten und interkulturelle Vereinigungen mit ein, wie zum Beispiel die Deutsch-Indische Gesellschaft, zu deren Mitgliedern Christen, Hindus, Buddhisten, Muslime u. a. gehören. Bereits das erste interreligiöse Gebet fand großen Anklang, auch wenn der Beginn mit Schwierigkeiten verbunden war: Auf muslimischer Seite beteiligten sich die Aleviten sowie Einzelpersonen, nicht aber der Moscheeverein. Auf jüdischer Seite fand ein solches Gebet anfangs nicht die Zustimmung der Leitung der Jüdischen Gemeinde in Hamburg (vgl. Onnasch 2006: 180). Ungeachtet dieser Anfangsschwierigkeiten fällt die Bewertung dieses Zugangs zueinander sehr positiv aus: „Insgesamt war das Interreligiöse Gebet – auch mit der dazugehörigen Stille und mit dem anschließenden Gespräch – eine wichtige Quelle, langen Atem und Kraft zu holen, den manchmal schwierigen und enttäuschenden Weg der Begegnung und Verständigung unter Menschen verschiedenen Religionen gelassen und mutig weiterzugehen" (ebd.).

Ein bekanntes Beispiel außerhalb des Samples sind die mittlerweile traditionell stattfindenden gemeinsamen Gebete von Juden, Christen und Muslimen am Flughafen Frankfurt a.M.. Getragen von der Evangelischen und der Katholischen Flughafen-Seelsorge sowie von der Fraport AG werden seit 2000 gemeinsam mit jüdischen und muslimischen Partnern Abrahamische Feiern veranstaltet.

Eine weitere Aktionsform ist das *gemeinsame Auslegen der Heiligen Schriften*. So beschreibt Klaus Onnasch in seinem Beitrag zum Sammelband „Interreligiöser Dialog. Chancen abrahamischer Initiativen" (2006: 177-208) für den Interreligiösen Arbeitskreis Kiel die Prozesse der gegenseitigen Öffnung, die durch eine gemeinsame Auslegung von Bibeltexten und Koranversen in Gang gesetzt werden. Interessant ist, dass er dabei explizit auf die Auswirkungen für die gemeinsame praktische Arbeit verweist: „Wie wirkt es sich zum Beispiel beim interreligiösen Lernen aus, wenn feste theologische Sachverhalte zu fliegen beginnen und Leben gewinnen?", fragt er abschließend.

Als weitere Form seien die *Abrahamshäuser* genannt. In Deutschland wurde in diesem Jahr das Haus Abraham in Denkendorf gegründet, das eine Begegnungsstätte und ein Tagungsort für die drei monotheistischen Weltreligionen ist. Der Trägerverein tritt an, „die Begegnung zwischen Menschen jüdischen, christlichen und muslimischen Glaubens [zu] fördern und die interkulturelle Bildung, Erziehung, Wissenschaft und Kultur voran[zu]treiben" (Rapp-Hirrlinger 2007). Die ersten Veranstaltungen – Vorträge, wechselseitige Besuche u. Ä. – stießen bereits auf positive Resonanz, für 2008 sind zwölf Veranstaltungen geplant.

Finanzielle Förderung abrahamischen Engagements
Die Karl-Konrad-und-Ria-Groeben-Stiftung ist gemäß ihrer Satzung darauf ausgerichtet, eine internationale Gesinnung, Toleranz auf allen Gebieten der Kultur sowie den Völkerverständigungsgedanken zu fördern. Diesem Anspruch kommt sie nach, indem sie Beiträge zum intellektuellen und praktischen Austausch zwischen den abrahamischen Religionsgemeinschaften und den entsprechenden Kulturkreisen leistet. Sie fördert den Austausch zwischen Vertretern der abrahamischen Religionsgemeinschaften sowie interessierten Bürgerinnen und Bürgern, finanziert Studien und die Herausgabe von Publikationen zum Thema, ermöglicht Studienaufenthalte, unterstützt die Ausbildung von Lehrkräften zu den Themen Toleranz und Integration und betreibt Öffentlichkeitsarbeit über die von ihre bearbeiteten Problemstellungen. Konkret fördert die Groeben-Stiftung die Abrahamischen Teams sowie die Islamforen des Interkulturellen Rats. Die vorliegende Studie des Maecenata Instituts hat sie gemeinsam mit der Herbert Quandt-Stiftung initiiert und gefördert.

Bei der Herbert Quandt-Stiftung selbst, die ebenfalls eine der prominenten Förderer des Trialogs in Deutschland ist, ist die Ausgangssituation insofern eine andere, als dass es sich bei ihr im Unterschied zur Groeben-Stiftung um eine ausschließlich operative Stiftung handelt. Eine finanzielle Förderung im Bereich des abrahamischen Engagements erfolgt daher mittelbar, beispielsweise, indem im Rahmen des Schülerwettbewerbs herausragende Projekte prämiert werden, oder indem Studien zum Thema nicht nur finanziert, sondern initiiert und inhaltlich begleitet werden.

Neben den auch an der vorliegende Studie beteiligten zentralen Akteuren in diesem Bereich, der Herbert Quandt-Stiftung sowie der Karl-Konrad-und-Ria-Groeben-Stiftung, gibt es weitere Förderinstitutionen: So werden kleinere Projekte z. B. durch den Fonds des Projekts „Weißt Du, wer ich bin?" finanziell unterstützt.

Foren, Podien und Gesprächskreise
Foren bzw. Podien sind weitere Aktionsformen im abrahamischen Engagement. Seit 2001 richtet der Interkulturelle Rat das im Frankfurter „Haus am Dom" halbjährlich tagende Abrahamische Forum in Deutschland aus. Ziel und Zweck des Abrahamischen Forums ist es, eine bundesweite Diskussionsplattform zu bieten, auf der in regelmäßigen Abständen Vertreter der drei Religionen sowie der Bahá'í mit Vertretern aus Gesellschaft und Politik zusammenkommen, um sowohl Grundsätzliches als auch aktuell Tagespolitisches zu diskutieren und in gemeinsamen Stellungnahmen zusammenzufassen.

An der Evangelischen Akademie Arnoldshain ist das Junge Abrahamische Forum angesiedelt. Unter dem Motto „Verständigung statt Diskriminierung" findet dieses

Abrahamische Jugendforum einmal jährlich statt. Es richtet sich an christliche, muslimische und jüdische sowie ausdrücklich auch an nicht religiös gebundene Jugendliche im Alter von 16 bis 26 Jahren.

Das Format des Forums bzw. Podiums wird auch von der Begegnungsstätte Kleine Synagoge in Erfurt gewählt. Sie hat das sogenannte „Erfurter Forum" ins Leben gerufen, das nunmehr seit 1999 einmal jährlich stattfindet. Ein Jahr nach der Eröffnung der Begegnungsstätte startete das Forum mit dem Thema „Weltfrieden ohne Religionsfrieden? Juden, Christen und Muslime im Gespräch" in Form einer Podiumsdiskussion, zahlreiche weitere Themen folgten.

Auch Gesprächskreise dienen dem trilateralen Dialog, wie bspw. im Fall des Runden Tischs mit Juden, Christen und Muslimen in Bremen. Er wurde 2003 als trilateral jüdisch-christlich-muslimisches Beratungs- und Koordinationsgremium der Bremischen Evangelischen Kirche gegründet. Rund zehn offizielle Vertreter der drei Religionsgemeinschaften – neben der Bremischen Evangelischen Kirche sind die Katholischen Kirche, die ACK, die örtliche Synagogengemeinde sowie lokale Moscheegemeinden vertreten – treffen sich seither zu regelmäßigen Beratungssitzungen. Diese finden ca. alle drei Monate statt und dienen der theologischen Klärung und Reflexion von Aktivitäten in Bremen, welche auch die drei Religionsgemeinschaften betreffen. Außerdem wird durch die regelmäßigen Zusammenkünfte ein vertrauensvolles Netzwerk aufgebaut und gepflegt. Beispielsweise war der Runde Tisch maßgeblicher Befürworter der Einführung eines Pilotprojekts zum fakultativen Unterrichtsfach Islamkunde in der 5. und 6. Jahrgangsstufe.

Reisen

Mit Hilfe von thematischen Stadtrundfahrten (wie sie bspw. der Interreligiöse Arbeitskreis Kiel veranstaltet), Exkursionen oder gar Reisen wird versucht, Religion und Kultur der Trialogpartner wechselseitig zu erkunden, oder gemeinsam etwas Neues zu erleben.

Studienreisen organisiert zum Beispiel die Gesellschaft Freunde Abrahams. Im Jahr 2007 führte eine solche Reise auf den Spuren der maurischen Herrschaft in den Süden Spaniens und Portugals. Im Zentrum der Reise standen die Annäherung an Mythos und Realität der interreligiösen Toleranz unter der maurischen Herrschaft, die Auseinandersetzung mit dem kulturellen Erbe des europäischen Islams und des sephardischen Judentums sowie die Frage, welche Lehren daraus für die Gegenwart gezogen werden könnten.

Ebenfalls nach Andalusien führten die Studienreisen, die im Rahmen des Projekts „Trialog der Religionen" vom bereits genannten Zusammenschluss verschiedener Bildungsträger in Frankfurt a.M. veranstaltet wurden. Weitere Reiseziele waren bislang Rom, Jerusalem, Istanbul, Berlin und New York.

Im Zentrum der trialogischen Arbeit der Gesellschaft für Christlich-Jüdische Zusammenarbeit Oldenburger Münsterland steht ein alljährlich stattfindender Jugendaustausch mit Israel, den die Gesellschaft gemeinsam mit jüdischen und muslimischen Partnern organisiert. Im Rahmen des Förderprogramms „Europeans for Peace" für internationale Jugendprojekte der Stiftung „Erinnerung, Verantwortung und Zukunft" besuchen Jugendliche zwei Wochen lang das gemeinsam von jüdischen und arabischen Bürgern Israels aufgebaute Friedensdorf Neve Shalom – Wahat al-Salam. Dort setzen sich deutsche, jüdische und arabische Jugendliche mit dem Gründer des Dorfes, Bruno Hussar, auseinander sowie mit den Hintergründen seiner Gründung. Daneben versuchen sie zu verstehen, in welchem Maße der Holocaust die Beziehungen zwischen den einzelnen Partnergruppen noch bis heute beeinflusst (vgl. www.europeans-for-peace.de, Zugriff am 30.07.2008).

Sport

Die Chancen, die Fußball für die Verständigung zwischen den Religionen bietet, werden von verschiedenen Trialog-Initiativen genutzt[121]. Im Rahmen des Samples gilt dies für die Christlich-Islamische Gesellschaft Region Stuttgart, die 2006 ein interkulturelles Fußballturnier veranstaltete, dessen Teilnehmerkreis um Buddhisten und Sikh erweitert wurde.

In hingegen ausdrücklich trilateraler Konstellation findet seit 2000 jährlich in Berlin-Wilmersdorf ein Spiel von „Pfarrer[n] gegen Imame" statt, der Schiedsrichter ist jüdischen Glaubens. Vor erstaunlich zahlreichem Publikum (ca. 150 Leute) wird um einen Wanderpokal gespielt, im Anschluss gibt es ein gemeinsames Festessen. Organisiert wird das Fußballspiel von einer Vielzahl an Akteuren, konkret dem Ökumenischen Rat Berlin-Brandenburg, der Evangelischen Landeskirche Berlin-Brandenburg-Schlesische Oberlausitz, Inssan e.V., der Britischen Botschaft, der Initiative Berliner Muslime sowie dem Evangelischen Kirchenkreis Berlin-Wilmersdorf. Ähnliche Veranstaltungen gab und gibt es bspw. in Dortmund.

Kunst – Ausstellungen, Musik, Theater, Film

Ausstellungen sind ein weiteres Format im Bereich des Trialogs, wobei Ausstellungen, die sich aus theologischer, historischer o. ä. Perspektive mit dem Trialog auseinandersetzen, gegenüber den kulturell ausgerichteten überwiegen.

Als Beispiel für den ersten Typ sei die Wanderausstellung „Weltreligionen – Weltfrieden – Weltethos" genannt, die im Rahmen unseres Samples in der Begegnungsstätte Kleine Synagoge in Erfurt in Zusammenarbeit mit der Stiftung Weltethos gezeigt wurde.

---

121 Von politikwissenschaftlicher Seite findet – nicht oft, aber doch in regelmäßigen Abständen – eine Auseinandersetzung mit dem Thema „Fußball und Völkerverständigung" statt (vgl. hierzu stellvertretend Ehrhart 2005).

Deutlich seltener werden in diesem Zusammenhang kulturell ausgerichtete Ausstellung konzipiert. Ein Beispiel hierfür (jenseits des Samples) ist die Galerie Artneuland in Berlin, eine Non-Profit-Organisation, die seit 2006 auf Kunst als Medium für einen trilateralen Dialog zwischen den monotheistischen Religionen setzt. Aus dem weiten Spektrum an Ausstellungsthemen und Veranstaltungen können hier nur einige Beispiele angeführt werden: 2007 wurde im Rahmen des Themas „Gott.Geld.Kunst.Kapital" die Ergebnisse der Auseinandersetzung von Künstlern und Künstlerinnen mit jüdischem, christlichem und muslimischen Hintergrund aus verschiedenen Ländern mit dem Thema „Geld & Guilt" (also eine deutsch-englische Alliteration von „Geld" und „Schuld") präsentiert. 2008 folgte eine Ausstellung und ein Symposium zum Thema „Language und Gender" sowie, darauf folgend, eine Einzelausstellung des israelischen Fotokünstlers Amon Yariv mit dem Titel „Pigeons on Pig's Heads".[122]

Auch *Musik* kann ein Weg sein, den trilateralen Dialog zu fördern. Diesen wählten (außerhalb des Samples) beispielsweise die Evangelische Markuskirchengemeinde, die Moscheegemeinde, die Gesellschaft für Christlich-Jüdische Zusammenarbeit und der Runde Tisch Hassel, indem sie im Rahmen eines Stadtteilfestes ein Konzert mit musikalischen Beiträgen zum Judentum, Christentum und Islam aufführten (vgl. „Weißt Du, wer ich bin?" 2007b: 58).

Theater

Als besonders originelle Form des trilateralen Dialogs sei auf das derzeit leider ruhende Theaterstück „Abraham heute" der Christlich-Islamischen Gesellschaft Region Stuttgart hingewiesen, das von 2000 bis 2004 hauptsächlich in Süddeutschland, aber auch in Köln und der Schweiz aufgeführt wurde. Es wurde inzwischen ins Englische, Französische und Spanische übersetzt. Darüber hinaus wurden zwei Kabarett-Programme aufgeführt, „K(r)ampf der Kulturen" (2003/04) und „Dialog Traum-Haft" (2004/05). Theaterpädagogische Zugänge haben sich bewährt, wenn es darum geht, Schüler und Schülerinnen für den interreligiösen Dialog zu begeistern (vgl. „Weißt Du, wer ich bin?" 2007b: 62).

Auch das *Kino* kann eine Möglichkeit bieten, das Thema „Trialog" voranzutreiben, wie eine Aktion außerhalb des Samples der vorliegenden Studie beweist. Weil man davon ausging, auf diesem Weg eine große Zahl Interessierter (auch und gerade junge Erwachsene) zu erreichen, wurde in einem gemeinsamen Projekt der Jüdischen Ge-

---

122 Im Zusammenhang mit Kunst sei auf die jüngste Arbeit der Künstlerin Susanne Krell verwiesen. In ihrem Projekt „attigit" (lat.: hat berührt) suchte sie drei heilige Orte des Judentums, Christentums und Islams auf, nämlich den Herodianischen Tempel in Jerusalem, den Petersdom in Rom sowie die Al Azhar-Moschee in Kairo. Die Sakralgebäude stehen in der Arbeit von Susanne Krell für Ideenräume und somit stellvertretend für die Religionen selbst. Von den Gemäuern fertigte die Künstlerin Frottagen an, die sie physisch miteinander in Kontakt treten lässt. Damit schafft die Künstlerin auch auf symbolischer Ebene eine Verbindung zwischen den drei Weltreligionen. Das Projekt wurde im Verein Sankt Helena in Bonn und in Maastricht im Rahmen des Festivals „Musica Sacra" ausgestellt. In der begleitenden Buchpublikation kommentieren Vertreter der drei beteiligten Religionen die Arbeit (vgl. Gerhard/Uelsberg 2008).

meinde Marburg, des Türkisch-Islamischen Vereins Alsfeld und der Fachstelle Bildung und Ökumene im Evangelischen Dekanat Alsfeld auf das Medium Kino zurückgegriffen. Gezeigt wurden Spielfilme, die auf jeweils verschiedene Weise Islam, Christentum und Judentum thematisieren – zum Beispiel die Darstellung des Verhältnisses eines muslimischen, religiösen Vaters zu seinem areligiösen Sohn, ein jüdisches Familiendrama oder die Reise eines Karthäuser-Mönchs nach Indien und Indonesien (vgl. vgl. „Weißt Du, wer ich bin?" 2007a: 78-79, „Weißt Du, wer ich bin?" 2007b: 27).

Quiz der Religionen

Eine bewährte Aktionsform ist auch das „Quiz der Religionen", das von verschiedenen Gruppierungen durchgeführt wird. Dabei wird nach Aspekten des Judentums, Christentums und Islams gefragt, die u. a. aus der Geschichte, dem religiösen Leben oder den religiösen Festen der drei Religionsgemeinschaften stammen, oder auch nach Details aus den Heiligen Schriften. Innerhalb des Samples hat beispielsweise die Gesellschaft der Freunde Abrahams im Rahmen eines Abrahamsfestes anlässlich ihres fünfjährigen Bestehens im Jahr 2007 ein „Quiz der Religionen" veranstaltet. Im Verlauf des Ratespiels wurden die vielen Überschneidungen zwischen Judentum, Christentum und Islam deutlich, denn Fragen nach der Zuordnung der verschiedenen Zitate zu den jeweiligen Heiligen Schriften ließen die meisten Mitratenden kläglich scheitern. Jenseits des Samples führte u. a. das Diakonische Werk Berlin-Brandenburg Schlesische Oberlausitz e.V. ein „Quiz der Religionen" an staatlichen und konfessionellen Schulen mit Schülern und Schülerinnen unterschiedlicher Glaubenszugehörigkeit durch (vgl. „Weißt Du, wer ich bin?" 2007b: 37).

Radiosendungen und Hörbücher

Eine weitere nicht im Sample vertretene Aktionsform ist der Weg über das Radio. In Thüringen verfolgt der Radiosender F.R.E.I. mit einer Sendereihe das Ziel, den interreligiösen Dialog zwischen Islam, Judentum und Christentum in der Landeshauptstadt Erfurt langfristig zu etablieren, „um damit religionsbezogene Wissensdefizite und Stigmatisierungen in der Bevölkerung abzubauen" (vgl. http://dialog.radio-frei. de/?page_id=9, Zugriff am 04.08.2008).

Genannt sei auch ein Projekt, das von der Jüdischen Gemeinde Hagen gemeinsam mit katholischen und evangelischen Christen sowie Muslimen getragen wurde: Christliche und muslimische Gefängnisinsassen wählten Psalmen für ein Hörbuch aus; jüdische Menschen halfen u. a. bei der Auswahl und der technischen Bearbeitung. Das Hörbuch beinhaltete die ausgewählten Psalmen in Deutsch und Hebräisch mit musikalischer Begleitung (vgl. „Weißt Du, wer ich bin?" 2007b: 65).

6.5.3 Die behandelten Themen im Überblick

Die untersuchten Trialog-Initiativen behandeln in ihren Aktionsformen, vor allem in Vorträgen und Seminaren, ein breites Spektrum an Themen. Diese lassen sich anhand verschiedener Zugänge kategorisieren. Unterschieden werden können gesellschaftspolitische, theologische und religionswissenschaftliche Themen sowie historische, kulturelle und pädagogische Zugänge. Dabei wird deutlich, dass die Themen oft an der Schnittstelle zwischen beispielsweise Politik und Religion liegen, und daher nicht genau zugeordnet werden können. Dies mag auch daran liegen, dass zum Teil ein theologischer Zugang zu gesellschaftspolitisch relevanten Themen gewählt wird.

Wenn auch hinsichtlich der Quellenlage keine Vollständigkeit beansprucht werden kann,[123] kommt eine Auswertung der Vorträge und Seminare nach Themen zu folgendem Ergebnis:

(Gesellschafts-)politische Themen überwiegen. Migration, Integration und Einwanderung werden thematisiert, vor allem werden die damit verbundenen Konflikte angesprochen. Thema ist auch der religiöse Pluralismus in Europa, das multireligiöse Zusammenleben, aber auch die Stellung der Religionen in einem säkularen Staat. Immer wieder stehen Gewalt sowie Wege zur gewaltfreien Konfliktbewältigung oder zum Frieden auf dem Plan. Ganz konkret wird regelmäßig über die Grenzen des eigenen Landes geschaut und zum Beispiel der Nahostkonflikt diskutiert. Ebenso häufig ist Antisemitismus Gegenstand von Vorträgen. Auch umweltpolitische und sozialpolitische Themen stehen auf der Agenda, so zum Beispiel der Umgang mit der Natur oder ein öffentliches Gut wie Wasser. Selbst Wirtschaftsethik ist Thema der Auseinandersetzung.

Die Behandlung von Themen wie Recht und Gerechtigkeit ist oft nicht eindeutig einem gesellschaftspolitischen oder einem theologischen Zugang zuzuordnen. An der Schnittstelle befindet sich auch die Auseinandersetzung mit Politik und Religion. Genderthemen werden regelmäßig und sowohl unter politischen Gesichtspunkten als auch aus theologischer Perspektive erörtert. Dies gilt auch für die Auseinandersetzung mit dem interreligiösen Dialog im Allgemeinen.

Zu den Themen, die regelmäßig in Vorträgen, auf Konferenzen oder Seminaren aus rein theologischer Sicht diskutiert werden, zählt der Islam, außerdem die Beschäftigung mit den gemeinsamen Wurzeln der drei monotheistischen Weltreligionen bzw. die Auseinandersetzung mit dem Stammvater Abraham oder die Perzeption Jesu aus christlicher, jüdischer und muslimischer Sicht. Auch breiter gefasste Themen wie die Nächsten- bzw. Feindesliebe oder Wahrheit werden theologisch aufgerollt.

Hier existiert ein oftmals fließender Übergang zur Religionswissenschaft, zum Beispiel, wenn es um eine Darstellung aller drei Religionsgemeinschaften geht. Weitere religionswissenschaftlich behandelte Themenstellungen sind das Bilderverbot oder Polemiken der Religionen untereinander.

---

123 Die Fragebögen geben zu diesem Punkt in unterschiedlicher Tiefe Auskunft, nicht alle Vereinigungen verfügen über gleichermaßen ausführliches Dokumentationsmaterial.

Auch aus geschichtswissenschaftlicher Sicht erfolgt eine Auseinandersetzung mit Themen, die im Kontext des trilateralen, interreligiösen Dialogs relevant sind. Dazu gehören Vorträge über historische Perioden in bestimmten Regionen, in denen ein friedliches Zusammenleben von Juden, Christen und Muslimen stattfand. Schließlich werden Zugänge über die Kultur gewählt, so zum Beispiel in Vorträgen über die Musik der abrahamischen Religionen. Auch pädagogische Ansätze werden vorgestellt.

Insgesamt wird deutlich, dass sowohl strittige Themen behandelt als auch positive Zugänge vorgestellt werden.

6.6 Kriterien für eine gelungene Zusammenarbeit und ihre Relevanz in der Praxis

Spezielle Kriterien für den abrahamischen Dialog formuliert Micksch (2006: 220):

1. die Akzeptanz der Verfassung sowie der Trennung von Staat und Religion
2. der Respekt vor dem Pluralismus demokratischer Kulturen
3. ein offener Umgang mit Konflikten
4. Kommunikation auf gleicher Augenhöhe, gleiche Miteinbeziehung aller drei Religionen
5. Langfristigkeit
6. „Ideale sind mit Idealen und die Praxis mit der Praxis zu vergleichen" (ebd.: 220).
7. Aufrichtigkeit und Ehrlichkeit
8. Vertrauen
9. Bereitschaft zur Selbstkritik
10. Ablehnung von Extremismus, Rassismus, Fremdenfeindlichkeit

Dabei wird deutlich, dass einige Punkte mit den von Swidler aufgestellten Regeln übereinstimmen, andere gehen darüber hinaus, wieder andere wurden nicht aufgegriffen.

In der schriftlichen Umfrage im Rahmen dieser Studie wurden den Teilnehmenden die von Micksch (2006: 220) für den abrahamischen Dialog postulierten Kriterien in leicht veränderter Form vorgelegt. Gleichzeitig wurde die Bitte an sie gerichtet, zu gewichten, welche Relevanz die einzelnen Punkte für ihre konkrete Trialog-Arbeit haben. Ziel war es, Rückschlüsse auf die unmittelbare praktische Erfahrung bzw. die Relevanz der einzelnen Punkte für ihre praktische Arbeit ziehen zu können.

In Reaktion darauf machte eine der befragten Organisationen, der Interkulturelle Rat, folgenden Hinweis: „Sie [die Kriterien für eine gelungene Zusammenarbeit, EH] entsprechen weitgehend den Dialogprinzipien des Deutschen Islamforums. Nach unserer Auffassung sind sie unteilbar und können daher zueinander nicht gewichtet werden."[124]

---

[124] In eine ähnliche Richtung weist die Anmerkung einer anderen Befragten. Sie hält eine Gewichtung insbesondere der i. E. inhaltlich ausgerichteten Kriterien für nicht sinnvoll (Punkte 8 bis 12 des Fragebogens) und begründet dies damit, dass „[...] nur Menschen, die diese Einstellung teilen, [...] am Dialog teil[nehmen]".

In der Tat bestehen Parallelen zu den Dialogprinzipien des Deutschen Islamforums, sie sind in wesentlichen Punkten mit den o. g. Kriterien identisch. Lediglich der Verweis auf die Verfassung, den gesellschaftlichen Pluralismus sowie auf gegenseitiges Vertrauen als Grundlage des Dialogs fehlen.[125]

Der Anmerkung des Interkulturellen Rats ist zuzustimmen. Die Aufforderung an die Teilnehmenden der Umfrage, dennoch eine Gewichtung vorzunehmen, soll an der Unteilbarkeit der Dialogprinzipien nichts ändern. Es soll lediglich versucht werden, die Relevanz von auf den ersten Blick theoretischen Kriterien in der konkreten Praxis zu ergründen.

Die Umfrageergebnisse ergeben folgende Reihung der einzelnen Punkte:

1. Die meisten Nennungen erhält die *„Ablehnung von Extremismus, Rassismus, Fremdenfeindlichkeit und Gewalt"*, gleichauf mit der Forderung nach *„Kommunikation auf Augenhöhe"*. Mehr als zwei Drittel schreiben diesen Kriterien eine hohe Relevanz zu (je 20 Nennungen), in über 90% der Fälle erachten die Initiativen diese beiden Kriterien als relevant oder sogar sehr relevant für ihre praktische Arbeit.

Konkret halten es 71% der Befragten für sehr wichtig, extreme, rassistische, xenophobe Positionen sowie Gewalt als Aktionsmodus zurückzuweisen (22 Nennungen), ein knappes Viertel erachtet dies als wichtig (sieben Nennungen). Je eine Initiative weist dem Kriterium eine durchschnittliche bzw. keine Relevanz zu.

Ebenfalls 71% halten die „Kommunikation auf gleicher Augenhöhe" für sehr relevant. Die weiteren Zahlen fallen noch deutlicher aus als bei der „Ablehnung von Extremismus, Rassismus, Fremdenfeindlichkeit und Gewalt". Ein Fünftel empfindet das Kriterium als relevant, 7% halten es für durchschnittlich wichtig und lediglich 3% der Befragten für irrelevant.

Von einer Seite kam grundsätzliche Kritik an diesem Kriterium. „Kommunikation auf Augenhöhe" sei lediglich ein Schlagwort – das Verhältnis der Religionen sei geprägt von Asymmetrie, daher komme es wesentlich auf den *Respekt* voreinander an.

2. Von der Anzahl an Nennungen her an zweiter Stelle steht der *„Respekt vor dem Pluralismus demokratischer Kulturen"*. 20 Initiativen und damit 65% der Umfrageteilnehmer schreiben diesem eine hohe Relevanz zu, weitere 26% halten das Kriterium für wichtig. Zusammengenommen sind es wiederum 91% der Initiativen, die dieses Kriterium als relevant oder sogar sehr relevant für ihre praktische Arbeit bewerten.

Zwei Initiativen messen dem Respekt vor dem Pluralismus demokratischer Kulturen eine durchschnittliche Relevanz bei (6%), eine hält das Kriterium für weniger relevant (3%).

---

125 Die Dialogprinzipien sind nachzulesen in der Arbeitsgrundlage, die sich das Deutsche Islamforum im Juni 2006 gegeben hat: vgl. www.interkultureller-rat.de/Themen/Islamforen/0606_Arbeitsgrundlage.pdf (Zugriff am 19.09.2008).

3. Den dritten Platz nehmen „*Aufrichtigkeit und Ehrlichkeit*" ein. Einen aufrichtigen und ehrlichen Umgang miteinander geben wiederum ca. 90% als wichtig (zehn Nennungen) oder gar sehr wichtig (18 Nennungen) an. Nur zwei Initiativen erachten dies als lediglich durchschnittlich relevant für ihre praktische Arbeit, eine enthielt sich der Stimme.

Gleichauf liegt der Punkt, in dem es um die Verfassung sowie die Trennung von Religion und Staat geht. Betrachtet man die Anzahl der Teilnehmenden, die dieses Kriterium für sehr wichtig für ihre praktische Arbeit halten, so liegt die „*Akzeptanz der Verfassung sowie der Trennung von Staat und Religion*" sogar vor dem Kriterium der „*Aufrichtigkeit und Ehrlichkeit*". Auch hier sind es knapp 61% (19 Initiativen), die diesen Punkt als sehr relevant bewerten. Weitere sechs Initiativen erachten diese beiden Faktoren für wichtig, sodass insgesamt weniger Initiativen, nämlich 80%, das Kriterium für relevant oder sogar sehr relevant halten.

Drei der Befragten gehen von einer durchschnittlichen Wichtigkeit der Akzeptanz der Verfassung sowie der Trennung von Staat und Religion für ihre praktische Arbeit aus, ebenfalls drei geben an, dass die beiden Komponenten in der Praxis für sie keine wichtige Rolle spielen (je 10%).

Eine Initiative nennt schließlich Unterschiede zwischen den (jüdischen und christlichen sowie muslimischen) Teilnehmern am Trialog hinsichtlich der Akzeptanz der Verfassung sowie der Trennung von Staat und Religion.

4. „*Vertrauen*" steht hinsichtlich der praktischen Relevanz für die befragten Initiativen an vierter Stelle. 58% messen dem Kriterium eine hohe Relevanz bei. Zusammen mit denjenigen, die einen vertrauensvollen Umgang als wichtig erachten, sind dies wiederum fast 90% aller Umfrageteilnehmenden. Lediglich drei Initiativen halten „Vertrauen" für nur durchschnittlich wichtig.

5. Den fünften Platz teilen sich die „*Bereitschaft zur Selbstkritik*" und der „*offene Umgang mit Konflikten*". Je 13 Initiativen und damit 42% schreiben den beiden Faktoren eine hohe Relevanz für ihre praktische Arbeit zu.

Zur „*Bereitschaft zur Selbstkritik*" ist zu ergänzen, dass 87% (27 Nennungen) das Kriterium als relevant oder sehr relevant einstufen, drei der Befragten halten es für durchschnittlich wichtig. Eine Initiative macht hierzu keine Angabe.

Den „offenen Umgang mit Konflikten" schätzen immerhin noch knapp 77% (24 Nennungen) als wichtig oder sehr wichtig für die Praxis ein. Für 17% (fünf Nennungen) ist ein solcher Umgang von mittlerer Wichtigkeit. Eine Initiative machte zu diesem Punkt keine Angabe.

6. Die „*gleiche Miteinbeziehung aller drei Religionen in Planung, Durchführung und Nachbereitung von Aktivitäten*" ist für 39% (12 Nennungen) sehr wichtig für ihre praktische Arbeit.

Die Stimmen in Bezug auf dieses Kriterium verteilen sich auf der Skala über eine größere Bandbreite. Acht Initiativen (26%) halten die Miteinbeziehung zu gleichen Teilen für wichtig, sechs der Befragten geben an, dass sie für ihre Praxis von durchschnittlicher Wichtigkeit ist (19%), für vier ist dieses Vorgehen weniger relevant (13%), und eine Initiative erachtet dieses Prinzip für irrelevant (3%).

7. Eine „*Kontinuität*" im trialogischen Engagement hält jeweils ein knappes Drittel der Initiativen für sehr wichtig oder wichtig (je neun Nennungen), zusammen sind es 58%.

Die meisten der Befragten ordnen die Relevanz der Kontinuität für ihre praktische Arbeit im Mittelfeld ein (zehn Nennungen, 32%), zwei halten sie für weniger wichtig (6%), für eine Initiative ist die Kontinuität nicht ausschlaggebend (3%).

Eine Teilnehmerin an der Umfrage betont, dass die beiden letztgenannten Kriterien, die gleiche Miteinbeziehung aller Religionen sowie die Kontinuität, immer wieder angemahnt werden müssen.

8. „*Ideale mit Idealen und Praxis mit Praxis zu vergleichen*", erachten jeweils 26% für sehr wichtig oder wichtig (zusammen 52%).

29% der Befragten sprechen diesem Prinzip eine mittlere Relevanz zu. Drei Initiativen halten es für weniger relevant (10%), zwei schätzen diesen Grundsatz als irrelevant ein (6%), ein Umfrageteilnehmer hat hierzu keine Angabe gemacht.

9. Den Leitsatz „*Konzentration auf die Situation in Deutschland*" halten lediglich 13% (vier Nennungen) für die praktische Arbeit für sehr wichtig. Allerdings sprechen ihm 35% (11 Nennungen) eine Relevanz zu. Damit hält ihn knapp die Hälfte der Befragten für wichtig oder sehr wichtig.

26% ordnen die Relevanz der „Konzentration auf die Situation in Deutschland" für ihre praktische Arbeit im mittleren Bereich ein. Zwei Initiativen halten dieses Kriterium für weniger wichtig, vier für überhaupt nicht relevant; eine Initiative hat diesen Punkt aufgrund der Ausrichtung ihrer Arbeit nicht beantwortet.

Einige der Befragten haben Anmerkungen zu dem Postulat, sich auf die Situation in Deutschland zu konzentrieren, gemacht. Bekräftigend wurde darauf hingewiesen, dass z.B. „die Kurden-/Armenier-Frage" oder die Probleme im Nahen Osten nicht in Deutschland gelöst werden können. Die Deutsche Muslim-Liga Bonn führt aus, dass sie sich gewöhnlich auf die Lage in Deutschland und Europa konzentriert, jedoch andere Bereiche, wie den Mittleren Osten, nicht ausschließt. Dies wird mit der grundsätzlichen Haltung der Liga im trilateralen Dialog in Beziehung gesetzt: „Es hat sich bei unseren Projekten als äußerst sinnvoll erwiesen, ganzheitlich zu arbeiten: intellektuell, theologisch, allgemein-menschlich, spirituell, kreativ, interreligiös, intrareligiös – all dies und mehr in einer Tagung zu tun und so den ganzen Menschen anzusprechen".

Zusätzlich zu den bereits genannten Anmerkungen wurden zwei Kriterien angeführt, die für eine erfolgreiche Zusammenarbeit als wichtig erachtet werden: Betont wurden die Notwendigkeit von „Geduld bei organisatorischer Improvisation" sowie die Relevanz von „Sprachfähigkeit, Konfliktfähigkeit, gegenseitige[m] Respekt".

6.6.1 Fazit

Zählt man diejenigen Stimmen zusammen, die den jeweiligen Punkt als relevant oder gar sehr relevant für die Praxis im trilateralen Dialog einstufen, wird folgenden Kriterien zu jeweils ca. 90% eine hohe oder sehr hohe Relevanz zugesprochen:

- „Ablehnung von Extremismus, Rassismus, Fremdenfeindlichkeit und Gewalt"
- „Kommunikation auf Augenhöhe"
- „Respekt vor dem Pluralismus demokratischer Kulturen"
- Aufrichtigkeit und Ehrlichkeit
- „Akzeptanz der Verfassung sowie der Trennung von Staat und Religion"
- „Bereitschaft zur Selbstkritik"

Den „*offenen Umgang mit Konflikten*" halten 77% für sehr wichtig oder wichtig, 65% die *gleiche Miteinbeziehung aller drei Religionen*. *Kontinuität* ist für 58% relevant oder sogar sehr relevant.

„*Ideale mit Idealen und Praxis mit Praxis zu vergleichen*" sowie die *Konzentration auf Deutschland* erachtet jeweils etwa die Hälfte der Befragten für wichtig bis sehr wichtig für ihr abrahamisches Engagement.

In der Gesamtsicht wird noch einmal deutlich, dass zahlreiche Kriterien von den befragten Initiativen als gleichrangig eingestuft werden. Nur die beiden letztgenannten fallen deutlich gegenüber den anderen Punkten ab, sie scheinen nur für die Hälfte der teilnehmenden Initiativen eine wichtige Rolle im Alltag ihres abrahamischen Engagements zu spielen.

Es sei an dieser Stelle nochmals auf eine der Befragten verwiesen, die eine Gewichtung insbesondere der, wie sie schreibt, inhaltlich ausgerichteten Kriterien für nicht sinnvoll hält (Punkte 8 bis 12 des Fragebogens). Sie begründet dies damit, dass „[...] nur Menschen, die diese Einstellung teilen, [...] am Dialog teil[nehmen]". Eine vergleichbare Einschätzung durch die anderen befragten Trialog-Initiativen gibt die Datenlage, auf der die vorliegende Studie beruht, nicht her.

Versucht man allerdings tatsächlich eine Unterteilung der einzelnen Kriterien vorzunehmen in solche, die das Augenmerk auf (gesellschafts-)politische Fragen lenken, und in andere, bei denen Fragen des Umgangs miteinander im Vordergrund stehen, so scheinen beide Aspekte im Trialog-Alltag gleichermaßen wichtig.

Der Großteil der Kriterien scheint Inhalte bzw. Fragen des Umgangs miteinander zu berühren, die für die Arbeit in trilateralen interreligiösen Dialoginitiativen wesentlich sind. Darüber, ob die Teilnehmenden diese Haltungen schon in den Dialog mit einbringen, oder sie erst im Laufe desselben quasi erarbeiten, sagen die Umfrageergebnisse leider nichts aus.

6.7 Zielgruppe

Wer sind die Menschen, die sich am trilateralen Dialog zwischen Judentum, Christentum und Islam beteiligen? Die Antwort auf diese Frage birgt einige überraschende Elemente. Zu den Menschen, die den Trialog prägen, gehören nicht nur Angehörige des jüdischen, christlichen oder muslimischen Glaubens, der Kreis der Beteiligten ist wesentlich größer und beschränkt sich auch in hierarchischer Hinsicht nicht auf eine Ebene. Menschen beiderlei Geschlechts und unterschiedlichen Alters bringen sich ein. Auch in Bezug auf die verschiedenen Bildungsschichten sind die Trialog-Initiativen erstaunlich inklusiv. Schließlich geht es im Folgenden um die Anzahl der Beteiligten sowie um die Ebenen (lokal, regional, national, international), auf denen die Trialog-Initiativen agieren.

6.7.1 Prägende Personengruppen

Von den Befragten machen 22 Personen (71%) die „allgemein am Thema Interessierten" als die Gruppe aus, die die Trialog-Initiativen am stärksten prägt.

Erst an zweiter Stelle werden als maßgebliche Personengruppe die „offiziellen Vertreter der Religionsgemeinschaften" angegeben (19 Nennungen, d.h. 61%). Auf diese folgen mit 14 Angaben (45%) die „einfachen" Gläubigen.

Lediglich sieben Initiativen (23%) bezeichnen die Spitzenvertreter der Religionsgemeinschaften als die Gruppe, welche die Aktivitäten am stärksten prägt.[126]

Entgegen der verbreiteten Annahme bestimmen demnach allgemein am Thema interessierte Personen und „einfache" Gläubige das Bild der meisten Initiativen (53% aller Nennungen). Die offiziellen Repräsentanten oder gar die Spitzenvertreter der Religionsgemeinschaften rücken dagegen in den Hintergrund (38%; „Andere": 9%; Mehrfachnennungen waren möglich).

---

126 Unter der Kategorie „Andere" wurden in sechs Fällen folgende Personengruppen genannt: Von dem wissenschaftlich ausgerichteten Verein „Freunde Abrahams" Akademiker, von der Herbert Quandt-Stiftung „Spitzenvertreter aus Kultur, Medien, Politik und Wissenschaft sowie Praktiker aus Bildung, Religion und Gesellschaft". Der Interkulturelle Rat ergänzt die Aufzählung durch „einzelne profilierte Persönlichkeiten aus den drei Religionsgemeinschaften", der Interreligiöse Arbeitskreis Kiel um das „Referat für Migration der Stadt Kiel". Das „Forum Religionen und Weltverantwortung" nennt „haupt- und ehrenamtlich Engagierte im Dialog/Trialog". Das Abraham Geiger Kolleg gibt ebenfalls „andere" an, spezifiziert diese aber nicht näher.
Ein Teilnehmer ließ die Frage unbeantwortet bzw. versah sie mit einem Fragezeichen.

Die Interreligiöse Fraueninitiative „Sarah und Hagar" wies in diesem Zusammenhang zu Recht darauf hin, dass die „Frauen der Initiative [quasi per se, EH] die ‚einfachen' Vertreterinnen sind".

Von einer Seite wurde der Umstand, dass der Trialog vor allem von allgemein am Thema Interessierten und „einfachen" Gläubigen geführt wird, in einer Anmerkung kritisiert: Der Jüdisch-Christliche Freundeskreis Wesel hält fest, dass „das Engagement der Religionsgemeinschaften [...] größer sein" könnte.

6.7.2 Die Teilnehmerinnen und Teilnehmer: Religionszugehörigkeit bzw. Weltanschauung

Der trilaterale Dialog zwischen Judentum, Christentum und Islam kann, wie eingangs ausgeführt, sowohl auf symbolischer Ebene stattfinden, indem trialogische Themen behandelt werden, als auch auf partizipatorischer Ebene, indem sich Vertreter und Vertreterinnen aller drei monotheistischen Weltreligionen in die Organisation und Durchführung von Aktivitäten einbringen. Die beiden Ebenen wirken sich auf die Zusammensetzung der Teilnehmenden an den abrahamischen Aktivitäten aus.

In 10% der untersuchten Trialog-Initiativen nehmen an den abrahamischen Aktivitäten Angehörige von lediglich zwei der drei genannten Religionsgemeinschaften teil. In zwei Fällen handelt es sich dabei um Juden und Christen (in einer Initiative erweitert durch nicht religiös gebundene Personen), in einem Fall um Christen und Muslime: So gibt die Katholisch-Soziale Akademie Franz Hitze Haus an, dass an ihren Aktivitäten keine Juden beteiligt sind. Die Gesellschaften für Christlich-Jüdische Zusammenarbeit in Freiburg bzw. Lippe wiederum haben bei ihren Aktivitäten keine muslimischen Beteiligten.

Das trialogische Element liegt demnach bei einem Zehntel der Befragten in der thematischen Beschäftigung mit den drei abrahamischen Religionen; die symbolische Ebene des Trialogs, nicht die partizipatorische, steht hier im Vordergrund.

Umgekehrt liegt bei 90% der Initiativen die Betonung auf dem partizipatorischen Element, indem Vertreter und Vertreterinnen aller drei monotheistischen Weltreligionen an den Aktivitäten teilnehmen.

Allerdings beschränkt sich der Teilnehmerkreis an den trialogischen Aktivitäten nur bei etwas weniger als einem Drittel *ausschließlich* auf Angehörige der abrahamischen Religionen, nämlich in zehn der teilnehmenden Initiativen.

In der Realität ist die Gruppe der Teilnehmenden an den abrahamischen Aktivitäten bunter: In 18 der teilnehmenden Initiativen und damit in 58% der Fälle ist eine Erweiterung des Teilnehmerkreises um verschiedene Personengruppen zu konstatieren; es kommen zusätzlich zu Angehörigen des jüdischen, christlichen und muslimischen Glaubens eine oder gar mehrere weitere Gruppen hinzu.[127] Am stärksten sind die

---

[127] Eine detaillierte Auswertung unter Berücksichtigung von Mehrfachnennungen ergibt folgendes Bild: Konkret sind dies in 44% der o.g. 18 Initiativen nicht religiös gebundene Personen, bei 22% handelt

nicht religiösen Personen vertreten, 78% der genannten 18 Initiativen geben sie als Teilnehmer neben Juden, Christen und Muslimen an. 50% dieser Teilgruppe nennen Angehörige anderer Religionsgemeinschaften, dreimal finden sich weitere Personengruppen außer den beiden genannten unter den Teilnehmenden (17%).

Für die Gesamtzahl der teilnehmenden Initiativen heißt das, dass in 45% der Fälle auch nicht religiös gebundene Menschen an den Aktivitäten beteiligt sind, und dass bei einem Drittel der untersuchten Trialog-Initiativen an den Aktivitäten auch Angehörige anderer Religionsgemeinschaften teilnehmen. Ein Zehntel der Initiativen gibt außerdem weitere Personengruppen an.[128]

Einige der Befragten benennen die Religionsgemeinschaften, die sich jenseits der jüdischen, christlichen und muslimischen Glaubensrichtung bei ihnen einbringen. So beteiligen sich bei der Gesellschaft für Christlich-Jüdische Zusammenarbeit in Augsburg und Schwaben e.V. Buddhisten am gemeinsamen Garten der Religionen. Die Deutsche Muslim-Liga Bonn e.V. verweist auf Aktivitäten im Rahmen der „United Religion Initiative", deren Deutschland-Vertreterin sie ist. Zu diesen Aktivitäten kommen die drei monotheistischen Religionen, Bahā'ī und Angehörige von ca. 100 weiteren Religionen, indigenen Traditionen und spiritueller Wege" zusammen (vgl. Fragebogen). Auch beim Interreligiösen Arbeitskreis Kiel – eine multilaterale Vereinigung, die unter anderem auch trialogisch tätig ist – wurden von Beginn an bei bestimmten Aktionsformen Bahā'ī und Buddhisten mit eingebunden. Auch wenn der Interkulturelle Rat in Deutschland e.V. keine dezidierten Angaben hierzu macht, sind auch dort Bahā'ī Teil des Abrahamischen Forums. Bahā'ī werden auch beim „Forum Religionen und Weltverantwortung" ausdrücklich genannt.

Unter den Akteuren des trilateralen Dialogs in Deutschland, innerhalb der Trialog-Initiativen selbst sowie außerhalb, bspw. von wissenschaftlicher Seite und von Angehörigen anderer Religionsgemeinschaften, wird die Kehrseite der Besinnung auf die gemeinsamen Wurzeln des Judentums, Christentums und Islams kritisch thematisiert (vgl. hierzu bspw. Bernhardt 2008, Weil 2008, aber auch Aussagen in den Fragebögen). Es wird darauf hingewiesen, dass die Bezugnahme auf Abraham (und darüber hinaus auf Sarah und Hagar, Ismail und Isaak, aber auch Noach, Moses u.a.)

---

es sich um Angehörige anderer Religionsgemeinschaften. Oft öffnen sich die Trialog-Initiativen gleich in mehrere Richtungen. So nehmen in 17% der o.g. 18 Initiativen sowohl nicht religiös gebundene Menschen als auch Angehörige anderer Religionsgemeinschaften an den Aktivitäten teil. In je 6% der Fälle treten die Kombinationen „nicht religiös gebundene Menschen und andere Personengruppen", „Angehörige anderer Religionsgemeinschaften und andere Personengruppen" sowie „nicht religiös gebundene Menschen, Angehörige anderer Religionsgemeinschaften und andere Personengruppen" auf.

128 Die Kategorien, mit denen sie diese spezifizieren, liegen allerdings ein wenig quer zu der Frage nach der Religionszugehörigkeit der Teilnehmenden. Die Christlich-Islamische Arbeitsgemeinschaft Marl verweist auf verschiedene gesellschaftliche Bereiche: „Meinungsbildende, MultiplikatorInnen in Schule, Politik, Verwaltung, Medien, Wirtschaft, Gewerkschaft, Gesundheitswesen" nehmen an ihren trialogischen Aktivitäten teil. Ähnlich beim Interkulturellen Rat, der auf die „Schülerinnen und Schüler und andere Lerngruppen" hinweist, die (wohl vor allem im Kontext der Abrahamischen Teams) zum Kreis der Teilnehmenden gehören. Beim interreligiösen Arbeitskreis Kiel engagieren sich auch Angehörige der Deutsch-Indischen und der Deutsch-Philippinischen Gesellschaft.

als verbindendes Element nicht nur inkludierend, sondern im Gegenteil auch ausschließend wirkt bzw. wirken kann. Durch die Konstruktion bzw. das Aufzeigen von gemeinsamen Traditionslinien gewinnt der interreligiöse Dialog zwischen Judentum, Christentum und Islam einen exklusiven Charakter. Er kann zur Ausgrenzung nicht religiöser Personen ebenso wie von anderen religiösen Traditionen führen. Ein Umfrageteilnehmer soll hier zu Wort kommen, der die Bezugnahme auf Abraham kritisch hinterfragt: „Ich frage mich, ob die Bezeichnung ‚abrahamitisch' wirklich zu einer tragfähigen Basis verhilft, weil Abraham von allen drei Gruppen unterschiedlich zur Identitätsstützung in Anspruch genommen wird, und sehe die Gefahr einer Ausgrenzung (Bahā'ī, Aleviten, Hindus, Buddhisten wollen sich hier in [Name der Stadt, EH] gleichfalls ins Geschehen einbringen)". Damit weist er zum einen darauf hin, dass die biblische Gestalt Abraham – Ibrahim unterschiedlich rezipiert wird, und thematisiert zum anderen, dass die Beschränkung auf die sog. abrahamischen Religionen exklusiv wirkt, dass also dadurch andere Religionsgemeinschaften ausgeschlossen werden.

Beispielhaft diskutiert wurde die Frage nach dem inklusiven bzw. exklusiven Potenzial eines interreligiösen Dialogs unter Bezugnahme auf Abraham in einer jüngst erschienen Veröffentlichung. In ihr nehmen verschiedene Autoren und Autorinnen zu den zehn Thesen Stellung, die vom Abrahamischen Forum in Deutschland unter dem Titel „Vom christlichen Abendland zum abrahamischen Europa" zur Diskussion vorgelegt wurden (vgl. Micksch 2008a). Auf einer theoretischen Ebene merkt z.B. Heiner Bielefeldt in diesem Zusammenhang an, dass das Konzept des abrahamischen Europas auf derselben kategorialen Ebene verbleibt wie die „Rede von einem europäischen ‚Christenclub'" (Bielefeldt 2008: 35). „Im Ergebnis könnte dieses Projekt zu einer problematischen Religionisierung der Europapolitik und zu einer gleichfalls problematischen politischen Überfrachtung des interreligiösen Dialogs führen" (ebd.). Die beste Garantie für europäische Liberalität bestehe demnach in der Säkularität Europas auf der Grundlage des Menschenrechts auf Religionsfreiheit (vgl. Micksch 2008a: 7).

Während die Besinnung auf das abrahamische Erbe unbenommen eine Chance dafür darstellt, „dass das Neben- und teilweise Gegeneinander der prophetischen Religionen in Europa einem künftigen Miteinander weichen" kann (Weil 2008: 154), muss das Ziel letztlich folgendes sein: „Entscheidend ist es, Werte zu erschließen, die nicht nur Juden, Christen und Muslimen, sondern Anhängern anderer Religionen, Agnostikern, Humanisten, Atheisten und Anhängern weiterer Weltanschauungen gemeinsam sind", argumentiert Hamideh Mohagheghi (in der Zusammenfassung von Micksch 2008a: 9; vgl. Mohagheghi 2008). Sie plädiert in diesem Zusammenhang für eine Aufwertung des Dialogs des Handelns gegenüber dem theologischen Dialog.

Interessanterweise scheinen die Trialog-Initiativen der theoretischen Auseinandersetzung mit dem exklusiven Potenzial abrahamischen Engagements bereits einen Schritt voraus zu sein: Der Großteil schließt ganz selbstverständlich auch nicht religiös gebundene Personen und Angehörige anderer Religionsgemeinschaften in den trilateralen Dialog mit ein, trotz einer Fokussierung auf Judentum, Christentum und

Islam. Ganz im Sinne Mohagheghis wird den Ebenen des Lebens und des Handelns sogar ein größeres Gewicht eingeräumt als den theologischen oder spirituellen Aspekten des Dialogs. So weist eine Initiative in der Umfrage darauf hin, dass es sich in der Praxis nicht um einen Trialog handelt, sondern dass sich „sehr viel mehr Beteiligte (Bahā'ī, Aleviten etc.)" in den Dialog einbringen. Auch sie thematisiert in diesem Zusammenhang die Gefahr, dass eine Reduktion auf einen trilateralen Dialog zu einer problematischen „Exklusivität der drei Religionen" führt. „Ständiger Horizont muss daher sein: der Noahitische Kontext, d. h. alle Religionen/Kulturen – inkl. Humanisten ohne explizite Religion". Gleichwohl betonen diese und andere Stimmen auch die „große(n) Chancen", die im Engagement in der Berufung auf Abraham, Sarah und Hagar liegen: „Der Austausch zwischen Gläubigen aus den monotheistischen Traditionen hat seine eigene Bedeutung und muss ausgebaut werden".

Schließlich thematisieren zwei der befragten Initiativen das zahlenmäßige Ungleichgewicht zwischen den Angehörigen der verschiedenen Religionsgemeinschaften unter den Teilnehmenden. Sie betonen, dass es lediglich ein kleiner Kreis jüdischer und muslimischer Menschen ist, der sich in den Trialog einbringt (bzw. aufgrund der personellen Kapazitäten und angesichts zahlreicher Dialoganfragen wohl besser: einbringen kann, wie einer der Befragten anmerkt).

6.7.3 Altersgruppen

Mit ihren Aktivitäten erreichen die beteiligten Initiativen vor allem ein erwachsenes Publikum. In 27 Fällen werden Erwachsene als diejenige Altersgruppe angegeben, die im Trialog überwiegend vertreten ist. Ein knappes Drittel der Initiativen führt zudem an, dass Senioren und Seniorinnen unter den Teilnehmenden vorherrschen (neun Initiativen).

Kinder und Jugendliche werden von einem Drittel der Befragten als die hauptsächlich vertretene Altersgruppe genannt: Zehn Initiativen geben an, dass die meisten Teilnehmenden Jugendliche sind, fünf haben das Kreuz bei „Kindern" gemacht.

Dabei fällt auf, dass sich ein Teil der Initiativen (18 Vereinigungen, das sind 58 % des Samples) auf eine bestimmte Altersgruppe konzentriert. Sie treffen in Bezug auf die dominierende Altersgruppe eine eindeutige Aussage: In 14 Fällen überwiegen Erwachsene unter den Teilnehmenden, in je zwei Fällen Senioren und Jugendliche.

Hingegen sind bei allen anderen Initiativen Menschen unterschiedlichen Alters am trilateralen Dialog beteiligt. Acht Initiativen benennen je zwei dominierende Altersgruppen: fünf von ihnen Erwachsene und Senioren und drei Initiativen Erwachsene und Jugendliche. In fünf Fällen wurde angegeben, dass alle genannten Altersgruppen – Erwachsene, Senioren und Seniorinnen, Jugendliche und Kinder – an den Aktivitäten beteiligt sind.

Generell scheint es den Initiativen ein Anliegen zu sein, dass möglichst Personen jeden Alters in die Aktivitäten mit einbezogen werden. Dies betont die Deutsche

Muslim-Liga Bonn ausdrücklich: „Es ist uns immer ein Anliegen gewesen, alle Altersstufen einzubeziehen".

In der Regel ist es so, dass an den unterschiedlichen Aktivitäten auch unterschiedliche Altersgruppen teilnehmen (drei Vereinigungen weisen explizit auf diesen Umstand hin). Die Christlich-Islamische Arbeitsgemeinschaft Marl spezifiziert dies: „Wir haben drei Programm-Schienen (= sog. Abrahamswege für Kinder – Jugendliche/Schulen – Erwachsene)". Der Interkulturelle Rat erklärt, dass „an den Treffen des Abrahamischen Forums erwachsene Personen teil[nehmen], beim Einsatz abrahamischer Teams insbesondere in der schulischen Bildungsarbeit sollen und werden Jugendliche und Heranwachsende adressiert". Die Altersstruktur unter den Teilnehmenden ist also abhängig vom jeweiligen Projekt.

Zusammenfassend kann festgehalten werden, dass die beteiligten Initiativen mit ihren Aktivitäten vor allem ein erwachsenes Publikum erreichen. In der Gesamtzahl der Nennungen überwiegen prozentual Erwachsene sowie Senioren und Seniorinnen (zwei Drittel), Kinder und Jugendliche werden von einem Drittel als maßgebliche Gruppe angegeben. Es hängt vom jeweiligen Projekt ab, welche Altersgruppe dominiert.

6.7.4 Frauen und Männer

Berücksichtigt man die Kategorie Geschlecht, so sind in der Mehrzahl der Initiativen Frauen und Männer zu gleichen Teilen an den Aktivitäten beteiligt (27 Nennungen, das sind 87%). Die Herbert Quandt-Stiftung spricht sogar vorsichtig von einem kleinen weiblichen Übergewicht.[129]

Lediglich in drei Fällen wurden Männer als Hauptgruppe unter den Teilnehmenden angegeben. Es handelt es sich dabei um den Arbeitskreis Integration im Bistum Essen und die Evangelische Akademie zu Berlin sowie um den Bremer Runden Tisch mit Juden, Christen und Muslimen.

Zweimal werden Frauen als Hauptakteurinnen angeführt, dabei handelt es sich jedoch in beiden Fällen um Initiativen bzw. Projekte, die sich ausdrücklich an Frauen richten: um die Interreligiöse Fraueninitiative „Sarah und Hagar" und um die Sarah-Hagar-Studientage an der Evangelischen Akademie in Arnoldshain.

Angesichts der durchgängig männlichen Dominanz in allen drei beteiligten Glaubensrichtungen (auch wenn diese sowohl zwischen den als auch innerhalb der jeweiligen Religionsgemeinschaften unterschiedlich stark ausgeprägt ist) ist dies ein überraschendes Ergebnis. Eine mögliche Interpretation für die in der Selbsteinschätzung der beteiligten Initiativen deutlich vorhandene Egalität ist, dass es sich beim Trialog letztlich um Basisarbeit handelt, die sowohl in den Religionsgemeinschaften als auch in der Zivilgesellschaft traditionell von Frauen geleistet wird.

---

129 Die Stiftung Weltethos hat keine Angaben zu diesem Punkt gemacht.

Kontrastiert man die Angaben zur Anzahl der Männer und Frauen unter den Teilnehmenden mit der Auszählung der in den Fragebögen angegeben Ansprechpersonen nach Geschlecht, kommt man zu folgendem Resultat: Unter den Ansprechpartnern sind 29 Männer und 14 Frauen, das Verhältnis ist demnach 67% zu 33% – rund zwei Drittel sind männlich und ein knappes Drittel ist weiblich. Ausgehend von der Annahme, dass der Fragebogen in der Regel von einer Führungskraft ausgefüllt wurde, kann davon ausgegangen werden, dass auf der Leitungsebene Männer stärker vertreten sind als Frauen. Dies ist jedoch kein Spezifikum der abrahamischen Initiativen, sondern stimmt mit den allgemeinen Gegebenheiten innerhalb der deutschen Zivilgesellschaft überein. Auch in der Zivilgesellschaft greift die traditionelle Arbeitsteilung zwischen den Geschlechtern, „derzufolge Frauen eher die praktischen Arbeiten machen, während die Männer die Vereine und Verbände leiten" (Notz 2007: 58). Im Vergleich zu Wirtschaft (und auch Politik) schneidet die Zivilgesellschaft hinsichtlich des Prozentsatzes von Frauen in Führungspositionen ohnehin noch gut ab (vgl. allgemein zum Thema Zimmer/Krimmer 2007).

6.7.5 Bildungsschichten

In der Zivilgesellschaft Deutschlands engagieren sich überdurchschnittlich viele Menschen mit höherer Bildung, während es für Personen aus bildungsfernen Schichten nicht so einfach ist, einen Zugang zu ihr zu finden. Die Dominanz von Personen mit höherem Bildungsgrad bringt es mit sich, dass es für andere Bevölkerungsgruppen schwieriger ist, die Schwelle zur Partizipation in einer zivilgesellschaftlichen Organisation zu überwinden. Die homogene Zusammensetzung einer zivilgesellschaftlichen Organisation führt somit, wenn auch nicht gewollt, zum Ausschluss anderer Schichten. Vor diesem Hintergrund stellten Brömme/Strasser (2001: 10) die Diagnose einer „gespaltenen Bürgergesellschaft" in Deutschland.

Diese Feststellung kontrastiert deutlich mit den Angaben bzw. der Selbsteinschätzung der zivilgesellschaftlichen Akteure im trilateralen Dialog. Gefragt danach, welche Bildungsschichten die abrahamischen Initiativen vor allem erreichen, wurden in 54% aller Nennungen (20 Mal) Angehörige aller Bildungsschichten genannt. In 35% der Nennungen wurden Angehörige höherer Bildungsschichten angeführt (13 Mal), zweimal ausdrücklich bildungsferne Schichten genannt (5% der Nennungen; darüber hinaus wurde zweimal „nicht feststellbar" angekreuzt).

Mehrfachnennungen waren möglich. Von den Initiativen, die sich für eine Kategorie entschieden, also keine Mehrfachnennung vorgenommen haben, gaben 15 an, Zugang zu Angehörigen aller Bildungsschichten zu finden. Neun erreichen vor allem Angehörige höherer Bildungsschichten. Unter den Vereinigungen ist keine, die vor allem Angehörige bildungsferner Schichten erreicht.

Drei Vereinigungen haben angekreuzt, sowohl Angehörige aller Bildungsschichten als auch die höheren Bildungsschichten zu erreichen, eine gab „Angehörige aller Bildungsschichten" sowie „bildungsferner Schichten" an.

Alle drei Gruppen wurden lediglich einmal angekreuzt.

Im gegebenen Sample postuliert also die große Mehrheit der Vereinigungen, alle – und damit auch bildungsferne – Schichten zu erreichen. Basierend auf der Annahme, dass dies nicht nur eine normative Angabe ist (dass also die Organisationen gerne inklusiv sein *wollen*), sondern dies tatsächlich so ist, nehmen die Trialog-Initiativen innerhalb der deutschen Zivilgesellschaft eine Sonderstellung ein.

Schließlich hat durch die Auflösung traditioneller Milieus in Deutschland ein Wandel in Richtung einer stärkeren Bildungslastigkeit des bürgerschaftlichen Engagements stattgefunden. Während in den traditionellen Milieus „[...] alle Bürger, Alte und Junge, Männer und Frauen, mehr oder weniger Gebildete mobilisiert [wurden]" (Joas 2001: 21), ist die zeitgenössische Zivilgesellschaft deutlich exklusiver. „Nahmen an den traditionellen Netzwerkorganisationen wie Gesangsvereinen, kirchlichen Bewegungen oder Genossenschaften in den traditionellen Milieus noch Menschen aus allen Bevölkerungsschichten teil, so haben neue Gruppierungen wie Tauschringe, Nachbarschaftszentren und Bürgerinitiativen nur äußerst geringe Anteile an Personen mit einem niedrigen Bildungsgrad und sind stattdessen in der Mittelschicht verankert" (Fischbach 2003: 19, vgl. auch Brömme/Strasser 2001: 11).

Wenn nun abrahamische Initiativen inklusiver gegenüber bildungsfernen Schichten sind, so könnte dies damit zusammenhängen, dass es sich beim trialogischen Engagement um ein Engagement in religiösen Zusammenhängen handelt. Und dies wäre wiederum eine schlüssige Erklärung für den hohen Grad an Inklusivität gegenüber Angehörigen unterschiedlicher Bildungsschichten: Wie oben ausgeführt, ist die Zugangsschwelle zu einem solch „klassischen" bürgerschaftlichen Engagement deutlich niedriger als zu den neuen Formen des bürgerschaftlichen Engagements, die von einer zunehmenden Professionalisierung des Ehrenamts gekennzeichnet sind und dadurch auch elitärer werden.

6.7.6 Teilnehmerzahl sowie Erreichbarkeit potentieller Teilnehmer

Wie viele Personen erreichen die Initiativen mit ihren Aktivitäten im Bereich des Trialogs? Wie hat sich die Zahl der Teilnehmenden an den verschiedenen Aktionsformen im Laufe der Zeit entwickelt? Und was sind die diesbezüglichen Zielvorstellungen der befragten Vereinigungen? Kurz: Welchen Aktionsradius, welche Reichweite haben die Trialog-Initiativen in dieser Hinsicht?

Zur Anzahl der Teilnehmenden: Auf die Frage, wie viele Menschen in der Regel an den abrahamischen Aktivitäten teilnehmen, gaben rund zwei Drittel des Samples eine eindeutige Einschätzung.[130] Nur in zwei Initiativen sind es in der Regel nicht mehr als 15 Personen, die zu den Veranstaltungen kommen. Je sieben Vereinigungen rechnen im Schnitt mit 15 bis 30 bzw. mit 30 bis 50 Teilnehmenden. In sechs Fällen nehmen an den Aktivitäten regelmäßig über 50 Personen teil, wobei hier zwei der Initiativen Obergrenzen angeben: In Abhängigkeit vom jeweiligen Projekt zählt der Arbeitskreis Integration im Bistum Essen bis zu 250 Beteiligte, am Abrahamsfest in Marl sind es zur Freude der Veranstaltenden gar „über 1000!".

Hingegen machte ein gutes Viertel der befragten Vereinigungen auf die Schwierigkeit aufmerksam, angesichts ihres breiten Tätigkeitsspektrums eine eindeutige Antwort auf die Frage nach der Teilnehmerzahl geben zu können. Sie wiesen darauf hin, dass dies nur projektabhängig beantwortet werden könne. Acht der Befragten haben vor diesem Hintergrund die Frage für die verschiedenen Projekte einzeln beantwortet, weshalb es zu Mehrfachnennungen kam:

- Beim Trialog der Religionen des Katholischen Bildungswerks Frankfurts bringen sich je nach Projekt zwischen einer und 15, 15 bis 30 oder sogar bis zu 50 Personen ein.
- Die Herbert Quandt-Stiftung verbleibt im Rahmen ihrer Stipendienprogramme bei unter 15 Vergaben, bei allen anderen Aktivitäten nehmen jedoch teils weit über 50 Personen teil.
- Brücke-Köprü gibt an, dass bei ihren Speisereisen durchschnittlich 25 Menschen teilnehmen, zu den Trialog-Podien hingegen bis zu hundert Personen kommen.
- Bei der Deutschen Muslim-Liga Bonn und bei der Katholisch-sozialen Akademie Franz-Hitze-Haus sind es mindestens 30 Teilnehmende, oft aber über 50 Personen.
- Der Arbeitskreis Integration im Bistum Essen, das Bendorfer Forum für ökumenische Begegnung und interreligiösen Dialog und die Evangelische Akademie Arnoldshain geben an, dass, wiederum in Abhängigkeit vom jeweiligen Projekt, zwischen 15 und 30, 30 und 50 oder aber über 50 Personen teilnehmen. Der Arbeitskreis Integration konkretisiert dabei, dass sich bis zu 250 Menschen beteiligen.

Fasst man alle Nennungen zusammen, so erhält man folgendes Bild (Grafik 8)

---

130 Eine Vereinigung hat keine Angaben zur Teilnehmerzahl gemacht.

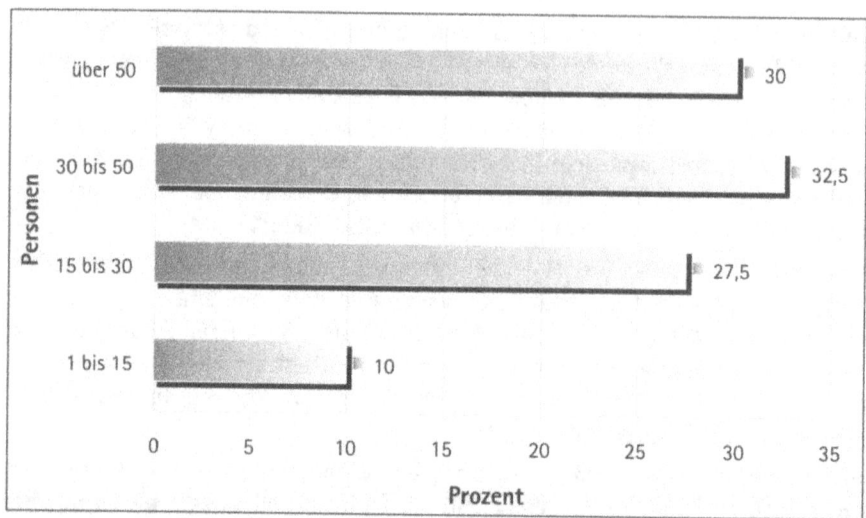

Grafik 8: Anzahl der Teilnehmer und Teilnehmerinnen

Entwicklung der Teilnehmerzahlen: Die Zahl der Teilnehmenden an den abrahamischen Aktivitäten ist beim überwiegenden Teil der Befragten konstant geblieben (35%, 11 Nennungen).

Sieben Initiativen berichten von einer steigenden Anzahl an Teilnehmern und Teilnehmerinnen (23%, sechs Nennungen).

In drei Fällen mussten die Initiativen einen Rückgang unter den Teilnehmenden verzeichnen (10%, drei Nennungen).

Zwei der Initiativen haben mehrere Antworten angegeben. Die Deutsche Muslim-Liga Bonn berichtet von Projekten, bei denen die Anzahl der Beteiligten konstant blieb, und von solchen, die einen Teilnehmerrückgang hinnehmen mussten. Die zuletzt genannte Entwicklung wird auf die verschlechterten Rahmenbedingungen zurückgeführt. Die Liga kommt zu folgendem Schluss: „Insgesamt hängen die Möglichkeiten, möglichst viele Menschen zu erreichen, ganz stark mit der finanziellen Förderung – und der dadurch möglichen Preisgestaltung – zusammen."

Die Evangelische Akademie Arnoldshain gibt an, dass die Zahl der Teilnehmenden zugenommen hat, dass allerdings die Anzahl bei Veranstaltungen mit Teilnehmerbegrenzung notwendigerweise gleich geblieben ist.

Festzuhalten ist, dass in einer auffällig hohen Anzahl von Fällen keine Antwort auf die gestellte Frage gegeben wurde. Nimmt man die expliziten und die impliziten Angaben zusammen, wurde in 12 Fällen keine Angabe gemacht (39%). Über die Gründe hierfür kann letztlich nur spekuliert werden. Denkbar ist, dass keine genauen Beobachtungen und schon gar keine gesicherten Daten zu diesem Punkt vorliegen, sodass die Befragten sich bei der Antwort nicht festlegen wollten. Manch eine/r mag natürlich zögern anzugeben, dass sich der Einzugskreis der Aktivitäten der eigenen Vereinigung verkleinert hat. Dies ist jedoch als Erklärung für die hohe Zahl derer, die keine Angaben gemacht haben, meines Erachtens nicht ausreichend.

Zielvorstellung: Der Großteil der Trialog-Initiativen ist sich in dem Punkt einig, dass sie möglichst viele Personen erreichen wollen. 22 von 31 Befragten und damit 71% möchten ihren Einzugskreis erweitern, in verschiedenen Fällen ganz gezielt um eine bestimmte Gruppe, nämlich um Jugendliche oder um muslimische Frauen, die „schwer erreichbar" seien (so der Interreligiöse Arbeitskreis Kiel).

Ein Fünftel ist mit dem Status Quo zufrieden bzw. möchte sich auf einen bestimmten Personenkreis konzentrieren, z. B. auf Personen aus dem Bildungsbereich, Entscheidungstragende und Multiplikatoren bzw. Multiplikatorinnen. Andere Organisationen sind ihrem Zuschnitt nach, beispielsweise als „Beratungs- und Koordinationsgremium" (wie der Runde Tisch mit Juden, Christen und Muslimen der Bremischen Evangelischen Kirche), auf einen bestimmten Personenkreis festgelegt.[131]

Zusammenfassend lässt sich sagen, dass die Trialog-Initiativen mit ihren Aktivitäten eine eher überschaubare Anzahl an Personen ansprechen; Bürgerinnen und Bürger in der Breite werden nicht erreicht. Diejenigen, die eine Angabe zur diesbezüglichen Entwicklung gemacht haben, berichten überwiegend von gleich bleibenden, zum Teil sogar steigenden Teilnehmerzahlen. Große Einigkeit besteht hinsichtlich der Zielvorstellungen: Zwei Drittel der Befragten streben an, möglichste viele Personen zu erreichen.

6.7.7 Lokal – regional – national – international: Auf welchen Ebenen sind die Trialog-Initiativen tätig?

Ebenfalls in Zusammenhang mit der Reichweite, allerdings in anderer Hinsicht, interessiert die Frage, auf welcher Ebene die untersuchten Trialog-Initiativen tätig sind. Spielt sich der trilaterale Dialog vor allem in lokalen und regionalen Kontexten ab, findet er auf nationaler Ebene statt, oder ist er international ausgerichtet?

Die Angaben der befragten abrahamischen Initiativen zeichnen ein sehr komplexes Bild. Der Großteil der Akteure ist auf mehreren, zum Teil sogar auf allen Ebenen gleichzeitig tätig. Welche Kombinationen gewählt werden, hängt von der Grundausrichtung der Vereinigung ab, von konkreten Projekten oder von Kontakten, um nur ein paar der möglichen Faktoren zu nennen.

- Vier Initiativen gaben an, *lokal* tätig zu sein. Darunter sind zwei Gesellschaften für christlich-jüdische Zusammenarbeit: der seinem Zuschnitt nach auf Bremen bezogene Runde Tisch mit Juden, Christen und Muslimen sowie ein Projekt im Rahmen von „Weißt Du, wer ich bin?".

---

131 In drei Fällen wurde die Frage nicht beantwortet.

- Vier Initiativen sind *lokal und regional* tätig. Die in dieser Gruppe vertretene Christlich-Islamische Arbeitsgemeinschaft in Marl ergänzt in punkto Internationalität: „Wir hoffen auf entsprechende Wirkung und Vernetzung, die Priorität liegt auf GW [vermutlich den „Graswurzeln", EH] = Basisarbeit!"
- Die Kombination *lokal und international* weist der Interreligiöse Arbeitskreis Kiel durch seine Konzentration auf die Situation vor Ort in Kombination mit Projektkooperationen mit der Türkei und Uganda auf.
- Ausschließlich auf die *Region* konzentrieren sich vier Initiativen: die drei Gesellschaften für christlich-jüdische Zusammenarbeit Augsburg und Schwaben, Lippe und Rhein/Neckar sowie die Katholisch-soziale Akademie Franz Hitze Haus.
- *Regional und national* aktiv sind das Haus Abraham in Denkendorf, die Interreligiöse Fraueninitiative „Sarah und Hagar" und das Forum Religionen und Weltverantwortung (letzteres merkte an, zudem „überregional" tätig zu sein).
- Auf *nationaler* Ebene engagiert sich die Evangelische Akademie zu Berlin.
- Auf *lokaler* (mit dem Projekt „SpeiseReisen"), *nationaler und internationaler* Ebene (mit den Trialog-Podien) engagieren sich der Verein „Brücke-Köprü" und die Deutsche Muslim-Liga Bonn.
- Die Evangelischen Akademien Hofgeismar und Arnoldshain sowie das Abraham Geiger Kolleg sind auf *regionaler, nationaler und internationaler* Ebene aktiv.
- In drei Fällen, beim Bendorfer Forum, beim Interkulturellen Rat und bei der Stiftung Weltethos reichen die Aktivitäten von *national bis international*.
- *International* tätig ist die Gesellschaft für Christlich-Jüdische Zusammenarbeit Oldenburger Münsterland, auch hier erklärt sich dies durch ihre spezifische Projekttätigkeit.
- Drei Initiativen – der Deutsche Koordinierungsrat der Gesellschaften für Christlich-Jüdische Zusammenarbeit, die Freunde Abrahams und die Herbert Quandt-Stiftung – erreichen von der lokalen bis zur internationalen *alle Ebenen*; auf welcher Ebene ihre Tätigkeit anzusiedeln ist, hängt vom jeweiligen Projekt ab.
- Neun Initiativen weisen zudem ausdrücklich darauf hin, dass die Organisation je nach Projekt auf unterschiedlichen Ebenen tätig ist. Die Christlich-Islamische Gesellschaft Region Stuttgart e.V. sowie die Karl-Konrad-und-Ria-Groeben-Stiftung haben ausschließlich „je nach Projekt unterschiedlich" angekreuzt.

Insgesamt spielen sich 25 % der Projekttätigkeiten abrahamischer Initiativen auf regionaler Ebene ab, dicht gefolgt von je 21,9 % auf lokaler und nationaler sowie 18,7 % auf internationaler Ebene. 12,5 % der Tätigkeiten finden, in Abhängigkeit vom Zuschnitt des jeweiligen Projekts, auf unterschiedlichen Ebenen statt. Damit sind die Initiativen auf den einzelnen Ebenen ähnlich stark aktiv.

In Hinblick auf ihre Reichweite
- agieren zwei Initiativen je nach Projekt auf unterschiedlichen Ebenen (6%),
- vier sind ausschließlich auf lokaler Ebene tätig (13%),
- acht erreichen die regionale Ebene (26%),
- vier setzen sich (auch) auf nationaler Ebene ein (13%),
- 13 sind ebenso auf internationaler Ebene tätig (42%).

In Hinblick auf die Reichweite der Organisationen ist das ein starkes Ergebnis, das sicherlich auch thematische Gründe in dem Sinne hat, dass eben internationale Konflikte, Globalisierung und Migrationsbewegungen in das Thema mit hineinspielen.

6.8 Auswirkungen internationaler Konflikte und Naturkatastrophen

Internationale Konflikte, aber auch Sonderereignisse und Naturkatastrophen, bleiben nicht ohne Folgen für den Dialog zwischen Angehörigen des jüdischen, christlichen und muslimischen Glaubens.

So weist Halm (2008:54) darauf hin, dass durch die Terroranschläge auf das World Trade Center und die darauf folgende, vor allem unter Sicherheitsaspekten geführte verstärkte Auseinandersetzung mit dem Islam neue Themen in den interreligiösen Dialog eingebracht wurden. Insgesamt wurde die Grundstimmung skeptischer. Die pejorative Bezeichnung „Kuscheldialog" oder die Warnung vor einer „Blauäugigkeit im Dialog" (vgl. auch Kandel 2003) kamen, so Halm, erst in diesem Zusammenhang überhaupt auf.

Drei von vier (71%) Vereinigungen berichteten von Auswirkungen internationaler Konflikte, Sonderereignissen und Naturkatastrophen auf ihre Arbeit, 26% verneinen dies, eine Vereinigung hat hierzu keine Angabe gemacht (3%).

Bei der folgenden Gewichtung (Grafik 9) waren Mehrfachnennungen möglich.

Wenig überraschend ist es, dass vor allem der *Nahost-Konflikt* immer wieder eine Rolle im Miteinander von Juden, Muslimen und Christen, auch und gerade in Deutschland, spielt.

An zweiter Stelle stehen die *Terroranschläge des 11. September 2001*. Zum Teil waren sie sogar der Auslöser für das abrahamische Engagement, so zum Beispiel für den Runden Tisch mit Juden, Christen und Muslimen in Bremen.

Auch die Ereignisse, die auf den Anschlag auf das World Trade Center folgten, lassen die Vereinigungen nicht unberührt. Die militärischen Schläge gegen Afghanistan und den Irak im Zuge des *sog. „Kriegs gegen den Terror"* beeinflussen auch die Situation zwischen den Angehörigen unterschiedlicher Religionen (und Ethnien etc.) hierzulande.

Der 2001 begonnene *Krieg in Afghanistan* spielt ebenfalls eine Rolle.

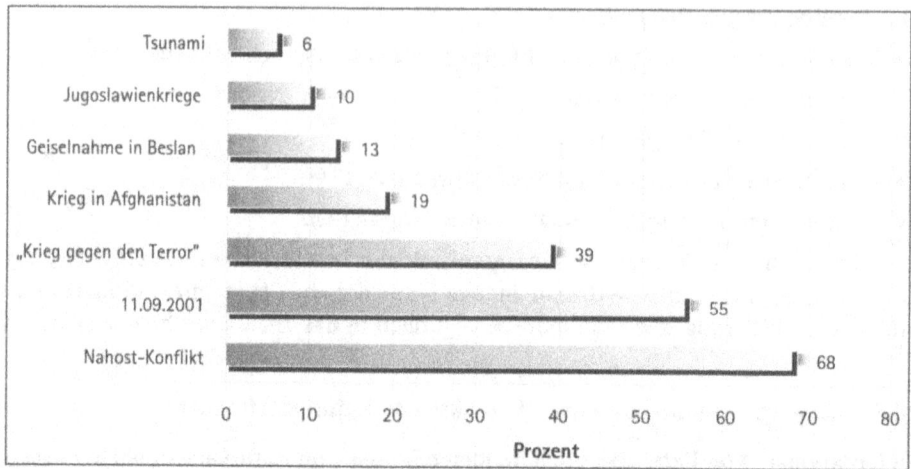

Grafik 9: Auswirkungen internationaler Konflikte und Naturkatastrophen auf den interreligiösen Dialog

Die *Geiselnahme in einer Schule im russländischen Beslan* durch tschetschenische Terroristen, bei der über 300 Menschen, vor allem Kinder und Jugendliche, ums Leben kamen, hat auch in Deutschland viele Leute beschäftigt und blieb vielfach nicht ohne Folgen für den trilateralen Dialog.

Schließlich hatten die *Jugoslawienkriege* in den 1990er Jahren Auswirkungen auf das abrahamische Engagement. Angesichts der ethnischen und religiösen Vielfalt in Bosnien-Herzegowina liegt dies nahe, galt diese Region doch als Beispiel für ein friedliches Zusammenleben von Christen, Muslimen und der jüdischen Minderheit. Der Ausbruch des Krieges erschütterte dieses Bild und hatte auch für Deutschland Folgen – nicht nur auf theoretischer (bzw. philosophischer, das Zusammenleben verschiedener Kulturen und Religionen betreffender) Ebene, sondern auch in praktischer Hinsicht (Deutschland als Aufnahmeland von Flüchtlingen).

Auch die durch ein Seebeben im Indischen Ozean ausgelöste Katastrophe, der *Tsunami* im Dezember 2004, hatte Folgen für die abrahamische Arbeit. Angesichts der unvorstellbar hohen Zahl an Todesopfern begann sich bspw. der Interreligiöse Arbeitskreis Kiel mit dem Thema des Umgangs mit Tod und Trauer in den drei Religionen zu beschäftigen.

Die Liste der internationalen Konflikte und Naturkatastrophen wurde von zwei Vereinigungen um weitere Ereignisse ergänzt, die Auswirkungen auf ihre abrahamische Initiative hatten. Genannt wurde zum einen „die aktuelle *Politik des Iran* und die Verlautbarungen des iranischen Präsidenten" sowie der sog. *„Karikaturenstreit"*, der infolge der Veröffentlichung von den Propheten Mohammed karikierenden Darstellungen in einer dänischen Tageszeitung im Herbst 2005 nicht nur im nationalen, sondern auch im internationalen Kontext entbrannte.

Eine weitere Initiative verwies auf „das Kopftuchverbot für Lehrerinnen in Hessen" als ein Thema, mit dem sie sich auseinandersetzen mussten. Hieran offenbarte sich eine Leerstelle im Fragebogen: Die darin aufgeführten Ereignisse beziehen sich ausnahmslos auf den internationalen Bereich, innenpolitische Faktoren wurden nicht angeführt. Dabei kann davon ausgegangen werden, dass Ereignisse im nationalen Kontext – seien es strukturelle Bedingungen oder konkrete Vorfälle rassistischer, xenophober oder antisemitischer Natur oder aber positive Veränderungen – mindestens ebenso viel Einfluss auf das Tagesgeschehen der Vereinigungen haben wie der globale Kontext.

Eine Organisation ließ die Frage unbeantwortet. Und die Deutsche Muslim-Liga ergänzt: „Alle oben genannten wirken auf die Menschen ein und haben insofern auch Auswirkungen auf die Begegnung".

Die Auswirkungen der genannten Konflikte und Katastrophen auf das abrahamische Engagement sind ambivalent:

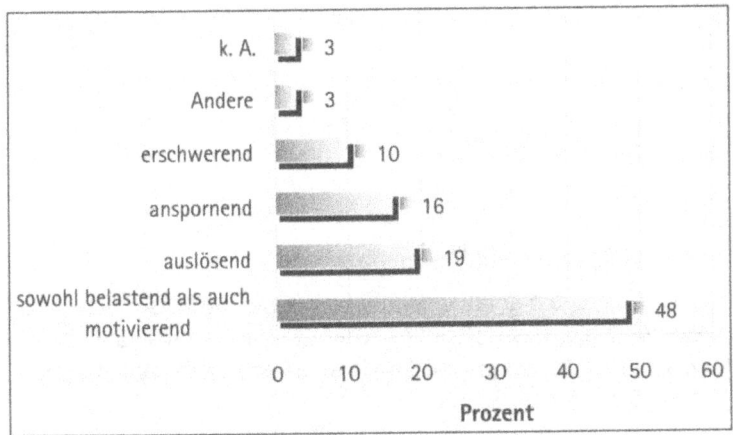

Grafik 10: Auswirkungen

6.9 Öffentlichkeits- und Medienarbeit

6.9.1 Einschätzung des öffentlichen Interesses

Seit der interreligiöse Dialog, insbesondere der christlich-muslimische Dialog, im Zuge der Terroranschläge vom 11. September 2001 mit Themen wie Integration und Sicherheit assoziiert wird, erfährt er eine verstärkte gesellschaftliche Aufmerksamkeit – insbesondere dann, wenn neuerliche Gewaltakte zu beklagen sind (vgl. Tezcan 2006: 28). Tezcan spricht sogar von einem „überbordende[n] Diskurs" in der medialen Öffentlichkeit: „Inzwischen scheint sich die Rede vom interkulturellen und interreligiösen Dialog zu verselbständigen", konstatiert er (ebd.). Wenn auch im Rahmen der vorliegenden Studie keine Diskursanalyse erstellt wurde, so ist doch davon auszugehen, dass Tezcans für den christlich-muslimischen Dialog gestellte Diagnose auch auf den jüdisch-christlich-muslimischen Dialog übertragbar ist.

Überraschenderweise spiegelt sich diese Beurteilung in den Aussagen der Trialog-Akteure hinsichtlich des öffentlichen Interesses an ihrer Arbeit nicht wider, wie die folgende Grafik zeigt:

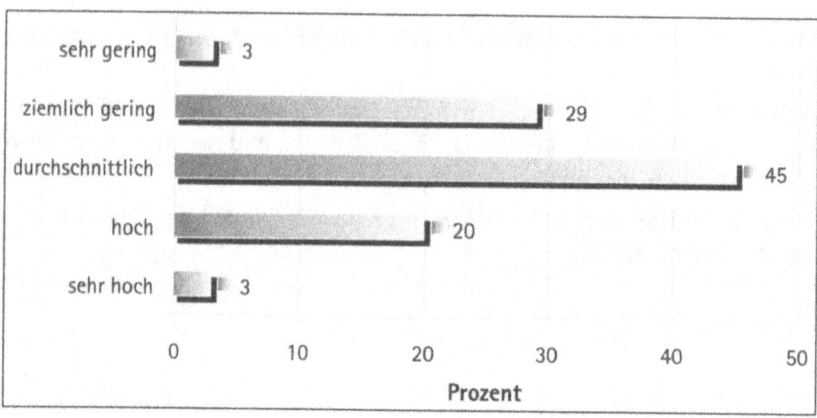

Grafik 11: Einschätzung des öffentlichen Interesses

6.9.2 Relevanz der Öffentlichkeits- und Medienarbeit

Die Schlüsse, die von den befragten abrahamischen Initiativen aus dieser Bewertung gezogen werden, fallen sehr unterschiedlich aus: Die Angabe, wie relevant die Öffentlichkeits- und Medienarbeit für die eigene Arbeit ist, ist unter den abrahamischen Vereinigungen sehr weit gestreut (Grafik 12).

Damit zeichnet das Ergebnis kein klares Bild. Selbst wenn man „in hohem Maße wichtig" und „wichtig" zusammennimmt, ergibt sich mit 45% keine eindeutige Gewichtung.

6.9.3 Formen der Öffentlichkeits- und Medienarbeit

Ungeachtet der unterschiedlichen Einschätzung ihrer Relevanz betreiben faktisch alle befragten Initiativen Öffentlichkeits- und Medienarbeit. Die meisten – zwei Drittel – führen regelmäßig PR-Maßnahmen durch, ein Drittel ist fallweise im Bereich Öffentlichkeit und Medien aktiv. Mit 52% erreicht mehr als die Hälfte des Samples mit ihrer Öffentlichkeits- und Medienarbeit die überregionale Ebene. 26% konzentrieren sich auf die Region, 19% beschränken sich auf die lokale Ebene, 3% machten hierzu keine Angabe.

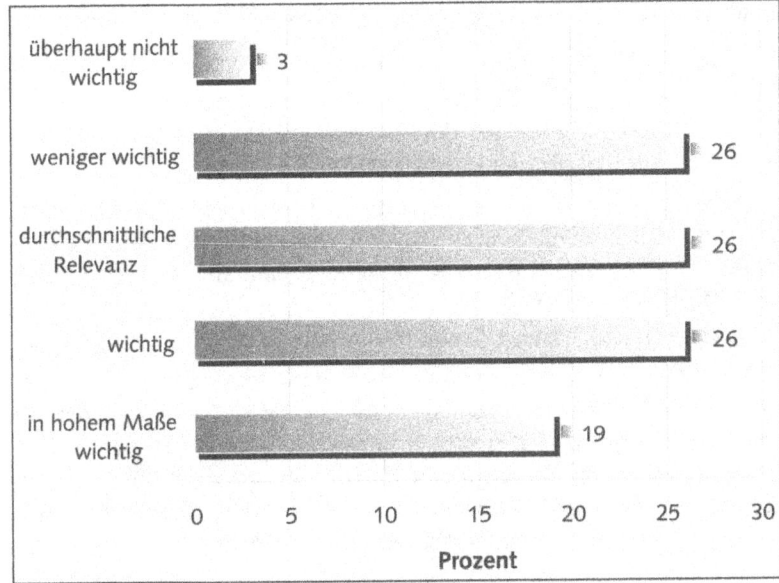

Grafik 12: Relevanz der Öffentlichkeits- und Medienarbeit

Um ihre Anliegen an die Öffentlichkeit zu tragen, nutzen die Trialog-Initiativen eine Reihe verschiedener Varianten.

- An erster Stelle steht die Kommunikation mit den und über die *Printmedien* (zwei Initiativen haben allgemein darauf verwiesen, die anderen gaben konkrete Beispiele an). Die Vereinigungen verfassen Pressemitteilungen (zehn Nennungen) und organisieren Pressekonferenzen (drei Nennungen) und -gespräche (vier Nennungen). Es gelingt, Zeitungsberichte zu veröffentlichen oder anzustoßen (fünf Nennungen), in einem Fall wurde sogar eine Zeitungsbeilage gestaltet. Auch Serviceleistungen für Journalisten werden angeboten, indem z.B. ein Akteur Bilder und Materialien zur Verfügung stellt.
- In Einzelfällen bestehen Kontakte zu *Rundfunk und Fernsehen*.
- Auch die Möglichkeiten, die das *Internet* bietet, schöpfen die Vereinigungen – zumindest zum Teil – aus. Sie informieren die Öffentlichkeit mittels einer Website über ihre Aktivitäten (sechs Nennungen; tatsächlich verfügen mit 80% der Befragten viel mehr über einen Internetauftritt, via *mailing list* oder Aussendungen, z.B. über Veranstaltungen, über einen E-Mail-Verteiler (ein solcher wird zweimal ausdrücklich genannt).
- *Einladungen* (drei Nennungen), aber auch *Briefe, Rundbriefe, Newsletter in Printform* werden darüber hinaus ganz konventionell per Post verschickt (drei Nennungen).

- Regelmäßig werden *Veranstaltungsprogramme* veröffentlicht (vier Nennungen).
- Auch die *Veranstaltungen* selbst dienen der Öffentlichkeitsarbeit, ebenso Seminare und Vorträge (jeweils zwei Nennungen).
- Die Vereinigungen lassen *Flyer* drucken (drei Nennungen), erstellen *Dokumentationen* (eine Nennung) und *Publikationen* (vier Nennungen).

Eine Initiative, eine Evangelische Akademie, verwies darauf, dass sie eine eigene Referentin für Öffentlichkeitsarbeit beschäftigt. Dies wird auch auf andere Vereinigungen im Sample zutreffen, namentlich auf die Bildungseinrichtungen der Kirchen und Institutionen ähnlichen Zuschnitts.

Für viele kleinere Vereinigungen ist allerdings davon auszugehen, dass sie hinsichtlich ihrer Öffentlichkeits- und Medienarbeit regelmäßig an die Grenzen ihrer Kapazität stoßen. Sie werden weitgehend von ehrenamtlichen Mitarbeitern getragen, die bereits durch das „ganz normale" Tagesgeschäft ausgelastet sind. Die Deutsche Muslim-Liga beschreibt das Dilemma wie folgt: „Die Medienarbeit ist meist sehr begrenzt, da uns die Zeit und Energie dafür fehlt, die Kapazitäten. Wenn aber Journalisten Interesse anmelden, werden sie von uns betreut und einbezogen".

6.9.4 Grad der Zufriedenheit mit der Berichterstattung

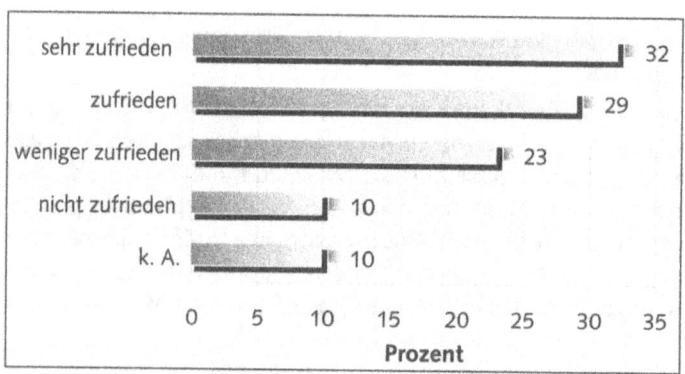

Grafik 13: Grad der Zufriedenheit mit der Berichterstattung

Wie die oben stehende Grafik 13 zeigt, ist keine der befragten Trialog-Initiativen mit dem Output ihrer Anstrengungen völlig zufrieden. Wie immer bei quantitativen Umfragen, kann über den Hintergrund hierfür letztlich nur spekuliert werden. Hinweise auf eine mögliche Interpretation geben zwei der Befragten.

Zum einen wird darauf hingewiesen, dass es einen Unterschied zwischen der lokalen und regionalen Berichterstattung und den „großen" Medien gibt. Während die Rezeption in den Medien vor Ort oder in der Region zur Zufriedenheit ausfällt, lässt die Resonanz bei den überregionalen Medien zu wünschen übrig.

Ein weiterer Zwiespalt wird in dem Kommentar der Deutschen Muslim-Liga Bonn e. V. deutlich, der auch für andere Akteure zutreffen wird: „Die Medienberichterstattung ist recht gering. Man muss hinzufügen, dass sie allerdings auch nicht höchste Priorität hatte (gerade angesichts der beschränkten Kapazitäten). Es gibt eine gewisse Ambivalenz an dieser Stelle, da wir einerseits die Initiative bekannt machen möchten und die Öffentlichkeit informieren, andererseits persönliche Beziehungen in einem geschützten Raum sich besser entwickeln. Dies muss kein Widerspruch sein, erfordert aber eine gewisse Balance und Umsicht".

Eine weitere Hürde besteht darin, dass, wie ein Umfrageteilnehmer schrieb, Medien vielfach nicht an „guten Botschaften" interessiert sind. Genau das stellen die abrahamischen Initiativen jedoch dar. In Konkurrenz zu Meldungen über soziale Desintegration, Fundamentalismus oder gar Terror können sie logischerweise nicht mithalten.

6.10 Beziehungen zu Politik und Verwaltung

6.10.1 Relevanz der Beziehungen

Die folgende Grafik 14 veranschaulicht die Relevanz, die die befragten Initiativen den Beziehungen zu Politik und Verwaltung einräumen:

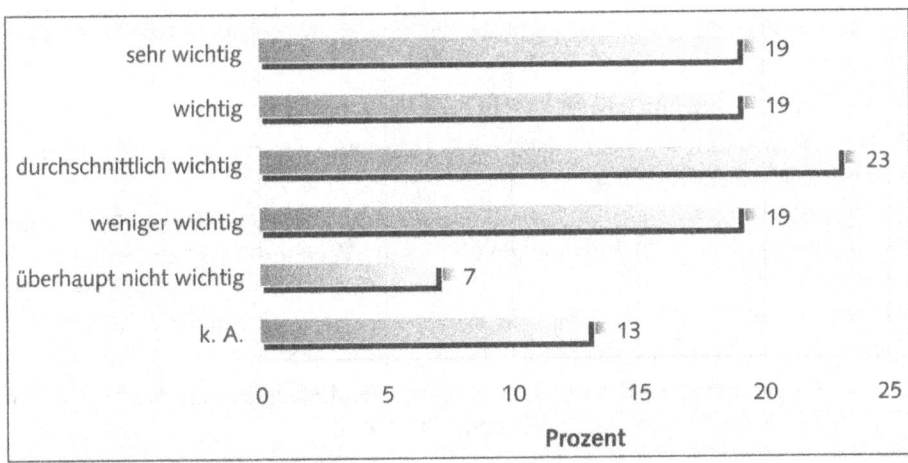

Grafik 14: Relevanz der Beziehungen zu Politik und Verwaltung

6.10.2 Formen des Austauschs

Bemerkenswert ist, dass die Bewertung der Relevanz von Beziehungen zu Politik und Verwaltung offenbar keinen Zusammenhang mit dem tatsächlichen Austausch zwischen den zivilgesellschaftlichen Akteuren und den staatlichen bzw. politischen Institutionen hat. Die große Mehrheit der befragten Initiativen steht in unterschiedlichen Formen des Austauschs mit Politik und Verwaltung:

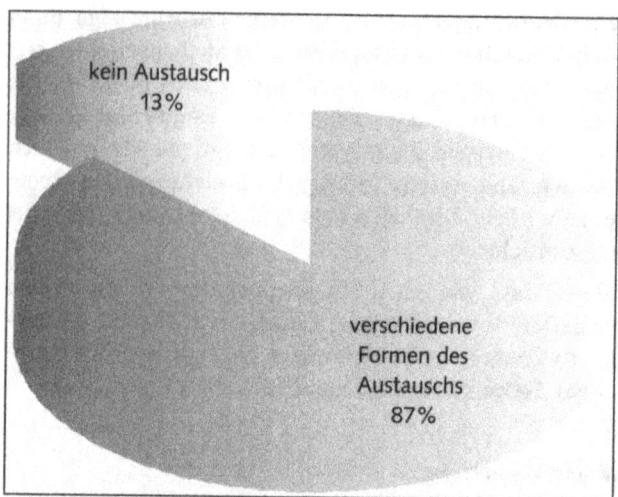

Grafik 15: Austausch mit Politik und Verwaltung

Um die wechselseitigen Beziehungen systematisch darstellen zu können, wird im Folgenden auf die von Sevortyan/Barchukova (2002: 33f) vorgeschlagene Typologie von Kooperationsformen zwischen Staat, Politik und zivilgesellschaftlichen Organisationen rekurriert.

In der Umfrage waren hierbei Mehrfachnennungen möglich.

1. Die folgende Grafik 16 zeigt verschiedene Formen der *Interaktion und Zusammenarbeit* sowie ihre Verteilung:

Die Spannbreite unter „*sonstige Formen der Interaktion und Zusammenarbeit*" reicht von der Raumnutzung über die Mitarbeit einzelner Vorstandsmitglieder bei anderen Veranstaltungen (z. B. beim interkulturellen Frauentag) oder die Einladung als Referent bzw. Referentin hin bis dazu, dass der Anstoß zur Gründung der Trialog-Initiative aus der politischen Sphäre kam.

2. *Gemeinsame Beratungsgremien* sind eine weitere Möglichkeit des Austauschs der abrahamischen Akteure mit Politik und Verwaltung.

Zur *Teilnahme der Initiative an politischen Gremien* zählt z. B. die jährliche Teilnahme „am 27.1. ‚Auschwitz'-Gedenktag", von der eine Initiative berichtet, die Einbindung in das Islam-Forum Berlin (die besagte Initiative wies darauf hin, dass es sich hierbei nicht um eine trialogische Aktivität handelt), die Beteiligung an der Erarbeitung des Nationalen Integrationsplans oder an der Ernst-Reuter-Initiative des Auswärtigen Amtes für Dialog und Verständigung zwischen den Kulturen.[132]

---

132 Vgl. www.auswaertiges-amt.de/diplo/de/Aussenpolitik/KulturDialog/ERI/ErnstReuter Initiative.html (Zugriff am 10.09.2008).

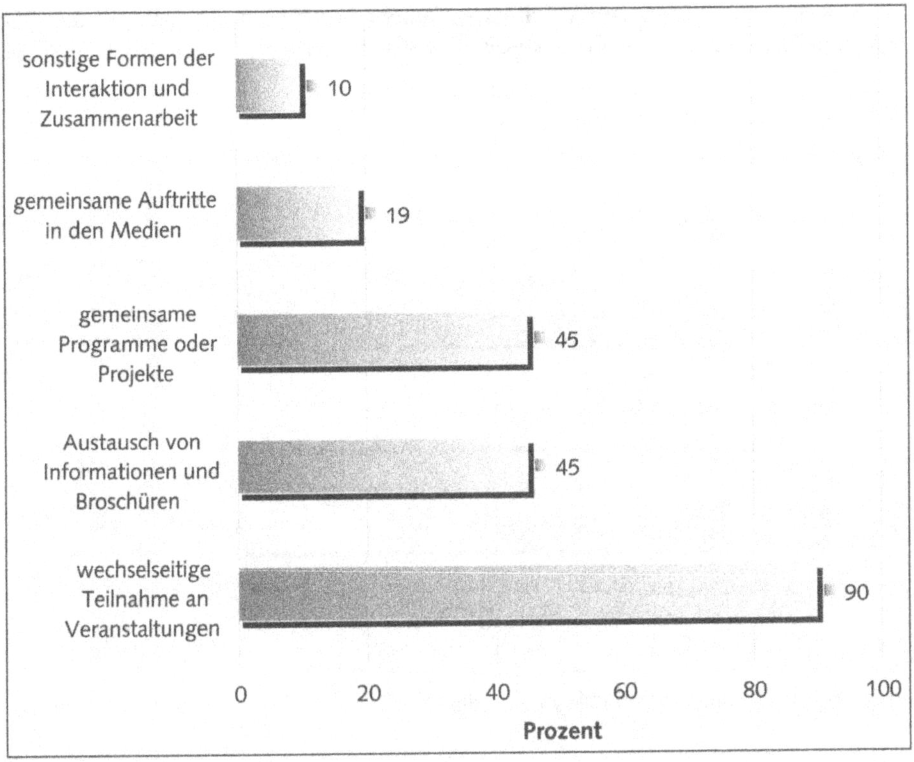

Abrahamischer Trialog und Zivilgesellschaft 119

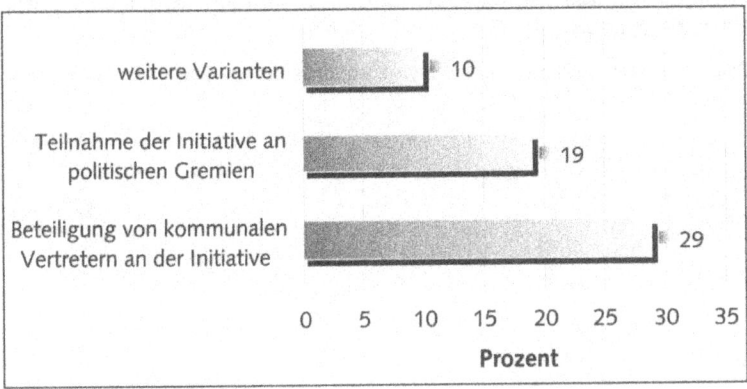

Grafik 16: Interaktion und Zusammenarbeit mit Politik und Verwaltung

Grafik 17: Gemeinsame Beratungsgremien

Weitere Varianten umfassen die Teilnahme an der Vorbereitungsgruppe für die „Interkulturellen Wochen", die Einladung als Experten oder die Mitgliedschaft in einem Kuratorium.

3. *Unterstützung von Trialog-Initiativen:*

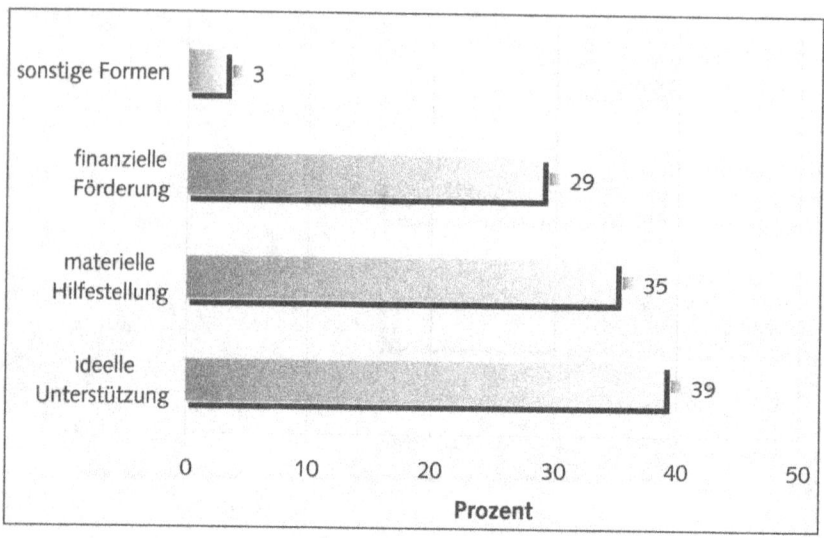

Grafik 18: Unterstützung durch Politik und Verwaltung

Ideelle Unterstützung durch Politik und Staat meint bspw. die Hilfestellung bezüglich Kontaktaufnahme, Vernetzung o. ä.

Materielle Hilfestellung umfasst die Bereitstellung von Räumlichkeiten oder Hilfe beim Verschicken von Einladungen.

Sonstige Formen sind bspw. Krisengespräche mit ausgewählten Vertretern der Politik.

6.10.3 Erfahrungen mit Politik und Verwaltung

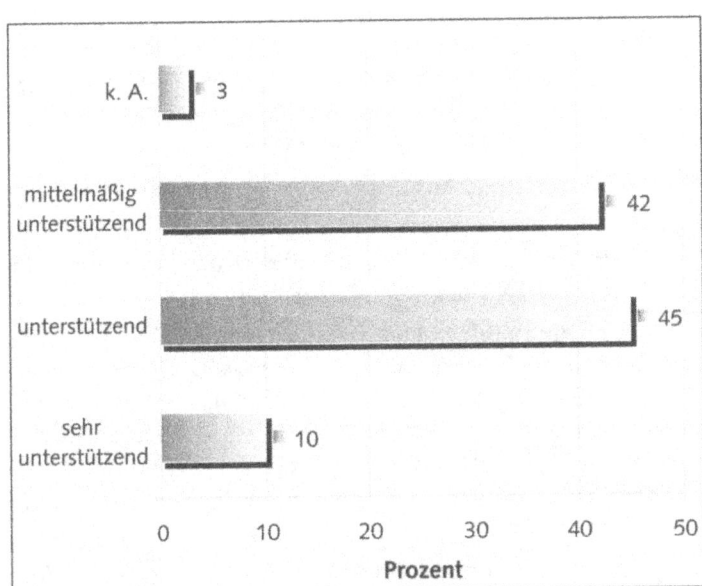

Grafik 19: Erfahrungen in der Zusammenarbeit mit Politik und Verwaltung

6.11 Zivilgesellschaft und Vernetzung

Die Vernetzung der Trialog-Initiativen mit anderen zivilgesellschaftlichen Akteuren, die Formen des Austauschs und der Grad an Intensität, mit der dieser betrieben wird, geben Auskunft über die Stellung der Trialog-Initiativen innerhalb der Zivilgesellschaft.

6.11.1 Partner der Trialog-Initiativen in der Zivilgesellschaft

Die wichtigsten zivilgesellschaftlichen Partner der abrahamischen Initiativen lassen sich in verschiedene Gruppen kategorisieren. Es sind die Religionsgemeinschaften und ihr Umfeld, Vereinigungen, die sich dem interreligiösen oder interkulturellen Dialog widmen, Bildungseinrichtungen und Stiftungen.

Zu den Religionsgemeinschaften und ihrem Umfeld:

Neben Partnern aus dem Judentum, Christentum und Islam werden Buddhisten als Partner angeführt.

Partner *auf jüdischer Seite* sind die einzelnen jüdischen Gemeinden (namentlich genannt werden Herford-Detmold, Kiel und Münster), der Landesverband NRW des Zentralrats der Juden sowie der Zentralrat der Juden in Deutschland selbst. Außerdem wird auf das Abraham Geiger Kolleg, das erste seiner Art in Zentraleuropa nach der Shoah, verwiesen. Partnerorganisationen sind auch jüdische Vereine. Explizit genannt wird die Zionistische Jugend in Deutschland e.V. Auch zu Partnerorganisationen außerhalb Deutschlands werden enge Kontakte gepflegt. Namentlich genannt werden die Kol Chai Hatch End Jewish Community, London, das Leo Baeck College (ebenfalls in London) und das WIZO Nir HaEmek Youth Village.

Auf *christlicher Seite* sind die primären Ansprechpartner die Katholische und die Evangelische Kirche.

Auf katholischer Seite werden die Deutsche Bischofskonferenz und die Katholische Studierendengemeinde (konkret die KSG in Koblenz) angeführt.

Partner innerhalb der EKD sind die einzelnen Landeskirchen (darunter die Bremische Evangelische Kirche, die Stadtkirche Frankfurt a.M. und die Evangelische Kirche in Hessen und Nassau: hier vor allem der Arbeitskreis Kirche Israel). Auch die Arbeitsgemeinschaft Juden und Christen beim Evangelischen Kirchentag wird als Partner genannt, ebenso die Ökumenische Werkstatt Wuppertal, eines der beiden Tagungshäuser der Vereinten Evangelischen Mission, in dem nunmehr das Bendorfer Forum stattfindet.

Als Dachorganisation präsent ist außerdem die Arbeitsgemeinschaft Christlicher Kirchen in Deutschland (ACK). Sie stellt das offizielle Arbeitsorgan der christlichen Konfessionen in Deutschland dar, über die ACK sind weitere christliche Kirchen in den Trialog eingebunden.

Eine vielleicht sogar zentrale Rolle für den Trialog spielen außerdem die Bildungswerke der Kirchen. Vor allem die Evangelischen Akademien werden häufig als wichtige Partner genannt, insbesondere die Akademien in Arnoldshain, Baden, Iserlohn und München. Zum Teil sind sie selbst Akteure im Trialog. Mehrfach angeführt wird auch die Katholische Akademie Rabanus Maurus, die nunmehr ihren Platz im Katholischen Kultur- und Begegnungszentrum „Haus am Dom" in Frankfurt a.M. gefunden hat.

Auf die Frage nach den wichtigsten Partnern wurde außerdem das Evangelische Frauenbegegnungszentrum Frankfurt a.M. angegeben.

Für das Ausland wird The Ammerdown Centre (in der Nähe von Bath, Großbritannien) angeführt.

Was die *islamische Seite* betrifft, so zählen der Zentralrat der Muslime, die DITIB und die im Entstehen begriffene Bremische Schura zu den Partnern. Vielfach wird – leider regelmäßig nicht näher spezifiziert – auf Moscheen, Moscheegemeinden oder -vereine verwiesen.

Auch die Muslimische Akademie in Deutschland, das Pendant zu den Evangelischen und Katholischen Akademien, wird als wichtige Partnerorganisation genannt.

In Bezug auf Vereine wurde die Deutsche Muslim Liga Bonn e.V. und das Interkulturelle Dialogzentrum in München IDIZEM e.V. angeführt, für das Ausland das Local Council Dabburiya.

Vereinigungen im bi- und trilateralen Dialog:

Zu den wichtigsten Partnern der abrahamischen Initiativen zählen außerdem Vereinigungen, die sich im christlich-jüdischen oder christlich-islamischen Dialog engagieren. Zu ersteren zählen die Gesellschaft für Christlich-Jüdische Zusammenarbeit und der Deutsch-israelische Arbeitskreis (DIAK). Die zweite Gruppe umfasst christlich-islamische Gesellschaften, die Christlich-Islamische Begegnungs- und Dokumentationsstelle CIBEDO e.V. (eine Fachstelle der Deutschen Bischofskonferenz) sowie die Deutsch-Palästinensische Gesellschaft und eine „Christlich-Muslimische Tagung an Pfingsten."[133]

Auch auf die Vernetzung mit Vereinigungen, die sich vorrangig mit dem trilateralen Dialog beschäftigen, wurde mehrfach verwiesen, vor allem auf den Interkulturellen Rat mit Abrahamischen Forum in Deutschland und das Bendorfer Forum für Ökumenische Begegnung und interreligiösen Dialog e.V. Genannt wurde auch der Verein Chaverim e.V. (von jüdischer Seite; vgl. www.chaverim-muenchen.de), das Forum für Interreligiöse Zusammenarbeit Freiburg (FIZ[134]), die größeren Kontexte der JCM Ammerdown, Bendorf/Wuppertal und des Lernhauses. Schließlich wurde ganz allgemein auf „Sarah und Hagar" verwiesen.

Stiftungen zählen ebenfalls zu den wichtigen Partnern abrahamischer Initiativen, konkret werden politische Stiftungen wie die Heinrich-Böll-Stiftung oder die Herbert Quandt-Stiftung genannt.

6.11.2 Formen des Austauschs mit anderen zivilgesellschaftlichen Organisationen

Die abrahamischen Initiativen sind in der Regel mit anderen zivilgesellschaftlichen Akteuren – Vereinen, Stiftungen, Arbeitskreisen – gut vernetzt. 93% unterhalten wechselseitige Beziehungen mit verschiedenen Organisationen, nur 7% der an der Umfrage teilnehmenden Vereinigungen gaben an, dass sie sich nicht oder nur wenig mit anderen austauschen.

Die Darstellung der verschiedenen Varianten des Austauschs innerhalb der Zivilgesellschaft orientiert sich im Folgenden wiederum an Sevortyan/Barchukova (1992: 33f); auch hier konnten die Umfrageteilnehmer Mehrfachnennungen vornehmen.

1. Interaktion und Zusammenarbeit:

Der Großteil interagiert und kooperiert mit anderen zivilgesellschaftlichen Organisationen. Dabei nimmt die Interaktion und Zusammenarbeit verschiedene Formen an und fällt unterschiedlich intensiv aus.

---

133 Gemeint sind wohl die Christlich-Islamischen Pfingsttagungen, die ehemals im Hedwig-Dransfeld-Haus in Bendorf und später an der Evangelischen Akademie in Iserlohn stattfanden; in ihrem Rahmen werden gelegentlich auch trialogische Themen behandelt, zu den Teilnehmenden zählen neben Christen und Muslimen regelmäßig auch Juden (vgl. http://www.muslimliga.de/selbst/aktivver.html#pfingsttagung).

134 Vgl. www.mehrgenerationenhaeuser.de/coremedia/generator/mgh/de/01_Mehrgenerationenh_C3_A4user/04_H_C3_A4userinformationen/Freiburg/Services/Service_Ang_Web_005835_1337,sourcePageId=42940.html; Zugriff am 17.09.2008.

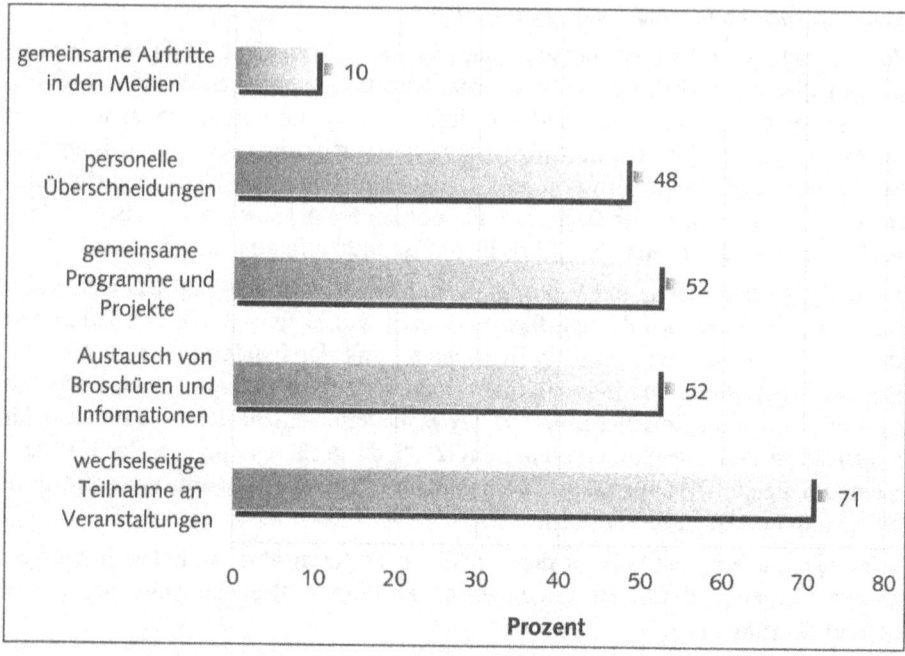

Grafik 20: Interaktion und Zusammenarbeit in der Zivilgesellschaft

Hervorzuheben ist die hohe Anzahl derer, die mit gemeinsamen Programmen oder Projekten eine sehr intensive Form des Austauschs pflegen. Zu den anderen Formen des Austauschs gehört z.B., dass Mitarbeitende der Trialog-Initiativen für Vorträge oder die Teilnahme an Podiumsdiskussionen angefragt werden, oder dass Reisen zu zivilgesellschaftlichen Organisationen gemacht werden, die im gleichen Themengebiet im Ausland tätig sind.

2. *Unterstützung von Trialog-Initiativen:*

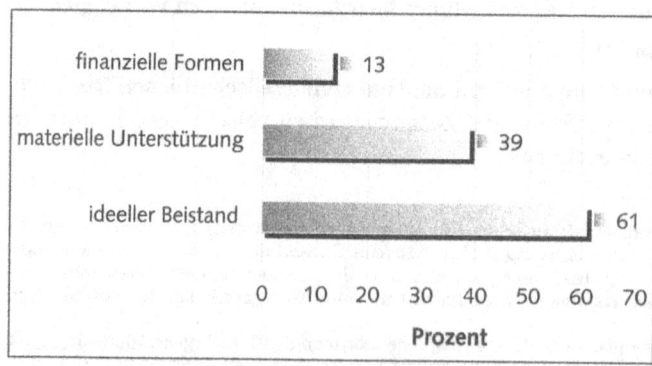

Grafik 21: Unterstützung der Trialog-Initiativen

Ideeller Beistand meint bspw. eine Hilfestellung bezüglich der Kontaktaufnahme, der Vernetzung o. ä.

Materielle Unterstützung kann z. B. in der Bereitstellung von Räumlichkeiten, im Verschicken von Einladungen o. ä. bestehen.

Unter *Sonstigem* findet sich die Bitte um Hinweise in Bezug auf mögliche Förderung, außerdem werden in zwei Fällen Vorträge, Referate, Führungen und die Mitarbeit in einer Jury als mögliche Form der Unterstützung angeführt.

6.11.3 Intensität des Austauschs

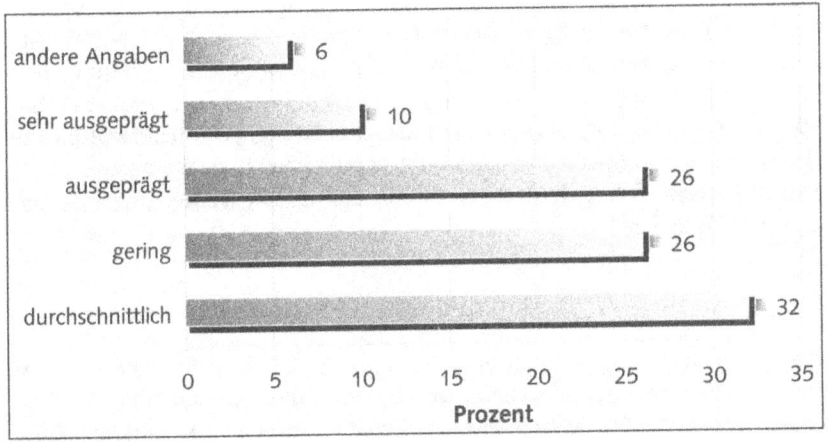

Grafik 22: Intensität des Austauschs

Unter „andere Angaben" verbirgt sich die kritische Anmerkung einer Vereinigung, dass der Austausch mit muslimischen Initiativen gegen Null tendiere. Eine andere, die erst 2007 gegründet wurde, wies darauf hin, dass sie hinsichtlich des Austauschs mit anderen zivilgesellschaftlichen Akteuren erst am Anfang stehen. Eine Initiative machte keine Angabe.

Die skeptische Einschätzung des Grades der eigenen Vernetzung in der Zivilgesellschaft ist überraschend. Die Durchführung gemeinsamer Projekte gilt als die intensivste Form des Austauschs mit anderen CSOs. Allerdings kann es sein, dass dies als Ausgangspunkt angesehen wird, da der trilaterale Dialog als *conditio sine qua non* die Zusammenarbeit mit Vertretern und Vertreterinnen der jeweils anderen Religionsgemeinschaften erfordert, wenn es sich nicht von vorneherein um Trialog-Initiativen *sui generis* handelt oder aber die symbolische Ebene des Trialogs (also die thematische Beschäftigung mit den drei abrahamischen Religionen), nicht die partizipatorische, im Vordergrund steht.

Dass diese Zusammenarbeit nicht als Vernetzung, sondern als Voraussetzung wahrgenommen wird, kann die Erklärung dafür sein, dass die Bewertung des Grades an zivilgesellschaftlichem Austausch so anders ausfällt, als es die Angaben zu Formen und Intensität desselben nahe legen. Zu den Partnern der Initiativen gehören zudem regelmäßig auch Vereinigungen im Ausland – sie sind also nicht nur innerhalb Deutschlands, sondern auch international gut eingebunden.

6.11.4 Zielvorstellungen in punkto Vernetzung

Die zurückhaltende Einschätzung des eigenen Vernetzungsgrades stimmt mit dem Wunsch nach einem stärkeren Austausch mit anderen zivilgesellschaftlichen Organisationen überein: 65% der Befragten befürworten eine weiter gehende Vernetzung. 19% sind zufrieden mit dem Status quo. 16% sind sich nicht im Klaren darüber, welche Zielvorstellung sie in punkto Vernetzung verfolgen. Was dies beinhalten kann, führt die Deutsche Muslim-Liga Bonn aus, indem sie schreibt: „Wir befürworten eine weiter gehende Vernetzung, da wir aber an unserer äußersten Kapazitätsgrenze (Geld, Zeit, Personen) [stehen, EH], geht dies nur, wenn eine solche Vernetzung eine sehr solide finanzielle Basis hat."

6.12 Ziele und Motivation

Ob zivilgesellschaftliches Engagement integrative und politische Effekte hat, ist nicht zuletzt von den Zielsetzungen abhängig, die die jeweiligen Assoziationen in ihrer Programmatik und vor allem durch ihre Aktivitäten verfolgen. Angesichts dieser Überlegung wurden in die schriftliche Erhebung auch die Ziele der Initiativen aufgenommen, die sie mit ihrem abrahamischen Engagement verwirklichen wollen.

Darüber hinaus wurde nach der Motivation der befragten Personen selbst gefragt, spielt doch der individuelle Zugang in dieses Thema mit hinein. Schließlich galt eine Frage den Chancen, die sich den Umfrageteilnehmern zufolge durch das abrahamische Engagement eröffnen. Dabei zeigte sich, dass die Antworten hinsichtlich Motivation und Chancen in weiten Teilen mit den angegebenen Zielsetzungen übereinstimmten. Dort, wo Doppelungen bestehen, werden einzelne Motive und Chancen daher ergänzend bei den Zielen angeführt.

Neben den in offener Form gestellten Fragen nach Zielen, Motivation und Chancen wurden den Umfrageteilnehmern darüber hinaus bestimmte, aus der Literatur (v. a. in Anlehnung an Klinkhammer/Satilmis 2007: 25ff.) generierte Punkte zur Gewichtung vorgelegt. Sie stehen am Anfang der folgenden Darstellung.

6.12.1 Relevanz bestimmter Ziele

„Vorurteile abbauen und eine Vertrauensbasis schaffen" ist unter den vorgegebenen das zentrale Ziel derjenigen, die sich im trilateralen Dialog engagieren. 84% der

Befragten halten diesen Punkt für sehr wichtig, alle 31 Initiativen und damit 100 % schätzen ihn als sehr wichtig oder wichtig ein.[135]

Mit einigem Abstand steht an zweiter Stelle, die *„Integration von allen beteiligten Seiten"*[136] anzustreben. 13 der befragten Initiativen halten dies für sehr wichtig, 14 für wichtig. Das heißt, dass 87 % dies für sehr wichtig oder wichtig halten. Als „weniger wichtig" oder gar „nicht wichtig" betrachtet diesen Punkt lediglich je eine einzelne Initiative, zwei haben keine Antwort angegeben.

„Gemeinsame Perspektiven zu entwickeln" ist für ein gutes Drittel der Befragten sehr wichtig, weitere 52 % halten dies für wichtig (zusammen: 87 %). Im Mittelfeld verorten dies vier Initiativen (13 %), niemand hält den Punkt für weniger bis nicht wichtig.

„Austausch und Vernetzung zu fördern" ist einem Drittel der Initiativen sehr wichtig, 45 % halten dies für wichtig. Damit erachten drei Viertel der beteiligten Initiativen es für sehr wichtig oder wichtig, sich auszutauschen und zu vernetzen. 16 % (fünf Nennungen) messen diesem Punkt eine durchschnittliche Relevanz bei, je eine Initiative bezeichnet ihn als weniger wichtig bzw. macht keine Angaben dazu.

„Spirituelle Begegnung und Identitätsarbeit" erachtet knapp die Hälfte der Befragten für wichtig bis sehr wichtig (sieben und acht Nennungen). Der Großteil ordnet den Punkt im Mittelfeld ein (29 %, neun Nennungen). 16 % (fünf Nennungen) halten es für weniger wichtig, dass sich die am Trialog Beteiligten auch auf einer spirituellen Ebene treffen und an ihrer eigenen christlichen, jüdischen, muslimischen oder anders geprägten Identität arbeiten. Die Frage blieb in zwei Fällen unbeantwortet.

„Zugang zu Ressourcen und Entscheidungsprozessen" hat für 19 % eine hohe Relevanz für das abrahamische Engagement, 32 % erachten dies als wichtig. Damit erachtet mit 51 % gut die Hälfte den Zugang zu Ressourcen und Entscheidungsprozessen für ihr abrahamisches Engagement als relevant bis sehr relevant. 19 % ordnen den Punkt seiner Relevanz nach im Mittelfeld ein, 23 %, also ein knappes Viertel, erachten ihn als weniger wichtig. Zwei reagierten mit Verwunderung auf die Frage und ließen den Punkt unausgefüllt.

Die folgende Tabelle gibt nochmals einen Überblick darüber, wie viele Initiativen (in Prozent) die vorgegebenen Ziele als relevant oder sogar sehr relevant für ihr abrahamisches Engagement einstufen (Grafik 23).

Bemerkenswert ist, dass die spirituelle Begegnung und die Identitätsarbeit am seltensten als relevant oder sogar sehr relevant eingestuft werden und damit in der angeführten Prioritätenliste an letzter Stelle stehen – ein Fakt, der im Überblick nochmals deutlicher wird.

---

135 Mehrfachnennungen waren möglich.
136 Zu Recht haben zwei der Initiativen die ursprünglich im Fragebogen verwendete Formulierung kritisiert: Während dort von der „Integration von beiden Seiten" die Rede war, muss es im gegebenen Zusammenhang um die Integration von mindestens drei Beteiligten, am besten „von allen Seiten" gehen.

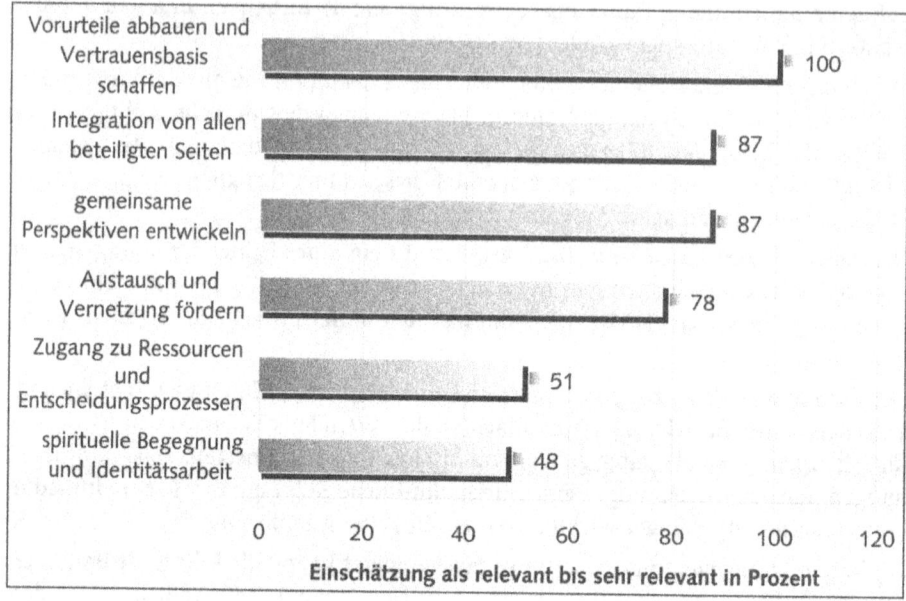

Grafik 23: Relevanz bestimmter Ziele

6.12.2 Ziele

Bei der – in offener Form gestellten – Frage nach den Zielen, die die Organisationen mit ihrem abrahamischen Engagement verfolgen, ist nur ein Teil mit den aus der Literatur generierten Zielen identisch.

Der Wunsch, Vorurteile abzubauen und Vertrauen zu schaffen, findet sich wieder, ebenso das Bestreben, gemeinsame Perspektiven zu entwickeln oder sich zu vernetzen. Nicht genannt wurde hingegen der Zugang zu Ressourcen und Entscheidungsprozessen, ebenso wenig wurden spirituelle Begegnung und Identitätsarbeit als Zielvorstellung geäußert. Auch der Punkt „Integration von allen beteiligten Seiten" fehlt.[137]

Insgesamt hat sich jedoch ein deutlich breiteres Spektrum eröffnet.[138] Die Initiativen waren aufgefordert, sich inhaltlich einzubringen und ihren Assoziationen freien Lauf zu lassen und haben dies in der Regel auch getan.[139] Dementsprechend wurden pro Organisation mehrere Anliegen angeführt.

---

[137] Integration wird lediglich von einer Initiative thematisiert, und zwar im Kontext von Bildung und Schule.
[138] Den Teilnehmenden an der Umfrage wurde zugesagt, dass die Auswertung derjenigen Abschnitte im Fragebogen, die offene Fragen enthalten, in anonymisierter Form dargestellt wird.
[139] Lediglich zwei Organisationen gaben dazu keine Auskunft, drei verwiesen auf die Aussagen hierzu in ihren Veröffentlichungen oder auf andere Teile des Fragebogens, die i.E. die Beantwortung bereits beinhalten. Einer der Umfrageteilnehmer, der den Fragebogen für eine bilaterale Organisation ausfüllte, gab zu bedenken, dass „das Engagement [...] nicht von allen Mitgliedern des Vorstands gleich stark verfolgt" wird.

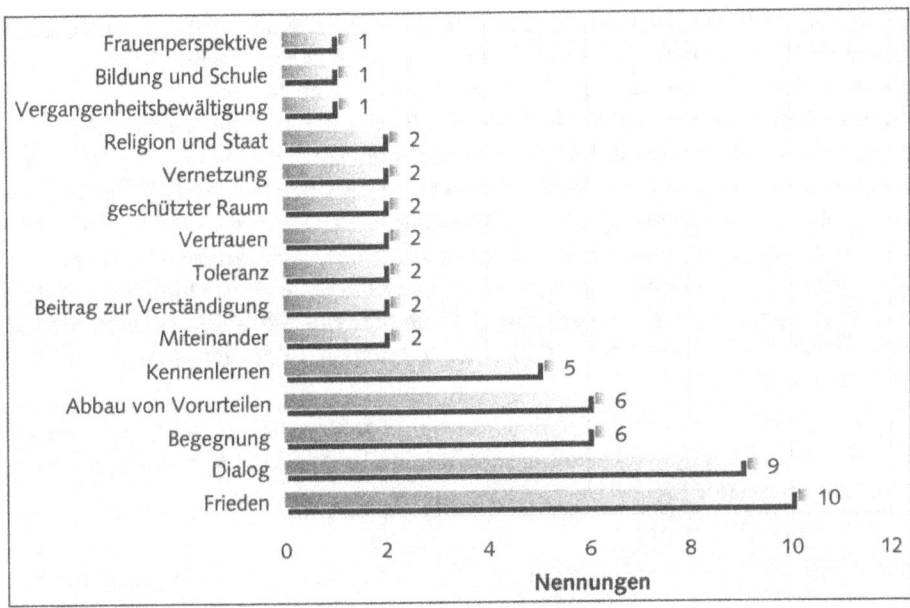

Grafik 24: Ziele

Im Gesamtbild kristallisieren sich deutliche Übereinstimmungen in den Zielvorstellungen der Initiativen heraus.

Die genannten und einige weitere Begriffe werden im Folgenden in Untergruppen aufgeteilt und jeweils einzeln aufgeführt und besprochen.

Zum großen Teil sind die angeführten Ziele gesellschaftspolitisch ausgerichtet:

1. Frieden:

In ihrem Engagement für den Dialog zwischen den drei monotheistischen Religionen ist für einen Großteil der Befragten Frieden das wichtigste Ziel. Dies bringen sie auf verschiedene Weise zum Ausdruck: Sie wollen ihren Anteil zu „Verständigung und Frieden" oder „Friedensarbeit leisten" sowie „in Friedens[-, Bildungs- und Familien]arbeit tätig [...] werden". Ihr Ziel ist die „Friedensstiftung", die „Gestaltung eines friedlichen Zusammenlebens im Stadtteil" oder gar im globalen Zusammenhang.

In einigen Fällen wird die Friedensthematik mit den Religionen bzw. dem interreligiösen Dialog verknüpft (so eine der Initiativen wörtlich). Es geht den Initiativen also um „Frieden unter den Religionen" bzw. darum, das „[f]riedensstiftende Potenzial der Religionen" zu nutzen. Sie wollen „einen Beitrag zur Förderung des friedlichen und toleranten Umgangs von Menschen verschiedenen Herkunft sowie weltanschaulicher und religiöser Prägung miteinander leisten" oder zu „Dialog und Begegnung zwischen den Religionen zur Förderung des Friedens in der Welt".

Auch auf die Frage nach den Motiven ist „Frieden" der am häufigsten (neunmal) genannte Beweggrund, wobei die Argumentationen nahezu identisch sind. Hinzu kommen Stimmen, die sich dem Thema „Frieden" von der anderen Seite nähern, nämlich indem sie die *potenzielle Konflikthaftigkeit der Beziehungen* zwischen den Religionen thematisieren und diese *überwinden* wollen. „Seit Anfang des 21. Jahrhunderts verstetigt und verstärkt sich in den abrahamischen Religionsgemeinschaften die Tendenz zur Abgrenzung und zur Betonung des Trennenden. Dem ist entgegenzuwirken", antwortet einer der Befragten auf die Frage nach der Motivation für das abrahamisches Engagement. Ein anderer berichtet davon, dass der Initiative die Idee zugrunde liegt, „ein Gegenszenario zu[m] ‚Clash of Civilizations' [zu] entwickeln [und die] Verständigungspotenziale und [das] gemeinsame [...] Erbe der Kulturen und Religionen [zu] befördern".

Gefragt nach den Chancen des abrahamischen Engagements stehen Frieden und die Möglichkeit, dass sich der Trialog positiv auf den Umgang mit Konflikten auswirkt, ebenfalls an erster Stelle.

2. Abbau von Vorurteilen:

Mit ihrem abrahamischen Engagement verfolgen einige Organisationen außerdem das Ziel, zum Abbau von Vorurteilen beizutragen (sechs Nennungen). Dies wird nahezu wortgleich zum Ausdruck gebracht, lediglich in einem Fall wird von „Vorurteilen [und] Barrieren" gesprochen, einmal sollen „Vorurteile reflektier[t] und ihr[...] Abbau an[ge]streb[t]" werden.

Thematisch verwandt ist der „Kampf gegen Rassismus und Fremdenfeindlichkeit", den eine Initiative als Ziel angibt. Dies gilt auch für die Zielvorstellung einer Organisation, die „durch ihre Angebote extremistischen Fundamentalismen entgegenwirken" möchte.

3. Aufarbeitung der Vergangenheit:

Zu den Zielen, die mit dem trialogischen Engagement verfolgt werden, zählt auch die Auseinandersetzung mit der Zeit des Nationalsozialismus in Deutschland, im gegebenen Kontext vor allem mit dem Holocaust.

Ein Akteur benennt die „Aufarbeitung der Vergangenheit" als ein Ziel des Einsatzes für den Trialog. Die Wahl der Formulierung – Aufarbeitung der Vergangenheit – geschah hier sicherlich bewusst, und zwar in Abgrenzung zum Terminus „Vergangenheitsbewältigung". Eine vermeintliche „Bewältigung der Vergangenheit" impliziert die Möglichkeit, die Auseinandersetzung mit dem Vergangenen abzuschließen. Eine Aufarbeitung der Vergangenheit hingegen weist Prozesscharakter auf und zeigt in Richtung Erinnerungskultur. Es geht also darum, im Umgang mit der nationalsozialistischen Vergangenheit die Erinnerung an das Geschehene am Leben zu halten. Dies stellt die Voraussetzung dafür dar, Lehren aus der Vergangenheit zu ziehen. Nur so kann das Diktum „Nie wieder!" erfüllt werden.

Auch in einem weiteren Fall wird die deutsche Geschichte zum Ausgangspunkt für die Ziele des eigenen abrahamischen Engagements. Die Initiative fördert „- vor dem Hintergrund einst reicher jüdischer Kultur in [der Stadt N., EH], die durch die Shoah weitgehend vernichtet wurde -, die Auseinandersetzung mit Geschichte und Gegenwart der Juden in Deutschland, mit Gelingen und Scheitern des Zusammenlebens von Juden und Nichtjuden vor allem in unserer Region."

Diese Überlegungen werden auf andere Religionsgemeinschaften ausgeweitet: „Daran anknüpfend soll auch eine Information über andere, vor allem die beiden anderen monotheistischen Religionen, und hier vor allem das Christentum, in Wesen, Geschichte und in ihrer Funktion als kulturprägende Faktoren ermöglicht werden".

4. Religion und Staat:

Das Verhältnis von Religion und Staat wird in zwei Fällen in Zusammenhang mit der eigenen Zielsetzung thematisiert. Eine Initiative möchte den Boden bereiten für eine „Verhältnisbestimmung von Religionsgemeinschaften und Gesellschaft/Staat" (und gleichzeitig auch von „Glauben - Kultur"), eine zweite will „Lösungen für religiöses Handeln im säkularen Staat" vorbereiten.

Damit wird dem Ziel Ausdruck verliehen, dass sich die Konfessionen gemeinsam in der säkularen Gesellschaft positionieren. Dies spiegelt sich auch in Antworten, die auf die Frage nach der Chance abrahamischen Engagements gegeben wurden: Auf der Grundlage des „Aufbau[s] eines Netzwerkes zwischen den Religionen" bestehe die Aussicht auf ein „[g]emeinsames Auftreten in säkularer Gesellschaft", im abrahamischen Engagement wird ein möglicher Beitrag zur „Akzeptanz der Religionsgemeinschaften in Deutschland als ein Faktor der Gesellschaft" gesehen.

5. Bildung und Schule:

Eine der befragten Initiativen verfolgt das Ziel, an Schulen „interkulturelle Kompetenz [zu] vermitteln". Es geht dabei nicht nur um „Wissensbildung, Wissensvermittlung", sondern auch um die Ausbildung von „Empathiefähigkeit". Zielgruppe sind nicht nur die Schülerinnen und Schüler, sondern Ziel ist auch die „Stärkung der pädagogischen Kompetenzen von Lehrern" und die „Schulentwicklung, Schulprofilbildung" im Allgemeinen. Schließlich soll mit dem Einsatz im Bereich Schule auch eine „integrationspolitische Akzentsetzung" vorgenommen werden.

6. Frauen:

In einem Fall enthalten die formulierten Ziele ein geschlechtsspezifisches Element: Mit ihrer Arbeit will die Initiative „Frauenperspektiven in den Trialog einbringen. Frauen vernetzen und als kompetente Vertreterinnen ihrer Religionen öffentlich präsentieren. Frauenperspektiven auf Religion und Gesellschaft artikulieren".

In Hinblick auf diese Ziele wollen die Initiativen den Dialog gestalten:

1. Dialog:

Der Dialog als solcher wird von neun Initiativen explizit als Ziel benannt. Einer Initiative geht es darum, „den Trialog zu fördern", eine andere – mit bilateralem christlich-muslimischen Hintergrund – nennt überraschend den „Dialog zwischen Juden und Muslimen [!, EH] in Nürnberg/in Deutschland; Kennenlernen, Begegnung, Dialog" als Ziel. Hintergrund dieser Aussage ist wohl die Erkenntnis, dass es zwar Dialogbemühungen zwischen Angehörigen des jüdischen und des christlichen sowie des christlichen und des muslimischen Glaubens in Deutschland gibt, jüdisch-muslimische Iniativen bislang jedoch fehlen oder bestenfalls im Anfangsstadium stecken. Offenbar wird dies zum Anlass genommen, die eigenen Erfahrungen im bilateralen Dialog zur Beförderung des Austauschs zwischen Judentum und Islam in Deutschland einbringen zu wollen; der Weg dorthin kann durch den Trialog geebnet werden.[140]

Eine weitere Initiative führt aus, auf welche Weise sie den interreligiösen (und interkulturellen) Dialog gestalten will, nämlich „insbesondere durch die Schaffung von Begegnung und Vernetzung, Förderung insbesondere des mündlichen Diskurses, Raum für informelle Gespräche, Tagungspublikationen".

Weitere, den Dialog spezifizierende Ziele sind „Authentizität im Dialog" oder „Frauenperspektiven in den Trialog einbringen".

Schließlich werden auch Ziele benannt, die durch den Dialog erreicht werden sollen. So wird ein „Dialog zur Schaffung einer Vertrauensbasis" anvisiert, „Begegnung und Dialog" sollen „zur politischen und geistlichen Verständigung" führen oder werden, wie oben bereits angesprochen, mit der Friedensthematik verknüpft: Ziel ist „Dialog und Begegnung zwischen den Religionen zur Förderung des Friedens in der Welt".

2. Vernetzung:

Hierbei soll die Vernetzung sowohl der am Dialog teilnehmenden Individuen als auch der Religionsgemeinschaften helfen: Ein Akteur begreift deren Vernetzung als eine Möglichkeit, den interreligiösen und interkulturellen Dialog zu gestalten. In einem anderen Fall ist eine geschlechtsspezifische Komponente enthalten, wird doch eine Vernetzung von Frauen angestrebt, um sie dann als „kompetente Vertreterinnen ihrer Religionen in der Öffentlichkeit zu präsentieren".

Schließlich zeigen die befragten Initiativen Wege auf, wie sie ihre Ziele erreichen wollen:

1. Begegnung:

„Begegnung" ist ein weiterer Punkt, den die befragten Initiativen mehrfach anführten, wenn sie ihre Ziele benennen sollten (sechs Nennungen). Der Begriff tauchte, mit

---

140 Ähnliche Überlegungen finden sich in der Evaluation zum Projekt „Weißt Du, wer ich bin?" (vgl. Wolleh/Zunzer 2007).

„Frieden" und „Dialog" verknüpft, oben bereits mehrfach auf: Den Teilnehmenden an der Umfrage geht es um „Begegnung und Dialog zur politischen und geistlichen Verständigung", um „Kennenlernen, Begegnung, Dialog" oder um „Dialog und Begegnung zwischen den Religionen zur Förderung des Friedens in der Welt". Der Dialog soll gestaltet werden, indem Begegnung (und Vernetzung) geschaffen werden.

Darüber hinaus verfolgt eine Initiative das Ziel, „in einem geschützten Raum Begegnung [zu] ermöglichen", eine zweite will „Austausch und Begegnung zwischen den Völkern fördern".

2. Kennenlernen:

Das „Kennenlernen" wird von fünf Befragten als Ziel des eigenen abrahamischen Wirkens angegeben. Es geht ihnen in ihren Worten um „wechselseitiges Kennenlernen und Verstehen" oder darum, die „Kenntnisse voneinander zu vertiefen". Auch die „Gemeinsamkeiten und Differenzen der Dialogpartner" sollen besser kennengelernt werden.

In eine ähnliche Richtung weist die Angabe, die „Aufklärung auf wissenschaftlicher Grundlage im Sinne eines besseren Miteinanders" sei Ziel des Einsatzes für den Dialog zwischen Juden, Christen und Muslimen.

3. Wissen über Gemeinsamkeiten und Unterschiede:

Zu den Zielen zählt auch, die „Gemeinsamkeiten und Differenzen der Dialogpartner" besser kennenzulernen und zu reflektieren. Religion kann in diesem Zusammenhang sowohl „Brücke" zur Reflexion, als auch ihr „Gegenstand" sein.

Eine Initiative legt mit ihrer Antwort den idealen Umgang mit den auf diese Weise ausgeloteten Parallelen und Differenzen nahe. Es geht ihr in ihrem Engagement um die „Betonung der gemeinsamen Wurzeln und gemeinsamer Werte, mit denen den aktuellen sozialen und ökologischen Herausforderungen begegnet werden kann".

Eine schöne Formulierung wählte ein Umfrageteilnehmer auf die Frage nach den Chancen des abrahamischen Engagements: Er gibt als Richtschnur vor, man solle „Gemeinsames betonen, ohne das Trennende zu verschweigen".

Als Chance wurde auch benannt, dass das gemeinsame Lernen über- und voneinander zu einem „*Kompetenzzugewinn*, individuell, für Organisationen, Gesellschaften, Politik" führen kann. Dass dieser jedoch nicht auf theoretischer Ebene stehen bleibt, betont eine weitere Initiative: Es besteht die Chance, dass „Bildung [...] in ihrer Lebensrelevanz erkannt [wird]".

4. Toleranz:

Der Begriff der „Toleranz" wird zweimal in Zusammenhang mit den anvisierten Zielen verwendet. Eine Initiative möchte über die stärkere Einbindung Jugend „Toleranz [und] Miteinander erreichen". In einem zweiten Fall wurde Toleranz mit Frieden verbunden: Ziel ist es, einen „friedlichen und toleranten Umgang[...]" unterschiedlicher Bevölkerungsgruppen zu fördern.

5. Raum:

In zwei Fällen bringen die Befragten die Vorstellung eines Raumes ein, in dem der Dialog zwischen den unterschiedlichen Partnern stattfinden kann. Ihr Ziel ist es, „Raum für informelle Gespräche" zu eröffnen, bzw. sie wollen „in einem geschützten Raum Begegnung ermöglichen".

6. Zur Verständigung beitragen:

„Verständigung" zählt ebenfalls zu den Zielen der Trialog-Initiativen (vier Nennungen). Es geht ihnen darum, „zu Verständigung bei[zu]tragen"; es wird angestrebt, „am Ende des Weges[141] sich besser [zu] verstehen".

7. Vertrauen:

„Vertrauen bilden" gibt einer der Akteure als Ziel des abrahamischen Engagements an, ein anderer nennt den „Dialog zur Schaffung einer Vertrauensbasis" als Ziel.

8. Miteinander:

Ein Ziel, das ebenfalls mehrfach genannt wird, ist „miteinander" statt gegeneinander zu arbeiten. Eine Initiative möchte durch Jugendarbeit „Toleranz, Miteinander erreichen". Eine andere begründet ihr abrahamisches Engagement mit dem „Einsatz für ein gleichberechtigtes Miteinander". Eine dritte strebt nach einem „besseren Miteinander[...]" und wählt dafür die Wissenschaft als Medium.

Darüber hinaus werden von einzelnen Initiativen weitere Punkte angesprochen:

1. Gefragt nach den Zielen, gibt ein Akteur die Orientierung am Werk von Hans Küng als handlungsleitend an – und die biblischen Vorbilder: „vergleiche Abraham/Ibrahim/Sarah/Hagar – ‚selber'".
2. Ein anderer Akteur zielt mit seinem Engagement darauf ab, „positive Bilder der anderen [zu] gewinnen" und „differenzieren [zu] können". Ein anderer hofft, dass es gelingt, mit dem Trialog „gemeinsames Lernen, langfristiges Lernen" anzustoßen. Ein Dritter formuliert unter anderem das Ziel, „Beziehungen auf[zu]bauen und [zu] pflegen". Schließlich geht es einer Initiative auch um ein „gemeinsames Engagement für bessere Lebensbedingungen vor Ort".
3. Eine Initiative zielt darauf ab, als „Think and Do-Tank" zu handeln. Insbesondere in der Zusammenarbeit mit Journalisten und durch die Ausrichtung von Tagungen geht es dabei einerseits um die „Vermittlung religionshistorischer, kultureller, politischer Expertise", andererseits aber auch um „Themensetzung in die Öffentlichkeit hinein".

Zum Abschluss seit ein Zitat angeführt, das viele der genannten Elemente beinhaltet. Auf die Frage nach den Zielen, die die Organisation mit ihrem abrahamischen

---

141 An dieser Stelle im Fragebogen ist das Wort unleserlich – statt „am Ende des Weges" könnte es auch „am Ende des Tages" heißen.

Engagement verfolgt, wurde zur Antwort gegeben: „Religion als Brücke und als Gegenstand der Reflexion über Gemeinsamkeiten und Unterschiede sowie des Erfahrungsaustauschs, um das Zusammenleben in der multireligiösen und multiethnischen deutschen Gesellschaft zu verbessern und gemeinsam nach Lösungen anstehender Probleme zu suchen, um somit die demokratische Entwicklung der Gesellschaft zu befördern und zu festigen."

6.12.3 Chancen

Auch auf die Frage nach den Chancen fielen die Antworten sehr umfangreich aus. Sie zeichnen ein komplexes Bild der Möglichkeiten – und auch Hoffnungen –, die mit dem trilateralen Dialog zwischen Juden, Christen und Muslimen verbunden werden.

Es geht um Frieden und eine positive Auswirkung des trilateralen Dialogs auf den Umgang mit Konflikten. Als eine Chance wird das persönliche Kennenlernen angesehen. Man erhofft sich durch den Trialog einen Erkenntnisgewinn über Gemeinsamkeiten und Unterschiede und dadurch auch einen Kompetenzzuwachs. Vorurteile sollen abgebaut, Fremdenfeindlichkeit reduziert und Toleranz gefördert werden. Auch die Positionierung der Konfessionen und Religionen in der Gesellschaft wird als Chance angesehen.

Wie oben festgehalten ist das Spektrum weitgehend deckungsgleich mit den von den Umfrageteilnehmern angeführten Zielen: Daher wurden die Punkte bis auf wenige Ausnahmen nicht einzeln angeführt, sondern nur zur Ergänzung bei der Darstellung der Ziele herangezogen.

Einige Punkte werden jedoch erstmals angesprochen: Als Chance des abrahamischen Dialogs wird die „gegenseitige *Wahrnehmung*" benannt, die Möglichkeit, „den Anderen neu und anders wahr[zu]nehmen". Es wird der Hoffnung Ausdruck verliehen, dass der Trialog zu gegenseitiger *Wertschätzung* führt, dass gesellschaftlicher Pluralismus als „Bereicherung" erfahren wird: „Das Engagement kann die Augen öffnen für den Pluralismus und die Vielfalt unserer Gesellschaft"; damit bestehe die Aussicht, dass „die Integrationsbereitschaft steigt".

Eine weitere Stärke des abrahamischen Engagements wird in der Ermöglichung eines Forums zur „Verständigung zwischen Religionen ohne Druck der Öffentlichkeit" gesehen – und ebenso in „Unabhängigkeit von kirchenamtlichen Rücksichtnahmen".

In zwei Fällen wurde dem abrahamischen Engagement ganz generell *„große"* bzw. *„gute"* Chancen eingeräumt.

Drei der Befragten schätzen die *Potenziale des trilateralen Dialogs* weniger hoch ein und äußern dies bereits bei der Frage nach den Chancen des abrahamischen Engagements. Dessen Chancen bezeichnet eine Initiative als „bescheiden". Eine andere Vereinigung macht geltend, dass der Erfolg eher gering sei, „da man meist nur die sowieso ‚Gutwilligen' erreicht". Eine Rolle spielt auch die mangelnde Breitenwirkung

– dennoch: „trotz relativ geringer Resonanz in der Bevölkerung muss der Dia- bzw. Trialog aufrecht erhalten werden".[142]

6.12.4 Motivation

Ihre Motivation und ihr Interesse am abrahamischen Engagement zu beschreiben, scheint den Befragten insgesamt schwer gefallen zu sein.[143] In vier Fällen wurde von der Möglichkeit, sich bei der Beantwortung der Frage nach Motivation und Interesse einzubringen, kein Gebrauch gemacht. Einmal wurde auf eine Veröffentlichung der Initiative, zweimal auf die Beantwortung anderer Teile des Fragebogens verwiesen.

Eine Schwierigkeit bestand wohl darin, sich von der zuvor gestellten Frage nach den Zielen, die die Organisation mit ihrem Einsatz für den trilateralen interreligiösen Dialog verfolgt, abzugrenzen. Vielleicht hätte dem abgeholfen werden können, wenn in die Formulierung explizit nach der *persönlichen* Motivation gefragt worden wäre – sind doch die individuellen Beweggründe derjenigen, die sich in die Arbeit der Organisation mit einbringen, nicht automatisch deckungsgleich mit der offiziellen Zielsetzung. Neben dem Mittragen der Zielsetzung der Organisation gibt es bei den bürgerschaftlich Engagierten eine Reihe anderer (legitimer) Motive. Gerade in kleineren Zusammenschlüssen können aber die persönlichen Motive in die Zielsetzungen der Organisation übergehen. Zwei der Umfrageteilnehmer schrieben denn auch, dass es um die „Möglichkeit, die o. g. Ziele umzusetzen" bzw. um einen „Beitrag zur Realisierung der Ziele" gehe.

Der Großteil hat eine ausführlichere, inhaltlich bestimmte Antwort auf die Frage gegeben. Die Antworten gehen in die Tiefe und umfassen gleichzeitig ein breites Spektrum an inhaltlichen Aussagen. Gleich mehrere Initiativen benennen dieselben oder ähnliche Punkte, die ihr Interesse am Austausch mit den anderen monotheistischen Weltreligionen anleiten bzw. sie zu einem trilateralen Dialog motivieren: So ist der Beitrag zu Frieden und zur Überwindung der potenziellen Konflikthaftigkeit der Beziehungen zwischen den Religionen ein handlungsleitendes Motiv. Außerdem wird auf Aspekte in Bildung und Erziehung hingewiesen.[144] Weiter werden das gegenseitige Kennenlernen und der Wunsch, Verantwortung für ein gutes Zusammenleben zu übernehmen, geäußert.

---

142 Lediglich ein Teilnehmer an der Umfrage ließ die Frage mit der Begründung unbeantwortet, dass „zu allgemein gefragt" worden sei.
143 Auch diese Frage wurde offen gestellt. Die Befragten waren somit aufgefordert, sich inhaltlich zu beteiligen und und ihren Assoziationen freien Lauf zu lassen.
144 Ansonsten wurde folgendes Motiv angeführt: „Es gibt viele und gute christlich-jüdische bzw. christlich-muslimische Initiativen und Kontakte. Kaum gibt es jüdisch-muslimische bzw. trialogische Beziehungen und Gespräche". Diese Beobachtung wurde zum Anlass für das eigene abrahamische Engagement genommen.

Angesichts der großen Parallelen zu den Antworten, die auf die Frage nach den Zielen der Organisation gegeben wurden, werden im Folgenden nur „originäre" Motive bzw. solche, die erstmals auftauchen, angeführt.

1. In einzelnen Fällen wurde der *persönlichen Motivation* Ausdruck verliehen. Hier ist zu berücksichtigen, dass die Hürden, Persönliches mitzuteilen, bei einer schriftlichen Befragung deutlich höher sind als bei einem Interview. Diejenigen, die dennoch ihre individuellen Beweggründe mitteilten, verwiesen auf ihren persönlichen und beruflichen Werdegang, auf das Studium im Ausland, bspw. in Jerusalem, die Studienfachwahl oder auch auf die Ehe mit einem bzw. einer Angehörigen einer anderen Religionsgemeinschaft. Zwei weitere beschrieben ihre Motivation mit Adjektiven, nämlich als „engagiert" bzw. „sehr hoch und ziemlich erfolgreich".

2. *Theologische und spirituelle Motivationen:* Bereits bei den Antworten, die auf den Frieden zwischen den Religionen abzielen, wurde auf die Gemeinsamkeiten zwischen Judentum, Christentum und Islam Bezug genommen. Der gemeinsame Stammvater wurde angeführt und auf das gemeinsame Erbe der Religionen verwiesen. Eine Initiative gibt ausdrücklich die „theolog[ische] Verwandtschaft: Glaube an den einen Gott" als handlungsleitend an. Weitere zwei nehmen allgemeiner auf theologische Aspekte Bezug: Sie beschreiben ihre Motivation als „theologisch – religiös" bzw. geben ein „theologisches Interesse" an.

   Die „Spuren Gottes in anderen religiösen Traditionen finden" zu wollen, weist meines Erachtens schon in Richtung spiritueller Aspekte. Eine Initiative gibt dann auch ausdrücklich „Spiritualität" als Motivation für das abrahamische Engagement an.

   Das Verhältnis zwischen Glaube und Kultur sowie zwischen den Religionsgemeinschaften, der Gesellschaft und dem Staat treibt eine andere Initiative an.

3. Auch der Wunsch, „Verantwortung für ein *gutes Zusammenleben*" zu übernehmen, das Zusammenleben zu erleichtern bzw. zu fördern, wurde als motivierend benannt.

4. Schließlich spielen auch soziale Aspekte eine Rolle: Eine Stimme stellt die „*Freude* am Kennenlernen und Teilen auf den verschiedenen Ebenen, auch spirituell" sowie die „Freude an der Begegnung" in den Mittelpunkt. Eine Besonderheit ist dabei, dass die auf das Hier und Jetzt gerichtete und unmittelbar mit dem Dialog verbundene „Freude" ausdrücklich als Motiv angegeben wird.

Abschließend soll die ausführliche und umfassende Antwort einer Initiative zu ihrer Motivation für das trialogische Engagement wiedergegeben werden (auch hier ist der Übergang zu den Zielen fließend).

Ausgangspunkt ist für sie die Aufforderung, Religion als wichtigen Faktor für Bildung und Erziehung in interkulturellen Kontexten wahrzunehmen: „Bis vor wenigen Jahren wurde in interkulturellen Bildungsangeboten die Religion weitgehend vernachlässigt. Religion und religiöse Prägungen spielen aber – insbesondere bei

Migranten und ihren Nachkommen – eine nicht zu unterschätzende Rolle. Der interreligiöse Dialog bietet eine gute Möglichkeit, ein besseres Verstehen füreinander zu entwickeln und den Zusammenhalt in der deutschen Einwanderungsgesellschaft zu fördern. Die deutsche Gesellschaft hat eine besondere Verantwortung dafür, dass jüdisches Leben hier gedeihen kann. Darüber hinaus muss sie sich aber auch Zuwanderern muslimischen Glaubens öffnen und ihnen ein Forum sowie Chancen der Beteiligung geben, sich im Dialog oder ‚zivilisierten Streit' mit anderen erproben zu können. Indem zwischen den T[eilnehmenden] unserer Veranstaltungen eine Vertrauensbasis entsteht, wird eine Voraussetzung dafür geschaffen, dass die T[eilnehmenden] auch in ihrem Alltag besser mit Konflikten umgehen können, weniger vorurteilsbelastet, dafür offener aufeinander zugehen, strittige Punkte aber auch direkter ansprechen können."

6.13 Probleme und Hürden

In ihrem Engagement für den trilateralen Dialog werden die Initiativen sowohl mit strukturellen als auch mit personellen Problemlagen konfrontiert (vgl. hierzu Klinkhammer/Satilmis 2007: pass., bes. 50-65).[145]

6.13.1 Strukturelle Problemlagen

Sonstige Problemlagen wurden folgendermaßen spezifiziert: Ein Teil davon betrifft die verschiedenen Konfessionen. Problematisiert wird die „Ehrenamtlichkeit bei Muslimen, zeitliche Überforderung". Ein weiterer Akteur spricht die „Bildung der muslimischen Ansprechpartner" an sowie Probleme mit „Deutschkenntnisse[n]". Eine andere Initiative spricht die „mangelnde Dialogbereitschaft auf Seiten von Christen und Muslimen" an. Daneben werden Zweifel geäußert, „ob wir dauerhaft engagierte Menschen aus allen drei Konfessionen finden werden". Außerdem wird beklagt, dass es „zu wenige jüdische Protagonisten" gibt, sowie der „Widerstand der Fundamentalisten auf allen Seiten" angeführt. Schließlich weist eine christlich-jüdische Gesellschaft darauf hin, dass ihre „eigentliche Zielsetzung [...] das christlich-jüdische Gespräch" ist, und formuliert, dass beide beteiligten Seiten Interesse an einer Öffnung für Dritte haben müssen – „Juden lassen sich das Gespräch mit Muslimen von uns nicht aufzwingen", wird ausgeführt. Gleich zwei Initiativen weisen darauf hin, dass Schwierigkeiten mit der eigenen (Glaubens-)Gemeinschaft existieren. So gibt es Probleme in der Abstimmung mit den eigenen Trägern, oder „die Aufgaben in den eigenen Gruppen/Institutionen" zehren an den Kräften. Genannt werden auch ein „Überschuss an Idealismus [und] religiös-dogmatische Hemmnisse" sowie Probleme,

---

[145] Bei der Frage nach Problemen und Hürden für das abrahamische Engagement wurde zwischen strukturellen Problemen sowie Problemen zwischen den Beteiligten explizit unterschieden. Mehrfachnennungen waren möglich, allerdings bestand für die einzelne Initiative keine Möglichkeit, die Problemlagen zu gewichten.

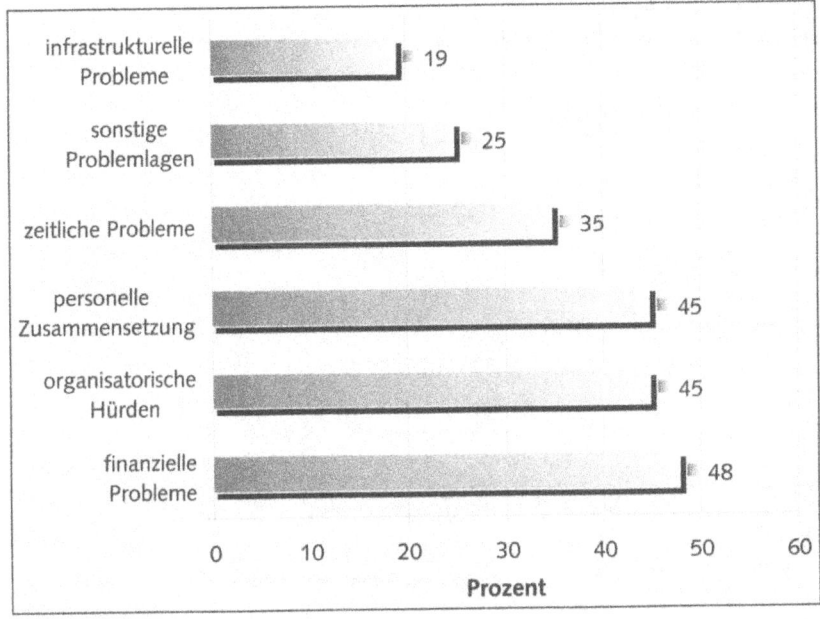

Grafik 25: Strukturelle Problemlagen

die aus der Form der Vereinigung resultieren (konkret „die lockere Form der Initiative, die andererseits ihre Stärke ist").

6.13.2 Interpersonelle Problemlagen

Unter *sonstigen Problemen* wird beklagt, dass es „keine repräsentativen Ansprechpartner auf muslimischer Seite" gibt. Auf kulturelle Faktoren als Auslöser für Differenzen wird verwiesen, wenn „kulturabhängige Verhaltensweisen bei Verbindlichkeiten von Absprachen" angesprochen werden. Daneben werden Kapazitätsgrenzen angeführt: „Es handelt sich um zusätzliches, weil ehrenamtliches Engagement".

Der Punkt „*eine dem Dialog zuwiderlaufende Intention der Teilnehmenden*" umfasst Problematiken wie Missionierung, Fundamentalismen u. Ä.

6.13.3 Grenzen

In Reaktion auf die in offener Form gestellte Frage, wo das eigene abrahamische Engagement an seine Grenzen gelangt, wurden einige der vorab gewichteten Probleme und Hürden nochmals in eigene Worte gefasst. Dabei wurden sowohl strukturelle als auch interpersonelle Problemlagen angesprochen: Grenzen setzen die vorhandenen Kapazitäten, Grenzen bestehen aber auch in der Bereitschaft zum Dialog mit ande-

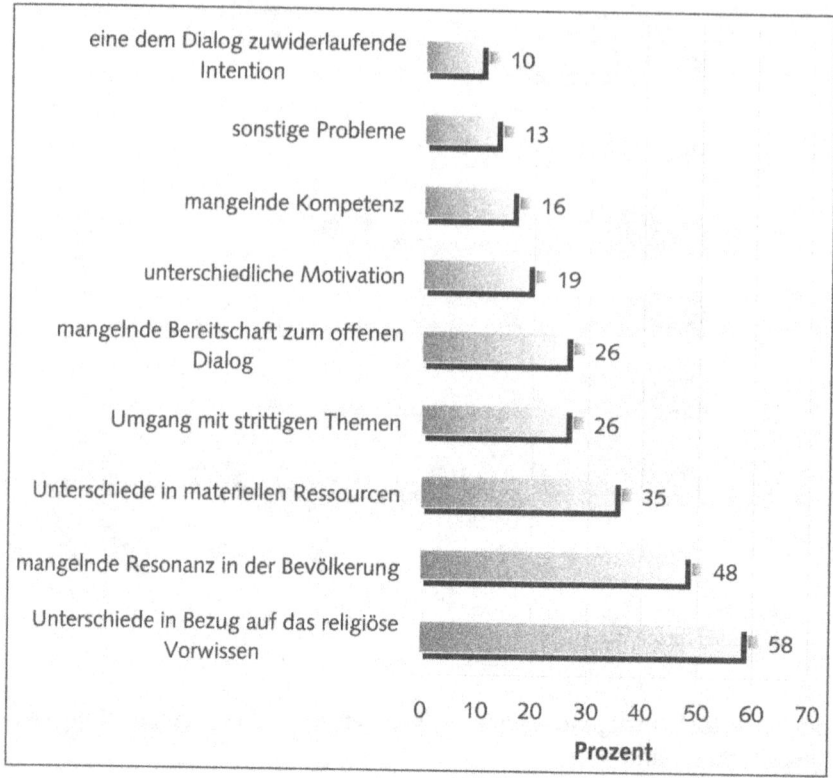

Grafik 26: Interpersonelle Problemlagen

ren Konfessionen oder innerhalb der einzelnen Religionsgemeinschaften. Schließlich werden durch die politischen Rahmenbedingungen Grenzen gesetzt, und auch die Gesellschaft bzw. die Bevölkerung kann für den trilateralen Dialog begrenzend wirken.

1. *Mangel an Kapazitäten:* „Unterschiedliche Voraussetzungen der Dialogpartner sind die eigentliche Schwierigkeit der Verständigung", schreibt eine der Befragten. Diese Einschätzung verweist auf einen Mangel an Kapazitäten und wird von mehreren Initiativen geteilt. „Wenn es über das eigene Können/Wissen/Mittel hinausgeht", schreibt einer der Befragten, andere sprechen vor allem die Punkte Zeit, Geld und Bildung an. Damit werden letztlich strukturell bedingte Faktoren als Hürden für das abrahamische Engagement benannt.

2. Auf das *begrenzte Zeitbudget* der Beteiligten wird gleich dreimal hingewiesen. Auch Erklärungen für das Zeitproblem werden geliefert: Zeitliche Einschränkungen können zum Beispiel entstehen, weil es sich bei den Akteuren um vielfältig engagierte Personen handelt.

3. Große Hürden bestehen auch in *finanzieller Hinsicht*. Das abrahamische Engagement stößt an seine Grenzen, wenn die „finanzielle[n] Ressourcen" nicht ausreichen, die „finanzielle Ausstattung fehlt". „Grenzen bestehen v. a. da, wo finanzielle Mittel gestrichen werden und der Dialog von dieser Seite immer schwieriger und für die (potentiellen) Teilnehmer/innen untragbar teuer wird", schreibt eine dritte Initiative. Hierbei machen sich wiederum Unterschiede zwischen den Teilnehmenden bemerkbar: „Nur die christlichen Vertreterinnen sind finanziell abgesicherte Dialogpartnerinnen – das schafft ein großes Ungleichgewicht". Das mag folgende Einschätzung erklären: „[Die] Initiative zum Trialog geht selten bis nie von Vertretern der Muslime aus, was letztlich auch für die jüdische Seite zutrifft."

4. Die nicht ausreichenden *personellen Ressourcen* der Initiativen – gleichwohl, ob sie Folge finanzieller oder zeitlicher Engpässe sind – stellen ebenfalls eine Grenze für das trilaterale Engagement dar.

5. Auch der Faktor „*Bildung*" wird im Zusammenhang mit dem Mangel an Kapazitäten angesprochen. In einem Fall wird konkret ein „Mangel an kompetenten islamischen Repräsentanten" beklagt. In der Literatur zum christlich-islamischen Dialog ist dieser Punkt regelmäßig ein Thema, gemeint sind Unterschiede in der theologischen (Aus-)Bildung der Beteiligten. Konkret stehen häufig auf christlicher Seite akademisch gebildete, theologische „Fachkräfte" gläubigen Laien auf muslimischer Seite gegenüber. (Dieses Bildungsgefälle wird u.U. dadurch noch verstärkt, dass – gerade in Initiativen, die Basisarbeit leisten – auf Seiten der Migranten bildungsferne Schichten stärker vertreten sind als bei den Beteiligten aus der sog. Mehrheitsgesellschaft.) Daraus können sich verschiedene Schwierigkeiten ergeben, grundsätzlich z.B. in Bezug auf das eigene Interesse, miteinander in Dialog zu treten. Diese Konstellation kann neben anderen Faktoren zur Erklärung dienen, warum auf christlicher Seite der Wunsch nach einem theologischen Austausch stärker ausgeprägt ist, während es der muslimischen Seite häufig darum geht, Lösungen für praktische Probleme zu finden.

6. Die Knappheit der zeitlichen, finanziellen und personellen Ressourcen zählt zu den Faktoren, die negative Auswirkungen auf die Kontinuität des trilateralen Dialogs haben können. Diese *fehlende Kontinuität* stellt auch ein Hindernis für abrahamisches Engagement dar. In eine ähnliche Richtung interpretierbar ist die folgende Aussage: „[A]brahamisches Engagement stößt an seine Grenzen, [w]enn die Aktivitäten zu gering sind".

7. *Mangel an Bereitschaft*: Das mangelnde „Interesse", die „unterschiedliche Bereitschaft" oder, gravierender, die „*fehlende* Bereitschaft von Personen bzw. Vereinen zur Zusammenarbeit mit Angehörigen einer anderen Religion" setzen dem abrahamischen Engagement ebenfalls Grenzen.

Ursächlich hierfür könnten ein *Mangel an Konfliktfähigkeit* auf Seiten der Dialogpartner sein, *fehlende Bereitschaft zur Selbstreflexion* oder aber auch Schwierigkeiten damit, dass durch den Trialog potenziell Neues entstehen kann. In den Worten eines der Umfrageteilnehmer: „[Das abrahamische Engagement] gelangt dort an die Grenzen, wo nicht wirklich Konflikte angesprochen werden und kritisch darüber reflektiert wird; wo die Bereitschaft zur kritischen Selbstreflexion der Beteiligten fehlt; wo die *Offenheit des Reflexionsprozesses* nicht anerkannt wird."

8. Ein Umfrageteilnehmer beantwortete die Frage nach den Grenzen des abrahamischen Engagements mit dem Stichwort „Identitätskrise" Vielleicht ist dies in diesen Zusammenhang einzuordnen, als die (u. U. nicht bewusst wahrgenommene) Befürchtung manch eines Dialogpartners, dass im Zuge des Trialogs, ja vielleicht gar durch diesen selbst, die eigene (religiöse) Identität erschüttert wird.

9. Eine der am schwersten zu überwindenden Hürden stellen in den Worten einer Initiative „theologische bzw. kulturelle Differenzen" dar. „Dogmatische Letztaussagen" können das abrahamische Engagement an seine Grenzen führen, es kann „an dem exklusiven Anspruch von Wahrheit jeder der drei Religionen" scheitern.

Eine ultimative Grenze ist dort erreicht, „[...] wo nicht (mehr) miteinander gesprochen wird. Manchmal sind die Unterschiede in Wahrheit, Wahrnehmung und Denken schon unüberbrückbar", schreibt einer der Befragten. Auf den Punkt gebracht: „Fundamentalismus" jedweder Ausrichtung steht dem trilateralen Dialog entgegen, „konsequente Dialogverweigerer sind nicht zu erreichen". Der Verzicht auf Missionierung u. Ä. ist gleichsam die Voraussetzung für einen „unbegrenzten" trilateralen Dialog. „Bei jeglichen Missionierungsversuchen" gelangt er an seine Grenzen.

10. *Faktoren innerhalb der Religionsgemeinschaften*

Die befragten Initiativen nennen auch Faktoren, die innerhalb der jeweiligen Religionsgemeinschaften verortet werden können. So sieht eine Ansprechperson das abrahamische Engagement dann an seine Grenzen stoßen, wenn die „Erwartung ans ‚Offizielle'" zu groß sind.

11. Eine Initiative, die einen gemeinsamen Anknüpfungspunkt v. a. für jüdische, christliche und muslimische Frauen in der Besinnung auf Sarah und Hagar sieht, verweist auf die patriarchalische Struktur aller drei Religionsgemeinschaften und die daraus resultierenden Widerstände: „Die üblichen Religionsvertretungen in Trialogen sind alle <u>männlich</u> dominiert, Frauenperspektiven sind nur gegen Widerstände einzubringen" (Hervorhebung im Original, EH).

12. *Politische Rahmenbedingungen:* Im gegenwärtig vorherrschenden Diskurs werden die Ursachen von gesellschaftlichen Konflikten häufig in der kulturellen oder religiösen Zugehörigkeit gesehen. Umgekehrt entspringen aus dieser Sichtweise hohe Erwartungen an Initiativen, die sich für das friedliche Miteinander der verschiedenen Religionsgemeinschaften einsetzen. Dabei stoßen diese gerade hier notwendigerweise an ihre Grenzen. Ein Umfrageteilnehmer bringt diese Problematik auf den Punkt: „[Die] Gründe für Konflikte sind oft politisch, sozial (national

wie international). Interreligiöser Dialog kann Eskalation verhindern, aber politische und soziale Ursachen nicht bzw. nur in geringem Maße bearbeiten". In eine ähnliche Richtung weist die Aussage, dass der Trialog durch die „Zuschreibung sozialer Probleme auf die religiösen Differenzen" an seine Grenzen gerät.

„[N]ationale und politische Grundsatzentscheidungen" können letztlich zu erheblichen Störungen im trilateralen Dialog führen bzw. diesen begrenzen.

Neben dem Verweis auf die politischen Rahmenbedingungen wird auch kritisiert, dass von politischer Seite wenig Hilfe zu erwarten ist. Zwei Initiativen schreiben, dass das Engagement durch die „mangelnde politische Unterstützung", „[b]ei fehlender Resonanz und Unterstützung durch die Träger der Politik" an seine Grenzen stößt.

13. *Gesellschaftliche Rahmenbedingungen*: Eine große Herausforderung besteht in den Augen vieler Initiativen darin, die Reichweite des Einsatzes für ein Miteinander zwischen Angehörigen des jüdischen, christlichen und muslimischen Glaubens zu vergrößern. „Breitenwirkung und Nachhaltigkeit müssen verbessert werden", lautet die entsprechende Forderung.

Das „[s]ture[...] Festhalten an Vorurteilen, [das] Desinteresse an Gesprächen bei großen Teilen der Bevölkerung" steht der Verbreitung des eigenen Anliegens entgegen (ähnlich eine weitere Stimme, die „[v]iele Vorurteile und geschichtliche[n] Ballast" als den Trialog begrenzend beschreibt). Ein Teilnehmer spricht konkret von der „[...] Mehrheitsgesellschaft[, die] schwer erreichbar" ist.

Eine Erklärung für die „Interessenlosigkeit des Großteils der Bevölkerung" wird im Atheismus weiter Teile der Bevölkerung gesehen. Andere weisen darauf hin, dass „[d]as Problem [...] für Sonntagsreden nicht geeignet", dass „es [...] nicht ‚kampagnenfähig'" ist.

Gleichwohl wird dazu aufgerufen, das Unterfangen fortzusetzen: „Trotz relativ geringer Resonanz in der Bevölkerung muss der Dia-, bzw. Trialog aufrecht erhalten werden". Hier anschließend kann eine weitere Stimme angeführt werden, die davor warnt, den trilateralen Dialog zu unterschätzen: „Das Klein-Machen des Dialogs – u. a. auch als ‚Schmusedialog' – ist nicht gerechtfertigt und möglicherweise schädlich."[146]

---

[146] Eine Initiative beklagt ganz allgemein die „[f]ehlende Offenheit", die dem trilateralen Dialog Grenzen setzt. Ob damit die fehlende Offenheit der beteiligten Individuen, der Religionsgemeinschaften, der Politik oder der Bevölkerung im Allgemeinen gemeint ist, wurde nicht näher spezifiziert.
Drei Initiativen ließen die Frage nach den Grenzen des abrahamischen Engagements unbeantwortet, eine kritisiert sie als „zu allgemein gefasst".

7 Länderstudien

Die Studien über europäische und außereuropäische Länder dienen dazu, die Perspektive auf Deutschland zu schärfen. Die exemplarisch ausgewählten Staaten weisen in Hinblick auf Migration, Integration und Religion jeweils Spezifika auf, vor deren Hintergrund die deutschen Besonderheiten stärker hervortreten sollen. Die Länderstudien über Frankreich, Großbritannien, die Niederlande, Österreich, Bosnien-Herzegowina, die Schweiz, die Türkei und Israel bestehen aus einer kurzen Darstellung des historischen und gegenwärtigen Kontextes sowie der Vorstellung einer abrahamischen Initiative. Eine komparative Studie im sozialwissenschaftlichen Sinn ist nicht intendiert, stattdessen werden Schlaglichter auf die einzelnen Fallbeispiele geworfen.

Frankreich gilt nicht nur als Wiege der Menschenrechte und damit auch des Rechts auf Religionsfreiheit. In Hinblick auf das Verhältnis zwischen Staat und Religion ist darüber hinaus der Laizismus als Verfassungsprinzip prägend. Seine koloniale Vergangenheit wirkt sich bis heute auf die Migration aus. Frankreich steht zudem gegenwärtig vor großen integrationspolitischen Herausforderungen.

In Großbritannien stellt das Staatskirchentum eine Besonderheit in Bezug auf das Verhältnis von Staat und Religion dar. Eine weitere Spezifik ergibt sich aus dem Umstand, dass das Land nicht über eine geschriebene Verfassung verfügt, was Auswirkungen auf die Garantie der allgemeinen Glaubens- und Religionsfreiheit hat. In einem Jahrzehnte dauernden, separatistischen Multikulturalismus werden die Ursachen für gesellschaftliche Spannungen gesehen. Eine zusätzliche Herausforderung stellt der fundamentalistische Islam dar, der sich in Großbritannien früher als in anderen europäischen Staaten herausbildete.

Die Niederlande wiederum waren der erste europäische Staat, in dem die personelle Religionsfreiheit gewährt wurde. Hinsichtlich des Verhältnisses zwischen Staat und Religion ist das Prinzip der „Versäulung" bis heute prägend. Die einst sprichwörtliche niederländische Liberalität und Toleranz scheint sich jedoch zwischenzeitlich zu einem gesellschaftlichen Nebeneinander entwickelt zu haben, begleitet von sozialen Desintegrationsprozessen. Insbesondere in der jüngsten Vergangenheit erregten Morde an prominenten Persönlichkeiten durch muslimische Extremisten weltweit Aufmerksamkeit für den Themenkomplex Migration – Integration – Religion in den Niederlanden.

Die Situation in Österreich ist gekennzeichnet durch eine ungewöhnlich frühe und in der EU bislang einzigartige rechtliche Anerkennung des Islam neben den anderen abrahamischen Religionen. Damit verfügt Österreich über einen gesetzlich verankerten autochthonen Islam, vertreten durch die Islamische Glaubensgemeinschaft in Österreich (IGGiÖ). Die positiven (auch integrationspolitischen) Konsequenzen dieser Situation stehen in einem Spannungsverhältnis zum Aufstieg rechtspopulistischer Parteien, welche die auch in Österreich verbreitete Angst vor dem Islam für sich zu nutzen wissen.

Bosnien-Herzegowina wiederum ist für seine historische Multikulturalität und das über Jahrhunderte weitgehend friedliche Zusammenleben von Juden, Christen und Muslimen bekannt. Der Zerfall Jugoslawiens nach dem Untergang des Sozialismus und die darauf folgenden Jugoslawienkriege in den 1990er Jahren zerstörten diese Tradition nachhaltig. Heute ist das Land aufgeteilt in ethnische bzw. religiöse „Dominanzbereiche". Eine Wiederbelebung der Religion(en) lässt sich feststellen, sowohl mit spaltendem, aber auch mit verbindendem Potenzial.

Der starke Föderalismus der Schweiz schlägt sich in einer Vielzahl kantonaler Regelungen hinsichtlich des Verhältnisses zwischen Staat und Religion nieder. Eine Besonderheit liegt in dem Umstand, dass diejenigen Religionsgemeinschaften, die rechtlich anerkannt sind, verpflichtet sind, sich auch intern demokratisch zu organisieren. Dies hat insbesondere Auswirkungen auf die Schweizer Katholische Kirche. Der Aufstieg des Rechtspopulismus in der jüngsten Vergangenheit erschwert gegenwärtig das Zusammenleben der Religionen und den gesellschaftlichen Integrationsprozess.

Die Situation in der mehrheitlich muslimischen Türkei zeichnet sich durch eine besondere Komplexität aus. Zum einen unterscheidet sich der türkische Laizismus von seinem französischen Pendant, hier geht es nicht nur um eine Trennung, sondern auch um die Kontrolle von Religion durch den Staat. Zum anderen befindet sich die Türkei gegenwärtig in einer konfliktreichen Gemengelage aus Demokratie, Nationalismus, Laizismus und Islam. Hinzu kommen die Auswirkungen der EU-Beitrittsverhandlungen, die bereits politische Reformen bewirkt haben und das Land vor zusätzliche Herausforderungen stellen.

Israel gilt als Wiege der drei abrahamischen Religionen und beheimatet wichtige heilige Stätten des Judentums, Christentums und des Islam. Es ist weltweit das einzige Land mit einer mehrheitlich jüdischen Bevölkerung. Staat und Religion sind in Israel nicht voneinander getrennt, gleichzeitig besteht Religionsfreiheit für andere Glaubensgemeinschaften. Der seit Jahrzehnten andauernde Nahostkonflikt ist nach wie vor ungelöst, er erschwert den interreligiösen Dialog und macht ihn andererseits umso erforderlicher.

7.1 Frankreich

Auf den ersten Blick scheint das Verhältnis von Staat und Religion in Frankreich ganz klar zu sein: Frankreich ist eine laizistische Republik, in der Staat und Kirche strikt voneinander getrennt sind.

Bei genauerer Betrachtung zeigen sich jedoch Verwobenheiten von Staat und Religionsgemeinschaften, die sich geschichtlich entwickelt haben und heute noch zu einer Ungleichbehandlung der verschiedenen Religionsgemeinschaften führen. Außerdem verlangen Gesellschaftstransformationen, wie sie insbesondere durch die Einwanderung neuer Gruppen und Religionen entstehen, auch in Frankreich in Gegenwart und Zukunft neue Regelungen für das Verhältnis von Staat und Religionen. Nach

Schätzungen setzt sich die Bürgerschaft heute folgendermaßen zusammen: 65% römisch-katholisch, etwa 6% Muslime, 2% protestantisch, 1% jüdisch, ungefähr 2% mit sonstigen Religionen und mehr als 25% Agnostiker bzw. Personen, die sich keiner Religion zugehörig fühlen (vgl. Machelon 2006: 10f).

Die in Frankreich im Jahr 1905 installierte verfassungsmäßige Trennung von Staat und Religion war das Ergebnis eines langen Prozesses, der von Auseinandersetzungen, Verfolgungen und Kriegen zwischen den Konfessionen, zwischen Staat und Kirche sowie zwischen Monarchie, Kirche und Bürgerschaft geprägt war (vgl. Cabanel 2005: 139ff).

Auch in Frankreich kam es im Zuge der Reformation zu Spaltungen und Gewaltanwendung innerhalb der christlichen Bevölkerung, woraus sich die Notwendigkeit einer Regelung der Koexistenz der verschiedenen Konfessionen ergab. Das 16. Jahrhundert war geprägt von Religionskriegen und Massakern an Protestanten, man denke nur an die Bartholomäusnacht im Jahr 1572. Diese wurden zunächst mithilfe des Edikts von Nantes (1598) geschlichtet, das vorsah, dass die französischen Protestanten fortan von katholischer Seite toleriert werden mussten. Dennoch kam es im 17. Jahrhundert erneut zu politischen Auseinandersetzungen. In der Folge versuchten katholische Herrscher, die Protestanten zwangsweise zu bekehren. Nach der Aufhebung des Edikts von Nantes (1685) flohen die französischen Protestanten in protestantische Länder (vgl. ebd.).

Von den mit der Französischen Revolution verbundenen Veränderungen von Herrschaft und Gesellschaft waren die Religionsgemeinschaften direkt betroffen. Mit der Proklamation der Menschenrechte wurde die religiöse Meinungsfreiheit (Artikel 10) gesichert. Zwischen 1789 und 1791 wurden zunächst die Protestanten und später die Juden als gleichberechtigte Bürger anerkannt. Die Katholische Kirche hingegen wurde zur erklärten Gegnerin der Revolutionäre (vgl. Cabanel 2005: 140). Das 1801/1802 geschlossene Konkordat mit Papst Pius VII stellte die Katholische Kirche in Frankreich auf eine neue Grundlage, indem der Staat sie fortan sowohl kontrollierte als auch mitfinanzierte (durch die Besoldung der Bischöfe und Pfarrer). Die daran geknüpfte Forderung nach einer Unterordnung der Katholischen Kirche unter die Politik sowie die 1808 gesetzlich festgeschriebene Gleichberechtigung der „vier anerkannten Konfessionen" (Katholiken, Lutheraner, Calvinisten und Juden) stellte die erste Stufe der Laizisierung in Frankreich da. Weiterhin entwickelte sich der Laizismus durch eine aktiv vorangetriebene Veränderung der Beziehungen zwischen Religion, Staat und Gesellschaft. Der Staat, staatliche Bildungseinrichtungen und die Parteien übernahmen Leistungen und Funktionen (wie Eheschließung, universitäre Ausbildung, medizinische Versorgung), die vormals zum Aufgabenbereich der Kirchen gehörten, was zu einer institutionellen Trennung und dem Rückzug der Religionen in die Privatsphäre führte. In den 1880er Jahren wurde eine Vielzahl laizistischer bzw. antiklerikaler Gesetze erlassen, die insbesondere die Entfernung religiöser Inhalte aus Schulbüchern und religiöser Symbole aus Schulräumen zum Ziel hatte. Die neue Nation sollte sich auf der Basis weltlicher Wertevorstellungen entwickeln.

Mit dem „Trennungsgesetz" von 1905 wurde der Laizismus schließlich als Verfassungsprinzip etabliert. Das rechtliche System Frankreichs basiert seither auf einer strikten Trennung von Staat und Religion. Außerdem garantiert der Staat die Gewissensfreiheit und die freie Religionsausübung im Rahmen der öffentlichen Ordnung. Der Staat erkennt keine Religion an (im rechtlichen Sinn), er bezahlt (außer im ehemals deutschen Elsass-Lothringen) weder ihre Würdenträger und Geistlichen, noch gewährt er ihr finanzielle Subventionen (vgl. Ghadban 2002: 1).

Dennoch ist die französische Situation bezüglich des Verhältnisses von Staat und Religion durch einige Spezifika gekennzeichnet. Zum einen ist die Rechtslage der Religionsgemeinschaften heute sehr komplex, was sich gerade aus der Trennung von Staat und Religion und der Abwesenheit einheitlicher kirchen- bzw. religionsrechtlicher Gesetze ergibt. Außerdem kommt es zu einer selektiven Zusammenarbeit zwischen Staat und Religion, wofür die Sonderstellung bzw. Bevorzugung der Katholischen Kirche ein Beispiel ist. Die katholischen Kirchengebäude, die vor 1905 im Besitz des Staates waren, sind weiterhin sein Eigentum und werden von ihm in Stand gehalten. Die meisten Privatschulen sind katholisch und werden vom Staat finanziert (vgl. Ghadban 2002: 2). Des Weiteren ist das französische Laizismusverständnis stark von der Absicht geprägt, die Religionsgemeinschaften zu kontrollieren, was sich daraus ergibt, das Religion als möglicher Risikofaktor betrachtet wird. Ein weiteres Spezifikum ist die sehr individualistische Vorstellung von Religionsfreiheit. Die „Privatisierung der Religionen" ging mit der konzeptuellen Trennung von Religion und Öffentlichkeit einher. Die veränderte religiöse Landschaft, ein allgemeiner Trend zur Wiederbelebung der Religionen seit den 1980er Jahren und insbesondere das verstärkte Auftreten des Islams stellen den Begriff des (religionsfreien) öffentlichen Raums heute zunehmend in Frage (vgl. Cabanel 2005: 152).

Die größte Veränderung in der religiösen Landschaft Frankreichs im zweiten Drittel des 20. Jahrhunderts war der aufkommende Islam. Diese Religion hielt mit den maghrebinischen Einwanderern aus den ehemaligen Kolonien Einzug in Frankreich. Die Zahl der Muslime in Frankreich stieg von drei Millionen (1985) auf vier Millionen (1995) und ca. fünf Millionen (heute) (vgl. Cabanel 2005: 148). Der Islam ist heute die zweitgrößte Religionsgemeinschaft in Frankreich und stellt die zahlenmäßig größte muslimische Gemeinde in Europa dar. Infolge des 1981 erlassenen „Assoziationsgesetzes" kam es zu einem Gründungboom muslimischer Organisationen in Form „kultureller Vereine". Seit Beginn der 1990er Jahre sucht die französische Regierung eine offizielle Vertretung der Muslime in Frankreich als Ansprechpartner, um „einen wirklich französischen Islam, der durch eine Art Vertrag an die politischen Institutionen der Republik gebunden ist", zu fördern (Cabanel 2005: 149). Dies erweist sich jedoch als schwierig, da es auch in Frankreich unter den Muslimen unterschiedliche religiöse und politische Ausrichtungen gibt. Dennoch hat sich 2002 als Repräsentationsorgan der *Conseil Francais du Culte Musulman* gegründet, dessen Präsidium sich aus den drei großen, teilweise rivalisierenden muslimischen Verbänden zusammensetzt. In die öffentliche Aufmerksamkeit und Diskussion geriet der Islam in Frankreich vor allem durch den seit 1989 schwellenden „Kopftuchstreit". Im März 2004 wurde ein Gesetz erlassen, welches „das Tragen von Zeichen oder Kleidung, durch welche die Schüler ostentativ/auffällig ihre Religionszugehörigkeit manifestieren", verbietet (Cabanel 2005: 151). In Frankreich müssen sich Politik und Gesetzgebung heute außerdem zu verschiedenen Forderungen muslimischer Bewegungen positionieren, z.B. zur Forderung eines nach Geschlechtern getrennten Sport- und Schwimmunterrichts, zur Möglichkeit für muslimische Patientinnen, einen männlichen Arzt abzulehnen oder zur Forderung von muslimischen Beamtinnen, männlichen Gesprächspartnern das Handschütteln zu verweigern.

Durch die französische Dezentralisierungsbewegung in den 1980er Jahren ergaben sich für die muslimischen Organisationen einige Vorteile, sodass sie seitdem auf kommunaler Ebene Forderungen wie Moscheebauten, Friedhöfe und das rituelle Schächten erfolgreich durchsetzen konnten (vgl. Ghadban 2002: 2). Ein viel diskutiertes Thema im Kontext von Islam und Integration waren die Unruhen in den Pariser Vorstädten im Jahr 2005. Bei der Suche nach den Ursachen werden jedoch die sozioökonomischen Faktoren, die die tatsächlichen, strukturellen Probleme verursachen, durch die Reduzierung des Konflikts auf einen religiös-kulturellen Kontext verdeckt.

Wie in Deutschland, so ist auch in Frankreich der gegenwärtige Diskurs über den Islam überwiegend negativ konnotiert. Auch in der französischen Gesellschaft sind verschiedenen Rassismen verbreitet. Schließlich ist seit den 1980er Jahren eine verstärkte rechte Politik zu beobachten. Den Beginn machte 1986 der Einzug der Front National ins Parlament (vgl. ebd.).

Ebenso wie die Muslime sind auch die Juden in Frankreich verhältnismäßig stark vertreten: Frankreich hat die größte jüdische Gemeinde in Europa. Im Vergleich zum Islam ist die jüdische Religion in Frankreich jedoch schon viel länger ansässig. In Bezug auf eine Integration in die französische Gesellschaft sowie auf die Vereinbarkeit mit dem Laizismus ergibt sich daraus ein bedeutender Unterschied zu den Muslimen. Vor 200 Jahren waren Juden selbst am Aufbau der französischen Gesellschaft beteiligt und haben dabei als Religionsgemeinschaft Rechte und Freiheiten erworben.

Gegenwärtig stellen der – insbesondere unter muslimischen Jugendlichen – verbreitete Judenhass sowie antisemitische Übergriffe ein Problem für die jüdischen Gemeinschaften dar.

Die Haltung der Katholischen Kirche zum Islam war in Frankreich bis in die 1970er Jahre hinein sehr positiv geprägt, da sie in den Muslimen Verbündete gegen den laizistischen Staat sah. So überließ die Katholische Kirche Muslimen beispielsweise Kapellen. Aufgrund der seit 1981 verstärkten Präsenz des Islams in der Öffentlichkeit und des Auftretens von fundamentalistischen Islamisten hat die Katholische Kirche Ihre Haltung geändert und ist nun selbst zu einer Verfechterin des französischen Laizismus geworden (vgl. Ghadban 2002: 2).

Beispiel: Fraternité d'Abraham

Die Fraternité d'Abraham[147] (was übersetzt werden kann mit: Bruderschaft Abrahams oder Abrahamitische Brüderlichkeit) entstand 1967 in der Folge des Zweiten Vatikanischen Konzils (1962-1965). Sie ist damit eine der ältesten abrahamischen Einrichtungen weltweit. Die Gründung erfolgte auf Initiative von Si Hamza Boubakeur, André Chouraqui, Jacques Nantet und R. P. Riquet, die durch Gespräche über das gegenseitige Verständnis und Miteinander von Juden, Christen und Muslimen zusammengefunden hatten. Der Literat und Mitinitiator Jacques Nantet wurde erster Präsident der Fraternité. Die kirchlichen Autoritäten Frankreichs unterstützten die Initiative und unterhalten nach wie vor Patenschaften. Inzwischen steht die Fraternité d'Abraham unter der Schirmherrschaft der UNESCO.

Das in der Gründungsurkunde genannte Ziel der Organisation ist es, gemeinsam auf eine Versöhnung der von Abraham abstammenden Religionen hinzuarbeiten. Darüber hinaus ist es erklärtes Anliegen der Initiative, gegen Fanatismen, Gewalt und Diskriminierungen anzugehen, um „die authentischen und göttlichen Quellen eines brüderlichen Humanismus aufzudecken."[148]

Die gelegentlich verwendete Übersetzung des Namens als „Bruderschaft Abrahams" kann in die Irre führen. Es handelt sich nicht um eine Bruderschaft im Sinne einer Mönchsgemeinschaft, sondern um ein abrahamisches Forum. Zu Beginn ihrer Tätigkeit war die Organisation allerdings eng mit dem Jesuitenorden verbunden.

Die Hauptaktionsform der Initiative besteht aus wissenschaftlichen Vorträgen mit anschließender Diskussion. Zu diesen Vortragsabenden lädt die Fraternité d'Abraham ca. einmal im Monat abwechselnd in die Universität Sorbonne, in Moscheen, Synagogen oder Kirchengemeinden sowie in das Rathaus ein. Die Themen werden von den Mitgliedern ein Jahr im Voraus festgelegt.

Thematisch begann die Vortragsreihe im Jahr 1968 mit dem Titel „Propheten und Prophetie". 1973-1974 folgte ein Symposium in Jerusalem mit dem Titel: „Jerusalem, der Monotheismus und Friede. Studien über das Judentum und der Islam". Insgesamt lässt sich bei den mittlerweile jährlich stattfindenden Vortragsreihen eine leichte Themenverschiebung erkennen, von anfänglich sehr theologisch orientierten Themen hin zu solchen, die Religion und Gesellschaft gleichermaßen betreffen. So gab es in den letzten Jahren mehrfach Vorträge über Phänomene der modernen Gesellschaft, z.B. über Pluralismus, Atheismus oder Probleme des Lebens in der Stadt, jeweils mit Bezug zu den drei Religionen. Die theologischen Themen kreisen beispielsweise um Offenbarung und Transzendenz, Sinn des Lebens, das Böse, Vergebung und Versöhnung, die Liebe Gottes, Monotheismus, Jerusalem, sowie natürlich um Abraham und

---

147 Kontakt: Pierre Labadie, Fraternité d'Abraham, B.P. 231.08, F-75364 PARIS CEDEX 08, Tel. 00 33 (0) 1 45 49 46 33, contact@fraternite-dabraham.com, www.fraternite-dabraham.com.

148 (vgl. Selbstdarstellung im Internet: http://www.fraternite-dabraham.com/Default.asp?ID=110524&IDR =110529; letzter Zugriff am 20.11.2008).

die Gemeinsamkeiten der drei Religionen. Ein wiederkehrendes Thema der Vorträge ist zudem die Verantwortung der Religionen etwa für den Frieden.

Die letzte Konferenzreihe (2007-2008) stand unter dem Titel „Die Erde empfangen und weitergeben" und hatte damit erstmals das Thema Umwelt zum Gegenstand. Die Auftaktveranstaltung „Die Erde und der Mensch" wurde im Oktober 2007 von Professor Jean Labrousse in der Großen Moschee von Paris abgehalten. Die zweite Konferenz des Zyklus „Die Erde und der Mensch im Christentum" leitete Professor Pascal Schmidt im November 2007. Die dritte Konferenz „Die Erde und der Mensch im Judentum" wurde mit Rabbiner Philippe Haddad im Dezember 2007 durchgeführt. Die vierte und abschließende Konferenz fand im Januar 2008 zum Thema „Die Erde und der Mensch im Islam" mit Professor Abderrahmane Belmadi statt.

Eine andere Aktionsform der Fraternité d'Abraham ist die Herausgabe von Publikationen. Vierteljährlich gibt die Initiative eine Zeitschrift heraus, die sich thematisch an den Vortragsreihen orientiert. Darüber veröffentlichen aktive Mitglieder Publikationen, die sich thematisch im Rahmen des abrahamischen Dialogs bewegen, wie z. B. „Le Prince de Dieu. Sur les Traces d'Abraham" (Der Fürst Gottes. Auf den Spuren Abrahams) von René Guitton, „Lettres à Dieu. Cent lettres du Monde au Créateur" (Briefe an Gott. Hundert Briefe aus der Welt an den Schöpfer) herausgegeben von René Guitton oder „Abraham" von Emile Moatti.

In den ersten Jahren ihres Bestehens widmete sich die Fraternité d'Abraham hauptsächlich der Jugendarbeit. Seit einiger Zeit werden verschiedene Aktivitäten in Angriff genommen, um die Jugend wieder vermehrt in die Arbeit der Organisation einzubeziehen. Jugendliche sollen nicht nur an eigens für sie veranstalteten Aktivitäten teilnehmen, wie beispielsweise den Feiern zu besonderen Festtagen der drei Religionsgemeinschaften, vielmehr sollen sie zur Mitarbeit in der Initiative motiviert werden. Ein erster Schritt in diese Richtung war die Einbindung jugendlicher Ehrenamtlicher bei der Vierzigjahrfeier der Fraternité im Jahr 2007.

7.2 Großbritannien

Das Vereinigte Königreich von Großbritannien mit Nordirland ist auch heute noch von seiner Kolonialgeschichte geprägt. Insbesondere England versteht sich nach wie vor als Einwanderungsland mit einem hohen und vielfältigen Anteil ethnischer und religiöser Minderheiten.

In Großbritannien ist seit der Abtrennung vom Papsttum durch Heinrich VIII. im Jahr 1533 die Anglikanische Kirche Staatskirche. Anderen Religionsgemeinschaften ist damit von vornehrein die Möglichkeit genommen, einen staatlich anerkannten Status wie den einer Körperschaft des öffentlichen Rechts zu erlangen (vgl. McClean 2005: 613). Dabei verteilt sich die Zugehörigkeit zu den Religionsgemeinschaften wie folgt: Ca. 30 Millionen Einwohner und Einwohnerinnen sind Angehörige der Anglikanischen Staatskirche, ca. 600.000 britische Bürger und Bürgerinnen sind Mitglied in der Church of Scotland, 200.000 Menschen gehören sonstigen protestantischen Bekenntnissen an. Zudem leben ca. acht Millionen Katholiken auf den Britischen Inseln, ca. zwei Millionen Muslime, ca. 1,2 Millionen Hindus und Sikhs, 300.000 Juden sowie 11 Millionen Briten, die sich keiner der genannten Religionsgemeinschaften zugehörig fühlen.[149]

Eine geschriebene Verfassung mit darin kodifizierten Grundrechten kennt das britische Recht nicht. Folglich ist auch die allgemeine Glaubens- und Religionsfreiheit nicht verfassungsrechtlich garantiert (vgl. McClean 2005: 612). Allerdings werden insbesondere Katholiken und Juden faktisch nahezu die gleichen Rechte wie der Anglikanischen Staatskirche gewährt. Beide Religionsgemeinschaften durften bspw. schon früh eigene konfessionelle Schulen einrichten und erhalten entsprechende Unterstützung vom Staat (vgl. Ghadban 2002).

Dagegen hatten Muslime weitaus länger um die Zuerkennung entsprechender religiöser und kultureller Rechte zu kämpfen. Hieß man sie nach Ende des Zweiten Weltkrieges noch mit liberalen Einwanderungsgesetzen willkommen, so wurde die britische Einwanderungspolitik in der Folge immer restriktiver. Zugleich herrschte bereits seit dem Ende der 1940er Jahre eine Integrationspolitik „ohne Rücksichtnahme auf kulturelle Unterschiede, was einer Assimilation gleichkam" (Ghadban 2002). Ganz im Gegensatz zur geförderten Einwanderung von muslimischen Arbeitern in kontinentaleuropäische Länder wie den Niederlanden oder Deutschland in den 1960er und 1970er Jahren erließ das Britische Parlament von 1962 bis 1981 Gesetze, die eine Einreise der Migranten deutlich erschwerten. Gleichzeitig setzte auch innen- und gesellschaftspolitisch eine Phase des separatistischen Multikulturalismus ein, was in einer zunehmenden Unkenntnis bezüglich des Islams resultierte (vgl. ebd.).

Die dadurch entstandene Teilung der Gesellschaft wird in Zusammenhang mit den zunehmend rassistischen Tendenzen in der Bevölkerung gebracht. Daher ist seit den 1960er Jahren eine Reihe antirassistischer Gesetze erlassen worden. Diese ließen allerdings jegliche religiöse Konnotation des Rassismus außer Acht und setzten ausschließlich bei einer Diskriminierung aufgrund der ethnischen Zugehörigkeit an (vgl. ebd.). So konnte sich z.B. ein muslimischer Inder gegen Ungleichbehandlung aufgrund seiner Ethnie, nicht aber gegen religiöse Diskriminierung wehren (vgl. ebd.). Einen Weg aus diesem Dilemma suchten muslimische Gruppierungen, indem sie die Anerkennung als eigene ethnische Gemeinschaft beantragten. Anders jedoch als bei den Juden und Sikhs wurde dieser Antrag im Jahre 1989 abgelehnt (vgl. ebd.).

Der fundamentalistische Islam verbreitete sich in Großbritannien wiederum weit früher als in anderen europäischen Staaten (vgl. ebd.). Ein prominentes Beispiel ist die Affäre um Salman Rushdie im Jahr 1989. Als Reaktion auf seine islamkritische Publikation „Die Satanischen Verse" verbrannten Fundamentalisten seine Bücher und

---

149 Vgl. http://www.auswaertiges-amt.de/diplo/de/Laenderinformationen/01-Laender/Grossbritannien.html (Zugriff am 12.12.2008).

riefen in einer Fatwa zu seiner Ermordung auf. Die islamistisch motivierten Terroranschläge im Öffentlichen Nahverkehr Londons im Jahr 2005 zeigen, dass sich das Problem des Islamismus seitdem noch verschärft hat.

Ungeachtet der Herausforderungen auf nationaler Ebene werden in Kommunen und Gemeinden regelmäßig praktische Lösungen für die oben aufgezeigten Probleme gefunden, die aus den religiösen Bedürfnissen der Muslimen heraus entstanden. So wurden bspw. noch vor 1980 die ersten muslimischen Friedhöfe errichtet. Die muslimische Eheschließung wird unter bestimmten Auflagen staatlich anerkannt. Nicht zuletzt waren die ersten Moscheen schon seit 1947 sichtbar (vgl. Ghadban 2002).

Seit 1998 sind auch auf nationaler Ebene keine groben Ungleichbehandlungen mehr möglich. Mit Aufnahme des Human Rights Acts der Europäischen Konvention für Menschenrechte in das Britische Recht passt sich Großbritannien den europäischen Standards bezüglich der Religions- und Glaubensfreiheit sowie der dazugehörigen Gleichheitsrechte an (vgl. McClean 2005: 612).

Beispiel: The Woolf Institute of Abrahamic Faiths[150]

Das Woolf Institute of Abrahamic Faiths ist die Dachorganisation zweier bilateraler, akademischer Einrichtungen an der Universität Cambridge. Es handelt es sich um das Centre for the Study of Jewish-Christian Relations (CJCR, gegründet im Jahr 1998) und das Centre for the Study of Muslim-Jewish Relations (CMJR, gegründet im Jahr 2006).[151] Das Institut ist der Universität Cambridge angegliedert, arbeitet allerdings unabhängig im Bereich des interreligiösen Dialogs zwischen den drei abrahamischen Religionen.[152] Der jüdisch-muslimische Institutszweig, das CMJR, ist eines der ersten eigenständigen wissenschaftlichen Zentren in Europa zur Förderung der Beziehungen zwischen Muslimen und Juden durch Forschung, Lehre und Dialog.

Das Institut arbeitet somit auf zwei verschiedenen Ebenen: Zunächst arbeiten beide Unterorganisationen im bilateralen Dialog zwischen Judentum und Christentum bzw. zwischen Judentum und Islam. In einem zweiten Schritt wird diese bilaterale Arbeit durch die Dachorganisation, das Woolf Institute selbst, kontinuierlich zusammengeführt und koordiniert. Somit können in regelmäßigen Abständen Aktionen und Aktivitäten auch im übergeordneten, trilateralen Verhältnis der drei Religionsgemeinschaften organisiert und durchgeführt werden. Ziel dieser Aufteilung in zwei Arbeitsebenen ist es, all diejenigen Vorteile nutzen zu können, die sich aus der engeren und dichteren Zusammenarbeit im bilateralen Verhältnis der Religionsgemein-

---

[150] Kontakt: Esther Haworth, The Woolf Institute of Abrahamic Faiths, Wesley House, Jesus Lane, Cambridge, CB5 0DJ, UK, Tel. +44 1223 741048, Fax. +44 1223 741049, e-mail: Esther.harworth@woolfinstitute.cam.ac.uk, www.woolfinstitute.cam.ac.uk.
[151] Als Besonderheit fällt dabei die Aufteilung in ein jüdisch-christliches und ein jüdisch-muslimisches Institut auf.
[152] Benannt wurde das Institut nach Lord Harry Woolf, einem ehemaligen Präsidenten des Obersten Gerichtshofs.

schaften ergeben. Gleichzeitig wird jedoch die Möglichkeit geschaffen, alle drei Religionen zu Veranstaltungen nicht nur einladen, sondern auch organisatorisch und inhaltlich einbinden zu können, und den Dialog somit in einen größeren Kontext zu stellen.

Der Erfolg dieses Konzepts zeigt sich unmittelbar in der Einführung eines ausgewiesen trilateralen Programms, der Abrahamic Dialogue Interfaith Education (ADIE). Dieses Programm wurde 2006 als neues, gemeinsames Projekt des CMJR und des CJCR entwickelt. Es startete bei den bereits bestehenden interreligiösen Beziehungen der drei abrahamischen Religionen und wirbt bei allen Staatsbürgern um ein Bewusstsein dafür, Teil einer gemeinsamen Gesellschaft zu sein. Durch das Programm soll gegenseitige Toleranz sowie Respekt gegenüber allen Religionen und Weltanschauungen gefördert werden. Die Kurse und Veranstaltungen des Programms liefen bislang von November 2007 bis März 2008.

Die Aktionsformen des Instituts und seiner Unterorganisationen erstrecken sich demnach auf die Bereiche Forschung und Lehre, Schule und Erziehung – mit den dazugehörigen Publikationen – sowie auf Tagungen und Seminare. Besonderer Wert wird dabei auf die regelmäßig stattfindenden Semester-Kurse gelegt. Diese teilen sich in Präsenzveranstaltungen und *e-learning*-Anteile auf und sollen sowohl die generellen Kenntnisse über die jeweiligen Religionen vertiefen als auch Kompetenzen zur konkreten Konfliktbewältigung vermitteln. Daher beinhalten die Kurse in der Regel einen deskriptiven, teilweise religionsgeschichtlichen Teil sowie einen eher auf praktische Fragen ausgerichteten. In ersterem wird das generelle Selbstverständnis der Religionsgemeinschaften und ihre allgemeine Beziehung zu Andersgläubigen behandelt. Im zweiten Teil wird anhand von Fallbeispielen das konkrete Verhältnis der betroffenen Religionsgemeinschaften zueinander thematisiert.

Darüber hinaus unternimmt das Institut weitere Aktivitäten, im Herbst 2008 fand beispielsweise eine interreligiöse Pilgerreise von Kairo nach Jerusalem über den Berg Sinai statt.

Das Woolf Institute bietet eine akademische Plattform für den abrahamischen Dialog sowohl auf theologischer als auch auf gesellschaftspolitischer Ebene. Es wendet sich mit seinem Programm vorwiegend an Angehörige des christlichen, jüdischen und muslimischen Glaubens. Darüber hinaus werden auch Angehörige anderer Religionsgemeinschaften sowie nicht religiös gebundene Menschen einbezogen. Die Veranstaltungen des Instituts richten sich nicht nur an Studierende der Universität Cambridge, sondern auch an Religionslehrer und Erzieher, an Geistliche, Polizisten und Sozialarbeiter, an Journalisten sowie an alle, die die Themen entweder unmittelbar betreffen oder die allgemein an ihnen interessiert sind. Damit schlägt das Institut eine Brücke zwischen Theorie und Praxis.

Partner des Woolf Institutes sind die University of Cambridge, der Council of Christians and Jews, der International Council of Christians and Jews (ICCJ), die jüdisch-muslimische Vereinigung Alif-Aleph sowie das Three Faiths Forum.

7.3 Niederlande

Obwohl die Niederlande ein relativ kleines Land sind, beobachten die Medien weltweit in den letzten Jahren immer wieder aufmerksam die dortigen Entwicklungen hinsichtlich eines Zusammenlebens der verschiedenen Religionsgemeinschaften. Insbesondere die Integration von Muslimen und der Umgang mit dem Islamismus ließen Politik und Medien aufhorchen. Auslöser bzw. Ereignisse, welche zu Unruhen und Diskussionen führten, gab es sowohl auf nationaler als auch auf internationaler Ebene. Neben den Anschlägen auf das World Trade Center in New York am 11. September 2001 sind hier die Ermordungen des Politikers Pim Fortuyn im Jahr 2002 und des Regisseurs Theo van Gogh im Jahr 2004 durch muslimische Extremisten sowie die Beinahe-Ausbürgerung der Politikerin und Islamkritikerin Ayaan Hirsi Ali zu nennen. Jüngstes Beispiel ist der umstrittene Kurzfilm „Fitna", eine Veröffentlichung des Parlamentsabgeordneten Geert Wilders Anfang 2008 zum Thema Islam und Koran.

Diese Ereignisse führten innerhalb der niederländischen Gesellschaft zu einer lebhaften und weitreichenden Auseinandersetzung mit den Themen Toleranz und Meinungsfreiheit, *political correctness*, das Zusammenleben von Menschen unterschiedlicher Religion und Herkunft sowie das Selbstverständnis der niederländischen Gesellschaft generell (vgl. Wardenbach 2008). Politisch schlug sich die Debatte 2006 in einem Regierungswechsel hin zu einer Mitte-Rechts-Koalition nieder. Kurz nach der Ermordung des Politikers Pim Fortuyn erfuhr seine Partei, die rechtsliberale (bzw. rechtspopulistische) Partij voor de Vrijheid (PVV), bei der Parlamentswahl im Jahr 2002 einen enormen Stimmenzuwachs.

Diese Entwicklung erstaunt in einem Land wie den Niederlanden, die im Jahr 1579 als erster europäischer Staat die personelle Religionsfreiheit gewährten,[153] einem deklarierten Einwanderungsland mit einer multikulturellen Kolonialgeschichte, die in den 1960er und 1970er Jahren – ähnlich wie in Deutschland – um eine Arbeitermigration bereichert wurde.

Ebenso wie in Deutschland sind auch in den Niederlanden die drei wichtigsten, wenn auch zahlenmäßig unterschiedlich stark vertretenen Religionsgemeinschaften das Christentum, hier in Form des Calvinismus und des Katholizismus, der Islam in seinen verschiedenen Ausprägungen sowie das sephardische und aschkenasische Judentum.

30% der Niederländer sind römisch-katholisch (4,9 Millionen), weitere 21% sind protestantisch (3,43 Millionen). 6% oder gut 980.000 Menschen gehören dem muslimischen Glauben an. Hinsichtlich der Integration der muslimischen Bevölkerung in die Mehrheitsgesellschaft zeigen sich ähnliche Problemfelder wie in Deutschland: Das

---

153 „Die Utrechter Union von 1579, Grundlage der Konföderation, gewährleistete Religionsfreiheit [...]. Selbst in den frühen Tagen der nationalen Geschichte waren Minderheitsreligionen Teil der gesellschaftlichen Struktur" (van Bijsterveld 2005: 399).

Kopftuch ist ebenso Thema wie die Umsetzung islamischer Bestattungsregelungen, die Einführung eines islamischen Religionsunterrichts oder das rituelle Schächten.

41 % (6,69 Millionen) geben an, nicht religiös gebunden zu sein. Sie sind damit die größte allein stehende Gruppe, die zudem im Wachsen begriffen ist (vgl. N. N. 2008).

Auch in den Niederlanden war das Judentum im Zuge des Zweiten Weltkrieges durch Vertreibung und Ermordung drastisch dezimiert worden. Heute umfasst die jüdische Gemeinschaft ca. 45.000 Personen, somit 0,26 % der Gesamtbevölkerung.[154]

Den jüngsten (gesellschafts-)politischen Entwicklungen geht eine spezifisch niederländische Tradition voraus: Seit Ende des 19. Jahrhunderts besteht in den Niederlanden ein Verhältnis zwischen Staat und Kirche, das „Versäulung" genannt wird.

Darunter wird ein Prozess verstanden, der Ende des 19. Jahrhunderts einsetzte, und in dessen Verlauf die einzelnen Religionsgemeinschaften auf der Basis einer verfassungsmäßig garantierten Trennung von Staat und Kirche ihre vertikale Organisationsstruktur von der Basis bis in die Spitze eigenständig ausbauten. Jede Religionsgemeinschaft besitzt das Recht zur Gründung eigener Institutionen und Organe wie Parteien, Gewerkschaften und insbesondere Schulen (vgl. van Dijk, 2003: 171-175; van Bijsterveld, 2005: 406 f.) sowie uneingeschränkte Souveränität in diesen Bereichen. Der Staat ist verpflichtet, jede dieser durch die einzelnen Teile gebildeten Säulen gleich zu behandeln, und darf sich in deren Angelegenheiten nicht einmischen. In den 1950er und 1960er Jahren erreichte dieses System seinen Höhepunkt. Das Ergebnis dieses Prozesses war eine Gesellschaft der Toleranz, aber auch des „Nebeneinanders". Auf die durch dieses System begründete Tradition der Liberalität und Toleranz wird in den Niederlanden grundsätzlich besonderer Wert gelegt.

Nach den oben genannten Ereignissen hat es jedoch den Anschein, dass sich diese Art der Toleranz mittlerweile zu Ignoranz entwickelt hat. Das würde erklären, warum die bestehenden integrationspolitischen Probleme in den Bereichen Arbeit, Bildung, Wohnen, Gesundheit, Politik etc. verhältnismäßig lange ignoriert und das daraus resultierende Konfliktpotenzial ausgeblendet werden konnten (vgl. Wardenbach 2008). Aktuell zeichnet sich gegenüber den eingangs geschilderten Zuspitzungen eine leichte Entspannung ab. So sagte die Ministerin für Wohnen, Stadtteile und Integration Ella Vogelaar im Dezember 2007 im Rahmen einer Konferenz zum Islam in den Niederlanden: „Es wird immer noch zu scharf polarisiert. Aber langsam sehe ich ein besseres Klima entstehen, in dem Menschen zunehmend nach den verbindenden Elementen für unsere Gesellschaft suchen und versuchen, Wege zu finden, für eine neue Zukunft der Niederlande mit ihrer so vielseitig zusammengesetzten Bevölkerung" (zit. nach Wardenbach 2008).

---

154 Vgl. http://www.auswaertiges-amt.de/diplo/de/Laenderinformationen/01-Laender/Niederlande.html (Zugriff am 13.10.2008).

Beispiel: Die Stiftung Trialog (Stichting Trialoog)

Die Trialog-Stiftung „Stichting Trialoog"[155] wurde im Jahr 2000 im niederländischen Amersfoot auf Initiative von Jan van Overbeeke und Dr. Francien van Overbeeke-Rippen gegründet. Der Stiftungsgründung ging ein jahrelanges Engagement der beiden Mitbegründer im interreligiösen Dialog von Christen und Muslimen im In- und vor allem islamischen Ausland voraus. Vor dem Hintergrund ihrer Erfahrungen hinsichtlich des Zusammentreffens verschiedener Religionen sahen sie die Notwendigkeit einer Institution, über die bzw. von der aus Botschaften des gegenseitigen Verständnisses, der Hoffnung und der Motivation für ein friedvolles und erfülltes, aktives Zusammenleben insbesondere zwischen den drei abrahamischen Religionsgemeinschaften ausgehen könnten.

Als Konsequenz wurde die christlich-jüdisch-muslimische „Stichting Trialoog" gegründet. Seither finden regelmäßig Veranstaltungen im Bereich Forschung und Lehre sowie Schule und Erziehung statt, in Form von Vorlesungen, Seminaren und Konferenzen. Die Stiftung weist – vor allem durch ihre Mitgründerin Francien Overbeeke-Rippen – eine rege Publikationstätigkeit zum interreligiösen Dialog auf, jedoch nicht immer in seiner trilateralen Ausprägung, sondern vor allem zum christlich-islamischen Dialog.[156]

Die Trialog Stiftung konzentriert bei all ihren Aktivitäten in besonderem Maße auf die – theologischen – Gemeinsamkeiten der drei Religionsgemeinschaften. Die gemeinsame Auslegung der Heiligen Schriften ist der Stichting Trialoog ein besonderes Anliegen. Sie folgt der Vorstellung, dass eine mögliche Verbindung der drei Religionsgemeinschaften, sofern existent, sich in ihren jeweiligen Schriften niedergeschlagen haben muss. Für einen konstruktiven Dialog gilt es daher, diese Gemeinsamkeiten und Verbindungen aktiv zu suchen und ins alltägliche, gemeinsame Leben zu übertragen.

Besonders anschaulich wird diese Herangehensweise in der Publikation „Abraham – Ibrahim, The Bible and Qor'an Told to Children". Hier werden für Kinder unterschiedliche Personen aus der Bibel sowie Personen aus dem Koran erzählerisch dargestellt und einander gegenübergestellt. Es werden ihre familiären und sozialen Hintergründe, ihre Charaktere, Probleme und Hoffnungen sowie ihre Schicksale vergleichend, aber wertungsfrei wiedergegeben, um so ein bunteres, lebendigeres Bild der jeweiligen Schrift zu erhalten. Mithilfe der in dieser Weise dargestellten und erläuterten Geschichten sollen die beiden Religionen Kindern nahe gebracht werden.

Aus den oben genannten Publikationen wurden darüber hinaus Unterrichtsmaterialien für Grundschulklassen erstellt. Die Materialien sind für zwei Unterrichtsein-

---

155 Das Portrait der Stichting Trialoog beruht im Folgenden auf den Informationen, die ihrer Website entnommen werden können (vgl. www.stichting-trialoog.nl).
156 Sämtliche Veröffentlichungen können über die Website der Stiftung bezogen bzw. heruntergeladen werden (www.stichting-trialoog.nl).

heiten konzipiert und sollen den Schülern und Schülerinnen ein Verständnis für die drei abrahamischen Religionsgemeinschaften sowie die Notwendigkeit eines Miteinanders vermitteln.

Die Stiftung schreckt auch nicht davor zurück, kritische Fragen zu behandeln (allerdings wiederum vor allem hinsichtlich des christlich-islamischen Verhältnisses), so z.B. in der Publikation „'Over en Weer' – 25 Questions of Muslims and Christians". Darin werden Probleme im Verständnis und im Umgang mit der jeweils anderen Religionsgemeinschaft erörtert. Das Spektrum reicht von theologischen Themen wie der christlichen Vorstellung der göttlichen Trinität über die Problematik von Mission und Konversion bis hin zur Erörterung von gesellschaftspolitischen Herausforderungen, beispielsweise im Zusammenhang mit Moscheebauten.

7.4 Österreich

Die Republik Österreich ist mit 8,2 Millionen Einwohnern und einem Viertel der Fläche der Bundesrepublik Deutschlands heute ein vergleichsweise kleines Land. Um jedoch die gegenwärtige Situation – insbesondere hinsichtlich des Status der Religionen – zu verstehen, muss das historische Erbe Österreichs berücksichtigt werden: Von der römischen Alpenprovinz über das seit 1278 bestehende Habsburgische Herzogtum baute Österreich seine Macht kontinuierlich aus. Den Höhepunkt seines Einflusses erreichte es im Österreichischen Kaiserreich von 1804 bis 1867 bzw. in der bis 1918 bestehenden Doppelmonarchie Österreich-Ungarn (vgl. Potz 2005: 425-453).

Die Bevölkerung Österreichs gehört bis heute mehrheitlich dem christlichen Glauben und dabei überwiegend der Römisch-Katholischen Kirche an. Die Situation der beiden anderen abrahamischen Religionen ist eng mit den eingangs geschilderten historischen Ereignissen verbunden, ihre Geschichte verlief nahezu synchron mit der Entwicklung der letzten 200 Jahre (vgl. im Folgenden Potz 2005: 425-453).

Nachdem die jüdische Religionsgesellschaft auf Grundlage des Josephinischen Toleranzpatents von 1781 bereits toleriert worden war (gemeinsam mit den Evangelischen Kirchen und der Griechisch-Orthodoxen Kirche), wurden die Juden im Jahr 1867, zeitgleich mit dem Umbau des Kaiserreichs zur Doppelmonarchie, erstmals auch als gleichberechtigte Staatsbürger anerkannt. Im selben Jahr wurde außerdem mit der Verfassungsreform und der Einführung des noch heute geltenden Staatsgrundgesetzes über die allgemeinen Rechte der Staatsbürger (StGG) sowohl die individuelle als auch die institutionelle Religionsfreiheit garantiert. Vor diesem Hintergrund wuchs die jüdische Bevölkerung in Österreich, insbesondere in Wien: Um die Jahrhundertwende zählte die jüdische Gemeinde in der Hauptstadt 147.000 Mitglieder. Im Jahr 1890 wurde durch das so genannte Israelitengesetz die rechtliche Stellung der jüdischen Gemeinden im Kaiserreich Österreich auf eine einheitliche Grundlage gestellt (vgl. Adunka 2002: 131).

Mit der Annexion Bosnien-Herzegowinas im Jahr 1908, das bis dahin dem Königreich Serbien angehört hatte, gehörten plötzlich auch ca. 600.000 Muslime zum Österreichischen Kaiserreich. Die auf diese Weise schlagartig entstandene religiöse Vielfalt führte in Österreich zu einer ungewöhnlich frühen Anerkennung des Islams, und zwar noch im selben Jahr. Wenige Jahre später wurde diese durch das „Islamgesetz" von 1912 gesetzlich fixiert. Das Gesetz überdauerte den Ersten Weltkrieg, obwohl der Vielvölkerstaat Österreich-Ungarn zu existieren aufhörte und Bosnien-Herzegowina 1918 an Jugoslawien fiel.

Die nach Ende des Ersten Weltkriegs ausgerufene Erste Republik endete 1938 mit dem „Anschluss" an das nationalsozialistische Deutsche Reich. Unmittelbar nach dem „Anschluss" setzte die Verfolgung der österreichischen Juden ein. Durch Vertreibung, Deportation und Ermordung schrumpfte ihr Anteil an der Bevölkerung bis zum Kriegsende im Jahr 1945 drastisch. Seither zählten die jüdischen Gemeinden Österreichs nie mehr als insgesamt 9.000 Mitglieder (vgl. Adunka 2002: 134).

Hingegen nahm der Anteil von Menschen muslimischen Glaubens an der österreichischen Bevölkerung in der – seit 1955 wieder über ihre volle staatliche Souveränität verfügende – Republik Österreich (ohne Bosnien-Herzegowina) zu. Verantwortlich dafür waren – ähnlich wie in Deutschland – mit der Türkei und Jugoslawien abgeschlossene Anwerbeabkommen für Arbeitskräfte in den 1960er Jahren. Interessensvertretungen setzten sich für die Reaktivierung des Islamgesetzes ein. Als eine Voraussetzung für die rechtliche Anerkennung des Islams wurde 1979 die Islamische Glaubensgemeinschaft in Österreich (IGGiÖ) ins Leben gerufen. Gegenwärtig bekennen sich etwas weniger als 350.000 Menschen in Österreich zum Islam (vgl. Islamische Glaubensgemeinschaft in Österreich 2006: 4).

Aufgrund der beschriebenen historischen Entwicklungen gehört der Islam, ebenso wie die Israelitische Kultusgemeinde, zu den gesetzlich anerkannten Religionsgemeinschaften in Österreich. Damit ist Österreich bis heute der einzige Mitgliedstaat der Europäischen Union, der den Islam als Religionsgemeinschaft rechtlich anerkannt hat (vgl. Balic, 2001: 178). „Österreich kennt damit als einziges Land der Europäischen Union einen gesetzlich verankerten *autochthonen* Islam" (Kroissenbrunner 2005: 218; meine Hervorhebung, EH). Diese Besonderheit hat zunächst zur Folge, dass einige der in diesem Zusammenhang in Deutschland regelmäßig auftretenden Probleme und Debatten in Österreich bereits geklärt sind und keine Rolle mehr spielen. Zu den Aufgaben der IGGiÖ zählen neben der legitimen und offiziellen Vertretung der Muslime in Österreich u.a. auch die „Prüfung und Anerkennung der Qualifikation von islamischen ReligionslehrerInnen am dem öffentlichen Schulen" (ebd.: 221). Diese werden an der Islamisch-Religionspädagogischen Akademie ausgebildet, einer öffentlich-rechtlich anerkannten Privatschule. Darüber hinaus wurden Lösungen für die islamischen Bestattungsvorschriften gefunden, ebenso ist das islamische Schächten (unter Betäubung) in Einklang mit dem Tierschutzgesetz österreichweit geregelt worden, um nur einige Punkte zu nennen (für weitere Konsequenzen, die sich aus der Rechtsstellung ergeben, siehe ebd.). Insofern könnte Österreich tatsächlich als

„Modell" für andere europäische Staaten herangezogen werden, wie Kroissenbrunner (2005: 228) schreibt.

Dennoch muss berücksichtigt werden, dass die rechtliche Anerkennung nicht unbedingt mit einer breiten gesellschaftlichen Akzeptanz einhergeht (vgl. Islamische Glaubensgemeinschaft in Österreich 2006: 4). Auch in Österreich ist die Angst vor „dem Islam" weit verbreitet. Dass die daraus folgenden Ressentiments mobilisierend wirken können, zeigte nicht zuletzt der mit xenophoben Argumenten geführte Wahlkampf zur Parlamentswahl im September 2008. Nicht nur die beiden rechtsextremen Parteien, die Freiheitliche Partei Österreichs (FPÖ) und das Bündnis Zukunft Österreich (BZÖ) – zusammen bilden sie nunmehr die stärkste Kraft –, auch die Österreichischen Volkspartei setzte in ihren Kampagnen auf eine Stimmungsmache gegen den Islam. Neben islamfeindlichen Äußerungen sind (nicht nur, aber insbesondere) im Umfeld von FPÖ und BZÖ auch antisemitische Anschauungen weit verbreitet.

Ganz allgemein erhält Österreich in Hinblick auf das Thema „Integration" schlechte Noten. Im europäischen „Integrationsindex" von 2006, einer unabhängigen komparativen Studie über 28 Länder in- und außerhalb der Europäischen Union, findet sich Österreich hinsichtlich der Chancen zur Erlangung der Staatsbürgerschaft seit der Verabschiedung des Fremdenrechtspakets (ebenfalls im Jahr 2006) auf dem letzten Platz des Rankings wieder. Hinsichtlich der Einschätzung der Möglichkeiten eines Nachzugs der Familien von Einwanderern landete Österreich auf dem vorletzten Platz vor Zypern (vgl. N. N. 2008).

Nichtsdestotrotz zeigen sich Anzeichen von Umdenken. So nimmt insbesondere die Landeshauptstadt Wien gleich mehrere Projekte zur Integrationsförderung in Angriff. Beispielsweise schloss sich die Stadt den „Cities for Local Integration Policies" an, deren Ziel es ist, die praktischen Integrationsprobleme auf kommunaler Ebene anzugehen und Erfahrungen untereinander auszutauschen. Von der Magistratsabteilung für Integrations- und Diversitätenangelegenheiten werden Teams in Stadtteile mit hohem Migrantenanteil geschickt, um dort alltägliche Konflikte zu schlichten (vgl. Lohmeyer 2007). Auch von unerwarteter Seite wird mittlerweile das Offensichtliche ausgesprochen, nämlich dass Österreich längst „ein Zuwanderungsland" ist (wie dies 2007 durch den Wirtschaftssprecher der ÖVP, Reinhold Mitterlehner, geschah; vgl. ebd.) – wenn auch mit erheblichem gesellschaftlichen Gegenwind.

Beispiel: Die Kontaktstelle für Weltreligionen und der Abrahamitische Freundeskreis

Die Kontaktstelle für Weltreligionen (KWR)[157] wurde im Jahr 1989 in Wien eingerichtet. Sie arbeitet als eigenständiges Referat innerhalb des Generalsekretariats der Österreichischen Bischofskonferenz. Durch ihre Tätigkeit soll einerseits der ökumenische Geist zwischen den christlichen Kirchen gefördert werden. Andererseits soll

---

157 Kontakt: Kontaktstelle für Weltreligionen, Türkenstraße 3/302, 1090 Wien, Österreich, Tel.: +43.(0)1.317 84 70, Fax: +43.(0)1.317 84 70 – 4.

das Verhältnis zu den anderen Weltreligionen ausgebaut und vertieft werden. Der interreligiöse Kontakt der KWR besteht daher außer zum Islam und zum Judentum auch zum Buddhismus und Hinduismus.

Die KWR nimmt eine vielschichtige Vermittlerrolle ein, indem sie sowohl eigene Aktionen durchführt als auch das Engagement anderer interreligiöser Initiativen landesweit koordiniert. Um diesen unterschiedlichen Wirkungsrichtungen nachkommen zu können, ist das Spektrum an Aktionsformen entsprechend weit gefächert.

Einer der Schwerpunkte der KWR ist die Koordinierung des Engagements unterschiedlicher, meist kleinerer Initiativen im interreligiösen Dialog. Die Koordinierung erfolgt durch diözesane Kontaktkomitees, die sowohl in Schulen und in der Erwachsenenbildung als auch im sozial-karitativen und pastoralen Bereich tätig sind. Die Zentrale in Wien wiederum knüpft Kontakte zu nationalen und internationalen Institutionen im Bereich des interreligiösen Dialogs.

Die KWR vermittelt darüber hinaus an Interessierte Informationen über die verschiedenen Weltreligionen. Sie unterhält eine umfangreiche Fachbibliothek zum Thema Weltreligionen. Daneben bietet die KWR Beratungen zum Engagement im interreligiösen Dialog an. Sie stellt und vermittelt auf Antrag Referenten für interreligiöse Vorträge und Veranstaltungen in Österreich. Die KWR organisiert darüber hinaus selbst Bildungsveranstaltungen (insbesondere die Vortragsreihe AGORA) sowie Symposien, Fachtagungen und Lehrgänge zum Thema Weltreligionen. Es finden interreligiöse Begegnungen zwischen Christen und Angehörigen anderer Weltreligionen statt.

Ein weiteres Großprojekt ist die Herausgabe und Redaktion der Zeitschrift „Religionen unterwegs", was mit der Erstellung von Broschüren sowie von Beiträgen für Zeitschriften und Zeitungen einhergeht. Darüber hinaus archiviert die KWR Artikel theologischer Fachzeitschriften zum interreligiösen Dialog, unterhält ein Presseausschnittarchiv und führt Recherchen zum Thema Weltreligionen in Österreich durch.

Der „Abrahamitische Freundeskreis"

Im trilateral abrahamischen Dialog von Christentum, Judentum und Islam engagiert sich die KWR durch die Treffen ihres „Abrahamitischen Freundeskreises".[158] 1991 hat sich hierzu ein Kreis aus ca. 40 Christen, Juden und Muslimen gebildet, die in unterschiedlicher Besetzung und Präsenz drei bis fünf Mal im Jahr zusammenkommen. Ursprünglich trafen sich lediglich Christen und Muslime. Der Kreis öffnete sich allerdings nach einiger Zeit auch dem Judentum als ältester der drei abrahamischen

---

158 Zusätzlich sei auf die im Juni 2007 entstandene Initiative „TRIALOG. Institut für interkulturelle und interreligiöse Begegnung" hingewiesen. Begründet wurde das Institut im Rahmen des Integrationsprojekts „Zukunft durch Sprache" von Michael Galibov und Alexander H. Karakas. Die bisherigen Aktivitäten des Trialog-Instituts umfassen die Organisation des sog. „Trialogue-Day" sowie eines Fußballturniers und eines Friedenskonzerts. Weitere Informationen sind unter www.trialoginstitut.org abrufbar.

Religionen. Die Teilnehmer sind Gläubige, d. h. Angehörige der drei abrahamischen Religionsgemeinschaften, sowie allgemein am abrahamischen Dialog interessierte Menschen. Vereinzelt nehmen auch Geistliche und Spitzenvertreter der Religionsgemeinschaften an den Treffen teil. So ist beispielsweise der Präsident der Islamischen Glaubensgemeinschaft in Österreich (IGGiÖ), Anas Shakfeh, ebenfalls Mitglied des Freundeskreises. Durch die Auseinandersetzung mit gemeinsamen, aber auch unterschiedlichen Glaubenshaltungen sowie durch den Vergleich eigener Positionen zu bestimmten Themen mit denen anderer Religionen, sollen sich die Teilnehmer gegenseitig sowie die beteiligten Religionen besser kennen lernen.

Das Format der Treffen sieht vor, dass abwechselnd ein Vertreter der drei Religionsgemeinschaften einen Vortrag zu einem Thema hält, das alle drei Religionen betrifft, und zwar jeweils aus der Perspektive der eigenen Religion.[159] Auf die Vorträge der Referenten, meist Akademiker, folgen in der Regel offene Diskussion. Somit finden immer hintereinander drei Vortagsabende zum gleichen Thema statt, das so insgesamt aus der Perspektive aller drei Religionen betrachtet wird.[160] Seit Ende 2007 wurde das Vortragsformat um Fragerunden erweitert. Unter dem Titel „Was wir einander immer schon fragen wollten" stellen Vertreter einer Religionsgemeinschaft Fragen an Vertreter der beiden anderen Religionsgemeinschaften.

Vereinzelt wurden auch in sich trilaterale Veranstaltungen abgehalten. Diese Veranstaltungen beschäftigten sich also nicht nur thematisch, sondern auch durch ihre Projektstruktur mit allen drei Religionsgemeinschaften gleichzeitig. Beispielsweise sprachen und diskutierten drei Referentinnen zum Thema der Rolle der Frau in den drei abrahamischen Religionsgemeinschaften.

7.5 Bosnien-Herzegowina

Die historisch bedingte Multikulturalität in Bosnien und Herzegowina ist innerhalb Europas einzigartig und ist auch der Grund für die besondere Situation in dieser Region: Schon seit mehr als 500 Jahren leben hier Christen, Muslime und Juden zusammen. Dabei gestaltete sich die Koexistenz der Religionsgemeinschaften sehr un-

---

159 Vortragsreihen in diesem Format liefen beispielsweise zu folgenden Themen: geistliche Strömungen und religiöse Richtungen innerhalb der jeweiligen Religionsgemeinschaft, Religionsunterricht und Glaubensunterweisung (sowohl historisch als auch aktuell), Antworten und Sinndeutung der Theodizee, Hierarchie- und Rollenverständnis zwischen Gläubigen und ihren geistlichen Autoritäten.
160 Neben diesen vergleichenden Vortragsreihen laufen auch Einzelvorträge zu theologischen, historischen, kunstgeschichtlichen und gesellschaftspolitischen Themen, welche nur von einer der drei Religionsgemeinschaften aufgegriffen werden. Insgesamt reicht das Spektrum von theologischen Einführungen und einem vergleichenden theologischem Diskurs wie z.B. „Die Gottesfrage bei jüdischen Literaten der Moderne", über historische Themen wie „Mystik und Rationalismus im mittelalterlichen Spanien", „Lux ex Occidente – John Courtney Murray als Bahnbrecher für die Religionsfreiheit" sowie Kunst- und Kulturhistorischem wie „Die Kalligraphie als hohe Kunst der Buchreligionen", „Wurzeln und Wachstum christlicher Sakralmusik", „Semantik als Feld kulturell religiöser Symbiose am Beispiel Wiens", „Die verschlüsselte Suche des Franz Kafka nach Gott", „Türkische Einflüsse in die moderne deutsche Literatur" bis hin zur Gesellschaftspolitik wie „Die wachsende Problematik der Aufklärungsprozesse im säkularen Land. Eine christliche Perspektive".

terschiedlich, teils als Miteinander, häufig aber auch als Neben- oder Gegeneinander. Die jüngste der drei Religionen, der Islam, kam mit der Expansion der Osmanen hinzu, die bis zum Jahr 1463 die serbischen, bulgarischen und bosnischen Herrschaftsgebiete erobert hatten (vgl. Koller/Clewing 2007: 16). Geopolitisch war und ist der Balkan das Grenzgebiet zwischen islamischer und westlicher Welt, zwischen „Wien und Mekka" (Apostolov zit. nach Kandler 2005: 597). Als Grenzgebiet zwischen dem Habsburgischen und dem Osmanischen Reich war das heutige Bosnien-Herzegowina jahrhundertelang Austragungsort der Versuche beider Seiten, ihr Territorium zu erweitern. Darüber hinaus ist Bosnien-Herzegowina aufgrund seiner geographischen Lage auch der Ort, an dem sich das östliche und das westliche Christentum begegnen. Auf den Trialog bezogen bedeutet dies, dass hier auf christlicher Seite Katholiken (westliche Christen) und Orthodoxe (östliche Christen) jeweils als eigenständige Größen im Dialog auftreten (vgl. Ziemer 2001: 157).

Ein weiteres Charakteristikum der gesellschaftlichen und religiösen Situation in Bosnien-Herzegowina ist die Verbindung der Religions- mit der Volkszugehörigkeit bzw. der Ethnie: Die Bosniaken selbst sind in der Regel muslimischen Glaubens, die Kroaten gehören meist der Katholischen Kirche an, während der serbische Teil der Bevölkerung der Serbisch-Orthodoxen Kirche angehört.

In Bosnien-Herzegowina hat die enge Verbindung zwischen der ethnischen bzw. der nationalen und der religiösen Zugehörigkeit eine lange Tradition, die an verschiedenen geschichtlichen Etappen nachgezeichnet werden kann. Unter der osmanischen Herrschaft (14.-19. Jahrhundert) entwickelte sich in den späteren jugoslawischen Gebieten die wichtige „Rolle der Religionsgemeinschaft als Bewahrer kultureller Eigenständigkeit" (Omerika 2007: 132). Die osmanische Minderheitenpolitik (Millet-System) stellte religiöse Minderheiten unter Schutz. Damit wurde den Kirchen eine weitgehende institutionelle Unabhängigkeit gewährt. Zum einen waren die Kirchen Mittler zwischen der Zentralmacht und der orthodoxen bzw. katholischen Bevölkerung, zum anderen waren sie Orte, an denen die kulturellen und religiösen Traditionen der jeweiligen Bevölkerungsgruppe gepflegt wurden.

Die Verknüpfung von Religion und Ethnie bzw. Nation liegt zudem in den nationalstaatlichen Ideologien Südosteuropas im 19. Jahrhundert begründet, die Religion als eines der wichtigsten Definitionsmerkmale für nationale Identität definierten. So ging auf dem Balkan die Bildung von Nationalstaaten in den meisten Fällen mit der Einrichtung unabhängiger Kirchen in Form von Staatskirchen einher, wie z.B. im Fall des serbisch dominierten, ersten Jugoslawischen Königreichs (1918-1941). In diesem Staat nahm die Serbisch-Orthodoxe Kirche eine privilegierte Stellung ein, ohne jedoch den Status einer Staatsreligion inne zu haben (vgl. Omerika 2007: 133).

Ab 1945 kam es im sozialistischen Jugoslawien zu bedeutenden Einschnitten in den gesellschaftlichen und religiösen Strukturen der Religionsgemeinschaften: Religion wurde zunehmend zur Privatsache erklärt. Trotz der in der Verfassung verankerten

Religionsfreiheit kam es zu unterdrückenden und beschneidenden Maßnahmen gegenüber den Religionsgemeinschaften: zur Schließung von Bildungseinrichtungen, zur Einstellung von Publikationen wie z.B. Zeitungen, zur Verstaatlichung von Eigentum u.a. (vgl. Omerika 2007: 130f).

Hingegen wurden seit den 1970er Jahren islamische Strukturen wieder belebt, was sich im Bau von Moscheen, in islamischen Publikationen und in der Wiedereröffnung höherer Bildungseinrichtungen bemerkbar machte. 1974 kam es zur verfassungsrechtlichen Anerkennung der Bosniaken als eines der jugoslawischen Staatsvölker (unter dem Namen Muslimani), wodurch erneut die „säkular-nationale mit der religiösen Zugehörigkeit gleichgesetzt" wurde (Omerika 2007: 133).

Zur Aufhebung der früheren Multikulturalität kam es infolge des Zerfalls Jugoslawiens und der darauf folgenden Jugoslawienkriege von 1992 bis 1996. Im Krieg waren alle drei Religionsgemeinschaften sowohl Opfer als auch Täter: Gotteshäuser und Friedhöfe aller drei Religionen wurden systematisch zerstört, allerdings waren die Moscheen im serbischen Teil der Region stärksten betroffen (vgl. Ziemer 2001: 157f.). Wenn auch bei der politischen Mobilisierung der Bevölkerung sowie im Rahmen von Militäreinsätzen eine religiöse Symbolik verwendet wurde, so herrscht weitgehend Einigkeit darüber, dass der Konflikt nicht religiös motiviert war (vgl. Omerika 2007: 134). Durch Ermordung, Vertreibung und Flucht kam es zu einer nachhaltigen Veränderung in der Bevölkerungsverteilung. Das Land zerfiel in „Dominanzbereiche", in denen sich jeweils eine der großen Religions- bzw. Volksgruppen (muslimische Bosniaken, orthodoxe Serben, katholische Kroaten) in einer absoluten Mehrheitsposition befindet (66-99%), während die anderen in der Minderheit sind (vgl. Ziemer 2001: 158).

Heute leben im 1995 neu konstituierten Staat Bosnien-Herzegowina insgesamt ca. vier Millionen Menschen, darunter sind schätzungsweise 40 bis 48,3% Muslime, 31% bis 34% Serbisch-Orthodoxe, etwa 15% Katholiken und 4% Protestanten. Außerdem gibt es eine kleine jüdische Gemeinde. Darüber hinaus leben in Bosnien-Herzegowina auch Atheisten bzw. Menschen, die sich als nichtreligiös bezeichnen, wozu allerdings keine statistischen Angaben vorliegen. Im Vergleich dazu lagen die Angaben der letzten Volkszählung von 1991 bei 44% Muslime, 31,5% Serbisch-Orthodoxe und 17% Katholiken (vgl. Hornstein-Tomić 2008: 6, 15).

Es lässt sich in der Gesellschaft eine „Wiederbelebung" der Religion ausmachen, die in der kommunistischen Zeit vom Staat unterdrückt worden war. Diese äußert sich z.B. im Neubau von Kirchen bzw. Moscheen, in Forderungen nach einem rechtlichen Status oder nach Religionsunterricht an Schulen etc. Damit zusammen hängt auch die Frage nach einer Neuverortung der Religion.

Insbesondere unter den Muslimen haben sich in den letzten Jahren Tendenzen „geistiger Wiedererweckung mit Betonung des persönlichen Glaubens" entwickelt (Ziemer 2001: 159). In Form des saudi-arabischen Wahhabismus nehmen diese teilweise fundamentalistische Züge an und wenden sich sowohl gegen eine liberale Lebensweise als auch gegen die durch lokale Traditionen geprägten Formen des Islams.[161] Die lokale Bevölkerung steht jedoch überwiegend hinter der traditionalistisch eingestellten „Islamischen Gemeinschaft" *(Islamska Zajednica,* IZ). Trotz innerer Machtkämpfe und unterschiedlicher Kritik an ihrem Oberhaupt Mustafa Ceric erscheint die IZ, nach Einschätzung Omerikas, als ein wichtiger Garant für Stabilität (vgl. Omerika 2007: 135).

„Die Gräueltaten und Massaker sind noch nicht gänzlich überwunden, Vertriebene zum Teil noch nicht in ihre Heimat zurückgekehrt. Doch der Wille, in Zukunft friedlich zusammen zu leben, ist bei vielen Bosniern vorhanden. Insbesondere Religionsvertreter betrachten den interreligiösen Dialog als Weg zur Versöhnung" (Dikic 2007). Wettach-Zeitz weist in ihrer Untersuchung über die Effektivität interreligiöser Konfliktmediation in Bosnien-Herzegowina nach, dass religiöse Akteure als politische Kräfte in ethnopolitschen Konflikten ernst zu nehmen sind (vgl. Wettach-Zeitz 2008). Der zentrale Akteur in diesem Bereich ist der „Interreligiöse Rat in Bosnien-Herzegowina".

Beispiel: Der Interreligiöser Rat in Bosnien-Herzegowina

Der Interreligiöse Rat in Bosnien-Herzegowina *(Međureligijsko vijeće u Bosni i Hercegovini)*[162] wurde 1997, ein Jahr nach Kriegsende, in Sarajewo gegründet. Im Jahr 2003 wurde er als offizielle Nichtregierungsorganisation eingetragen. Der Gründung war ein Treffen der lokalen Spitzenvertreter der Römisch-Katholischen Kirche (Kardinal Vinko Piljic), der Serbisch-Orthodoxen Kirche (Metropolit Nikolaj Mrdja), der islamischen Gemeinde (Imam Dr. Mustafa Ceric) sowie des Präsidenten der jüdischen Gemeinde (Jakob Finci) vorangegangen. Dieses Treffen brachte zum ersten Mal seit Ausbruch des Krieges im Jahr 1992 Vertreter der vier größten und etabliertesten Religionsgemeinschaften des Landes zusammen. Initiator war der Generalsekretär der World Conference of Religions for Peace (WCRP), Dr. William Vendley. Seither stellen diese vier Spitzenvertreter die so genannte Versammlung, d.h. den „eigentlichen" Interreligiösen Rat. Der Vorsitz des Rats rotiert im Jahrestakt zwischen den vier Religionsgemeinschaften. Hinzu kommen als Organe ein Executive Board sowie ein Sekretariat für Administratives.

Der Interreligiöse Rat nahm seine Arbeit 1999 mit der Publikation „Glossary of Religious Terms" auf. Das Glossar war das erste gemeinsame öffentliche Projekt der vier beteiligten Religionsgemeinschaften. Es sollte insbesondere den Medien umfangreiche

---

161 Das Spektrum islamischer Ideologien in Bosnien-Herzegowina ist heute sehr groß, wenn auch mit unterschiedlicher Verteilung. „Neben dem von Saudi-Arabien gesponserten Wahhabismus, der iranischen Schi'a, den Ideen der ägyptisch-syrischen Muslimbrüder und anderer mehr oder weniger radikaler salafitischer Organisationen, ist auch der Liberalismus zeitgenössischer islamischer Denker [...] in Bosnien populär" (Omerika 2007: 135).
162 Die folgenden Informationen basieren auf der Website des Interreligiösen Rats (www.mrv.ba). Kontakt: Bozna Katava, Međureligijsko vijeće u Bosni i Hercegovini, Ferhadija 16/1, 71000 Sarajevo, Bosna i Hercegovina; Tel/fax: +387 33 55 00 60, office@mrv.ba.

Informationen liefern und damit eine korrekte Berichterstattung über religiöse Ereignisse, bedeutende religiöse Personen sowie eine Dokumentation der Verdrängung der Religionen aus der Gesellschaft in der Zeit von 1945 bis 1991 ermöglichen.

Das mittlerweile etablierte und breite Engagement des Interreligiösen Rats in Bosnien-Herzegowina lässt sich in folgenden drei Zielsetzungen zusammenfassen:

1. Abbau religiöser Vorurteile und Verbreitung des Bewusstseins um die Bedeutung von interreligiösem Dialog und interreligiöser Zusammenarbeit durch den Auf- und Ausbau der Beziehungen zwischen den Kirchen und Religionsgemeinschaften in Bosnien-Herzegowina
2. Förderung des Verhältnisses zwischen Staat und Kirchen bzw. Religionsgemeinschaften durch gegenseitige Verpflichtungen („mutual commitents")
3. Vernetzung des Interreligiösen Rats in Bosnien-Herzegowina mit anderen regionalen und internationalen Initiativen und Organisationen

Der Interreligiöse Rat führt den interreligiösen Dialog damit auf politischer und gesellschaftspolitischer Ebene. Die Aktionsformen des Interreligiösen Rats reichen von theologischen Publikationen über internationale Seminare zu interreligiösen Themen, die Teilnahme an internationalen Treffen, Konferenzen u. Ä. in- und außerhalb Europas bis hin zur Ausgabe von Nahrungsmitteln und sonstigen Hilfsgütern an Bedürftige. Die Arbeitsschwerpunkte sind organisatorisch in die folgenden fünf Arbeitsgruppen unterteilt: 1. Recht, 2. Religiöse Erziehung, 3. Medien, 4. Jugend und 5. Frauen.

Hauptanliegen der Arbeitsgruppe zum Thema Recht ist die gesetzliche und faktische Umsetzung des Rechts auf Religionsfreiheit. Allein hierzu wurden zehn Runde Tische mit dem Titel „Implementation of the Law on Religious Freedom and Legal Status of Churches and Religious Communities in BiH *[Bosna i Hercegovina, EH]*" abgehalten. Zum Teilnehmerkreis dieser Runden Tische zählten Vertreter der Religionsgemeinschaften und Kirchen, Politiker, Regierungsvertreter bis hin zu Vertretern anderer betroffener Nichtregierungsorganisationen sowie interessierte Intellektuelle, also ein besonders weit gefächertes Spektrum. Auf diese Weise konnte eine offene Debatte über abstrakte, aber auch ganz konkrete Problempunkte der Gesetzesentwürfe geführt werden, deren Ergebnisse jeweils in einer schriftlichen Erklärung festgehalten wurden. Diskussionspunkte stellten beispielsweise die Gewährleistung der individuellen Religionsfreiheit, die Verleihung eines öffentlich-rechtlichen Status an Kirchen und Religionsgemeinschaften sowie das Verhältnis der Religionsgemeinschaften zum Staat dar. Somit erhielten die betroffenen Gruppen und Verbände die Möglichkeit, ihre Perspektiven in den Gesetzgebungsprozess bis zur parlamentarischen Verabschiedung im Jahr 2004 einzubringen. Bezüglich der Religionsfreiheit entspricht der endgültige Gesetzestext nach Ansicht des Interreligiösen Rats europäischem Standard.

In der Arbeitsgruppe für religiöse Erziehung wurde ein ausführliches pädagogisches Programm zum Religionsunterricht an Schulen in Bosnien-Herzegowina erarbeitet. Insbesondere verfasste die Gruppe eine öffentliche Mitteilung über die Ansichten des

Interreligiösen Rats zur religiösen Erziehung in Bosnien-Herzegowina. In einem gemeinsamen Projekt mit dem Blindenverband Bosnien-Herzegowina wurden professionelle Tonbänder mit religiöser Musik sowie wichtigen religiösen Texten für Blinde recherchiert und aufgenommen. Die Tonbänder wurden jeweils für den Islam, für die Serbisch-Orthodoxe Kirche und die Römisch-Katholische Kirche angefertigt und in einer Auflage von ca. 1000 Exemplaren an Gemeinden und sonstige Kontaktstellen verschenkt.

Seit 2002 trägt die Mediengruppe vor allem durch Radiosendungen die Idee des interreligiösen Dialogs im Allgemeinen und die Arbeit des Interreligiösen Rats im Besonderen nach außen. Hierfür wurden mehrere Sendungen produziert, z.B. die Reihe „Meeting of Persons", in der wichtige Persönlichkeiten der vier beteiligten Religionsgemeinschaften vorgestellt wurden. Seit Anfang 2003 arbeitet die Gruppe an einem einstündigen Radioprogramm, das im größten Sender des Landes, Radio BiH, einmal wöchentlich erscheint. Zu den Themen gehören neben dem interreligiösen Dialog in Bosnien-Herzegowina das Verhältnis der Religionsgemeinschaften zueinander, die Beziehungen der Religionen zum Staat, die Rolle der Religion in der Bevölkerung sowie die verschiedenen Formen der Fehlinterpretation der Religionen.

Die Jugendarbeitsgruppe wurde erst im Jahr 2003 gegründet. Ein Schwerpunkt ihrer Arbeit ist die Organisation und Durchführung regelmäßiger interreligiöser Trainings zur Konfliktlösung in Sarajewo sowie in vier weiteren Städten Bosnien-Herzegowinas. Thema der Trainings ist „Hope for a Better Future: Transforming Attitudes and Building Community". Die Trainings sollen jungen Angehörigen verschiedener Religionsgemeinschaften die Möglichkeit geben, sich durch Übungen im Dialog und in der Konfliktlösung im interreligiösen Austausch auszuprobieren. Außerdem werden die Jugendlichen dazu angehalten und motiviert, eigene gemeinsame Projekte zu entwickeln und in ihre Gemeinschaften einzubringen.

Im Jahr 2006 organisierte die Arbeitsgruppe einen wechselseitigen Studienaustausch für Theologiestudenten der drei abrahamischen Religionen. Ebenfalls im Jahr 2006 engagierte sich die Gruppe bei einer landesweiten Anti-Drogen-Kampagne und besuchte das Anti-Drogen-Therapiezentrum „Cenacolo" im katholischen Wallfahrtsort Medjugorje. Außerdem organisiert die Jugendarbeitsgruppe in den Räumen des Interreligiösen Rats Runde Tische zum Thema „Raising Awareness in the Harmfulness of Drugs Especially within Youth". Ein Projekt zur Erstellung eines Stadtplans von Sarajewo, mit Angabe aller religiösen Sehenswürdigkeiten, ist zurzeit in Planung.

Die Arbeitsgruppe der Frauen konzentriert sich bei ihrer Arbeit auf sozialpolitische Probleme wie Armut, Frauenrechte sowie den Aufbau und Schutz des kulturellen und religiösen Erbes. Die Arbeitsgruppe verteilt in regelmäßigen Abständen Grundnahrungsmittel und andere Hilfsgüter an Bedürftige, insbesondere an vertriebene Familien. Sie ermöglichte eine Reihe von Seminaren für Frauen in den verschiedenen Regionen des Landes, bei denen sich die teilnehmenden Frauen über Probleme und Konflikte in den Gemeinden austauschen konnten. Im Jahr 2005 erschien außerdem die erste und bislang landesweit einzige gemeinsame Publikation von Muslimen, Orthodoxen, Katholiken und Juden in Bosnien-Herzegowina über ihre religiösen Riten, Bräuche und Sitten.

In Planung sind des Weiteren zehn landesweite Trainings sowie zehn öffentliche Vorträge über den interreligiösen Dialog. Möglicherweise werden auch Sportveranstaltungen in die Arbeit des interreligiösen Rats aufgenommen.

Finanziell ist der Interreligiöse Rat in Bosnien-Herzegowina auf Spenden von vor allem privaten Förderern angewiesen. Entsprechend ist Zukunft des Rates sehr unsicher.

7.6 Schweiz

Ebenso wie Deutschland ist die Schweiz eines der Ursprungsländer der Reformation. Ein Großteil ihrer Bevölkerung ist daher protestantisch. Durch Zuwanderung aus den umliegenden Nachbarländern Italien, Frankreich, Österreich und Deutschland sowie später auch aus Spanien und Portugal hat die Römisch-Katholische Kirche gegenüber der Evangelischen zahlenmäßig an Bedeutung gewonnen. Bis in die 1970er und 1980er Jahre hinein war die Annäherung und der Dialog zwischen den beiden großen christlichen Konfessionen ein wichtiges Thema. Heute steht die Auseinandersetzung mit weiteren Religionsgemeinschaften im Vordergrund (vgl. Schweizerische Eidgenossenschaft 2008).

Die Schweizer Religionslandschaft hat sich in den letzten drei Jahrzehnten stark gewandelt. Heute ist die Situation der Schweiz von einer großen religiösen Vielfalt gekennzeichnet. Die Ursachen der religiösen Veränderungen, insbesondere die Zunahme der Religionsgemeinschaften, die noch keine lange Tradition in der Schweiz haben, liegen in der Migration. Ein Großteil der Muslime, Buddhisten und Hindus in der Schweiz sind Zuwanderer der 1980er und 1990er Jahre (vgl. Schanda 2007). Die Pluralisierung der Religionslandschaft stellt Staat und Gesellschaft gegenwärtig vor neue Herausforderungen.

Die Bürgerinnen und Bürger der Schweiz sind mehrheitlich christlich geprägt. Nach Angaben der letzten eidgenössischen Volkszählung im Jahr 2000 stellen römisch-katholische Christen 42%, Evangelisch-Reformierte (mit Freikirchen) 33%, Katholiken 0,2% und orthodoxe Christen (serbisch-, russisch-, mazedonisch-, griechisch-orthodox) 1,8% der Schweizer. Darüber hinaus wurden für Angehörige islamischer Glaubensgemeinschaften 4,3%, 0,4% für Hindus, 0,3% für Buddhisten und 0,2% für Personen jüdischen Glaubens ermittelt. Als keiner bestimmten Religion zugehörig bezeichneten sich 810.000 Personen (11,1%, Tendenz steigend) (vgl. Religionswissenschaftliches Seminar der Universität Luzern 2008).

Was die Beziehung zwischen Staat und Religion betrifft, existieren in der Schweiz, bedingt durch die föderale Situation, unterschiedliche kantonale Regelungen. Sie bewegen sich zwischen einer strikten Trennung nach französischem Vorbild und der Erhebung einer Religionsgemeinschaft zur Landeskirche (vgl. Cattacin 2003: 9). Insgesamt ist der Schweizer Staat religiös neutral und bei der Behandlung der verschiedenen Religionsgemeinschaften dem Rechtsgleichheitsprinzip verpflichtet. Der Staat garantiert Glaubens- und Gewissensfreiheit sowie Religionsfreiheit, die sowohl individualrechtliche als auch kollektive Aspekte berühren. Somit schützt der Staat religiöse Minderheiten, sofern sie mit den Grundsätzen des demokratischen Rechtsstaates vereinbar sind (vgl. Nipp 2008). Eine Besonderheit liegt darin, dass die vom Staat als öffentlich-rechtlich anerkannten Religionsgemeinschaften dazu verpflichtet sind, interne demokratische Verfassungen anzunehmen (vgl. Cattacin 2003: 17ff.). Diese rechtlichen Vorgaben stellen die Katholische Kirche in der Schweiz vor eine einzigartige Situation: Die hierarchisch organisierte Römisch-Katholische Kirche ist in den Schweizer Kantonen demokratisch konstituiert, sodass z.B. kein katholischer Pfarrer gegen den Willen seiner Gemeinde berufen bzw. abberufen werden kann und die Kirchengemeinde selbst über die Verwendung der Kirchensteuer bestimmt (vgl. Wandel 2007).

Das Judentum ist die älteste nichtchristliche Religionsgemeinschaft in der Schweiz. Bereits im 3. und 4. Jahrhundert kamen mit den Römern jüdische Kaufleute in das Gebiet der heutigen Schweiz. Seit dem 13. Jahrhundert entstanden jüdische Gemeinden u.a. in Luzern, Bern, St. Gallen und Zürich. Jahrhundertelang waren die Juden auch in der Schweiz Ziel vielfältiger Diskriminierungen und Verfolgungen. Erst 1866 erhielten die Juden in der Schweiz das Recht auf freie Niederlassung sowie die rechtliche Gleichstellung, 1874 kam das Recht auf freie Religionsausübung hinzu. Angesichts der restriktiven Flüchtlingspolitik der Schweizer Behörden während des Zweiten Weltkriegs erlebten die Juden auch in der Schweiz eine schwere Zeit (vgl. Rosenkranz Verhelst 2008). In der Nachkriegszeit verbesserte sich ihre Situation: Juden sind heute in der Schweiz eine institutionell und gesellschaftlich anerkannte Minderheit. Aufgrund einer relativ hohen Emigrationsrate nach Israel hat die jüdische Bevölkerung in der Schweiz in den letzten 50 Jahren jedoch leicht abgenommen (vgl. ebd.). Im Vergleich zu Deutschland, wo es heute eine große Gruppe jüdischer Zuwanderer aus den postkommunistischen Staaten gibt, weist die jüdische Gemeinschaft in der Schweiz nur einen sehr kleinen Anteil ausländischer Staatsangehöriger auf (vgl. Schweizerische Eidgenossenschaft). Das religiöse Spektrum innerhalb des Schweizer Judentums ist sehr breit gefächert. Vom öffentlich-rechtlichen Status her sind die jüdischen Gemeinden in einigen Kantonen den Landeskirchen gleichgestellt. In anderen Kantonen organisieren sich die Gemeinden als Vereine.

Mehr als die Hälfte (56%) der Menschen muslimischen Glaubens in der Schweiz stammen aus dem ehemaligen Jugoslawien. Nur etwa 20% der Schweizer Muslime kommen aus der Türkei. Die Herkunftsländer der übrigen Muslime sind die Maghreb-Staaten, der Libanon, Schwarzafrika und Asien. Hinzu kommen etwa 40.000 Muslime, die infolge von Einbürgerung, Heirat oder Konversion die schweizerische Staatsangehörigkeit besitzen (vgl. Behloul 2008). Die Migration der Muslime in die Schweiz lässt sich in mehrere Phasen gliedern: In der ersten Phase waren es hauptsächlich

Männer, die seit den 1960er Jahren von der Schweizer Wirtschaft als Arbeitskräfte angeworben wurden. Ihr Aufenthalt war zunächst nur als vorübergehender geplant, die Kontakte zur Schweizer Gesellschaft blieben daher in dieser Zeit noch sehr beschränkt. In der nächsten Phase entwickelte sich aus dem vorübergehenden Arbeitsaufenthalt ein Daueraufenthalt, und es kam zum Familiennachzug. In der Folge intensivierten sich die Kontakte mit der Schweizer Gesellschaft, da nun auch Frauen und Kinder in das Berufsleben und das Schulsystem integriert werden mussten. Zu einer neuen Einwanderung von Muslimen kam es seit den 1990er Jahren, als infolge der Jugoslawienkriege Flüchtlinge und Asylsuchende in die Schweiz emigrierten. Die meisten muslimischen Migranten in der Schweiz sind heute in unterschiedlichen ethnisch, national, sprachlich und politisch ausgerichteten Vereinen organisiert.

Im Zuge ihrer zunehmenden Verankerung in der Bevölkerung traten Muslime in der jüngeren Vergangenheit verstärkt an die Öffentlichkeit. Ihre Anliegen ähneln denjenigen, die auch in Deutschland diskutiert werden (Rechtsstatus, islamischer Religionsunterricht, Bestattungsregelungen etc.). Im Unterschied zu Deutschland gibt es in der Schweiz bislang nur einen von außen wahrnehmbaren bzw. repräsentativen Moscheebau, eine 1978 in Genf errichtete Moschee. Moscheebauvorhaben in jüngerer Zeit führten wiederholt zu gesellschaftlichen Kontroversen (vgl. ebd.)[163].

Während ein Teil der Bevölkerung die neue religiöse Vielfalt begrüßt, sehen andere in ihr eine Gefährdung der schweizerischen Identität (vgl. Schanda 2007). Von allen zugewanderten Religionsgemeinschaften löst, ähnlich wie in anderen Ländern Europas, vor allem der Islam Abwehr aus.[164]

Ein Grossteil der Bevölkerung ist tendenziell säkular bzw. „privatreligiös" ausgerichtet. Religiös motivierte Anliegen, wie sie heute insbesondere von den neu hinzugekommenen Gemeinschaften vorgebracht werden, lösen daher Irritationen und Konflikte aus. Neben dem interreligiösen Dialog existiert daher die Notwendigkeit für einen Dialog der Religionsgemeinschaften mit ihrem säkularen Umfeld (vgl. Schweizerische Eidgenossenschaft 2008). Ähnlich wie in anderen europäischen Ländern gab es auch in der Schweiz in den letzten Jahren einen politischen „Rechtsruck", der den gesellschaftlichen Integrationsprozess und das Zusammenleben der verschiedenen Religionen erschwert. In der Schweiz wird fremdenfeindliche Politik vor allem von der parlamentarisch gewichtigen Schweizerischen Volkspartei (SVP) vertreten.

Eine Reaktion bzw. Maßnahme in die andere Richtung ist die Aufnahme eines „allgemeinen Diskriminierungsverbotes" in die neue Schweizer Bundesverfassung. Es stellt

---

163 Im Sommer 2008 formierte sich in der Schweiz eine Volksinitiative „Gegen den Bau von Minaretten". Vom Bundesrat wurde die Initiative jedoch abgelehnt, da sie im Widerspruch zu zentralen Werten der Schweizer Bundesverfassung stehe, den religiösen Frieden gefährden und Integration beeinträchtigen könnte (vgl. http://www.news.admin.ch/message/?lang=de&msg-id=20878 Zugriff am 21.11.2008).

164 Ebenfalls im Jahr 2008 verweigerten zwei Gemeinden im Kanton Aargau einer türkischstämmigen, muslimischen Frau und einem aus Bosnien stammenden, muslimischen Ehepaar die Einbürgerung, und begründeten diese Ablehnung mit dem Tragen eines Kopftuchs. Das Bundesgericht erklärte die diskriminierenden Entscheidungen der Gemeinden für nichtig, da für die Gewährung der Einbürgerung der Grad der Integration und nicht das Kopftuch entscheidend sei (vgl. Knellwolf 2008).

„eine wichtige verfassungsrechtliche Grundlage für den Kampf gegen den Rassismus" dar und ist ein Schritt auf nationaler Ebene, „um die Kantone dazu zu verpflichten, rechtliche Wege der Anerkennung von religiöser Verschiedenheit vorzusehen, ohne deren Ausgestaltung vorzuschreiben" (Cattacin et al. 2003: 29f.).

Damit ist das Schweizer Verfassungsrecht „für den sachgerechten Umgang mit aktuellen Diskriminierungsproblemen im Bereich von Rasse, ethnischer Herkunft und Religion, wie sie sich v. a. (aber nicht nur) im Gefolge der Migrationsbewegungen der letzten Jahrzehnte ergeben, grundsätzlich gerüstet" (ebd. 30).

Beispiel: Europäisches Abrahamisches Forum (EAF)

Das Europäische Abrahamische Forum (EAF)[165] wurde auf Initiative der Stiftung Zürcher Lehrhaus – Judentum, Christentum, Islam im Sommer 2007 in Zürich gegründet. Das EAF knüpft an eine seit 1830 bestehende Tradition des interreligiösen Dialogs an. Zunächst unter dem Namen Verein Freunde Israel in Basel, später unter dem Dach der Stiftung für Kirche und Judentum und seit 2006 in Form der Stiftung Zürcher Lehrhaus – Judentum, Christentum, Islam in Zürich wird auf gesellschaftspolitischer, teilweise auch auf theologischer Ebene der Austausch zwischen den abrahamischen Religionsgemeinschaften unterstützt und betrieben.

Ziel des EAF ist die Anregung und Förderung des Dialogs sowohl innerhalb der jeweiligen Religionsgemeinschaft als auch durch wechselseitigen Austausch zwischen den drei Religionsgemeinschaften.

Das EAF will zum interreligiösen und interkulturellen Dialog ermutigen und die dazu erforderliche interreligiöse und interkulturelle Kompetenz vermitteln. Es möchte eine Plattform für den Austausch zwischen regionalen Abrahamischen Foren sein und einen Beitrag zum Aufbau eines europaweiten Netzwerks interreligiöser und interkultureller Verständigung leisten. Insgesamt zielt es darauf ab, den immer notwendiger werdenden interreligiösen und interkulturellen Dialog zu fördern.

Dem EAF ist es ein besonderes Anliegen, den Dialog mit Menschen im Nahen und Mittleren Osten zu fördern. Das EAF soll zu einer „Brücke wechselseitigen Verstehens zwischen Menschen aus ‚dem Westen' und ‚der islamischen Welt'" werden.

Die Aktionsformen des EAF reichen von gegenseitigen Besuchen und dem gemeinsamen Auslegen der Heiligen Schriften über Forschung und Lehre sowie Schule und Erziehung bis hin zu Publikationen, Seminaren und Tagungen.

Im Anschluss an seine Gründungsveranstaltung im Juli 2007 begann das Forum seine interreligiöse Aktivität mit einem ersten Besuch des Interreligiösen Instituts Sarajewo (Medureligijski Institut u Bosni I Hercegovini) (in Zusammenarbeit mit der

---

[165] Kontakt: Dr. Hanspeter Ernst, Prof. Dr. Stefan Schreiner, Europäisches Abrahamisches Forum, Zürcher Lehrhaus, Limmattalstrasse 73, CH - 8049 Zürich, Tel. +41 (0)44 341 18 20, Fax. +41 (0)44 341 18 29, sekretariat@lehrhaus.ch, http://www.zuercher-lehrhaus.ch/eaf/cms/front_content.php.

Konrad-Adenauer-Stiftung). Thema dieses Besuchs war „Religion and Secular State. Role and Meaning of Religion in a Secular Society from Muslim, Christian, and Jewish Perspectives, with Focus on South-East Europe". Weitere Konsultationen sind für 2008 und 2009 geplant. Darüber hinaus sollen ca. einmal jährlich Veranstaltungen wie Studienreisen für Multiplikatoren nach Bosnien-Herzegowina sowie trilaterale abrahamische Foren folgen.

Teilnehmer der Veranstaltungen des EAF sind Angehörige der drei abrahamischen Religionsgemeinschaften sowie nicht oder anders religiös gebundene Personen. Es bringen sich, neben allgemein am Thema Interessierten, offizielle Vertreter bis hin zu Spitzenvertretern der abrahamischen Religionsgemeinschaften ein. Die Teilnehmerzahl liegt regelmäßig bei über 50 Personen und nimmt stetig zu.

Als international ausgerichtete Initiative ist das EAF entsprechend weitläufig vernetzt. Es pflegt den Austausch mit Partnerorganisationen in Deutschland (Abraham Geiger Kolleg an der Universität Potsdam, Abrahamisches Forum in Deutschland, Darmstadt, Herbert Quandt-Stiftung, Bad Homburg, Katholische Akademie der Diözese Rottenburg-Stuttgart: Theologisches Forum „Christentum – Islam, Stuttgart, Konrad-Adenauer-Stiftung, Berlin, Stiftung Weltethos, Tübingen, Universität Hamburg: Interdisziplinäres Zentrum „Weltreligionen im Dialog" (ZWiD), Universität Erfurt: Lehrstuhl für Islamwissenschaft), Österreich (Kontaktstelle für Weltreligionen (KWR)/Wien), Frankreich (Fraternité d'Abraham/Paris), Großbritannien (Three Faiths Forum/London), Bosnien-Herzegowina (Međureligijski Institut u Bosni I Hercegovini/Interreligiöses Institut Sarajewo), Israel (The Elijah Interfaith Institute/Jerusalem), Iran (Institute for Interreligious Dialogue/Teheran) u. a.

7.7 Türkei

Die Türkei ist eine demokratisch verfasste, laizistische Republik mit mehrheitlich muslimischer Bevölkerung. Nach offiziellen Angaben sind 99% der Bevölkerung Muslime. Die Mehrheit folgt dem sunnitischen Islam. Darunter befinden sich allerdings auch viele Aleviten, die in den offiziellen Angaben nicht angeführt werden. Schätzungen bewegen sich zwischen 15-25%. Das übrige ein Prozent teilt sich auf in vorwiegend armenisch-apostolische sowie griechisch- und syrisch-orthodoxe Christen, Juden sowie römisch-katholische und protestantische Christen (darunter v. a. Zugezogene).

Die Türkei ist der Nachfolgestaat des Osmanischen Reichs, das mit dem Kalifatssitz in Istanbul für Jahrhunderte Zentrum des Islams und Führungsnation der muslimischen Welt war. Die Republik wurde 1923 durch Mustafa Kemal Paşa, später „Atatürk" („Vater der Türken") genannt, gegründet. In den Folgejahren erfolgte die so genannte „Säkularisierung von oben" (vgl. Goltz/Agai 2007: 106), welche Reformen des Staates, des Rechts, des Bildungswesens und der Alltagskultur umfasste. Erklärtes Ziel von Mustafa Kemal Atatürk und den Republikgründern war die Modernisierung der Türkei. Vor diesem Hintergrund wurde die Verbannung der Religion aus dem öffentlichen Leben angestrebt. 1924 wurde das muslimisch geprägte Recht durch die Übernahme europäischer Gesetzestexte säkularisiert. 1928 wurde der bis dahin als Staatsreligion installierte Islam aus der Verfassung gestrichen. Der Laizismus wurde 1937 in der Verfassung verankert. Außerdem wurde das Tragen religiöser Kleidung in der Öffentlichkeit verboten, das Pilgerwesen wurde durch die Schließung von Pilgerschreinen unterbunden und verboten. Muslimische Bruderschaften und religiöse Stiftungen wurden offiziell abgeschafft. Weitere weitreichende Veränderungen umfassten die Einführung der lateinischen Schrift und des westlichen Kalenders inklusive des Sonntags als Feiertag (vgl. ebd., Seufert/Kubaseck 2006: 87-91). Die Religiosität der Mehrheit der Bevölkerung sowie die seit Jahrhunderten gewachsenen religiösen Traditionen wurden bei den Reformen nicht berücksichtigt.

Dabei unterscheidet sich der Laizismus türkischer Prägung von anderen europäischen Ländern: „Laizismus (laiklik) in der Türkei bedeutet, anders als „laïcité" in Frankreich, nicht die absolute Trennung von Staat und Religion, sondern die staatliche Kontrolle der Religion, um ihren Einfluss auf Staat und Politik zu unterbinden." (Goltz/Agai 2007: 106)

Nach der Einführung des Mehrparteiensystems im Jahr 1946 waren radikale Reformen und ihre autoritäre Durchsetzung ‚von oben' nicht mehr ohne weiteres möglich. Die Konsequenz war die Rückkehr des Islams ins öffentliche Leben. In Reaktion darauf wurde das bereits 1924 gegründete Präsidium für religiöse Angelegenheiten (Diyanet İşleri Bakanlığı, kurz: Diyanet) als Verwaltungsinstitution des Islams 1961 in die Verfassung aufgenommen. Auf diese Weise wurde der Islam in die staatliche Organisation integriert und zugleich homogenisiert, da das Diyanet einen sunnitischen Islam vertritt und diesen zentralistisch verbreitet (vgl. Goltz/Agai 2007: 106). Ziel war es, die religiöse Bildung durch den Staat zu organisieren und die Moscheen zu kontrollieren.

Die Behörde hat heute über 80.000 Angestellte und ist mit der Verwaltung der Moscheen sowie mit der Ausbildung und Entsendung des religiösen Personals (Religionslehrer, Imame, Prediger, muslimische Rechtsgelehrte) betraut. Die Angestellten des Diyanet sind verbeamtet. Das Diyanet entsendet so genannte Religionsbeauftragte für befristete Zeit auch ins Ausland, unter anderem nach Deutschland.

Seit 2002 stellt die konservativ-islamische Partei für Gerechtigkeit und Entwicklung (AKP) mit Ministerpräsident Recep Tayyip Erdoğan die Regierung der Türkei. Seit der Regierungsübernahme zeigte sich diese in der EU-Beitrittsfrage pro-europäischer und reformbereiter als die Regierungen vor ihr. Bei der Forderung nach mehr Demokratie geht es der AKP darum, dem Islam neue Freiräume zu erschließen (vgl. Goltz/Agai 2007: 105,107). Zugleich wurden bezüglich des Minderheitenschutzes und der Gleichheitsrechte in den letzten Legislaturperioden eine Reihe von Gesetzen auf den Weg gebracht. Daher wurde die AKP auch lange von liberalen und intellektuellen Kreisen „als die demokratische Bastion in der Türkei unterstützt" (Temelkuran 2008). Im Kontext der Beitrittsverhandlungen mit der EU wurde die Partei jedoch von liberaler, intellektueller Seite u. a. für ihre Haltung in der Kurdenfrage, ein anti-demokratisches Vorgehen bei Gesetzesvorlagen und in Bezug auf die Meinungsfreiheit kritisiert (vgl. ebd.).

Eine Gleichstellung religiöser und ethnischer Minderheiten ist nach wie vor nicht gegeben. Die Frage der Anerkennung der Kurden (20%) als ethnische Minderheit ist in der Türkei weiterhin ungelöst und das Verhältnis zu religiösen Minderheiten wie Aleviten oder Christen angespannt.

Benachteiligungen erfolgen zum einen auf struktureller Ebene. Während die individuelle Glaubens- und Gewissensfreiheit von der Verfassung gewährt wird, existiert eine kollektive Religionsfreiheit nicht. Christen dürfen keine Sakralbauten errichten und keine Priester ausbilden. Sie können keinerlei Rechtsstatus erlangen und dürfen keine Gemeinden gründen (vgl. Fietz 2004). Inzwischen wurde es ihnen zwar erlaubt, Grundstücke zu erwerben. Dies ist allerdings mit der zwingenden Auflage verbunden, ihre Vermögensverhältnisse vor den zuständigen Behörden offen zu legen. Aus Angst vor Enteignungen schrecken die meisten Gemeinschaften hiervor zurück und verzichten damit auf eigenes Grundeigentum (vgl. ebd.).

Andererseits sind Muslime in vielen Bereichen privilegiert. So stehen beispielsweise die höheren Dienstränge im Militär nach wie vor ausschließlich Muslimen offen.

Auch auf informeller Ebene erfolgt eine differenzierte Ausgrenzung. Diskriminierung von religiösen und ethnischen Minderheiten ist ein anhaltendes Problem, das mitunter in Gewalttaten eskaliert. Im Laufe der letzten Jahre kam es immer wieder zu Morden an Christen. In Trabzon erschoss Anfang 2006 ein Jugendlicher einen römisch-katholischen Priester während des Gebets; beim Anschlag auf einen Bibelverlag in Malatya wurden im Jahr 2007 drei Mitarbeiter umgebracht.

Die Religionszugehörigkeit wird in der Türkei stark mit der Volkszugehörigkeit verbunden. Dies war in hohem Maße bei der Republikgründung der Fall, als zum Beispiel die griechisch-orthodoxe Bevölkerung zwangsumgesiedelt wurde, obwohl sie seit vielen Jahrhunderten auf türkischem Gebiet ansässig war und Türkisch sprach. Umgekehrt galten muslimische Griechen als Türken. Diese Verquickung von Ethnie und Religion hat sich bis heute gehalten. Nicht-muslimische Minderheiten werden oft als nicht „richtige Türken" wahrgenommen und trotz ihres türkischen Passes und türkischer Muttersprache sogar in amtlichen Dokumenten als „lokale Ausländer" bezeichnet (vgl. Fietz 2004, Goltz/Agai 2007: 106). Diese türkisch-islamische Synthese wurde in den 1980er Jahren stark belebt, indem der Islam als konstitutiver Bestandteil des türkischen Nationalverständnisses gefördert wurde (ebd.).

Die Türkei ist jedoch bei genauerer Betrachtung ein kulturell, soziologisch, ökonomisch und ethnisch sehr disparates Land mit Gegensätzen, aus denen sich vielfältige Spannungen ergeben. Heute stehen sich zwei große, gegensätzliche gesellschaftliche Kräfte gegenüber, die die Gesellschaft spalten. Auf der einen Seite stehen die laizistischen Kräfte, die an der strikten Trennung von Staat und Religion festhalten wollen. Auf der anderen Seite finden sich religiöse Kräfte, welche die religiösen Traditionen betonen und eine größere Freiheit für den Islam fordern (vgl. Nennstiel 2007: 97). Dies führt in anderen Teilen der Bevölkerung zur Furcht vor einer Re-Islamisierung der Gesellschaft durch die religiösen Kräfte, die heute mit der AKP die Regierung stellen. So demonstrierten im Frühjahr 2007 in Istanbul und Ankara über eine Million Menschen gegen eine Islamisierung der Türkei, gegen die regierende Partei AKP und deren Kandidaten (vgl. Goltz/Agai 2007: 105).

Die Konfliktlinien sind jedoch komplexer als der Gegensatz Laizismus versus Islam bzw. Islamismus. Hinzu kommt eine ultranationale Bewegung in der Türkei, welche das Türkentum über alles erhebt und die kemalistischen Prinzipien bedingungslos verteidigt. Bezüglich der Religion befürworten die Ultranationalen zwar meist die türkisch-islamische Nationalidentität, jedoch existieren zugleich Konflikte mit den pro-islamischen Kräften in der Politik, denen sie eine rückwärtsgewandte Islamisierung der Türkei und vor allem die Aufhebung des kemalistischen Laizismus vorwerfen. Mit dem Ziel einer „einheitlichen" Türkei arbeiten die Ultranationalen zudem daran, ethnische Minderheiten aus der Türkei zu drängen, was mitunter antidemokratische Formen annimmt (vgl. Nennstiel 2007: 97f.).

Insbesondere von nationalistischen Kräften wird außerdem der umstrittene Paragraph 301 befürwortet, welcher die Beleidigung des „Türkentums" bzw. heute in gemäßigterer Formulierung die „Beleidigung der türkischen Nation, des Staates der türkischen Republik und der Institutionen und Organe des Staates" unter Strafe stellt und damit die Meinungs- und Pressefreiheit in der Türkei empfindlich einschränkt (vgl. Temelkuran 2008). Der armenischstämmige Journalist Hrant Dink beispielsweise, der öffentlich den Dialog von Türken und Armeniern gefordert hatte, war aufgrund dieses Paragraphen mehrfach zu Gefängnis verurteilt worden. Im Januar 2007 wurde er von einem nationalistisch motivierten Attentäter umgebracht (ebd.).

Das große Spannungsfeld von Laizismus, Demokratie und Islam in der Türkei ist außerdem in den tagespolitischen Entwicklungen erkennbar. Im Frühjahr 2007 boykottierte die Opposition (insbesondere die linksnationalistische Republikanische Volkspartei CHP zusammen mit anderen Oppositionsparteien) und dem Militär die Präsidentenwahl. Die Wahl des AKP-Kandidaten Abdullah Gül, und damit ein weiteres offizielles Amt für den politischen Islam, sollte verhindert werden. Die Wahl wurde vom Verfassungsgericht verhindert, worauf im Juli 2007 vorgezogene Parlamentswahlen abgehalten wurden. Aus diesen ging die AKP gestärkt hervor. Neue Proteste der Opposition begannen, als die AKP nach den Wahlen ein Gesetz beschloss, das es Studentinnen erlauben sollte, mit Kopftuch die Universitäten zu besuchen, was bis dahin verboten gewesen war. Im März 2008 eröffnete der Generalstaatsanwalt ein Verbotsverfahren gegen die AKP mit der Begründung, dass die AKP anti-laizistisch sei. Der Verbotsantrag wurde jedoch im Juli mit sechs von elf Richterstimmen knapp abgelehnt (vgl. Altan 2008).

Im Prozess um die 2008 von der Staatsanwaltschaft angeklagte Verschwörergruppe „Ergenekon" zeigt sich erneut das große Spannungsfeld Nationalismus und Demokratie. Die nationalistische Organisation versteht sich als „Staat im Staat", der sich gegen ausländische, feindliche Mächte richtet sowie gegen alle Gegner, welche die Türkei angeblich teilen wollen. Den Untersuchungen zufolge befanden sich unter den Verschwörern Angehörige von Militär, Justiz, Verwaltung, Wirtschaft und Medien, die mit terroristischen Mitteln einen Militärputsch zu provozieren versuchten. Darüber hinaus steht Ergenekon „im Verdacht für die Morde von drei christlichen Missionaren in Malatya im Jahr 2007, den Mord an dem armenischen Journalisten Hrant Dink im selben Jahr und die Ermordung des katholischen Priesters in Trabzon 2006" verantwortlich zu sein (Altan 2008).

Das Militär nimmt in der Türkei seit der Staatsgründung eine politische Sonderstellung ein. Es versteht sich als „Wächter der Atatürkschen Reformen" und hat regelmäßig in den demokratischen Prozess eingegriffen (in Putschen 1960, 1971, 1980 und indirekt 1997 und 2007) (vgl. Goltz/Agai 2007: 107). Erst in jüngster Zeit wurde sein Einfluss geschwächt, was sich beispielsweise in dem gescheiterten Verbotsantrag gegen die AKP äußerte (vgl. Erzeren 2008).

Die gegenwärtige Türkei befindet sich in Bewegung und ist im Aufbruch begriffen, was mit Spannungen und Konflikten verbunden ist. Die Gesellschaft ist zerrissen. Die Debatte um die türkische Identität ist heute heiß umkämpft. Sie ist eng mit der Frage verbunden, welche Rolle die Religion in der türkischen Gesellschaft einnimmt, wie sich das Verhältnis zum Kemalismus gestaltet und welche Bedeutung dem Militär in Zukunft zukommen soll (vgl. Temelkuran 2008, Erzeren 2008).

Beispiel: Friedenshaus Antakya

Ein Gegenmodell zum spannungsreichen Verhältnis der Religionen in der Türkei will das Friedenshaus (Haus der Begegnung) im heutigen Antakya (dem früheren Antiochien) sein[166]. Als Auslöser für seine Gründung im Jahr 1986 gilt das Friedensgebet in Assisi im selben Jahr, als Papst Johannes Paul II. die Weltreligionen zum gemeinsamen Frieden aufrief. Wenn sich das Haus auch geographisch abgelegen nahe der syrischen Grenze befindet, so bietet sich der Ort aus historischen Gründen für den interreligiösen Dialog an: Antiochien wird sowohl in der Bibel als auch im Koran erwähnt. In der ganzen Region leben seit jeher Christen, Muslime und Juden sowie Angehörige weiterer Religionsgemeinschaften zusammen. Hieraus wird eine historisch gewachsene Offenheit gegenüber dem interreligiösen Dialog abgeleitet. Menschen aus ganz Europa pilgern nach Antakya oder verweilen dort auf ihren Pilgerwegen nach Jerusalem oder Mekka.

---

[166] Kontakt: Barbara Kallasch, 189 p.k., Gazi Paşa Cad. 49, 31002 Antakya/Hatay, Türkei, Tel. 0090 - 3262142196, E-mail: Barbara.antakja@gmx.net.
Wir danken Frau Kallasch für die informativen Telefongespräche über das Friedenshaus, auf denen die folgenden Beschreibungen maßgeblich beruhen.

Das Friedenshaus sieht sich in der geistigen Tradition der Communauté de Taizé (Frankreich). Während dort der Dialog zwischen den christlichen Konfessionen geführt wird, weitet das Haus der Begegnung das „Modell Taizé" auf die monotheistischen Religionen Christentum, Judentum und den Islam aus. Es strebt an, ein Zentrum der interreligiösen Gemeinschaft zu sein, in dem jeder seine religiöse Identität wahren kann und gleichzeitig durch den Austausch mit Angehörigen anderer Religionsgemeinschaften bereichert wird. Es befindet sich im Zentrum der Altstadt Antakyas zwischen Moschee, Synagoge und Kirche. Die Initiative besteht aus einem Tagungshaus, einem Gästehaus sowie verschiedenen Häusern zur Unterbringung von Jugendlichen, die längere Zeit dort verbringen.

Das Projekt verzichtet auf Spenden und finanziert sich durch eigene Arbeit. Die Einnahmequellen sind die Erträge des Gästehauses sowie eines Eine-Welt-Ladens, den das Friedenshaus im Ort betreibt. Das Haus wird von einer Kerngruppe aus sieben Personen vor Ort betrieben. Sie repräsentieren die ansässigen Religionsgemeinschaften und werden von weiteren Mitgliedern aus ihren Gemeinden unterstützt.

Die zentrale Aktionsform bilden Andachten, zu denen Ortsansässige und Pilger der drei abrahamischen Religionsgemeinschaften drei Mal täglich zusammenkommen. Die Kernelemente der Andachten sind Musik und Stille. Hierin zeigt sich deutlich der Einfluss von Taizé, allerdings werden Lieder und Texte aus allen drei Religionen eingebracht. Weitere Aktionsformen sind Seminare und Gesprächsrunden zu unterschiedlichen Themen wie Religion, Mystik, Weisheit u. a. Auch Tanz und Musik fließen mit ein. Gegenseitige Besuche finden regelmäßig statt, ebenso Exkursionen nach Urfa, laut Koran der Geburtsort Abrahams. Auch Reisen werden organisiert, u. a. nach Jerusalem. Im Jahr 2005 wurde ein interreligiöses Symposium mit Vertretern des Christentums, des Judentums und des Islams unter der Schirmherrschaft von Ministerpräsident Tayyip Erdogan durchgeführt.

Der internationale Jugendaustausch gehört zu den Kerntätigkeiten der Initiative (u. a. in Zusammenarbeit mit dem Interreligiösen Arbeitskreis in Kiel). Einheimische Jugendliche und Jugendliche aus anderen europäischen Ländern verbringen zwei Wochen miteinander mit dem Ziel, die religiösen Überzeugungen der anderen kennen und verstehen zu lernen. Im Jahr 2002 wurde im Rahmen einer solchen Reise nach Antakya im dortigen Stadtpark als Zeichen des Friedens ein Olivenbaum gepflanzt.

7.8 Israel

Seit über 1300 Jahren sind Juden, Christen und Muslime auf dem Gebiet des heutigen Staates Israel beheimatet (vgl. Bauschke 2001: 129). Zugleich beherbergt das Land wichtige heilige Stätten aller drei Religionen. Als Ursprungsgebiet des Judentums und des Christentums besitzt Israel unter den Ländern der Studie die längste Tradition bezüglich des Zusammenlebens der abrahamischen Religionsgemeinschaften. Dies gilt auch für die Koexistenz von Juden und Christen mit dem Islam: Seit der Eroberung durch die Osmanen im Jahr 1517 stand das Gebiet bis 1917 unter muslimischer Herrschaft. In dieser Zeit war die Bevölkerung mehrheitlich muslimisch, mit einer jüdischen sowie christlichen Minderheit (vgl. Krupp 2001: 118).

Durch die Einwanderung von Juden seit dem 19. Jahrhundert und bedingt durch die 1887 gegründete zionistische Bewegung, ist Israel heute weltweit das einzige Land mit einer mehrheitlich jüdischen Bevölkerung. 76,4% der Bürger und Bürgerinnen sind Juden, darüber hinaus leben Muslime (16%), arabische Christen (1,7%), Angehörige anderer christlicher Konfessionen (0,4%) und Drusen (1,6%) im heutigen Israel; 3,9% gehören einer anderen oder keiner Religionsgemeinschaft an. Unterscheidet man nach ethnischen Gruppen, so sind wiederum mehr als drei Viertel der Einwohner und Einwohnerinnen Juden (von ihnen sind 67,1% in Israel geboren, 22,6% stammen ursprünglich aus Europa oder Amerika, 5,9% aus afrikanischen und 4,2% aus asiatischen Ländern). Die restlichen 23,6% machen hauptsächlich arabischstämmige Menschen aus (vgl. CIA – The World Factbook – Israel 2007).

Nach dem Zweiten Weltkrieg endete das britische UN-Mandat in Palästina. Die Vereinten Nationen sahen die Teilung des Gebietes in einen arabischen und einen jüdischen Staat vor. Während dieser Plan von jüdischer Seite akzeptiert wurde, erkannte ihn die arabische Seite nicht an. Der Angriff arabischer Nachbarstaaten auf die jüdischen Gebiete führte zum Arabisch-Israelischen Krieg (1947-1949), der von Israel gewonnen wurde. In den Kriegsjahren kam es zur Flucht und Vertreibung der arabischen Bevölkerung aus den Israel zugeteilten Gebieten. Im Jahr 1948 wurde der Staat Israel in Form einer parlamentarischen Demokratie gegründet.

Nach dem Sechstagekrieg im Jahre 1967 eroberte Israel den Gazastreifen und das Westjordanland, sodass es nun das gesamte ehemals britische Mandatsgebiet kontrollierte. Außerdem besetzte Israel die syrischen Golan-Höhen und die Sinai-Halbinsel. Auf den Jom-Kippur- bzw. Ramadan-Krieg 1973 folgten kleinere Grenzverschiebungen am Suezkanal und auf dem Golan.

Der Jom-Kippur- bzw. Ramadan-Krieg wird in der Literatur als Zäsur dargestellt: Das wenige Vertrauen, das bis dahin zwischen Israelis und Palästinensern gleich welcher Religion und Ethnie existiert haben mochte, wurde spätestens durch diesen Krieg zerstört (vgl. Krupp 2001: 122).

Infolge des Friedensvertrags mit Ägypten im Jahr 1979 wurde die Sinaihalbinsel bis 1982 von Israel zurückgegeben. Palästinensische Angriffe auf Galiläa von Stützpunkten im Libanon aus ließen Israel 1982 in den Libanon eindringen.

Wichtige Friedensverhandlungen und Friedensschlüsse erfolgten in den 1990er Jahren. Infolge der 1991 in der Nahostfriedenskonferenz in Madrid begonnenen Verhandlungen zwischen Israel, palästinensischen Vertretern, dem Libanon, Jordanien und Syrien kam es 1993 zur wechselseitigen Anerkennung Israels und der Palästinensischen Befreiungsorganisation (PLO) sowie zur Unterzeichnung einer Prinzipienerklärung, in der Regelungen für die palästinensische Bevölkerung im Westjordanland und in Gaza umrissen wurden. Die Verhandlungen führten 1994 zur Übergabe des

Gazastreifens und von Teilen des Westjordanlandes an die Verwaltung der Palästinensischen Autonomiebehörde. Außerdem kam es 1994 zum Israelisch-Jordanischen Friedensvertrag, mit dem territoriale Konflikte gelöst und diplomatische Beziehungen aufgenommen wurden (vgl. Johannsen 2008).

Seit der Jahrtausendwende kam es erneut zu bewaffneten Auseinandersetzungen zwischen Israelis und Palästinensern. Im Jahr 2000 scheiterten die Verhandlungen über ein „Endstatusabkommen" (ebd.), wodurch sich die palästinensische Hoffnung auf Eigenstaatlichkeit zerschlug. Es kam erneut zu Kämpfen zwischen der palästinensischen und der israelischen Seite (die sog. Zweite Intifada), in deren Verlauf die palästinensische Autonomiebehörde von Israel zerstört und regierungsunfähig gemacht wurde (vgl. ebd.).

2003 nahm das internationale ‚Nahost-Quartett' (bestehend aus den USA, der EU, den UN und Russland) seine Arbeit auf. Ergebnis war die Ausarbeitung einer ‚Road Map' zur endgültigen Beilegung des Konflikts bis 2005. Sie sollte zu zwei Staaten führen, einem demokratischen Palästina neben Israel. Die darin geforderten Verpflichtungen (für die palästinensische Seite waren dies die Durchführung politischer Reformen sowie die Auflösung der Milizen, von Israel wurde die Einstellung der Siedlungstätigkeiten gefordert) wurden bisher von beiden Seiten nicht erfüllt. Zudem wurden die erreichten Fortschritte durch erneute Gewalt zerstört.

Das 2005 vom israelischen Ministerpräsidenten Scharon und vom Präsidenten der palästinensischen Autonomiebehörde Abbas in Sharm al-Sheikh erzielte Abkommen über eine Waffenruhe zwischen Israel und Palästinensern führte zu einer deutlichen Reduzierung der Gewalt. Israel zog sich im gleichen Jahr aus dem Gazastreifen zurück. Nachdem die Hamas im Januar 2006 zur Führung des palästinensischen Parlaments gewählt worden war, wurden die Beziehungen erneut eingefroren. Darüber hinaus führte Israel im Sommer 2006 Militäroperationen im Gazastreifen durch (vgl. CIA – The World Factbook – Israel 2007).

Die Konkurrenz zwischen Hamas und Fatah führte in den palästinensischen Gebieten in der jüngsten Vergangenheit zu einer innenpolitischen Krise. Seitdem die Hamas im Juni 2007 mit einem Coup den Sicherheitsapparat im Gazastreifen in ihre Gewalt gebracht hat, sind die palästinensischen Autonomiegebiete politisch geteilt: Die Hamas herrscht im Gazastreifen, im Westjordanland ist eine von Abbas ernannte Übergangsregierung an der Macht. Während die Fatahregierung von Israel, den USA und der EU anerkannt wird, haben dieselben Staaten sowie Russland eine Finanzblockade gegen die Hamas verhängt (vgl. Johannsen 2008).

Nach sieben Jahren erneuter bewaffneter Auseinandersetzungen zwischen Israelis und Palästinensern wurden im Herbst 2007 die Verhandlungen wieder aufgenommen. Im amerikanischen Annapolis vereinbarten der Präsident der palästinensischen Autonomiebehörde Abbas und der israelische Ministerpräsident Olmert, „bis Ende 2008 den Weg zu einem palästinensischen Staat ebnen zu wollen"(ebd.).

Die entscheidenden Punkte sind jedoch bis dato ungelöst: Nach wie vor bildet der konkurrierende Anspruch auf das Gebiet zwischen Jordan und Mittelmeer den Kern des Nahostkonflikts zwischen Israelis und Palästinensern. „Israels Souveränität erstreckt sich auf 78% dieses Gebietes; über 22% herrscht Israel seit 1967 als Besatzungsmacht" (ebd.). Die Palästinenser streben ihrerseits einen eigenen Staat an, eine Forderung, der die israelische Regierung mittlerweile zustimmt. Der Grenzverlauf bleibt jedoch strittig. Streitfragen sind außerdem die jüdischen Siedlungen auf dem Gebiet des Gazastreifens und der West-Bank, der Status Jerusalems ist umstritten und das von den Palästinensern geforderte Recht auf Rückkehr der Flüchtlinge ungeklärt (vgl. ebd.).

Die grundsätzliche Haltung des Staates Israel bezüglich Religionsfreiheit bzw. religiösem Pluralismus fand ihren Ausdruck in der Unabhängigkeitserklärung von 1948: „Der Staat Israel [...] wird allen seinen Bürgern ohne Unterschied von Religion, Rasse und Geschlecht soziale und politische Gleichberechtigung verbürgen. Er wird Glaubens- und Gewissensfreiheit, Freiheit der Sprache, Erziehung und Kultur gewährleisten, (die Heiligen Stätten unter seinen Schutz nehmen und den Grundsätzen der Charta der Vereinten Nationen treu bleiben)."[167] Allen Religionen wird das Recht auf Ausübung der eigenen Traditionen gewährt: „Jede religiöse Gemeinschaft hat die Freiheit, ihren Glauben auszuüben, ihre eigenen Festtage und ihren wöchentlichen Ruhetag zu begehen und ihre eigenen internen Angelegenheiten zu regeln" (Eldar 2000).

Zugleich versteht sich Israel ausdrücklich als jüdischer Staat (vgl. die oben zitierte Unabhängigkeitserklärung). Neben dem Hebräischen als Staatssprache folgt daraus zum Beispiel, dass die allgemeinen Feiertage dem jüdischen Festkalender folgen und der Staat jüdische Symbole (auf Staatsflagge und Staatswappen) verwendet. Auch das so genannte Rückkehrgesetz garantiert jedem Juden auf der Welt in Israel die Repatriierung.

Staat und Religion sind dementsprechend in der politischen Praxis nicht voneinander getrennt. Fachleute beschreiben die Gesetzeslage und Praxis bezüglich der Religionsfreiheit in Israel als eine Mischung aus „non-intervention" in religiöse Angelegenheiten einerseits und „inter-involvement" von Religion und Regierung in unterschiedlicher Form andererseits – „[...] most notably by legislation establishing the jurisdiction of religious courts of the different faiths in specified matters of ‚personal status' by government funding of authorities which provide religious services to several of the religious communities; and by a series of legal institutions and practices which apply Jewish religious norms to the Jewish population" (Shetreet 2001).

Religiöse Institutionen in Israel erhalten vom Staat großzügige finanzielle Unterstützung, sowohl in Form direkter Zuwendungen als auch indirekt durch Steuerbe-

---

167 http://berlin.mfa.gov.il/mfm/web/main/document.asp?DocumentID=1216&MissionID=88 (Zugriff am 10.12.2008).

freiungen. Diese staatlichen Unterstützungen sind jedoch nicht für alle religiösen Gemeinschaften gleich. Die meisten staatlichen Zuwendungen vergibt das Ministerium für religiöse Angelegenheiten, dessen Budget hauptsächlich für die jüdische Religionsgemeinschaft verwendet wird (z. B. für jüdische Bildungsinstitutionen, ultra-orthodoxe jüdische Bildungs- und Sozialeinrichtungen, Jugendbewegungen, jüdische Kulturinstitutionen und religiöse Forschungszentren). Ein kleinerer Teil des Geldes geht an Synagogen, Moscheen, an das Amt des Oberrabbiners, die religiösen Gerichte und Friedhöfe (vgl. ebd.). Neben der Bereitstellung der jüdisch-religiösen Einrichtungen dient das Ministerium auch als Ansprechpartner für die religiösen Minderheiten des Landes und tritt beispielsweise in Auseinandersetzungen um die heiligen Stätte als Schlichter auf (vgl. Eldar 2000).

Eine besondere rechtliche Regelung existiert in Israel hinsichtlich des Personenstandrechts. Den Zivilstand betreffende Fragen, wie Ehe, Scheidung, Unterhalt, Vormundschaft oder Adoption werden in Israel von juristischen Gremien der jeweiligen religiösen Gemeinschaft geregelt, d. h. von Richtern der jüdischen Gemeinden, der Moslems, Drusen oder der neun in Israel anerkannten christlichen Gemeinschaften.[168] „Thus, every citizen in Israel is subject to the authority of religious institutions in matters of marriage and divorce even against his will. There is no civil alternative for religious marriage" (Shetreet 2001)[169].

Mit Verweis auf die nicht vorhandene Zivilehe oder die Streitfrage um das Verbot von Geschäftsöffnungen am Sabbath wird in Israel gelegentlich die Frage gestellt, ob die fehlende Trennung von Staat und Religion nicht die ‚Freiheit von Religion' („freedom from religion") beeinträchtige bzw. ob sie mit demokratischen Grundsätzen vereinbar sei (vgl. ebd).

Die israelische Gesellschaft ist von einem Prozess der Säkularisierung erfasst worden. Zugleich wachsen jedoch sowohl auf israelisch-jüdischer als auch auf palästinensisch-muslimischer Seite religiöser Fundamentalismus und Extremismus (vgl. Bauschke 2001: 130). Der Gegensatz zwischen säkular orientierten und religiös-konservativen Angehörigen der jeweiligen Religionen wirkt sich auch auf den interreligiösen Dialog aus. Hier stehen sich die gegensätzlichen Ausrichtungen mit unterschiedlichen Zielsetzungen gegenüber (vgl. Krupp 2001: 126). Eine weitere Schwierigkeit im Religionsdialog in Israel stellt die unterschiedliche Einstellung bezüglich der Berührung bzw. Ausklammerung politischer Themen dar. Während „die jüdische Seite die Politik aus den Gesprächen ausklammern will", meint die arabische Seite „das nicht zu können" (ebd. 125).

---

168 vgl. http://berlin.mfa.gov.il/mfm/web/main/document.asp?DocumentID=67047&MissionID=88 (Zugriff am 10.12.2008).

169 „The situation creates difficulties, especially when religion forbids the marriage of a couple (such as in the case of a divorced woman and a Cohen), but also in the case of a secular couple that refuses to marry in a religious ceremony. This legislature's choice of an exclusive form of religious marriage violates freedom of marriage, but also freedom from religion, because it obliges the couple to get the services of a religious agency in its most intimate hour" (ebd.).

Auch von offizieller Seite werden die vielfältigen gesellschaftlichen Spannungen erkannt: „Als multiethnische, multikulturelle, multireligiöse und mehrsprachige Gesellschaft weist Israel viele Formen von Absonderung auf", ist auf der Website der Botschaft des Staates Israel nachzulesen[170]. „Israel ist also kein Schmelztiegel, sondern stellt vielmehr ein Mosaik aus verschiedenen Bevölkerungsgruppen dar, die innerhalb des Rahmens eines demokratischen Staates miteinander leben", die Bevölkerungsgruppen der Juden und Araber „leben praktisch nebeneinander. Kontakte werden auf wirtschaftlicher, munizipaler und politischer Ebene gepflegt, gesellschaftliche Beziehungen jedoch bestehen kaum" (ebd.).

Beispiel: The Interreligious Coordinating Council in Israel (ICCI)

Der Interreligiöse Koordinierungsrat in Israel (ICCI)[171] wurde 1991 in Jerusalem gegründet. Er hat sich inzwischen als größte und am weitesten vernetzte interreligiöse Institution in Israel etabliert. Der ICCI übt zwei Funktionen aus: Zum einen engagiert er sich als eigenständige interreligiöse Organisation mit eigenen Programmen und Veranstaltungen im interreligiösen Dialog. Zum anderen fungiert er als Dachorganisation für eine Vielzahl unterschiedlicher, meist kleinerer Organisationen, die sich ihrerseits für den interreligiösen Dialog einsetzen. Inzwischen gehören 75 Organisationen dem Dachverband an, die von unilateral christlichen, jüdischen, palästinensisch-muslimischen Organisationen über selbst interreligiös konzipierte Organisationen bis hin zu verschiedenen, nicht konfessionell gebundenen Institutionen (wie Universitäten oder Museen) reichen. Der ICCI ist Mitglied der multilateralen World Conference of Religions for Peace (WCRP) in New York und des International Council of Christians and Jews (ICCJ) in Heppenheim.

Der ICCI nennt für seine Arbeit klare Ziele, sowohl in kurz-, als auch in mittel- und langfristiger Hinsicht. Kurzfristig möchte der ICCI die Zahl reflektierter und offener Angehöriger der abrahamischen Religionsgemeinschaften sowie die Anzahl dialogbereiter Geistlicher in Israel vergrößern. Diese sollen sich wiederum als Multiplikatoren positiv in ihre Gemeinden einbringen. Mittelfristig sollen die einzelnen Gemeinden, welche im Übrigen durch die gemeinsamen interreligiösen Aktivitäten und Bemühungen auch personell miteinander verbunden sind, regelmäßig und gezielter zusammenarbeiten und ihr eigenes Engagement ausbauen. Als Themenfelder hierfür sind u. a. die Armutsbekämpfung, die Gleichberechtigung von Frauen oder ähnliche religionsübergreifende, aktuelle Fragen vorgesehen. Langfristig soll sich die friedliche Zusammenarbeit zwischen den abrahamischen Gemeinden auf die Gesamtgesellschaft auswirken. Der allgemeine gesellschaftspolitische Diskurs soll durch die einzelnen Friedensstifter in den Gemeinden sowohl weitreichend als auch nachhaltig

---

170 http://berlin.mfa.gov.il/mfm/web/main/document.asp?DocumentID=39020&MissionID=88 (Zugriff am 10.12.2008).
171 Kontakt: ICCI POB 8771, Jerusalem 91086, Israel, Tel: +(972) 2-561-1899, Fax: +(972) 2-563-4148, e-mail: iccijeru@icci.org.il, www.icci.org.il.

verändert werden. Es ist bemerkenswert, dass die Religion als Teil der Lösung ausdrücklich betont wird.

Die Arbeit des ICCI basiert auf einigen grundlegenden Prinzipien:

Die interreligiösen Aktivitäten sollen sich außer auf die konkreten Teilnehmer auch auf die breite Gesellschaft auswirken, indem diese mit gutem Beispiel vorangehen. Sie sollen ein synergiebildendes Modell dafür sein, dass ähnliche Herausforderungen gemeinsam angegangen werden können. Weiterhin wird darauf geachtet, beim Aufbau der Netzwerke ehrlich und offen die eigenen Ansichten und Meinungen auszutauschen, auch und gerade in Hinblick auf den politischen Konflikt vor Ort. Zudem werden alle Teilnehmer bewusst ausgewählt. Damit soll sichergestellt werden, dass dynamische Gruppen entstehen, die vor allem das Potential haben sollen, positiven Einfluss auf ihre Heimatgemeinden zu nehmen. Alle Programme des ICCI sind auf Dauer angelegt, um nachhaltige und konstante Beziehungen zwischen den teilnehmenden und beteiligten Personen aufzubauen. Schließlich wird der interreligiöse Austausch, insbesondere die gemeinsame Auslegung der Heiligen Schriften, als Bildungs-Werkzeug empfunden und die Religion als Weg betrachtet, Menschen einander näher zu bringen.

Um seine Ziele zu erreichen, greift der ICCI auf verschiedene Aktionsformen zurück. Es werden Seminare und Vorlesungen, offene Gespräche sowie Reisen, Ausflüge und andere Veranstaltungen im Bildungsbereich organisiert. Die drei vorrangigen Zielgruppen des ICCI sind Geistliche, Frauen und Jugendliche. Diese drei Gesellschaftsgruppen erscheinen dem ICCI als besonders geeignet, einen gesellschaftlichen Wandel herbeizuführen. Dieser Überlegung folgend, wurden Programme für alle drei Zielgruppen entwickelt:

Für Geistliche wurde ein Dreijahresprogramm ausgearbeitet. Unter der Bezeichnung „Kedem – Stimmen für religiöse Versöhnung" treffen sich ca. 12 Imame, Priester und Rabbiner, um sich und ihre Religionen kennen zu lernen, um persönliche Beziehungen zu entwickeln und gemeinsame Projekte zu planen.

Das erste Jahr dient dabei fast ausschließlich dem gegenseitigen Kennenlernen. Durch angeleitete Dialoge und Seminare wird das Wissen und das Verständnis für den jeweils anderen Glauben vermittelt und vertieft. Den Abschluss des ersten gemeinsamen Jahres bildet eine sechstägige Studienreise ins Ausland. Bereist werden ausschließlich Länder, die mit vergleichbaren Minderheitskonflikten zu kämpfen haben, wie beispielsweise Irland, Bosnien-Herzegowina, Zypern oder Spanien. Die Teilnehmer sollen erleben, wie diese Länder mit ihren innerstaatlichen Konflikten umgehen und welche Lösungswege sie einschlagen. Diese Studienreisen empfanden die bisherigen Teilnehmer ihren Berichten zufolge als Höhepunkt des gesamten Programms, da sowohl jeder Einzelne als auch die Gesamtgruppe das bis dahin Erlernte und alle Erfahrungen einsetzen und beurteilen konnten. Andererseits erhöhten die Studienreisen die Motivation der Teilnehmer für das nächste Programmjahr.

Während der begleitete Dialog auch im zweiten Jahr fortgesetzt wird, tritt eine zweite, tatkräftigere Dialogform hinzu. Die Teilnehmer beginnen, gemeinsam eigene Projekte zu planen und Vorbereitungen für ihre Realisierung zu treffen.

Das letzte Jahr dient nahezu ausschließlich der konkreten Umsetzung der gemeinsam entwickelten Projekte. Dabei existiert die bislang vielfach bestätigte Hoffnung, dass einmal angestoßene Projekte beibehalten und gegebenenfalls weiterentwickelt werden können und der Dialog auf diese Weise weiter lebt.

Ein besonders fruchtbringendes Beispiel für die im Rahmen des Kedem-Programms entwickelten Projekte ist ein pädagogisches Institut in Jerusalem, das Unterrichtsmaterialien über die drei abrahamischen Religionen erarbeitet. Die Materialien sind sowohl für den staatlichen als auch für den nichtstaatlichem Religionsunterricht gedacht, beispielsweise für einen Unterricht über die anderen abrahamischen Religionen. Darüber hinaus wurden Familientage zum gegenseitigen Kennenlernen organisiert, Aktionen im Bereich Sozialhilfe durchgeführt sowie Podiumsdiskussionen abgehalten. Die Ergebnisse des jeweiligen Programm-Jahres werden traditionell Anfang Dezember auf einer zweitägigen Konferenz präsentiert und diskutiert.

Das Frauen-Programm des ICCI ist sowohl gesellschaftspolitisch als auch sozial ausgerichtet. Schon kurze Zeit nach Gründung des ICCI begannen israelische und palästinensische Frauen in Jerusalem und Galiläa damit, mittels verschiedener Projekte Beziehungen zwischen den Gemeinden und Gesellschaftsgruppen herzustellen. Es sollten Möglichkeiten für ein friedliches Zusammenleben geschaffen werden, das unabhängig ist von den innen- und außenpolitischen Konflikten der Region.

Die Gruppe trat beispielsweise im Jahr 2005 mit ihrer Publikation „Women of the Book: A Jerusalem Collage" an die Öffentlichkeit. In diesem Buch schildern einige der Frauen ihre persönlichen Einschätzungen und Erfahrungen im interreligiösen Dialog sowie im Umgang mit den Folgen des anhaltenden politischen Konflikts. Durch die unterschiedlichen Perspektiven und Hintergründe der Autorinnen entsteht ein Kaleidoskop an Eindrücken. Trotz ihrer Unterschiedlichkeit treten erstaunlich viele Schnittstellen bezüglich der Herausforderungen zutage, mit denen die Frauen konfrontiert sind. Es offenbaren sich beispielsweise ähnliche Fluchterfahrungen. Auch haben die Frauen mit vergleichbaren Hürden bei der Erziehung ihrer Kinder inmitten der politischen Konflikte zu kämpfen. Gemeinsam ist ihnen die Erfahrung allgegenwärtiger Angst im Alltag. Die Frauen überzeugen durch ihre positive Haltung gegenüber einer gemeinsamen Gegenwart und Zukunft.

Auf der Grundlage dieses Buches begann die erste Frauen-Dialog-Gruppe des ICCI damit, Gemeindetreffen und Workshops zur gemeinsamen Friedensbildung und gegenseitigen Aussöhnung zu organisieren. Diese Treffen betonen die Werbung für Toleranz und Heilung und wollen dazu beitragen, Bitterkeit, Vorurteile und Verdächtigungen abklingen zu lassen.

Seit 2008 soll auf den bislang erreichten Zielen aufgebaut werden, indem thematisch der Fokus auf die Zukunft der gesellschaftlichen Gruppen Jerusalems gelenkt wird.

Unter dem Namen „Jerusalem Women as Catalysts for Peace Group 2008" sollen die Frauen die Zukunft Jerusalems auf persönlicher und politischer Ebene diskutieren und Pläne und Ziele entwickeln, anhand derer Wissen und Verständnis mehr und mehr vertieft werden könnten. All dies ist Basisarbeit und gerade deshalb so erfolgversprechend.

Das Jugendprogramm des ICCI wiederum legt seinen Schwerpunkt auf die Vermittlung praktischer Fähigkeiten im Umgang mit den gesellschaftlichen Konflikten des Landes bzw. der Stadt. Junge Muslime, Christen und Juden, Studenten und junge Erwachsene sollen zu „Führungskräften" im friedlichen interreligiösen Zusammenleben ausgebildet werden. Sie sollen ein Bewusstsein dafür entwickeln, welches Kapital religiöses Miteinander und soziales Umdenken in sich bergen. Die erlernten Fertigkeiten und Kompetenzen sollen sie sowohl in ihren Schulen, Universitäten und Gemeinden als auch in der Gesellschaft umsetzen und einbringen.

8 Das sozialintegrative Potenzial zivilgesellschaftlicher Initiativen im trilateralen Dialog zwischen Judentum, Christentum und Islam

Die gesellschaftliche Konstellation von Migration, Integration und Religion und die damit verbundenen Herausforderungen bilden den Kontext, in dem die zivilgesellschaftlichen Akteure im trilateralen Dialog zwischen Judentum, Christentum und Islam agieren.

Deutschland laboriert an den Folgen jahrzehntelanger integrationspolitischer Untätigkeit. Die zentrale Herausforderung für ein gelungenes Zusammenleben der vielen heterogenen Gruppen in der Bundesrepublik besteht nach wie vor in der Gewährleistung von Teilhaberechten für alle Gesellschaftsmitglieder, ungeachtet ihrer Zugehörigkeit zu einer Ethnie, Religion oder Schicht. Trotz des komplexen Zusammenspiels unterschiedlicher Strukturkategorien hinsichtlich der Integrations- und Desintegrationsprozesse ist im politischen wie medialen Diskurs (und zum Teil auch in der Wissenschaft) eine Engführung auf „Kultur" und „Religion" zu beobachten. Ihnen wird eine zentrale Rolle hinsichtlich der gesellschaftlichen Integration zugeschrieben. Dies geschieht auf Kosten einer differenzierteren Betrachtung, die beispielsweise sozialstrukturelle Faktoren oder den politischen bzw. historischen Kontext mit einbezieht.

Deutschland ist heute eine plurireligiöse Gesellschaft. Allerdings sind die Zahlenverhältnisse zwischen den Religionen ungleichgewichtig: Die christlichen Konfessionen stellen die Mehrheit dar (65,5%). Die jüdische Gemeinschaft ist sehr klein (0,2%). Der Anteil an Muslimen liegt bei 4%. Die Gruppe der Konfessionslosen ist mit ca. 29% im europäischen Vergleich sehr hoch. Keine der genannten Religionsgemeinschaften ist ein monolithischer Block. Alle weisen in sich eine erhebliche Heterogenität auf, wobei sich die einzelnen Gruppen untereinander keineswegs einig sind.

Das Judentum in Deutschland steht nach innen vor der Herausforderung, die aus den Gebieten der ehemaligen Sowjetunion stammenden jüdischen Zuwanderer sprachlich, religiös und kulturell zu integrieren und eine Spaltung der Gemeinden, auch hinsichtlich der religiösen Ausrichtung, zu verhindern. In Hinblick auf die Mehrheitsgesellschaft bleiben antisemitische (verbale und auch tätliche) Übergriffe ein ständiges Problem, egal ob diese in rechtsextremen oder islamistischen Überzeugungen wurzeln. In rechtlicher Hinsicht werden derzeit mit den jüdischen Gemeinden vermehrt Staatsverträge auf Länderebene geschlossen.

Wenn die christlichen Kirchen auch nicht in ihrem Bestand bedroht sind, so bereiten ihnen zurückgehende Mitgliederzahlen Sorgen. Damit gehen finanzielle Schwierigkeiten einher, die zu einem Rückgang an Gemeindetätigkeiten führen, aber auch zum Verkauf von Kirchengebäuden zwingen, um nur einige der Konsequenzen zu nennen. Die Katholische Kirche hat zudem ein Nachwuchsproblem, denn es mangelt ihr an Anwärtern für das Priesteramt.

Das breite islamische Spektrum in Deutschland befindet sich intern in einem Prozess der Selbstverständigung darüber, wie die verschiedenen Gruppierungen zueinander stehen. Die Trennlinien verlaufen dabei zwischen nationalen Untergruppen, zwischen den unterschiedlichen Glaubensrichtungen sowie zwischen gemäßigten und islamistischen Gruppierungen. Das Streben einzelner Gruppen nach Abgrenzung lässt sich ebenso beobachten wie Kooptationsversuche. Diese internen Prozesse werden durch den politischen Willen, einen einheitlichen islamischen Ansprechpartner zu generieren, forciert. Ziel ist es, den Rechtsstatus einer Körperschaft des öffentlichen Rechts zu erlangen, wie ihn Christentum und Judentum aus historischen Gründen bereits seit Längerem innehaben. Konflikte mit der Mehrheitsgesellschaft entzünden sich an so unterschiedlichen Themen wie dem Bau von Moscheen, an Kleidungsvorschriften, an dem Islam zugeschriebenen Menschenrechtsverletzungen wie Zwangsheiraten und Ehrenmorde u. a. Die Folie, vor der sich diese Konflikte abspielen, ist die weit verbreitete Angst der umgebenden Gesellschaft vor dem Islam.

Im Verhältnis der Religionen untereinander sind sowohl eine teilweise Verschärfung des Tons als auch Prozesse der Annäherung zu konstatieren. Insgesamt befindet sich die religiöse Landschaft in Deutschland im Umbruch. Während auf höchster Ebene neben positiven Signalen nicht zuletzt Macht- und Verteilungskämpfe ausgetragen werden, bemüht sich die Basis häufiger um ein Miteinander.

Im Mittelpunkt der Studie stand die Frage nach dem Beitrag, den zivilgesellschaftliche Akteure im trilateralen interreligiösen Dialog zwischen Judentum, Christentum und Islam zur gesellschaftlichen Integration leisten können. Ihr theoretischer Ausgangspunkt war, dass kein automatischer Zusammenhang zwischen bürgerschaftlichem Engagement und gesellschaftlicher Integration besteht. Sozialkapital kann Brücken bilden, aber auch binden und zu sozialer Trennung führen. Ob nun konkrete Akteure integrativ oder vielmehr exklusiv wirken, hängt maßgeblich von den jeweiligen Akteuren, ihrer Zusammensetzung, dem Zweck ihres Zusammenschlusses sowie vom gesellschaftlichen Kontext ab. Die vor diesem Hintergrund entwickelten Hypothesen besagten, dass Trialog-Initiativen einerseits gute Voraussetzungen haben, sozial integrativ zu wirken. Die Wahl eines religiösen Zugangs kann andererseits jedoch religiöse Identität auf eine Weise stärken, die zu neuen – konfliktträchtigen – Abgrenzungen führt.

Vor diesem Hintergrund erbrachte die Studie folgende empirische Ergebnisse:

1. Angesichts des hohen Anteils informeller Zusammenschlüsse können keine gesicherten Aussagen über die Gesamtzahl von zivilgesellschaftlichen Akteuren getätigt werden, die im trilateralen Dialog in Deutschland aktiv sind.
2. Das abrahamische Engagement in Deutschland reicht bis in die 1970er Jahre zurück. Vereinigungen, die sich ihrer Ausrichtung gemäß auf eine einzige Religion konzentrieren, fördern den Trialog ebenso wie Assoziationen, in deren Arbeit der bilaterale Dialog im Mittelpunkt steht, und Organisationen, die sich potenziell an alle Religionen richten. Seit der Jahrtausendwende ist eine neue Entwicklung zu beobachten: Es werden vermehrt zivilgesellschaftliche Organisationen gegründet, die von Beginn an einen trilateralen Zugang wählen. Ein Abflauen, wie es für den christlich-islamischen Dialog konstatiert wird (vgl. Halm 2008: 102), kann für den Trialog nicht bestätigt werden.
3. Dass internationale und nationale Konflikte ebenso wie Naturkatastrophen einen teils motivierenden, teils belastenden Einfluss auf den trilateralen interreligiösen Dialog haben, hat die empirische Untersuchung bestätigt. Dies gilt auch für die Anschläge islamistischer Terroristen auf symbolträchtige, zivile und militärische Ziele in den USA am 11. September 2001. Eine singuläre Bedeutung von 9/11 für den Trialog kann jedoch nicht herausgelesen werden. Die Auswirkungen anderer Konflikte, vor allem des Nahostkonflikts, sind für das abrahamische Engagement ebenfalls prägend.
4. Vor dem Hintergrund des geteilten Deutschlands und der unterschiedlichen Entwicklungen hinsichtlich Migration und Religion in Westdeutschland und der DDR ist der überwiegende Teil der Trialog-Initiativen heute in Westdeutschland angesiedelt.

Was ihre Reichweite betrifft, so beschränken sich die wenigsten Initiativen ausschließlich auf die lokale Ebene. Doppelt so viele agieren auf regionaler Ebene oder verbinden lokales mit regionalem Engagement, weitere sind auf Bundesebene aktiv. Der größere Teil ist auch auf internationaler Ebene engagiert. Zwar werden von wissenschaftlicher Seite einem regionalisierten Dialog die größten Erfolgschancen in Bezug auf Integration eingeräumt, vor allem in Abgrenzung zu zentralisierten Dialogbemühungen (vgl. Malik 2008: 155). Dass ein so großer Teil der Trialog-Initiativen angibt, auch über die Landesgrenzen hinaus tätig zu sein, mag jedoch auch an der behandelten Thematik liegen und zeugt eher von guter Vernetzung, als von einer zentralen Steuerung, und steht daher nicht in Widerspruch zur o. g. Einschätzung.

Die zivilgesellschaftlichen Akteure im trilateralen Dialog beanspruchen in ihrer Zusammensetzung ebenso wie hinsichtlich ihrer Zielgruppe eine erstaunliche Inklusivität:

1. Die Trialog-Initiativen agieren überwiegend an der Basis: Es sind die „einfachen" Gläubigen und die allgemein am Thema Interessierten, die die Initiativen prägen, nicht die „offiziellen" oder die Spitzenvertreter der Religionsgemeinschaften. Dieses Ergebnis widerspricht der verbreiteten Meinung, die den Trialog vor allem in Gremien ansiedelt und daher als abgehoben kritisiert (vgl. bspw. Halm 2008: 103; Herweg/Müller 2006: 223-224).
2. Die Beschäftigung mit dem Trialog erfolgt in der Regel nicht nur auf thematischer Ebene, sondern schlägt sich vor allem in partizipatorischer Hinsicht nieder, indem Vertreter und Vertreterinnen aller drei Religionsgemeinschaften am Dialog beteiligt sind.
3. Ein Drittel der Initiativen bezieht Angehörige anderer Religionsgemeinschaften mit ein. Häufig handelt es sich dabei um die ebenfalls in monotheistischer Tradition stehenden Bahá'í.

Darüber hinaus sind in knapp der Hälfte der Vereinigungen auch Menschen am Dialog beteiligt, die nicht religiös gebunden sind.

4. Bezüglich des zivilgesellschaftlichen Kontextes in Deutschland überrascht es, dass der Großteil der Initiativen angibt, alle Bildungsschichten zu erreichen. Eine mögliche Erklärung hierfür ist, dass religiöses Engagement als „klassische", informelle Partizipation eine niedrigere Zugangsschwelle aufweist als die neuen, zunehmend professionalisierten Formen des bürgerschaftlichen Engagements.
5. Für das Geschlechterverhältnis wird postuliert, dass Frauen und Männer gleichermaßen am Trialog beteiligt sind. Diese Egalität mag damit zusammenhängen, dass der trilaterale Dialog letztlich Basisarbeit ist, die sowohl in den Religionsgemeinschaften als auch in der Zivilgesellschaft traditionell Frauen überlassen wird.
6. In intergenerativer Hinsicht zeichnet sich ein deutlicher Bias zugunsten von Erwachsenen und Senioren bzw. Seniorinnen ab. Jugendliche und Kinder sind schwerer zu erreichen. Die Sensibilität gegenüber den negativen Folgen, die sich daraus ergeben können – vor allem dem Nachwuchsproblem – ist jedoch vorhanden. Es werden Wege gesucht, die nachkommende Generation zukünftig stärker einzubinden.
7. Zwar handelt es sich bei den Trialog-Initiativen häufig um mitgliedergestützte Vereinigungen, die Anzahl der Personen (nämlich zwischen 15 bis über 50 Personen), die durchschnittlich an den Trialog Veranstaltungen teilnehmen, ist jedoch insgesamt eher überschaubar.

Hinsichtlich der Ebenen des Dialogs, ihrer Aktionsformen und der von ihnen behandelten Themen zeichnet sich deutlich eine Orientierung an der Handlungsebene ab:

1. Der trilaterale Dialog ist auf der Ebene des Handelns und des Alltags angesiedelt. Der Austausch über theologische Fragen folgt dicht dahinter, gemeinsame spiri-

tuelle Erfahrungen stehen dagegen eher im Hintergrund. Auch dies steht einer Reduktion auf Religion entgegen.

2. Das Ziel, miteinander in Dialog zu treten, verfolgen die Trialog-Initiativen mit einer beeindruckenden Vielfalt an Aktionsformen. Das Spektrum reicht von gegenseitigen Besuchen über das gemeinsame Auslegen der Heiligen Schriften sowie Gebeten und Andachten bis hin zu gemeinsamen Festen. Es umfasst Tätigkeiten im Bereich Schule und Erziehung sowie in Forschung und Lehre. Publikationen zum Thema werden herausgegeben, Seminare und Tagungen, Gesprächskreise und Foren, Vorträge und Podiumsdiskussionen veranstaltet, sogar Reisen werden organisiert. Gemeinsam werden Lösungsstrategien für praktische Probleme entwickelt. Auch im Bereich Kunst werden die Initiativen aktiv: Hierzu zählen Ausstellungen, Konzerte, Theater und Kabarett, Tanz, sogar das Medium Film wird genutzt. Radiosendungen zum Thema Trialog werden produziert, Hörbücher mit Texten aus den Heiligen Schriften, die für alle drei monotheistischen Religionen Bedeutung haben, zusammengestellt. Sport (insbesondere Fußball) dient ebenfalls als Mittel, um miteinander in Dialog zu treten. Quizveranstaltungen sollen das Wissen über die jeweils anderen abrahamischen Religionen mehren und das verbreitete Unwissen in Bezug auf die eigene Religion verringern. Schließlich gehört zu den Aktionsformen auch die finanzielle Förderung abrahamischen Engagements sowie die Gründung bzw. das Betreiben von Abrahamshäusern.

3. Die Themen, die in Vorträgen, auf Konferenzen und in Seminaren behandelt werden, weisen eine erhebliche Spannbreite auf. Es werden vor allem gesellschaftspolitische Themen (darunter Migration, Integration, Einwanderung, religiöser Pluralismus, gewalttätige Konflikte, Umwelt- und Sozialpolitik, Wirtschaftsethik etc.), aber auch theologische, religionswissenschaftliche, historische, kulturelle und pädagogische, regelmäßig sogar Genderthemen behandelt. Dabei konzentrieren sich die Initiativen nicht nur auf konsensfähige Inhalte, sondern greifen auch schwierige oder strittige Themen auf.

In ihren Zielen zeigt sich darüber hinaus deutlich die Gemeinwohlorientierung, doch vor allem der Wunsch danach, durch die eigene Arbeit die gesellschaftlichen Lebensverhältnisse mit zu gestalten.

1. Es fällt auf, dass die Ziele vorwiegend (gesellschafts-)politisch ausgerichtet sind. Hauptanliegen ist es, einen Beitrag zum gesellschaftlichen Frieden zu leisten. Das Engagement hat vielfach zum Ziel, Vorurteile abzubauen, Rassismus und Xenophobie sowie jede Art von Fundamentalismus zu bekämpfen. Auch der Kampf gegen Antisemitismus ist Thema, aus der Auseinandersetzung mit der nationalsozialistischen Vergangenheit Deutschlands wird eine besondere Verantwortung für Gegenwart und Zukunft abgeleitet. Ein (kleiner) Teil formuliert ein weiteres Ziel, nämlich sich gemeinsam mit der Position der Religion(en) im säkularen Staat zu beschäftigen. Außerdem genannt wird Bildung, vor allem die interkulturelle bzw. interreligiöse Erziehung an Schulen. Auch frauenpolitische Ziele werden angeführt.

2. Mit Blick auf die genannten Ziele wollen die Akteure den Dialog gestalten. Hierbei soll eine Vernetzung auf individueller Ebene ebenso wie zwischen den Religionsgemeinschaften helfen.

3. Die befragten Initiativen zeigen Wege auf, wie sie ihre Ziele erreichen wollen. Dabei setzen sie auf Begegnung, darauf, einander kennen zu lernen. Es soll Wissen über Gemeinsamkeiten und Unterschiede vermittelt werden und ein Kompetenzzuwachs stattfinden. Dadurch, so die Hoffnung, wird schließlich an die Stelle von Ignoranz eine aktive Toleranz treten. Die Initiativen wollen einen geschützten Raum bieten, in dem Verständigung stattfinden und sich Vertrauen herausbilden kann. Dies soll die Basis sein, auf der aufbauend man sich dann gemeinsam für übergeordnete Ziele einsetzen kann.

4. Als Chance des abrahamischen Engagements wird auch die gegenseitige Wahrnehmung und Wertschätzung gesehen, die Anerkennung von sowie die positive Haltung zu gesellschaftlichem Pluralismus und Vielfalt.

5. Keiner der Umfrageteilnehmer benannte von sich aus die „spirituelle Begegnung und Identitätsarbeit" als Ziel des Trialogs. Dasselbe gilt für den „Zugang zu Ressourcen und Entscheidungsprozessen". Die beiden Punkte stehen folglich auch an letzter und vorletzter Stelle bei der Bewertung von aus der Literatur generierten Zielen hinsichtlich ihrer Relevanz für die Initiativen.

6. Bei den persönlichen Beweggründen, sich im trilateralen Dialog zu engagieren, werden neben biographischen sehr wohl auch theologische, religiöse oder spirituelle Motive angegeben. Genannt werden auch soziale Aspekte wie die Freude daran, Neues kennen zu lernen. Die Beteiligten möchten darüber hinaus Verantwortung übernehmen (z. B. für ein friedliches Zusammenleben in einer multireligiösen Gesellschaft). Ganz allgemein wollen sie dazu beitragen, die o. g. Ziele umzusetzen.

7. Ihr Willen, sich in die Gesellschaft einzubringen und diese mit zu gestalten, zeigt sich nicht zuletzt daran, dass alle untersuchten Trialog-Initiativen Öffentlichkeitsarbeit betreiben, um in ihrem Sinne auf die Öffentlichkeit einzuwirken. Über Printmedien, Rundfunk und Fernsehen, das Internet und den Postweg, mittels Veranstaltungen oder Flyer versuchen sie, ihren Anliegen Gehör zu verschaffen. Mehr als die Hälfte erreicht mit ihren Maßnahmen die überregionale Ebene, ein Viertel verbleibt in der Region, ein Fünftel konzentriert sich auf den lokalen Kontext. Mit dem Output ist jedoch nur ein Drittel der Initiativen zufrieden, ein noch größerer Teil schätzt das Interesse der Öffentlichkeit am Trialog als durchschnittlich ein. Gerade die kleineren Initiativen stoßen mit ihrer Öffentlichkeitsarbeit regelmäßig an die Grenzen ihrer Kapazität.

8. Die abrahamischen Initiativen sind in fast allen Fällen gut mit anderen zivilgesellschaftlichen Organisationen vernetzt. Sie sind nicht nur innerhalb Deutschlands, sondern auch international gut eingebunden. Die wichtigsten Partner der Trialog-Initiativen in der Zivilgesellschaft sind die Religionsgemeinschaften und deren Umfeld (Akademien, Vereine u. Ä.), andere zivilgesellschaftliche Vereinigungen,

die sich dem interreligiösen oder interkulturellen Dialog widmen, sowie Stiftungen (darunter auch die politischen), die meist in einem größeren Kontext tätig sind. Die Vereinigungen nehmen wechselseitig an ihren Veranstaltungen teil, tauschen Informationen aus oder führen sogar gemeinsam Projekte durch. Daneben bestehen personale Überschneidungen mit anderen zivilgesellschaftlichen Initiativen. Insgesamt überwiegt ein ideeller Beistand, es erfolgt aber auch materielle Unterstützung. Eine finanzielle Förderung durch andere zivilgesellschaftliche Akteure erfährt hingegen der geringste Teil. Die Intensität des Austauschs ist, entgegen der skeptischeren Sichtweise der befragten Initiativen selbst, wissenschaftlichen Kriterien nach als hoch einzuschätzen.

9. Zwar zeigen sich die Initiativen eher unschlüssig, wenn es darum geht, abstrakt die Relevanz von Beziehungen zu den staatlichen Institutionen der Politik und Verwaltung zu bewerten; dies hat aber keine Auswirkung auf den tatsächlich stattfindenden Austausch. Am häufigsten erfolgt eine wechselseitige Teilnahme an Veranstaltungen, gefolgt vom Informationsaustausch. Knapp die Hälfte führt sogar gemeinsame Programme bzw. Projekte durch. Man tritt gemeinsam in den Medien auf oder wählt sonstige Formen der Zusammenarbeit. Es existieren gemeinsame Beratungsgremien. Zwar überwiegt auch im Verhältnis zum Staat die ideelle und, in geringerem Maß, die materielle Unterstützung. Ein Drittel erhält jedoch von staatlichen Institutionen auch finanzielle Unterstützung. Politik und Verwaltung werden allgemein als unterstützend erfahren.

Trotz aller Erfolge ist der Alltag von Trialog-Initiativen häufig ein mühevoller und von Rückschlägen gekennzeichneter Weg, der den beteiligten Individuen einiges abverlangt:

1. Auf struktureller Ebene bestehen vor allem hinsichtlich der finanziellen Situation Probleme, gefolgt von organisatorischen Hürden und personellen Herausforderungen. Auch zeitliche Engpässe machen den Initiativen zu schaffen, ebenso infrastrukturelle Probleme. Insgesamt sind die Ressourcen unter den Angehörigen der beteiligten Religionsgemeinschaften unterschiedlich verteilt.

2. Zwischen den Beteiligten führen Unterschiede in Bezug auf das religiöse Vorwissen (aber auch generell der unterschiedliche Bildungsgrad) am häufigsten zu Schwierigkeiten. An zweiter Stelle jedoch steht bereits ein Problem, das von außen an die Vereinigungen herangetragen wird: die mangelnde Resonanz in der Bevölkerung. Am dritthäufigsten werden Unterschiede hinsichtlich der materiellen Ressourcen der Beteiligten genannt. Es folgen Probleme im Umgang mit strittigen Themen und mit einem Mangel an Bereitschaft zum offenen Dialog. Auch die unterschiedliche Motivationslage der Dialogpartner – praktisch versus theoretisch ausgerichtet –, erschwert den Austausch. An letzter Stelle wird die mangelnde Kompetenz einiger Engagierter genannt.

3. Eine dem Dialog zuwiderlaufende Intention (Missionierung, Fundamentalismen u. Ä.) der Teilnehmenden scheint hingegen nur selten zu Problemen zu führen.

Die Länderstudien gewähren Einblicke in verschiedene Kontexte von Migration, Integration und Religion. Die Herausforderungen, denen sich die exemplarisch ausgewählten Trialog-Initiativen stellen müssen, variieren erheblich. Demgemäß beschreiten sie unterschiedliche Wege.

- Die traditionsreiche französische Fraternité d'Abraham ist von ihrer Struktur her partizipatorisch ausgerichtet, sie vereint Angehörige aller drei abrahamischen Religionen. Während sie in ihren Vorträgen und Publikationen lange Zeit vor allem theologisch ausgerichtet war, ist mittlerweile eine Verschiebung zugunsten von Themen, die Religion und Gesellschaft betreffen, festzustellen. Sie rückt damit in die Nähe der deutschen abrahamischen Initiativen.

- Das britische Woolf Institute of Abrahamic Faiths bewegt sich in einem in Deutschland bislang wenig entwickelten Gebiet, denn es weist nicht nur einen jüdisch-christlichen, sondern auch einen jüdisch-muslimischen Zweig auf. Diese Zweiteilung hat sich auch in Hinblick auf seine trilateralen Tätigkeiten bewährt. Sein abrahamisches Engagement betrachtet die Angehörigen der drei Religionen als Bürgerinnen und Bürger eines Staates, als Teil einer gemeinsamen Gesellschaft.

- Die niederländische Stiftung Trialog versucht, in der theologischen Auseinandersetzung gefundene Gemeinsamkeiten in das alltägliche, gemeinsame Leben zu übertragen. Ihre Besonderheit im Vergleich mit der Situation in Deutschland besteht vor allem darin, dass sie sich ausdrücklich um Kinder als Zielgruppe bemüht.

- Der Abrahamitische Freundeskreis der Kontaktstelle Weltreligionen in Österreich konzentriert sich im Unterschied zum Gros der Trialog-Initiativen in Deutschland hauptsächlich auf die inhaltliche Bedeutungsebene des Trialogs. In seinen Vortragsreihen werden Thematiken aus der Perspektive jeweils einer der drei monotheistischen Religionsgemeinschaften beleuchtet. Die Themen richten sich vor allem an ein höher gebildetes Publikum.

- Durch sein Ziel, ein internationales Netzwerk interreligiöser und interkultureller Verständigung zu etablieren, hebt sich das Europäische Abrahamische Forum von anderen Trialog-Initiativen deutlich ab. In der Schweiz verortet, unterhält es Kontakte zu Initiativen in europäischen Länder in- und außerhalb der EU und darüber hinaus in den Nahen und Mittleren Osten. Es ist mit zahlreichen zivilgesellschaftlichen Organisationen sowie mit staatlichen Institutionen in Deutschland vernetzt.

- Im Gegensatz zu den meisten Trialog-Initiativen in Deutschland setzt das Friedenshaus im türkischen Antakya auf die gemeinsame spirituelle Erfahrung von Angehörigen aller drei abrahamischen Religionen. Es ist ein Anziehungspunkt für Pilger aus unterschiedlichen Ländern. Durch Austauschprogramme spricht es insbesondere Jugendliche als Zielgruppe an; inwieweit dieser Weg auch in Deutschland gangbar ist, muss an dieser Stelle offen bleiben.

- Der Interreligiöse Rat in Bosnien-Herzegowina führt den Dialog zwischen den Religionen vor allem auf politischer und gesellschaftspolitischer Ebene. Er ist in den Bereichen Recht, religiöse Erziehung, Medien, Jugend- und Frauenarbeit tätig. Das Tätigkeitsspektrum reicht von der Ausarbeitung von Gesetzesvorschlägen bis hin zu Aktivitäten im Bereich Sozialwesen. Er antwortet damit auf die Notwendigkeiten im Nachgang des politischen Umbruchs und der Kriegsereignisse der 1990er Jahre und damit auf eine Situation, die mit derjenigen in Deutschland, auch in der Eigenschaft als Transformationsland, nur schwer zu vergleichen ist.

- Dies gilt auch für den Interreligiösen Koordinierungsrat in Israel. Seine Agenda ist im Bereich *peace building* zu verorten. Bemerkenswert ist sein strategisches, an kurz-, mittel- und langfristigen Zielen orientiertes Vorgehen. Auch die Auswahl der Zielgruppen – Geistliche, Frauen und Jugendliche – basiert auf der Einschätzung, dass diese Gruppen einen gesellschaftlichen Wandel herbeiführen könnten. Die Projekte des Koordinierungsrats zielen auf Nachhaltigkeit und breite gesellschaftliche Wirkung (Multiplikatoren, Projekte über einen längeren Zeitraum) ab. Das Bestreben, positiv auf die Kohäsionsfähigkeit einer von Konflikten geprägten Gesellschaft einzuwirken, zieht sich durch alle Tätigkeitsbereiche.

Für die zivilgesellschaftlichen Trialog-Initiativen in Deutschland lassen die empirischen Ergebnisse hinsichtlich der zentralen Forschungsfrage und des sich aus den Hypothesen ergebenden Spannungsverhältnisses zwischen Inklusion und Exklusion, zwischen einem Beitrag zur gesellschaftlichen Integration und der Verschärfung von Grenzziehungen durch die Reduktion auf Kultur und Religion die folgenden Schlussfolgerungen zu:

Mit der Bezugnahme auf das Abrahamische wählen die Trialog-Initiativen einen möglichen und berechtigten Zugang, um von einem Neben- oder gar Gegeneinander zu einem Miteinander im interreligiösen Dialog zu gelangen (vgl. Weil 2008: 154). Dass sich hierin auch ein exklusives Potenzial verbirgt, wird von zahlreichen Akteuren thematisiert. Die sich daraus ergebende Notwendigkeit, in den Dialog weitere Gruppen mit einzubeziehen (vgl. Mohagheghi 2008), wird nicht nur angemahnt, sondern auch umgesetzt: Insgesamt weisen die Akteure im trilateralen Dialog in ihrer Zusammensetzung sowie hinsichtlich ihrer Zielgruppen eine große Vielfalt auf. Sie sind basisnah, partizipativ und inklusiv. Nicht nur innerhalb des abrahamischen Kontexts, auch gegenüber anderen Religionsgemeinschaften sind sie offen und beziehen überdies Personen ohne religiöse Anbindung mit ein. Geschlechts- und Schichtzugehörigkeit stehen einer Partizipation am Trialog nicht entgegen. Handlungsbedarf besteht hinsichtlich der Einbindung der nachfolgenden Generation sowie in Bezug auf eine Ausweitung der Teilnehmerzahlen. Dass er von der Basis getragen wird, und dass sowohl unterschiedliche religiöse als auch nicht religiöse Gruppen beteiligt sind, ist die beste Voraussetzung dafür, dass der trilaterale interreligiöse Dialog zu einer gesellschaftlichen Integration beitragen kann (vgl. Malik 2008; 147).

In ihren Tätigkeiten sind die Initiativen vor allem auf der Ebene eines Dialogs des Handelns und des Lebens angesiedelt. Der theologische Austausch spielt eine etwas geringere Rolle, der Dialog der (gemeinsamen) religiösen Erfahrung hingegen scheint nachrangig zu sein. Diese Gewichtung spiegelt sich auch in den Aktionsformen wider. Unter den verhandelten Inhalten sind gesellschaftspolitische Themen ebenso in der Mehrzahl.

Die von den Trialog-Akteuren formulierten Ziele betreffen vorwiegend gesellschaftspolitische Anliegen; Zielvorstellungen wie eine spirituelle Begegnung und Identitätsarbeit haben keine Priorität. Die persönliche Motivation hingegen, sich in den trilateralen Dialog einzubringen, wird auch theologisch, religiös oder spirituell begründet. Insgesamt zeigt sich in den Zielvorstellungen das Bestreben, die gesellschaftlichen Lebensverhältnisse mitzugestalten. Die Trialog-Akteure versuchen, mittels Medien- und PR-Arbeit auf die Öffentlichkeit einzuwirken, sie sind in der Zivilgesellschaft gut vernetzt und unterhalten vielfältige Beziehungen zu den staatlichen Institutionen der Politik und Verwaltung.

Im Ergebnis zeigt sich, dass die Trialog-Initiativen zu denjenigen zivilgesellschaftlichen Vereinigungen gezählt werden können, die Brücken bildendes Sozialkapital („bridging") hervorbringen. Darüber hinaus scheinen die zivilgesellschaftlichen Akteure im trilateralen Dialog in Deutschland in der Lage zu sein, den Fallstricken auszuweichen, die der gegenwärtige diskursive Kontext bereitstellt. Statt Reduktionismen zu forcieren, bewegen sie sich in einer komplexen, pluralistischen gesellschaftlichen Realität. Sie betreiben gerade nicht eine Engführung auf die Religion(szugehörigkeit): Zwar wählen sie einen religiösen Zugang und agieren auch auf der Dialog-Ebene des theologischen Austausches, sie erweitern ihr Gesichtsfeld aber durchgängig um gesellschaftspolitische und andere Themenstellungen.

In Hinblick auf Integration ist einer gesellschaftspolitischen Konnotation des interreligiösen Dialogs gegenüber einem „interreligiöse[n] Gespräch im engeren Sinne als Glaubensdialog" (Halm 2008: 102) der Vorzug zu geben. Sie bietet die Möglichkeit, gemeinsam Wissen und Fähigkeiten anzueignen, Netzwerke zu bilden, zusammen Handlungsfähigkeit zu erlangen. Geht es um den interreligiösen Dialog als „Integrationswerkzeug" (Malik 2008), scheint ein solcher, nah am Alltag verorteter Zugang am erfolgversprechendsten. Es ist in diesem Zusammenhang ausdrücklich zu befürworten, dass sich die Dialog-Akteure mit Themen jenseits der Religion befassen, z.B. mit „Fragen der Umwelt, der Bildung [...] sowie der Wirtschaft und der politischen Partizipationsmöglichkeiten" (ebd.: 157), und sich auch konflikthafter Themen annehmen.

Gleichzeitig ermöglicht die Beschäftigung mit einem Thema, das jenseits der Religion alle betrifft, das Wesen eines Dialogs zu erfahren: Zu einem Konsens zu gelangen, ist nur ein möglicher Ausgang eines Dialogs. Wichtiger ist die Erfahrung, dass man, unter Beibehaltung der eigenen Geltungsansprüche, auch Dissens auf vernünftige Weise stehen lassen und dennoch im Gespräch bleiben kann. Auf diese Weise eröffnet sich die Möglichkeit, „sowohl Unterschiede akzeptieren zu lernen als auch Gemeinsamkeiten bspw. hinsichtlich des Demokratieverständnisses und der Menschenrechtsvorstellungen zu finden" (Malik 2008: 147).

Die Beschäftigung interreligiöser Initiativen mit Politik, Kunst, Kultur und Sport dient somit dem Ziel einer gesellschaftlichen Integration. Umgekehrt hingegen ist es problematisch, wenn von politischer Seite integrationspolitische (aber auch sozial- oder sicherheitspolitische) Herausforderungen lediglich unter dem Aspekt der Religion verhandelt werden. Der Versuch, daraus entstehende Konflikte hauptsächlich über religiöse Autoritäten oder interreligiöse Vereinigungen zu lösen, kann nicht gelingen (liegt der Schlüssel doch in gleichen Teilhaberechten), sondern wäre als deren Instrumentalisierung zu werten.[172]

---

[172] Eine Vertiefung der Studie in methodischer Hinsicht, indem zusätzlich zur schriftlichen Umfrage und der Dokumentenanalyse qualitative Tiefen-Interviews mit im Trialog tätigen Personen geführt werden, schließt sich diesen Überlegungen als zukünftiges Forschungsdesiderat an. Darüber hinaus wäre es interessant, das Potenzial des (im Zusammenhang mit, zum Teil auch in Abgrenzung zum Integrations-Ansatz diskutierten) Diversity-Konzepts zu prüfen – und zwar bezogen auf den interreligiösen Dialog sowohl hinsichtlich seiner theoretischen Tragfähigkeit als auch seines praktischen Wertes.

Marie von Manteuffel

Zivilgesellschaftliche Trialog-Initiativen in Deutschland

Organisationsportraits

Vorbemerkung

Für den Trialog in Deutschland engagiert sich ein weites Spektrum unterschiedlicher Akteure. Abgesehen von den Religionsgemeinschaften mit ihren verschiedenen Hierarchiestufen handelt es sich um konfessionelle Akademien, Dachverbände, Vereine, Stiftungen, gemeinnützige GmbHs und AGs sowie lose Zusammenschlüsse zu Arbeitskreisen und Runden Tischen sowie Einzelpersonen.

Eine vollständige quantitative Erhebung aller Formen der Beschäftigung mit Themen, die den trilateralen Dialog betreffen, ist daher nicht möglich. Dies hängt mit bestimmten Charakteristika der Trialog-Initiativen, aber auch zivilgesellschaftlicher Organisationen generell zusammen: So ist der Formalisierungsgrad der Trialog-Initiativen sehr unterschiedlich ausgeprägt. Wie in zivilgesellschaftlichen Zusammenhängen üblich, existieren formalisierte Strukturen und informelles Engagement nebeneinander. Und auch hinsichtlich der Häufigkeit, mit der dieses Thema behandelt wird, gibt es große Unterschiede. Die Spannbreite reicht vom einmaligen oder fallweisen Engagement bis hin zu regelmäßig stattfindenden, langfristigen Aktivitäten. Unterschiede in der Kontinuität bestehen jedoch nicht nur auf der Projektebene, sondern auch hinsichtlich der Akteure selbst: Seit Jahrzehnten bestehende Vereinigungen stehen flüchtigen Bündnissen gegenüber.

Beim folgenden Text handelt es sich um Portraits der Organisationen, die sich an der schriftlichen Umfrage im Rahmen des Projekts beteiligten. Ebenfalls berücksichtigt wurden solche Initiativen, die an der Umfrage zwar nicht teilnahmen, deren Existenz aber gesichert ist. Entscheidend für die Aufnahme einer Initiative war zum einen die Aktualität ihres Engagements im trilateralen Dialog sowie zum anderen die Abgrenzung zum lediglich unterstützenden Partner einer aktiven Initiative. Aus pragmatischen Gründen wurden beispielsweise einzelne, im trilateralen Dialog aktive Pfarrgemeinden nicht aufgenommen.[173] Insgesamt wird über 54 Initiativen in alphabetischer Reihenfolge berichtet.

---

173 Sofern es sich dabei um Gemeinden handelt, die im Rahmen des gemeinsamen Großprojekts der Arbeitsgemeinschaft Christlicher Kirchen in Deutschland (ACK), der Türkisch-Islamischen Union der Anstalt für Religion e. V. (DITIB), des Zentralrat des Muslime in Deutschland e. V. (ZMD) und des Zentralrats der Juden in Deutschland (ZJD) „Weißt Du, wer ich bin?" gefördert wurden, wird auf die Darstellung ihrer jeweiligen Aktivitäten in „Weißt du, wer ich bin?" 2007b verwiesen. Während im vorliegenden zweiten Teil der Studie die Organisationen selbst im Mittelpunkt stehen, wurde bei „Weißt Du, wer ich bin?" der Weg über die Projekte, d. h. über die einzelnen Aktionsformen von Trialog-Initiativen gewählt.

Die Portraits basieren auf zwei verschiedenen Quellen: zum einen auf den Ergebnissen der schriftlichen Umfrage, zum anderen auf einer Dokumentenanalyse. Soweit nicht anders angegeben, beruhen die Organisationsportraits auf den Aussagen der Teilnehmern der Umfrage. Daneben wurde hauptsächlich „graue" Literatur herangezogen, d.h. Dokumente von und über die Organisationen. Eine wesentliche Rolle spielten dabei die Websites der einzelnen Organisationen. Die Organisationsportraits sollen einen kurzen Überblick über die jeweils vorgestellte Initiative geben und sind zwischen einer und zwei Seiten lang. Da die Datenlage unterschiedlich ist – nicht nur, was die „graue" Literatur betrifft, sondern auch hinsichtlich der Ausführlichkeit, mit der die Fragebögen ausgefüllt wurden –, variieren die Organisationsportraits innerhalb dieses Umfangs.

Die Organisationsportraits weisen einen einheitlichen Aufbau auf. Sie beinhalten grundsätzliche Informationen zum Gründungsjahr und zur Rechtsform, zur Ausrichtung der Organisation – ob uni-, bi- oder trilateral –, zur Anzahl der Mitglieder, zu den Aktionsformen, zu den konkreten Aktivitäten im trilateralen Dialog zwischen Judentum, Christentum und Islam und zu wichtigen Partnern der Organisation. Jedes Portrait schließt mit der Angabe einer Ansprechperson, der Kontaktdaten und ggf. der Website.

1. Abraham Geiger Kolleg

Das Abraham Geiger Kolleg wurde 1999 als erstes europäisches Rabbinerseminar nach der Schoa gegründet. Das Kolleg, eine gGmbH, steht als unilateral jüdische Institution im permanenten Kontakt zu christlichen und muslimischen sowie abrahamisch-ökumenischen Einrichtungen. Trialogische Aktionen finden dabei in unterschiedlichen Formen statt. So wird der interreligiöse Dialog auf verschiedenen Ebenen gefestigt und ausgeweitet; Ziel ist es, gemeinsame Perspektiven zu finden und dadurch eine Vertrauensbasis zu schaffen.

Zentrale Partner des Abraham Geiger Kollegs sind der Zentralrat der Muslime in Deutschland und die Bischofskonferenz.

Kontakt:
Isabell Arnold, Dr. Anne Brenker
Postfach 120852
10598 Berlin
Tel. 030/31 805 910
Fax. 030/31 805 9110
arnold@abraham-geiger-kolleg.de
www.abraham-geiger-kolleg.de

2. Abrahams Runder Tisch Hildesheim

Der Interreligiöse Arbeitskreis Hildesheim, „Abrahams Runder Tisch" (ART), wurde im Jahr 1998 von Juden, Christen und Muslimen aus Hildesheim und Umgebung gegründet Der Gründung war seit Beginn der 1990er Jahre ein gegenseitiges Kennenlernen vorausgegangen, in dessen Folge ein konstanter Austausch für alle Beteiligten immer wichtiger schien.

Die Mitglieder der Planungsgruppe treffen sich seither mehrmals im Jahr. Gemeinsam erarbeiten sie ein Dialog-Programm und realisieren dessen Veranstaltungen. Dadurch wächst sowohl das Verständnis füreinander als auch die gegenseitige Wertschätzung.

Zu den Aktionsformen des ART gehören hauptsächlich das gemeinsame Lesen und Auslegen der Heiligen Schriften, aber auch kleinere Exkursionen wie zum Beispiel zum Haus der Religionen in Hannover, Vorträge zu trilateralen oder unilateralen Themen (wie z. B. der Vortrag von Bekir Alboga über das Missionsverständnis im Islam), gegenseitige Besuche der Gotteshäuser, gemeinsame Feiern anlässlich der Feste der drei Religionsgemeinschaften sowie Andachten und Friedensgebete. Außerdem wurde inzwischen ein Frauentreffen eingerichtet.

Insgesamt führt der ART ca. ein bis drei Veranstaltungen pro Monat durch. Diese werden in einem Jahresprogramm festgelegt und stehen unter einem bestimmten Thema, wobei nicht alle Veranstaltungen einen Bezug zum jeweiligen Jahresthema haben müssen. Thema des Jahres 2008 war der Dank in den abrahamischen Religionsgemeinschaften.

Partner des ART ist insbesondere das Bistum Hildesheim.

Kontakt:
Dr. Dagmar Stoltmann
Bischöfliches Generalvikariat Hildesheim
Domhof 18-21
31134 Hildesheim
Tel. 05121/307310
Dagmar.Stoltmann@bistum-hildesheim.de
Pastor Dr. Karlo Meyer
Obergstr. 6
31134 Hildesheim
Tel. 05121/2040570
kmeyer-bingyu@t-online.de
http://www.abrahams-runder-tisch.de

3. Ad-hoc-Arbeitsgruppe „Weißt Du, wer ich bin?"

Die Ad-hoc-Arbeitsgruppe „Weißt Du, wer ich bin?" wurde 2006 im Zuge des gleichnamigen bundesweiten Gemeinschaftsprojekts der Arbeitsgemeinschaft Christlicher Kirchen in Deutschland (ACK), der Türkisch-Islamischen Union der Anstalt für Religion e. V. (DITIB), des Zentralrats des Muslime in Deutschland e. V. (ZMD) und des Zentralrats der Juden in Deutschland (ZJD) ins Leben gerufen. Sie besteht aus ca. 15 Vertretern von jüdischen, christlichen und muslimischen Organisationen in Kassel.

Bei der Arbeitsgruppe handelt sich um ein einmaliges Begegnungs-Projekt mit dem Ziel, soziale Fragen zu erörtern. Beteiligt waren ein türkischer Moscheeverein, die Jüdische Gemeinde, die Evangelische und die Katholische Kirche.

Kontakt:
Pfr. Konrad Hahn
Pfarrstelle für Islamfragen
Weiße Breite 52A
34130 Kassel
Tel. 0501/7034826
Fax. 0501/6029959
Islambeauftragter.ekd@ekkw.de
www.weißtduwerichbin.de

4. Alif, Aleph, Alpha – Kooperationsverbund

Der Kooperationsverbund zur Planung und Umsetzung des Projekts „Alif, Aleph, Alpha. Respekt ist der Anfang"[174] schloss sich im Jahr 2006 aus sechs lokalen Organisationen mit unterschiedlichem religiösen oder weltanschaulichen Hintergrund in Berlin zusammen. Seine Mitglieder sind die Vereine Eine Welt der Vielfalt e.V. und Inssan e.V., das Bildungswerk Berlin der Heinrich-Böll-Stiftung, das Helmut-Gollwitzer-Haus, das Antidiskriminierungsnetzwerk Berlin des Türkischen Bunds Berlin-Brandenburg und die Werkstatt der Kulturen.

Das Projekt „Alif, Aleph, Alpha. Respekt ist der Anfang" ist auf die Stärkung und Vertiefung des interkulturellen und interreligiösen Verständnisses bei Jugendlichen ausgerichtet. Zielgruppe sind daher die Schulen in Deutschland. Ziel des Projekts ist es, ein Klima des Verständnisses und der Wertschätzung für die religiöse und weltanschauliche Vielfalt zu schaffen sowie Vertrauensnetzwerke in den Schulen und ihrem Umfeld aufzubauen.

Durch die Ausbildung und den Einsatz interreligiöser Schultrainerteams sollen Islamophobie und Antisemitismus unter Jugendlichen verringert bzw. verhindert werden. Dazu werden die Schulmentoren in zwei einwöchigen Seminaren mithilfe des ursprünglich aus der Wirtschaft (Diversity Management) stammenden Diversity-Ansatzes ausgebildet, mit dem Schwerpunkt auf religiöser und weltanschaulicher Vielfalt. Sie trainieren sowohl inhaltlich als auch methodisch in religiös und weltanschaulich gemischten Gruppen.

Die ausgebildeten Mentoren werden in gemischten Trainerteams zu Schülerworkshops und Lehrerfortbildungen an Schulen im ganzen Land gesendet.

---

174 Quellen: Eine Welt der Vielfalt e.V./Bildungswerk Berlin der Heinrich Böll Stiftung, 2008: „Vorurteile überwinden und religiöse Vielfalt gestalten. Train-the-Trainer-Kurs zum interkulturellen Schultrainer", unpubliziertes Informationsblatt; Vortrag Aliyeh Yegane Arani beim Kolloquium „Trialog und Zivilgesellschaft" des Maecenata Instituts für Philanthropie und Zivilgesellschaft am 11.12.2007 in der Humboldt Universität zu Berlin.

Kontakt:

Aliyeh Yegane Arani
Eine Welt der Vielfalt e. V.
Obentrautstraße 72
10963 Berlin
Tel. 030/312 10 80
Fax. 030/30 10 97 51
info@ewdv-berlin.de
www.ewdv-berlin.de

5. Arbeitsgemeinschaft Religion & Integration Nordrhein-Westfalen (ARI)

Die Arbeitsgemeinschaft Religion & Integration (ARI)[175] ist ein offener Kreis von knapp 50 Mitgliedern, sie besteht aus Funktionären aus Kirche, Gesellschaft und öffentlichem Dienst in Nordrhein-Westfalen. Das Gremium wurde Ende 2005 gegründet und ging aus dem Beirat für religiöse Integrationsfragen beim ehemaligen Integrationsbeauftragten von Nordrhein-Westfalen hervor. Ziel des Gremiums ist es, einen gemeinsamen Standpunkt der beteiligten Religionen, insbesondere des Judentums, des Christentums und des Islams, zu vertreten. Dadurch sollen eigene Impulse sowohl in die Integrationspolitik als auch den Integrationsprozess in NRW eingebracht werden.

Das Gremium trifft sich zweimal im Jahr. Zunächst sucht der Arbeitskreis nach einer gemeinsamen Position zu Fragen, die ihre Themengebiete berühren. Zu den Themengebieten der ARI gehören:

- Religiöse Dimension in Bildung und Erziehung,
- Werte in den Religionen,
- Religion in der kommunalen Integrationsarbeit,
- Interkulturelle Stadtteilentwicklung sowie
- Ehrlichkeit im interreligiösen Dialog.

Die Ergebnisse werden in öffentlichen Stellungnahmen und Grundlagenpapieren veröffentlicht. Beispielsweise erschien im Jahr 2007 unter dem Titel „Von der ‚Leitkultur' zur Kultur gemeinsamen Lernens" eine Stellungnahme zum Integrationsgipfel der Bundesregierung sowie ebenfalls im Jahr 2007 „Impulse aus Religionen zum Integrationsprozess".[176] Darüber hinaus beteiligt sich die ARI an kommunalen Integrationsprojekten und stellt Referenten für Vorträge und Diskussionsrunden zur Verfügung.

Offizielle Partnerschaften der ARI zu inter-/religiösen Stellen bestehen nicht, der Kreis ist jedoch mit den Institutionen vernetzt, aus denen seine Mitglieder stammen. Die derzeitigen Mitglieder der ARI gehören beispielsweise dem Zentralrat der Muslime

---

[175] Quellen: S. die Ausführungen zum Selbstverständnis der ARI auf http://islam.de/files/misc/ari_selbstverstaendnis.pdf (Zugriff am 09.10.2008).
[176] Beide Texte sind abrufbar unter www.islam.de.

und der Türkisch-Islamischen Union der Anstalt für Religion e. V. (DITIB), den Evangelischen Landeskirchen sowie den Bistümern an, aber auch interreligiösen Vereinen und Institutionen sowie Stiftungen und dem öffentlichen Dienst.

Kontakt:
Joergen Nieland
Stettiner Str. 9
40822 Mettmann
Tel. 02104/71343
Fax. 02104/517630
joergennieland@aol.com

6. Arbeitskreis Integration im Bistum Essen

Der Arbeitskreis Integration ist als unilateral christliche Einrichtung des Bistums Essen beim bischöflichen Generalvikariat Essen angesiedelt. Seit seiner Gründung im Jahr 2000 arbeiten insgesamt 15 Mitarbeiter aus unterschiedlichen kirchlichen Arbeitsfeldern an Projekten zum interreligiösen Dialog.

Zwar liegt sein Hauptschwerpunkt auf der Förderung von Integration bzw. auf dem Dialog zwischen Christen und Muslimen, daneben organisiert der Arbeitskreis Integration des Bistums Essen aber auch regelmäßig trialogische Veranstaltungen, die von gegenseitigen Besuchen über Seminare und Tagungen sowie Publikationen bis hin zu Fortbildungen reichen und die sich hauptsächlich an kirchliche Mitarbeiter richten. Dabei geht es sowohl um die gemeinsame religiöse Erfahrung und den theologischen Austausch als auch um gesellschaftspolitische Fragen und die alltägliche Begegnung der Teilnehmer.

Hervorzuheben sind hierbei die Trialog-Veranstaltungen unter dem Dach der deutschlandweiten Initiative „Weißt Du, wer ich bin?", die von 2005 bis 2007 in Zusammenarbeit mit dem Zentralrat der Muslime in Deutschland (ZMD), der Türkisch-Islamischen Union der Anstalt für Religion e.V. (DITIB) sowie dem Landesverband Nordrhein-Westfalen des Zentralrats der Juden in Deutschland durchgeführt wurden. So organisierte der Arbeitskreis Anfang 2006 als Initialveranstaltung für das Ruhrgebiet eine Tagung mit über 250 Teilnehmern. Auf dieser wurden wiederum Unter-Arbeitsgruppen mit Moderatoren aus den drei Religionen zum Trialog in Kindergärten, Schulen und in der Jugendarbeit sowie in der Gemeinde gebildet.

Kontakt:
Volker Meißner
Bischöfliches Generalvikariat
Zwölfling 1b
45127 Essen
Tel. 0201/2204622
Fax. 0201/841622

volker-meissner@bistum-essen.de
www.bistum-essen.de

7. Artneuland e.V.

Im Jahr 2002 gründete die Kuratorin Yael Katz Ben Shalom die Galerie Artneuland[177] in Tel Aviv. Dort werden seitdem Kunst- und Kulturprojekte entwickelt und in Zusammenarbeit mit anderen Institutionen realisiert und gezeigt. Die gemeinnützige Gesellschaft Artneuland e.V. wurde im August 2005 dank einer privaten Spende aus Israel ebenfalls von Yael Katz Ben Shalom gegründet und im November 2006 in Berlin-Mitte, im Straßmannhaus in der Schumannstraße eröffnet. Die Galerie Artneuland versteht sich als Ort für einen Trialog zwischen Kulturen, Medien und unterschiedlichen Ausdruckswelten, als Brücke in Form eines künstlerisch-interdisziplinären Trialogs, insbesondere zwischen den drei monotheistischen Religionen.

Artneuland versucht im Rahmen von Konferenzen, Podiumsgesprächen und Ausstellungen mit Fachleuten aus den Bereichen Philosophie, Sozialforschung, Bildende Kunst, Literatur und Musik, Gemeinsamkeiten und Unterschiede im Verhältnis von Ideen, Ideologien und Wirklichkeiten der drei Religionen zu durchleuchten. Artneuland ist eine Plattform für Kooperationen. Im Mittelpunkt stehen dabei thematisch festgelegte Projekte, die für die drei Religionen gleichermaßen relevant sind. Die Projekte bestehen in der Regel aus originären Beiträgen zu Photographie- und Videoausstellungen, die aus der Auseinandersetzung mit dem jeweiligen Thema entstehen, sowie einer angegliederten Konferenz mit Experten und Künstlern aus den drei Religionen. Dabei findet „Trialog" zum einen auf religiöser Ebene statt, zum anderen auf den künstlerischen Kommunikationsebenen Wort, Bild und Mensch.

Die Ausstellungen zeigen Werke von israelischen, arabischen und europäischen Künstlern. Die beteiligten Künstler befinden sich künstlerisch und kulturell in einem permanenten Diskurs. Meist weisen bereits die Titel ihrer Ausstellungen provozierend auf interreligiöse und interkulturelle (Reiz-)Themen hin. Die Welt der jeweils anderen Religionen und Kulturen wird künstlerisch verarbeitet. Ausstellungen waren bislang:

Videoland (November 2006 – März 2007),
Portraits (April 2007 – August 2007),
Gott.Geld.Kunst.Kapital (September 2007 – Januar 2008),
Language and Gender (Januar 2008 – März 2009),
Amon Yariv – Pigeons on Pigs' Heads (April 2008 – August 2008),
Transcultural Paranoia (September 2008 – November 2008)

Als Rahmenprogramm zu den Ausstellungen veranstaltet Artneuland Berlin Symposien und Diskussionen. Die Galerie lädt dazu Kunsttheoretiker, Philosophen und Wis-

---

[177] Quellen: Für weitere Informationen über die Galerie Artneuland e.V. danken wir Herrn Aurel Thurn.

senschaftler in ihre Räume ein. Darüber hinaus finden regelmäßig Filmvorführungen, Konzerte, Lesungen und ähnliche Events statt:

The Headscarf as a System (screening – Juli 2007),
Shahram Entekhabi – Dead Sattelites (screening – Januar 2008),
24h Bible and Koran (April 2008),
Obscenity – Just a Question of Sex,
Miracles (discussion, April 2008)

Kontakt:
Yael Katz Ben Shalom,
Aurel Thurn
Artneuland e.V.
Schumannstrasse 18
10117 Berlin
Tel. 030/28046650, 28047013
Fax. 030/28092950
berlingallery@artneuland.com
berlinprojects@artneuland.com
www.artneuland.com

8. Begegnungsstätte Kleine Synagoge

Die Kleine Synagoge in Erfurt nahm 1998 unter der Trägerschaft der Kulturdirektion der Stadtverwaltung ihre Arbeit als Begegnungsstätte auf. Seit einer umfangreichen Renovierung und einem Neubeginn als Begegnungsort wird das Projekt vom Förderverein Alte und Kleine Synagoge Erfurt e.V. getragen und mitgestaltet.

Begegnung bedeutet hier, über Wesen und Geschichte des Judentums zu informieren und den interreligiösen Austausch von Juden und Nichtjuden durch Bildung, Forschung und Kultur zu fördern. In den letzten Jahren haben sich dabei unterschiedliche Aktionsformen herausgebildet, zu denen u.a. Ausstellungen, interreligiöse Andachten mit anschließenden Gesprächen, Projekte im Bereich Schule und Erziehung sowie regelmäßige Vorträge gehören.

So wurde beispielsweise im Jahr 2002 in Zusammenarbeit mit der Stiftung Weltethos die Wanderausstellung „Weltreligionen-Weltfrieden-Weltethos" gezeigt. Eine Konstante stellt das sog. Erfurter Forum dar, das jährlich stattfindet und dessen Ergebnisse anschließend dokumentiert und publiziert werden. Ein Jahr nach seiner Eröffnung startete das Forum mit einer Podiumsdiskussion zum Thema „Weltfrieden ohne Religionsfrieden? Juden, Christen und Muslime im Gespräch". Es folgten Veranstaltungen zu Themen wie „Religiöser Pluralismus in Europa", „Dialog statt Gewalt", „40 Räuber und 40 Heilige. Zahlen im Islam", „Von Josef zu Jussuf", „Wie der Islam die Juden rettete: 600-1300", „Kinder, Küche, Kopftuch", „Auf der Suche nach

Nathans Ring: Interreligiöser Dialog", "Chancen und Ansatzpunkte für den Dialog", "Jesus in islamischer und christlicher Perspektive".

Hauptpartner der Kleinen Synagoge sind die Bildungswerke der Kirchen sowie die Universität Erfurt.

Kontakt:
Clemens Kestel
An der Stadtmünze 4/5
99084 Erfurt
Tel. 0361/6551660
Fax. 0361/65551669
kleinesynagoge@erfurt.de
www.erfurt.de
www.synagogenverein-erfurt.de

9. Bendorfer Forum für ökumenische Begegnung und interreligiösen Dialog e. V.

Das Bendorfer Forum für ökumenische Begegnung und interreligiösen Dialog ist ein interreligiöser Verein, der von ca. 80 Christen, Juden und Muslimen sowie nicht religiös gebundenen Personen getragen wird. Der 2003 gegründete Verein steht in der über 30-jährigen Tradition des trilateralen Engagements, die im Hedwig-Dransfeld-Haus mit den sog. Bendorfer Konferenzen sowie der Ständigen Konferenz von Christen, Juden und Muslimen (JCM) bereits 1972 begründet worden war. Nachdem man das Hedwig-Dransfeld-Haus als Ausführungsort aufgeben hatte, wurde das Bendorfer Forum e. V. ins Leben gerufen. So schaffte man es, nicht nur die bis dahin etablierten großen Tagungsprojekte wieder aufzunehmen, sondern darüber hinaus weitere zu initiieren.

Jedes Jahr werden fünf bis acht Tagungen und Begegnungen in bi-, tri- und multilateralen Konstellationen durchgeführt, die sich an alle Generationen richten und vom kleinen Kreis bis zur Großveranstaltung reichen. Das Tätigkeitsspektrum des Bendorfer Forums ist weitgefächert und beinhaltet Forschung und Lehre, Gebete und Andachten, gegenseitige Besuche, die gemeinsame Auslegung der Heiligen Schriften, die Entwicklung von Lösungsstrategien für praktische Probleme, gemeinsame Feste sowie Publikationen, Seminare und Tagungen. Die jährlich stattfindende, einwöchige Konferenz wird seit 2003 in der Ökumenischen Werkstatt Wuppertal abgehalten. Themen der letzten Jahre waren beispielsweise „Grosse Lehrer im Judentum, Christentum, Islam", „Glauben im Dialog – Dialog im Glauben. Dynamik einer pluralistischen Gesellschaft: Religiöse und soziale Herausforderungen", „Sind wir Gefangene unserer Geschichte? – Krieg als Herausforderung in unseren religiösen Traditionen" oder „Tradition und Veränderung – Freiheit als Herausforderung". Das Bendorfer Forum beteiligt sich darüber hinaus an verschiedenen interreligiösen Foren auf europäischer und internationaler Ebene.

Wichtige Partner sind die Deutsche Muslim Liga Bonn e.V., das Leo Baeck College in London, das Centre for the Study of Islam and Christian-Muslim Relations an der Universität Birmingham, die Ökumenische Werkstatt Wuppertal, die Evangelische Akademie Iserlohn, die Evangelische Kirche in Hessen und Nassau, die Katholische Studierendengemeinde Koblenz und das Forum für Interreligiöse Zusammenarbeit Freiburg.

Kontakt:
Annette Mehlhorn
Pfarrgasse 4
65428 Rüsselsheim
Tel. 06142/4093981
Fax. 06142/172988
mehlhorn@bendorferforum.de
www.bendorferforum.de

10. BRÜCKE-KÖPRÜ. Begegnung von Christen und Muslimen

Das Begegnungszentrum für Christen und Muslime Brücke-Köprü, im Jahr 1993 unter finnisch-bayrischer Trägerschaft gegründet, ist seit dem 1. Januar 2008 eine kirchliche Einrichtung der evangelisch-lutherischen Gesamtkirchengemeinde Nürnberg. Das Zentrum widmet sich dem Dialog zwischen Christen und Muslimen durch alltägliche Begegnungen sowie durch das Aufgreifen gesellschaftspolitischer Fragen in Diskussions- und Gesprächsrunden.

Im Rahmen des bundesweiten Projekts „Weißt Du, wer ich bin?", veranstaltete das Begegnungszentrum Brücke-Köprü 2006 und 2007 verschiedene Events in Zusammenarbeit mit jüdischen und muslimischen Vereinen in Nürnberg, mit der Katholischen Kirche sowie jüdischen Persönlichkeiten aus aller Welt. An den Veranstaltungen nahmen z.T. bis zu 100 gläubige Juden, Christen und Muslime sowie religiös nicht gebundene Menschen teil. 2006 wurden Trialog-Podien zu den Themen „Kein Krieg in Gottes Namen. Religionen: Teil der Lösung oder des Problems?" und „Karikaturenstreit. Was uns heilig ist: Freiheiten und Tabus" veranstaltet. Ebenfalls 2006 und 2007 wurden jüdisch-christlich-muslimische „SpeiseReisen" zu Festen der drei Religionen veranstaltet. Die Beteiligten, hauptsächlich Ehepaare und Familien, erklärten die religiösen Hintergründe der einzelnen Speisen und bereiteten anschließend gemeinsam ein Festessen zu.

Kontakt:
Pfarrer Hans-Martin Gloël und
Diakonin Doris Zenns
Leonhardstraße 13
90443 Nürnberg
info@bruecke-nuernberg.de
www.bruecke-nuernberg.de

11. Bundesverband Jüdischer Studenten in Deutschland e.V. (BJSD)

Der Bundesverband Jüdischer Studenten in Deutschland e.V. (BJSD)[178] vertritt seit seiner Gründung im Jahr 1968 den Großteil der jüdischen Studenten in Deutschland nach außen. Der BJSD beobachtet und analysiert die politischen Ereignisse in Deutschland und im Ausland, um ggf. durch Stellungnahmen auf antisemitische und diskriminierende Strömungen zu reagieren.

Im Jahr 2001 nahmen Vertreter des BJSD an dem teilweise interreligiösen Projekt der Katholischen Jungen Gemeinde (KJG) „enjoy the difference – Eine Kampagne der KJG für mehr Toleranz" teil und brachten sich in dessen interreligiöse Abschlussdiskussion ein. In der Folge verabschiedeten die KJG, der BJSD und die Muslimische Jugend Deutschland (MJD) eine gemeinsame Erklärung zum friedvollen Zusammenleben der Religionen und Kulturen in Deutschland und der Notwendigkeit eines interreligiösen Dialogs im Jahr 2002.[179]

Dieses Engagement nahm der BJSD im Jahr 2003 vor dem Hintergrund des Nahost-Konflikts wieder auf und ging in Kooperation mit der KJG und der MJD das interreligiöse Dialogprojekt „TRIALOG – together in difference" an. Im Herbst 2003 entstanden eine zentrale Veranstaltung in Nürnberg sowie im Frühjahr 2004 eine umfangreiche Dokumentation über die beteiligten Religionsgemeinschaften sowie das Projekt selbst.[180] An diesem Treffen nahmen knapp 40 junge Christen, Juden und Muslime teil, um die religiösen und kulturellen Hintergründe der anderen kennen zu lernen. Sie hörten Vorträge zu den Problemen religiöser Vorurteile oder dem Projekt „Weltethos" und erarbeiteten in Workshops gemeinsame Standpunkte zu den Themen Religion und Globalisierung, Fundamentalismus und Kultur.

Partner im interreligiösen Engagement des BJSD sind neben der KJG und der MJD v.a. der Zentralrat der Juden in Deutschland und die Hochschule für Jüdische Studien in Heidelberg.

Kontakt:
Bundesverband Jüdischer Studenten in Deutschland e.V.
Joachimstalerstr. 13
10719 Berlin
Tel. 030/8819185
Fax. 030/88553040
info@bjsd.de
www.bjsd.de

---

178 Quellen: KJG Bundesleitung (Hg.), 2004: *Trialog – together in difference. Das multireligiöse Dialogprojekt von BJSD, KJG und MJD*, Neuss.
179 KJG Bundesleitung (Hg.), 2004:8.
180 KJG Bundesleitung (Hg.), 2004: *Trialog – together in difference. Das multireligiöse Dialogprojekt von BJSD, KJG und MJD*, Neuss.

12. Christlich-Islamische Arbeitsgemeinschaft Bielefeld (CIAG BI)

Die Christlich-Islamische Arbeitsgemeinschaft Bielefeld (CIAG BI)[181] engagiert sich seit ihrer Gründung im Jahr 1999 kontinuierlich in einem bilateralen Dialog von Christen und Muslimen aus der Region. Ihre inzwischen 18 festen Mitglieder treffen sich in regelmäßigen Abständen und tauschen sich über Möglichkeiten aus, wie das friedliche Zusammenleben der verschiedenen Religionen in der Stadt gefördert werden kann.

Im Herbst 2008 führte der CIAG Bielefeld erstmals ein trilaterales Dialogprojekt unter Beteiligung einer jüdischen Gemeinde durch. In Kooperation mit dem Bündnis Islamischer Gemeinden in Bielefeld und der Jüdischen Kultusgemeinde Bielefeld wurde das erste Abrahamsfest in Bielefeld durchgeführt.

Im Zeitraum von September bis November 2008 wurde ein ambitioniertes und vielfältiges Programm umgesetzt: Es beinhaltete Vorträge zu interreligiösen Themen, gemeinsames Fastenbrechen, ein gemeinsames Friedensgebet, Podiumsdiskussionen, Filmvorführungen, eine Fotoausstellung, Konzerte, Besuche von Moscheen, Synagogen und Kirchen, konkrete Begegnungen von Kirchen und den Synagogen bzw. Moscheen im eigenen Stadtteil sowie ein spezielles Jugendprogramm mit sportlichen und musikalischen Events.

Prof. Dr. Karl-Josef Kuschel sprach über „Kinder Abrahams – Konsequenzen für Juden, Christen und Muslime", Hamide Mohagheghi und Prof. Dr. Christa Schäfer-Lichtenberge über die Figuren Sara und Hagar aus muslimischer bzw. christlicher Sicht. Darüber hinaus wurde ein Salonabend zum Thema „Religiöse Begleitung in Krisen und Krankheit aus christlicher, muslimischer und jüdischer Sicht" veranstaltet.

Die Gruppe ASFUR spielte während ihres Konzerts alte spanische und arabische Musik aus Andalusien. Auszubildende der Fotografieklassen des Berufskollegs Senne stellten ihre Fotografien von Kirchen, Synagogen und Moscheen aus Bielefeld in Räumen der örtlichen Volkshochschule aus.

Insgesamt sprachen die vielen Programmpunkte sämtliche Sinne der Teilnehmer und Besucher an, was ihnen dabei half, ihre Eindrücke in den Alltag zu übertragen.

Kontakt:
Brigitte Maske
Islambeauftragte im Kirchenkreis Bielefeld
Wellensiek 75
33619 Bielefeld
Tel. 0521/101726
ubmaske@gmx.de
www.bielefelder-abrahamsfest.de

---

[181] Quellen: Programm des Abrahamsfests Bielefeld 2008 der CIAG BI. Darüber hinaus danken wir Frau Brigitte Maske für alle weiteren Informationen über die CIAG BI.

13. Christlich-Islamische Arbeitsgemeinschaft Marl

Die Christlich-Islamische Arbeitsgemeinschaft Marl[182] ist ein inzwischen bundesweit bekanntes Beispiel für einen gelungenen Dialog zwischen Christen und Muslimen. Als ursprünglich bilaterale Initiative engagiert sich die Arbeitsgemeinschaft seit den 1980er Jahren überkonfessionell christlich-ökumenisch sowie im trilateralen Verhältnis von Juden, Christen und Muslimen. Die Arbeitsgemeinschaft wird von über 100 Personen bzw. einer Kerngruppe aus ca. 15 Aktiven getragen.

Im Zentrum der Aktivitäten für einen Trialog zwischen den monotheistischen Religionen steht seit Herbst 2001 das jährliche Abrahamsfest. Die Zahl der Teilnehmer ist seitdem stetig gewachsen, sodass inzwischen über 1000 Juden, Christen, Muslime sowie nicht religiös gebundene Personen aus Schule, Politik, Medien, Wirtschaft u. a. zusammenkommen, um gemeinsam die drei „Abrahamswege" zu beschreiten. Dabei handelt es sich um drei Veranstaltungsreihen, gerichtet an 1. Kinder, 2. Jugendliche bzw. Schulen und 3. Erwachsene. Es werden (wissenschaftliche) Vorträge gehalten und diskutiert, gemeinsam Kirchen, Synagogen und Moscheen besucht, miteinander gekocht und gegessen, Tisch-Reden und Tisch-Lieder besprochen und erklärt, musiziert u.v.m. Dies geschieht in Zusammenarbeit mit lokalen und überregionalen Kirchen, Moscheen, Vereinen, Verbänden, Schulen und staatlichen Verwaltungseinrichtungen.

Daneben finden regelmäßig weitere Aktivitäten im Bereich des trilateralen Dialogs von Christen, Juden und Muslimen statt. Als Beispiel lässt sich die „Zeder des Libanon" nennen, die im September 2007 als „Abrahams-Baum" in Marl gepflanzt wurde. Dieser Aktion schlossen sich Besuche und Gebete in der Synagoge in Recklinghausen, der Pauluskirche in Marl und der Fatih-Moschee Marl an.

Kontakt:
Pfarrer Hartmut Dreier
Schumannstr. 6
45772 Marl
Tel./Fax. 02365/42076
dreier.marl@freenet.de

14. Christlich-Islamischer Arbeitskreis Münster mit Juden, Christen, Muslimen (CIAK)

Der Christlich-Islamische Arbeitskreis Münster[183] wurde 1995 von Besuchern der „Woche des ausländischen Mitbürgers" ins Leben gerufen. Organisatorisch ist der

---

[182] Quellen: Dreier, Hartmut, 2006: „6. Abrahamsfest Marl 2006", unveröffentl. Sachbericht; Dreier, Hartmut, 2007: „ 7. Abrahamsfest in Marl – 2007", unveröffentl. Typoskript; Christlich - Islamische Arbeitsgemeinschaft Marl: „Gemeinwesenarbeit – interkulturell und interreligiös. Seit mehr als 20 Jahren engagiert für Frieden in der Stadt" unveröffentl. Typoskript.

[183] Quellen: „Weißt Du, wer ich bin?" (Hg.), 2007b: *„Weißt du, wer ich bin?". Das Projekt der drei großen Religionen für ein friedliches Zusammenleben in Deutschland. Die Initiativen*, Frankfurt a.M.; www.vikz.de/press/961218StadtMuenster.html (Zugriff am 9.10.2008).

CIAK Münster der Arbeitsgemeinschaft Christlicher Kirchen in Deutschland (ACK) angegliedert. Seine Mitglieder treffen sich regelmäßig zu gemeinsamen Gesprächen.

Das zentrale Projekt des CIAK Münster ist die Herausgabe eines interreligiösen Festkalenders. Dieser erscheint bereits seit mehreren Jahren. In ihm werden alle wichtigen Feste der drei Religionen festgehalten, beschrieben und erklärt. Im Jahr 2006 erschien der Kalender im Rahmen des bundesweiten Trialog-Projekts „Weißt Du, wer ich bin?".

Darüber hinaus veranstaltet der CIAK Münster einmal im Jahr einen „Tag der offenen Moschee", zu dem Angehörige der drei abrahamischen Religionen eingeladen werden. Der CIAK Münster nimmt außerdem an der jährlich von der Stadt Münster organisierten „Interkulturellen und interreligiösen Woche" teil.

Der Christlich-Islamische Arbeitskreis Münster setzt sich öffentlich für ein interreligiöses Miteinander ein, indem er unter den Angehörigen der verschiedenen Religionen um gegenseitiges Verständnis wirbt. Hierzu publizierte der CIAK Münster eine Broschüre mit dem Titel „Zum Umgang mit muslimischen Kindern in Tageseinrichtungen für Kinder", die vom Amt für Kinder, Jugendliche und Familien der Stadt Münster unterstützt wurde.[184]

Kontakt:
Annethres Schweder
Alter Steinweg 50
48143 Münster
Tel. 0251/43125
Annethres_schweder@web.de

15. Christlich-Islamische Gesellschaft Region Stuttgart e.V.

Die Stuttgarter Christlich-Islamische Gesellschaft (CIG) e.V. engagiert sich seit 1998 sowohl im bilateralen Dialog von Muslimen und Christen als auch im einem um das Judentum erweiterten, abrahamischen Dialog. Die Gesellschaft, die als eine private Gruppe von Freunden begann, ist mit ca. 80 Mitgliedern und einem ebenso regelmäßigen wie vielfältigen Programm eine mittlerweile fest etablierte Adresse im abrahamischen Dialog.

Seit 2002 unterstützt die CIG das Abrahamshaus im Kloster Denkendorf, das als Veranstaltungsort für Aktionsformen wie Kaffeetreffen, Tagungen und Seminare dient und in dem das monatliche Treffen des Arbeitskreises der Frauen stattfindet. Als besonders originelle Form des trilateralen Dialogs gilt das derzeit leider ruhende Theaterstück „Abraham heute", das von 2000 bis 2004 vor allem in Süddeutschland, aber auch in Köln und der Schweiz aufgeführt wurde. Es wurde inzwischen ins Englische,

---

184 Vgl. dazu http://www.vikz.de/press/961218StadtMuenster.html (Zugriff am 9.10.2008).

Französische und Spanische übersetzt. Daneben existieren die zwei Kabarett-Programme „K(r)ampf der Kulturen" (2003/04) und „Dialog Traum-Haft" (2004/05).

An dem bundesweiten Projekt „Weißt Du, wer ich bin?" im Jahr 2006 beteiligte sich die CIG Stuttgart mit einem interkulturellen Fußballturnier, an dem auch Buddhisten und Sikh teilnahmen.

Die CIG Stuttgart e.V. hat keine festen Partner, allerdings ist sie u.a. als Mitglied der JCM Bendorfer Konferenzen stark mit anderen abrahamischen Initiativen vernetzt.

Kontakt:
Bayram Tasdögen, Benjamin Boy
Postfach 1328
70774 Filderstadt
Tel./Fax. 07158/67542
www.cig-stuttgart.de

16. Deutsche Muslim-Liga Bonn e.V. (DML Bonn)

Die Deutsche Muslim-Liga Bonn e.V. ging aus der 1954 gegründeten Muslim Liga e.V. in Hamburg hervor. Damit blickt sie gemeinsam mit Schech Bashir A. Dultz, ihrem Vorsitzenden und Mitbegründer der DML Hamburg e.V., auf eine langjährige Tradition zurück. Die Bonner Ortsgruppe der Deutschen Muslim Liga wirbt seit ihrer Gründung im Jahr 1989 um Verständnis und Toleranz gegenüber Muslimen und widmet sich insbesondere dem interreligiösen Dialog. Sie hat neben muslimischen auch jüdische und christliche Mitglieder (insgesamt ca. 80 Personen). So gehört die DML Bonn zu den etabliertesten Initiativen im Trialog von Juden, Christen und Muslimen in Deutschland. Sie bedient sich einer entsprechend weitgefächerten Bandbreite an Aktionsformen und führt den Dialog sowohl in theologischer und spiritueller als auch gesellschaftspolitischer und in sozialer Hinsicht.

Seit 1987 ist sie beispielsweise der muslimische Träger der JCM Ständigen Konferenz von Juden, Christen und Muslimen in Europa, den sog. „Bendorfer Konferenzen", die seit 1972 jährlich stattfinden und jeweils eine Woche dauern. Außerdem ist sie Mitbegründerin der seit 1991 alle zwei Jahre stattfindenden JCM Jewish Christian Muslim Summer School Ammerdown in Südengland. Für die jeweils einwöchige Sommerschule versucht die DML Bonn, möglichst paritätisch Teilnehmer aus allen drei Religionen zusammenzubringen.

Von 2002 bis 2005 beteiligte sich die Deutsche Muslim-Liga, in Kooperation mit der katholischen Akademie Rabanus Maurus (die mittlerweile ihren Platz im Katholischen Kultur- und Begegnungszentrum „Haus am Dom" in Frankfurt a.M. gefunden hat) und der Arbeitsstelle der Deutschen Bischofskonferenz für interreligiösen Dialog CIBEDO e.V. am JCM Lernhaus in der Evangelischen Akademie Arnoldshain. Weiterhin veranstaltet sie seit 1988 jährlich die Christlich-Islamischen Pfingsttagungen, die regelmäßig auch von jüdischen Teilnehmern besucht werden. Auf den Pfingsttagungen mit ihren zwischen 70 und 150 Teilnehmern werden gelegentlich auch trialogische Themen behandelt, wie beispielsweise die Vorstellung der Fraueninitiative Sarah-Hagar im Jahr 2006.

Ihrer langjährigen Tradition entsprechend, ist die Deutsche Muslim-Liga eng verbunden mit anderen Initiativen wie dem Sufi-Orden Tariqah As-Safinah (TAS), der United Religions Initiative (URI), der Christlich-Islamischen Gesellschaft e.V. (CIG), dem Buchverband Islamica Chadigah M. Kissel, dem Zentralrat der Muslime in Deutschland (ZMD) sowie dem Rat der Muslime in Bonn (RdM).

Kontakt:
Schech Bashir Ahmad Dultz, Vorsitzender
Karimah Stauch, Stellvertretende Vorsitzende
Hans-Böckler-Allee 15
53177 Bonn
Tel. 0228/330915 (Schech Bashir), 0228/230476 (Karimah Stauch)
Fax. 0228/330915
info@dmlbonn.de
www.dmlbonn.de

17. Deutscher Koordinierungsrat der Gesellschaften für Christlich-Jüdische Zusammenarbeit e.V.

Der bereits 1949 gegründete Koordinierungsrat der Gesellschaften für Christlich-Jüdische Zusammenarbeit ist ein bilateral christlich-jüdischer Verein. Er vereint die inzwischen mehr als 80 lokalen und regionalen Gesellschaften für Christlich-Jüdische Zusammenarbeit in Deutschland unter einem Dach (insgesamt 20.0000 Mitglieder) und vertritt diese nach außen. In dieser Funktion ist er u.a. das größte Einzelmitglied des Internationalen Rats der Christen und Juden (ICCJ).

Der Koordinierungsrat widmet sich in Form von Tagungen unter anderem dem theologischen Austausch von Christen, Juden und Muslimen. So wurde 1999 eine Tagung zum Thema „Christen, Juden, Muslime in Deutschland – vor der Herausforderung des Zusammenlebens" abgehalten, im Jahr 2007 eine Tagung zu „Möglichkeiten und Grenzen, Chancen und Probleme eines Dialogs zwischen Juden, Christen und Muslimen". An den Veranstaltungen nahmen sowohl allgemein am Thema Interessierte als auch offizielle Vertreter der Religionsgemeinschaften teil, hauptsächlich allerdings Angehörige des christlichen und des jüdischen Glaubens.

Partner des Koordinierungsrates sind der Zentralrat der Juden in Deutschland (ZJD), die Evangelische Kirche in Deutschland, die Deutsche Bischofskonferenz, die Arbeitsgemeinschaft Christlicher Kirchen in Deutschland (ACK) sowie Abrahamische Foren.

Kontakt:
Rudolf W. Sirsch
Otto-Weiß-Straße 2

61231 Bad Nauheim
Tel. 06032/9110
Fax. 06032/911125
info@deutscher-koordinierungsrat.de
www.deutscher-koordinierungsrat.de

18. Evangelische Akademie Arnoldshain

Die Evangelische Akademie Arnoldshain wurde 1946 in Form eines eingetragenen Vereins (mit heute 150 Mitgliedern) als eine der ersten christlichen Akademien in Deutschland gegründet. Die Evangelische Akademie Arnoldshain organisiert Veranstaltungen zum abrahamischen Dialog fast ausschließlich in Form regelmäßiger Tagungen, mit denen theologische und spirituelle, gesellschaftspolitische und soziale Bereiche des Dialogs angesprochen werden.

Speziell für Jugendliche findet einmal jährlich das Abrahamische Jugendforum unter dem Motto „Verständigung statt Diskriminierung" statt. Auch darüber hinaus wenden sich einzelne Veranstaltungen der Akademie unmittelbar an Jugendliche, wie beispielsweise der Studientag für Schülerinnen und Schüler der 10. Jahrgangsstufe zur „Rolle der Frau im Judentum, im Islam und im Christentum" (2005).

Von 2004 bis 2005 fanden unter dem Titel „Sarah-Hagar: Religion-Politik-Gender" halbjährliche Studientage für Frauen statt.

Darüber hinaus organisiert die Evangelische Akademie Arnoldshain regelmäßig Veranstaltungen zu theologischen und lebenspraktischen Themen, z.B. „Thora – Gesetz – Sharia. Ihre theologische und lebenspraktische Bedeutung" (2003); „Monotheismus – eine Quelle der Gewalt?" (2003); „Frauen, Männer und das Patriarchat Gottes. Genderperspektiven auf Anthropologie und Theologie der jüdischen, christlichen und muslimischen Tradition" (2004).

Hinzu kommen Tagungen zu innen-, außen- und gesellschaftspolitischen Themen wie beispielsweise „Wilder Westen im Nahen Osten? Israel, Palästina, die USA und Deutschland" (2003); „Macht, Autorität, Verantwortung. Verortungen in jüdischen, christlichen und muslimischen Traditionen" (2005); „Streiten im Einwanderungsland. Zum konstruktiven Umgang mit interkulturellen und interreligiösen Konflikten" (2006); „‚Abrahamische' Gemeinsamkeiten – Fiktion oder Hoffnung für interreligiösen Dialog?" (2006).

Partner der Akademie sind u.a. die katholische Akademie „Haus am Dom" in Frankfurt a.M., die Herbert Quandt-Stiftung, der Interkulturelle Rat in Deutschland, die Heinrich-Böll-Stiftung, die Gesellschaft für Christlich-Jüdische Zusammenarbeit, die Zionistische Jugend in Deutschland, der Deutsch-israelische Arbeitskreis (DIAK), der Arbeitskreis Kirche Israel der Evangelischen Kirche in Hessen und Nassau, die Türkisch-Islamische Union der Anstalt für Religion e.V. (DITIB), die Deutsche Muslimliga e.V., die Arbeitsstelle der Deutschen Bischofskonferenz für interreligiösen Dialog

CIBEDO e. V., das Bendorfer Forum für ökumenische Begegnung und interreligiösen Dialog, die Sarah und Hagar Initiative Hessen, die Arbeitsgemeinschaft Juden und Christen beim Evangelischen Kirchentag sowie die Johann Wolfgang Goethe-Universität Frankfurt am Main, Fachbereich Theologie.

Kontakt:
Dr. Hermann Düringer, Dr. Margrit Fröhlich
Im Eichwaldsweg 3
61389 Schmitten (Taunus)
Tel. 06084/9598125, -123
Fax. 06084/9598138
office@evangelische-akademie.de
www.evangelische-akademie.de

19. Evangelische Akademie Hofgeismar

Die Evangelische Akademie Hofgeismar wurde 1947 gegründet und ist eine unilateral christliche Organisation. Sie gehört zur Evangelischen Kirche von Kurhessen-Waldeck und ist eine juristische Person des öffentlichen Rechts.

Neben zahlreichen bilateralen Projekten im christlich-jüdischen und christlich-muslimischen Dialog veranstaltet die Akademie Gebete und Andachten sowie Seminare und Tagungen zum abrahamischen Dialog. Die Evangelische Akademie Hofgeismar fördert dabei den theologischen Austausch sowie die Diskussion der Aufgaben von Kirche und Gesellschaft. So fand 2002 eine Tagung zum Thema „christliche, jüdische und islamische Wirtschaftsethik" statt. Für 2008 war das Nachfolgeseminar „Friedenspotenziale im Nahen Osten" geplant.

Wichtige Partner der Akademie sind die Deutsch-Palästinensische Gesellschaft und die Gesellschaft für Christlich-Jüdische Zusammenarbeit e. V.

Kontakt:
Eveline Valtink
Postfach 1205
34362 Hofgeismar
Tel. 05671/881103
Fax. 05671/881154
ev.akademie.hofgeismar@ekkw.de
valtink.akademie.hofgeismar@ekkw.de
www.akademie-hofgeismar.de

20. Evangelische Akademie Loccum

Die 1946 in Hermannsburg gegründete Akademie zog im Jahr 1952 nach Loccum und ist seitdem von dort aus aktiv. Gemäß ihrer Satzung von 1975

- dient die Akademie der Verkündigung der Kirche in der Konfrontation moderner Weltprobleme mit dem Evangelium,
- trägt sie in der Gesellschaft zur verantwortlichen Planung zukünftiger Entwicklungen bei,
- bietet sie den Menschen innerhalb und außerhalb der Kirche Möglichkeiten zur Beteiligung am Leben, Denken und Handeln der Kirche und
- hilft die Akademie der Kirche in der Auseinandersetzung mit der Wirklichkeit, neue Ordnungen und Wirkungsweisen zu finden.[185]

In rund 80 Vorträgen, Symposien, Kolloquien und Seminaren im Jahr thematisiert die Akademie Fragen aus Kirche, Politik, Gesellschaft, Wirtschaft, Kultur und Wissenschaft. Die Veranstaltungen sind in insgesamt sechs Themenbereiche gegliedert. Das abrahamische Engagement der Akademie spiegelt sich im Themenbereich „Kirche & Gesellschaft" wider.

1997 begann die Evangelische Akademie Loccum ihr Engagement im trilateralen Dialog von Judentum, Christentum und Islam mit der ersten interreligiösen Sommeruniversität zum Thema „Ohne Angst verschieden sein. Muslime, Juden und Christen begegnen sich". Seither fanden im Zweijahresrhythmus insgesamt fünf interreligiöse Sommeruniversitäten statt.

Die Themen der letzten Jahre waren:

- In einem Haus zu Haus. Interreligiöses Leben, interreligiöse Spiritualität (1999)
- „Was macht den Menschen ganz und heil?" Menschen als Gottesgeschöpfe in Judentum, Christentum und Islam (2001)
- Wie kann Gestern morgen besser werden? Jüdisch-christlich-muslimische Geschichte(n) (2003)
- Wonach richten wir (uns) denn wirklich? Recht und Gesetz in jüdisch-christlich-muslimischer Perspektive (2005)

Die Kurse und Seminare dauern jeweils eine Woche. Prominente Dozenten halten die Vorlesungen und Workshops ab. Dieses Vortragsprogramm wird von einem Rahmenprogramm begleitet, das aus gemeinsamen Gebeten und Kreativ-Angeboten wie beispielsweise Haiku-Werkstätten sowie aus Abendgesprächen und einem gemeinsamen Fest besteht.

Kontakt:
Evangelische Akademie Loccum
Münchehäger Straße 6
31545 Rehburg-Loccum
Tel. 05766/810
Fax. 05766/81900
eal@evlka.de
www.loccum.de

---

185 Vgl. dazu: www.loccum.de (Zugriff am 15.12.2008).

21. Evangelische Akademie zu Berlin

Die Evangelische Akademie zu Berlin blickt wie die Stadt selbst auf eine bewegte Vergangenheit aus Gründung, Trennung und Wiedervereinigung zurück. Sie wurde im Jahr 2001 als gemeinnützige GmbH erneut gegründet und tagt vorwiegend in der Französischen Friedrichstadtkirche am Gendarmenmarkt in Berlin.

Einer der Schwerpunkte ihrer Arbeit liegt auf dem interreligiösen Dialog in seiner bilateralen Form, sowohl als jüdisch-christlicher Dialog als auch als christlich-muslimisches Gespräch. Darüber hinaus etablierte sich eine trilaterale Gesprächskultur in Form von Seminaren und Tagungen, anlässlich derer Lösungsstrategien für aktuelle gesellschaftspolitische Probleme gesucht werden. In diesem Rahmen fanden 2007 Veranstaltungen zu folgenden Themen statt: „,Polemik an der Kirchenwand' – Darstellungen von Juden und Muslimen an Kirchen 2006"; „Migration im Film", „Religionen im säkularen Staat" sowie „Bilderverbot im Judentum, Christentum und Islam".

Wichtige Partner der Evangelischen Akademie zu Berlin sind die Muslimische Akademie in Deutschland, der Zentralrat der Juden in Deutschland, das Abraham-Geiger-Kolleg Potsdam sowie das Steinheim-Institut in Dortmund.

Kontakt:
Dr. Erika Godel
Charlottenstr. 53/54
10117 Berlin
Tel. 030/20355507
Fax. 030/20355550
godel@eaberlin.de
www.eaberlin.de

22. Evangelische Flughafenseelsorge Frankfurt a. M.

Seit einigen Jahren bietet ein Team aus zwei Pfarrerinnen, einer hauptamtlichen Mitarbeiterin und vier ehrenamtlichen Mitarbeiterinnen in der Evangelischen Flughafen-Seelsorge Frankfurt a.M.[186] kompetente Ansprechpartner für Reisende sowie Mitarbeiter des Großflughafens. Das Team widmet sich der Seelsorge, ist aber auch Sozialdienst für die Passagiere mit ihren unterschiedlichen Sorgen und (Reise-)Problemen. Zu diesen Aufgaben kommt der kirchliche Flüchtlingsdienst hinzu. Außerdem steht rund um die Uhr ein ökumenisches Krisenbinterventionsteam zur Verfügung, welches ggf. von der Sicherheitsleitstelle des Flughafens um Hilfe gebeten werden kann.

Die Arbeit der Evangelischen Flughafenseelsorge Frankfurt a.M. findet zwischen Kapelle, Synagoge und Moschee in den Terminals des Flughafens statt. Dort be-

---

[186] Quellen: Website Interkultureller Rat; Busch, Sandra, 2005: „Juden, Muslime und Christen feiern ein gemeinsames Fest" in *Frankfurter Rundschau*, 28.20.2005; Flommersfeld, Jana, 2005: „Drei Kirchen und 76 Nationen friedlich unter einem Dach" in *Fraport live*, 15.November 2005, S. 8. Wir danken Frau Elke Hartmann und Pfarrerin Ulrike Johanns für alle weiteren Informationen.

gann die Evangelische Flughafenseelsorge Frankfurt a.M. im Dezember 2001 mit der Durchführung der Abrahamischen Feier am Flughafen. In Zusammenarbeit mit dem Interkulturellen Rat in Darmstadt und der Fraport AG wurde die Adventszeit, das Chanukka-Fest und der Ramadan gefeiert. Dazu wurden Angehörige der drei abrahamischen Religionsgemeinschaften eingeladen, um zunächst in der Synagoge Kerzen zum Chanukka-Fest anzuzünden. In der christlichen Kapelle wurden anschließend evangelische und katholische Texte zur Adventszeit vorgelesen und Gebete gesprochen. Abschließend wurde die Moschee besucht, um auch dort gemeinsam zu beten und das Fastenbrechen zu feiern. Die Feste wurden im Anschluss an die Besuche erklärt.

Da die Veranstaltung bei allen Teilnehmern großen Anklang fand, begann die Evangelische Flughafenseelsorge damit, diese interreligiöse Feier jedes Jahr durchzuführen. So fand im November 2008 die inzwischen achte Abrahamische Feier statt. Aufgrund der erhöhten Sicherheitsmaßnahmen wurde die Feier von den Andachtsräumen im Transitbereich in den öffentlichen Bereich des Flughafens verlegt, um möglichst viele Menschen zu erreichen. So nahmen 2007 bereits ca. 120 Personen an der Feier teil. Darunter waren nicht nur die von den Veranstaltern eingeladenen Christen, Juden und Muslime, sondern auch viele Reisende, die auf dem Weg zu ihrem Terminal auf die Feier aufmerksam geworden waren.

Im Jahr 2007 begleiteten mehrere Ensembles die Andacht mit Liedgut aus der Musiktradition der drei abrahamischen Religionen. Anschließend reichten die jüdischen Veranstalter Chalot und Hummus, die muslimischen Veranstalter Baklawa und die christlichen Veranstalter Maultaschenpfanne. Viele Gäste nahmen sich Zeit für anschließende Gespräche.

Im Oktober 2005 fand im Vorfeld der Abrahamischen Feier im Flughafen ein interreligiöses Pressegespräch statt. Daran nahmen die Initiatorin der Abrahamischen Feier, Pfarrerin Ulrike Johanns, sowie als Vertreter der Veranstaltungspartner Pater Werner J. Bock von der Katholischen Flughafenseelsorge, Rabbiner Menachem Halevi Klein, Imam Bekir Alboga, Peter Schmitz von der Fraport AG sowie als Moderator Dieter Weirich, ebenfalls von der Fraport AG, teil.

Kontakt:
Pfrin. Johanns
Evangelische Flughafen-Seelsorge
am Flughafen Frankfurt a.M.
Hausbriefkasten 243
Terminal 1, Geb. 201A
60549 Frankfurt a.M.
Tel. 069/69073178
Fax. 069/69073179
seelsorge-evang.erv@flughafen-frankfurt.de

23. Forum für Interkulturellen Dialog e.V. (FID)

Das Forum für interkulturellen Dialog e.V. (FID)[187] wurde im Jahr 2002 gegründet. Die Initiatoren der Gründung waren Schriftsteller und Journalisten, die neben ihrer publizistischen Tätigkeit auf praktische Weise zur Völkerverständigung beitragen wollten.

Das Forum strebt eine wachsende Vernetzung im Dialog der Kulturen an, um dadurch die Verständigung und letztlich das gegenseitige Verstehen zu vertiefen. Dazu bedient sich der Verein verschiedener Aktionsformen, zu denen Konferenzen, Symposien und Seminare, Dialog-Abendessen und -Besuche, Studienreisen in und außerhalb Europas sowie Stadtteilprojekte gehören.

Als abrahamische Dialog-Veranstaltung richtet das Forum jedes Jahr am muslimischen Aschura-Tag gemeinsam mit Muslimen, Christen und Juden ein Noah-Fest aus. Dieses Fest am 10. Tag des ersten Monats nach dem islamischen Mondkalender wird zur Erinnerung an die Rettung der Menschheit durch Noahs Arche gefeiert. Dazu lädt das FID Referenten aus den drei beteiligten Religionsgemeinschaften ein, damit sie aus ihrer Perspektive zu Noah, der Sintflut und der Rettung, dem Regenbogen als Symbol für Vielfalt und Frieden oder ähnlichen Themen sprechen. Außerdem wird jedes Jahr die traditionelle „Aschura-Suppe" mit verschiedenen Früchten und Nüssen ausgeschenkt.

In den Jahren 2007 und 2008 wurde das Noah-Fest mit einer Schifffahrt auf dem Main gefeiert. Als Zeichen der grenzüberschreitenden Verbundenheit der Religionen starteten zeitgleich mit dem Noah-Schiff auf dem Main ein Schiff in Antalya in der Türkei und auf dem See Genezareth in Israel.

Kontakt:
Eyüb Beşir
Gartenstr. 179
60596 Frankfurt a.M.
Tel. 069/46099046
Fax. 069/46099045
info@f-i-d.net
www.f-i-d.net

24. Forum Religionen und Weltverantwortung

Anfang 2008 wurde das Forum Religionen und Weltverantwortung in Bad Herrenalb gegründet. Es zählt ca. 30 Mitglieder und ist bei der Evangelischen Akademie Baden angesiedelt. Ziel des Forums ist es, dem theologischen und gesellschaftspolitischen Dialog von Juden, Christen und Muslimen einen weiteren Ort zu bieten. Der auf diese Weise entstehende interreligiöse Dialog soll mit der Weltverantwortungs- und Frie-

---

[187] Quellen: Forum für interkulturellen Dialog e.V. (Hg.): „2002 – 2007, 5 Jahre Forum für interkulturellen Dialog e.V." unveröffentlichte Broschüre. Für weitere Informationen danken wir Herrn Eyüb Beşir.

densthematik verbunden werden. Hierzu sollen eine ausgeprägte Öffentlichkeitsarbeit und die Vernetzung interreligiöser Gesprächsgruppen dienen. Das Forum konzentriert sich auf das Judentum, das Christentum und den Islam, beschränkt sich allerdings nicht ausschließlich auf diese Religionsgemeinschaften.

Geplant ist die halbjährliche Durchführung von Arbeitstagungen und Seminaren in Zusammenarbeit mit bereits bestehenden regionalen Gesprächsgruppen sowie Einzelpersonen, die sich im abrahamischen Dialog engagierten.

Im November 2007 beteiligte sich das Forum Religionen und Weltverantwortung an der Tagung „Religiöser Friede – friedfertige Religionen? Situationen der Gewalt aus christlicher, jüdischer und muslimischer Sicht" an der Evangelischen Akademie Baden.

Kontakt:
Kirchenrat Helmut Strack
Evangelische Akademie Baden
Blumenstr. 1-7
76133 Karlsruhe
Tel. 0721/9175339
Fax. 0721/9175336
helmut.strack@ekiba.de
www.ekiba.de

25. Gesellschaft Freunde Abrahams e.V.

Die Gesellschaft Freunde Abrahams e.V. wurde im Jahr 2001 an der Ludwig-Maximilians-Universität München gegründet und hat ca. 250 Mitglieder. Die Gesellschaft bietet eine wissenschaftliche Plattform für den interreligiösen Dialog, insbesondere in der trilateralen Konstellation von Christen, Juden und Muslimen. Seither erfolgt ein regelmäßiger theologischer Austausch auf akademischer Ebene zwischen Juden, Christen, Muslimen sowie z.T. Angehörigen anderer Religionsgemeinschaften und religiös nicht gebundenen Personen. Die Gesellschaft Freunde Abrahams e.V. führt pro Semester mehrere Projekte im Bereich Forschung und Lehre durch, organisiert Seminare und Tagungen, gibt Publikationen heraus und veranstaltet gemeinsame Feste.

Im Jahr 2006 fand beispielsweise ein Symposium mit dem Titel „Reizthemen Interreligiös"[188] statt. Anfang 2007 wurde anlässlich des fünfjährigen Bestehens der Gesellschaft das Abrahamsfest „Die Welt zu Gast bei Freunden Abrahams" mit ca. 90 Teilnehmern gefeiert. Höhepunkt des Abends war das „Quiz der Religionen". Nach eigenen Angaben wurden dabei die vielen Überschneidungen im Gedankengut von Judentum, Christentum und Islam besonders sichtbar: Denn viele Mitrater scheiterten kläglich daran, unterschiedliche Zitate richtig den jeweiligen Heiligen Schriften zuzuordnen.

---

[188] Interkulturelles Dialogzentrum in München e.V./Freunde Abrahams e.V. (Hg.), 2007: *Reizthemen Interreligiös. Dschihad – Mission – Zionismus*, München.

Weiter fand im Januar 2008 eine Tagung mit dem Titel „Abraham – Awram – Ibrahim – der ‚Vater des Glaubens' im Konsens und Dissens der Religionen" statt. Im Sommer 2007 veranstaltete die Gesellschaft Freunde Abrahams eine Studienreise nach Andalusien, in den Süden Spaniens, sowie nach Portugal und im Herbst 2008 eine Reise nach Sarajewo in Bosnien-Herzegowina. Als regelmäßige Publikationen der Gesellschaft erscheinen seit 2002 jährlich die Blätter Abrahams sowie zweimal jährlich die Abrahams Post. Die Abrahams Post informiert über das Gemeindeleben der verschiedenen Gemeinden in der Region, lädt zu Veranstaltungen ein und berichtet über die bereits stattgefunden. In den Blättern Abrahams publizieren Wissenschaftler Artikel zu theologischen, kulturellen und gesellschaftspolitischen Fragen der drei beteiligten Religionen. Beispielsweise schrieb Prof. Dr. Dr. Manfred Görg im Jahr 2006 die Artikel „'Wo war Gott in Auschwitz?' Zur innerjüdischen Theodizee-Debatte im Hinblick auf die Schoa", „Monotheismus im Widerstreit. Zur jüngeren Debatte um Glaube und Gewalt" und gemeinsam mit Dr. Stefan Wimmer „'Tausend Götter seh ich leuchten' Julius Braun (1825-1869) – ein Wegbereiter komparatistischer Religionsbetrachtung in München".[189]

Wichtige Partner der Gesellschaft sind das Interkulturelle Dialogzentrum München e. V. (IDIZEM), die Evangelische Stadtakademie München sowie der Verein Chaverim – Freundeskreis zur Unterstützung des liberalen Judentums in München e. V.

Kontakt:
Prof. Dr. Dr. Manfred Görg,
Dr. Stefan Wimmer
Jenaer Str. 4
80992 München
Tel. 089/15801260, 21802493
Fax. 089/15881260
freundeabrahams@lycos.de
www.freunde-abrahams.de

26. Gesellschaft für Christlich-Jüdische Zusammenarbeit Augsburg und Schwaben e. V.

Die bilaterale Gesellschaft für Christlich-Jüdische Zusammenarbeit (GCJZ) Augsburg und Schwaben e. V. ging 1989 aus der GCJZ München-Augsburg-Regensburg hervor. Sie gehört dem Deutschen Koordinierungsrat der Gesellschaften für Christlich-jüdische Zusammenarbeit an und zählt ca. 250 Mitglieder. Die GCJZ Augsburg und Schwaben widmet sich mit gemeinsamen Festen und Podiumsdiskussionen dem interreligiösen Dialog des Handelns sowie dem theologischen Austausch zwischen Juden, Christen und Muslimen. Im Rahmen der jährlichen Woche der Brüderlichkeit wird gefragt: „Sag', wie ist das bei euch?"; 2004 betraf dies bspw. die Aspekte

---

189 Görg, Manfred/Wimmer, Stefan Jakob (Hg.), 2006, in *Blätter Abrahams, Beiträge zum interreligiösen Dialog*, Heft 5, München.

„Nächstenliebe – Feindesliebe". Im Jahr 2006 wurde gemeinsam mit dem bundesweiten Runden Tisch der Religionen als Veranstalter, die „Schöpfung" thematisiert sowie 2007 zum Thema „Wasser" getagt. Eine weitere Podiumsdiskussion mit dem Titel „Vom Umgang mit der Wahrheit" wurde ebenfalls 2007 durchgeführt.

Für den 8. August 2008 plante man ein Friedensfest in Augsburg: Im Garten der Religionen sollte ein öffentliches interreligiöses Fest gefeiert werden.

Wichtiger Partner der GCJZ im trilateralen Dialog ist die Israelische Kultusgemeinde Augsburg.

Kontakt:
Gertrud Kellermann
Postfach 101608
86006 Augsburg
Tel. 0821/151748
info.gcjz@gmx.de
www.gcjz-augsburg.de

27. Gesellschaft für Christlich-Jüdische Zusammenarbeit Freiburg e. V.

Die Gesellschaft für Christlich-Jüdische Zusammenarbeit (GCJZ) Freiburg e. V. bestand bereits in den Jahren von 1949 bis 1957; 1979 wurde sie ein zweites Mal ins Leben gerufen und existiert bis heute. Sie zählt ca. 300 Mitglieder und widmet sich neben dem bilateralen auch dem trilateralen Dialog von Christen, Juden und Muslimen sowohl durch alltägliche Begegnungen als auch durch theologischen Austausch.

Dazu veranstaltet die Gesellschaft für Christlich-Jüdische Zusammenarbeit regelmäßig wissenschaftliche Vorträge und Seminare und organisiert gegenseitige Besuche. In diese Veranstaltungen wird der Islam als dritte monotheistische Religion sowohl inhaltlich als auch personell einbezogen. Hervorzuheben ist das Begegnungsfest im November 2006, das auf Initiative der muslimischen Partner durchgeführt wurde und unter dem Motto „Brücke zwischen den Kulturen" stand.

Der GCJZ Freiburg unterhält keine offiziellen Partnerschaften mit anderen (inter-)religiösen Einrichtungen. Allerdings gibt es eine rege Zusammenarbeit mit Lehrbeauftragten der Evangelischen Hochschule Freiburg, der Albert-Ludwigs-Universität Freiburg sowie der Pädagogischen Hochschule Freiburg.

Kontakt:
Ruben Frankenstein (LL.B.), Prof. Dr. Dr. Bernd Feininger,
Prof. Dr. Wilhelm Schwendemann
Postfach 312
79003 Freiburg
Tel. 0761/3869928
Fax. 0761/4781230
Ruben.frankenstein@orient.uni-freiburg.de, www.orient.uni-freiburg.de

28. Gesellschaft für Christlich-Jüdische Zusammenarbeit Lippe e. V.

Die 1988 gegründete bilaterale Gesellschaft für Christlich-Jüdische Zusammenarbeit Lippe e. V. mit ca. 200 Mitgliedern engagiert sich nicht nur im bilateralen Dialog von Juden und Christen, sondern auch im trilateralen Austausch von Christen, Juden und Muslimen. Dazu organisiert sie in loser Folge Informations- und Gesprächsveranstaltungen sowie gegenseitige Besuche und Feste. Sie betätigt sich in Forschung und Lehre, gibt Publikationen heraus und veranstaltet Seminare für allgemein am Thema Interessierte und offizielle Vertreter der Religionsgemeinschaften.

Der Dialog wird sowohl auf gesellschaftspolitischer und theologischer Ebene als auch im alltäglichen Leben praktiziert.

Partner der Gesellschaft für Christlich-Jüdische Zusammenarbeit Lippe e. V. ist die Jüdische Gemeinde Herford-Detmold.

Kontakt:
Maik Fleck,
Hanne Pohlmann
Hornsche Str. 38
32756 Detmold
Tel./Fax. 05231/302285
gfcjz-lippe@web.de
www.gfcjz-lippe.de

29. Gesellschaft für Christlich-Jüdische Zusammenarbeit Oldenburger Münsterland e. V.

Die Gesellschaft für Christlich-Jüdische Zusammenarbeit Oldenburger Münsterland e. V. wurde 1993 als bilateraler Verein gegründet und zählt ca. 60 Mitglieder. Sie fördert jedoch nicht nur die Begegnung zwischen Christen und Juden, sondern bezieht auch Angehörige des Islams mit ein. Sie bietet insbesondere die Möglichkeit, gesellschaftspolitische Fragen zu diskutieren. An den Veranstaltungen der Gesellschaft für Christlich-Jüdische Zusammenarbeit nehmen Christen, Juden und Muslime sowie Angehörige anderer Religionsgemeinschaften und allgemein am Thema Interessierte teil. Die Teilnehmer der Veranstaltungen sind überwiegend Jugendliche. Zu den Aktionsformen des abrahamischen Engagements der Gesellschaft zählen gegenseitige Besuche, Seminare und Tagungen sowie Aktivitäten im Bereich Schule und Erziehung.

Eine zentrale Rolle spielt der jährlich stattfindende 14-tägige Jugendaustausch, der in Kooperation mit jüdischen und arabisch-muslimischen Partnern in Israel organisiert wird. Im Jahr 2007 erforschten christliche, jüdische und muslimische Jugendliche im Rahmen der Projekte „Friede für Europa, Europa für den Frieden" und „Miteinander leben" die Geschichte des Friedensdorfes Neve-Shalom – Wahat al Salam. Dort setzten sich deutsche, jüdische und arabische Jugendliche mit dem Gründer des Dorfes Bruno Hussar sowie mit den Hintergründen der Gründung auseinander. Darüber hinaus versuchten sie zu verstehen, in welchem Maße der Holocaust die Beziehungen zwischen den Partnergruppen noch bis heute beeinflusst (vgl. www.europeans-for-peace.de).

Partner des Jugendaustauschs sind der Local Council Dabburiya (arabisch) und das WIZO Nir HaEmek Youth Village (jüdisch).

Kontakt:
Maria Ostendorf
Up'n Rao 1
49456 Vestrup Bakum
Tel. 04446/961036
Fax. 04446/961037
www.oldenburgische-landschaft.de

30. Gesellschaft für Christlich-Jüdische Zusammenarbeit Rhein-Neckar e.V.

Die Gesellschaft für Christlich-Jüdische Zusammenarbeit Rhein-Neckar e.V. wurde im Jahr 1959 als eine der ersten bilateralen Vereine gegründet und hat rund 350 Mitglieder. Sie engagiert sich in der Förderung des gegenseitigen Verständnisses von Juden und Christen mittels alltäglicher Begegnungen.

Im trilateralen Dialog bringt sich die Gesellschaft außer durch gemeinsame Feste v. a. durch die Vergabe und Betreuung des „Abraham-Pokals" ein. Dieser wird seit 2001 jährlich in Mannheim sowie seit 2003 parallel in Ludwigshafen an Schulen vergeben, allerdings nicht als Auszeichnung für bereits Geleistetes, sondern als symbolische Verpflichtung zu einem Engagement für „Interreligiosität, Toleranz und ein gutes Miteinander". Das „Abrahams-Jahr" beginnt mit der Übergabe des Pokals im Rahmen der jährlichen Woche der Brüderlichkeit in der Region Rhein-Neckar und endet im Folgejahr mit einem Vortrag, der das vergangene Jahr Revue passieren lässt.

Kontakt:
Peter Myrczik
Rathaus E5
68159 Mannheim
Tel. 0621/2932010
Fax. 0621/105882
christlich-juedische@mannheim.de

31. Haus Abraham e.V.

Als 2007 der Verein „Haus Abraham e.V." gegründet wurde, war das Interesse an einem interreligiösen Dialog im Kloster Denkendorf bereits vorhanden, wenn auch vor allem bezüglich des bilateralen Verhältnisses zwischen Juden und Christen. Seither fördert der christlich-jüdisch-muslimische Verein mit ca. 75 Mitgliedern seinem Vereinszweck gemäß die Begegnung von Christen, Juden und Muslimen. Haus Abraham e. V. ist Begegnungsort, Veranstalter, Förderer und Partner internationaler, interreligiöser Organisationen.

Der Verein bietet als Abrahamshaus Raum für unterschiedliche Dialogformen. So organisiert er beispielsweise Tagungen, Seminare und Vorträge, gegenseitige Besuche, Treffen zum gemeinsamen Auslegen der Heiligen Schriften, Aktionen im Bereich Schule und Erziehung, Publikationen u.v.m. Seit 2008 finden derartige Aktivitäten monatlich statt. Eingeladen sind Christen, Juden und Muslime aller Generationen, von allgemein am Thema Interessierten bis hin zu Spitzenvertretern der drei Religionsgemeinschaften.

Seit der Vereinsgründung wurden u. a. folgende Seminare durchgeführt: „Begegnung braucht Orte – Vorstellung der Räumlichkeiten im Kloster"; „Abraham aus Sicht der Juden, Christen und Muslime", ein Vortrag von Prof. Kuschel mit anschließendem Besuch einer Moschee; „Abrahams Kinder treffen sich".

Ein Team aus dem Vereinsvorstand lädt seit Februar 2008 regelmäßig zu einem „Abend der Begegnung" ein. Dieser besteht aus einer kurzen Einführung in ein Thema, das alle drei Religionen berührt, und anschließender Diskussion.

Unmittelbare Partner des Vereins sind die Freunde des Hauses Abraham e.V. sowie die Christlich-Islamische Gesellschaft (CIG) Stuttgart e. V.

Kontakt:
Meinhard Tenné, Dr. Reiner Strunk,
Bayram Tasdögen
Haus Abraham e. V.
Klosterhof 5
73770 Denkendorf
Tel. 0711/3461867
reiner.strunk@gmx.de
www.haus-abraham.de

32. Herbert Quandt-Stiftung

Die 1980 gegründete, überkonfessionelle Herbert Quandt-Stiftung arbeitet seit 1996 zum Themenfeld „Trialog der Kulturen". Ziel ist es, die interkulturelle und interreligiöse Verständigung zu fördern, wobei der Fokus explizit auf die drei abrahamischen Religionen Judentum, Christentum und Islam gelegt wird. Die Stiftung ist sowohl operativ als auch fördernd tätig.

Ihr Tätigkeitsspektrum umfasst die Ausrichtung von Konferenzen, verschiedene Aktivitäten im Bereich Forschung und Lehre, darunter die Ausschreibung von Wettbewerben, die Vergabe von Stipendien und die Durchführung von Studien zum Thema sowie die Erarbeitung von Lösungsvorschlägen für gesellschaftspolitische Probleme.

Regelmäßig werden Konferenzen und Podien zum interreligiösen und interkulturellen Dialog zwischen Judentum, Christentum und Islam organisiert. Hervorzuheben ist die alljährliche Trialog-Konferenz zu Themen wie „The East-West Media Bridge" (2007) oder „Religionen in der Schule – Bildung in Deutschland und Europa vor neuen Herausforderungen" (2006).

Einen zentralen Platz nimmt der seit 2005 jährlich ausgeschriebene Schulenwettbewerb ein. Er wird in verschiedenen Bundesländern durchgeführt, bislang in Hessen, Thüringen, Baden-Württemberg und Berlin. Unter dem Motto „Trialog in der Schule" bringen die jährlich 25 teilnehmenden Schulen kreative Beiträge zum besseren Verständnis der drei Religionen ein. Diese werden am Ende des Jahres von einer Jury bewertet und prämiert. Ziel ist es, die interkulturelle Kompetenz von Schülerinnen und Schülern zu fördern.

Diesem Engagement im Bereich der interkulturellen Pädagogik war eine komparative Studie mit vierjähriger Laufzeit vorangegangen, die die Stiftung gemeinsam mit der theologischen Fakultät der Universität Birmingham zum Thema „Europäische Identität und kultureller Pluralismus: Judentum, Christentum und Islam in europäischen Lehrplänen" vorgelegt hatte (Kaul-Seidmann et al. 2003).

Darüber hinaus legt die Stiftung regelmäßig ein Stipendienprogramm für Nachwuchsjournalisten auf, das sich an junge Journalisten aus Deutschland, Israel und den palästinensischen Gebieten richtet. Lehrerfortbildungen zum Thema stellen einen weiteren Tätigkeitsbereich der Stiftung dar. Schließlich erarbeitet die Stiftung Lösungsvorschläge für gesellschaftspolitische Probleme und hat in diesem Zusammenhang eine Handreichung für Konflikte bei Moscheebauvorhaben veröffentlicht (Leggewie/Joost/Rech 2002).

Gemeinsam mit der Karl-Konrad-und-Ria-Groeben-Stiftung initiierte, förderte und begleitete sie außerdem die vorliegende Studie des Maecenata Instituts zum Thema „Trialog und Zivilgesellschaft. Zivilgesellschaftliche Akteure im trilateralen Dialog zwischen Judentum, Christentum und Islam."

Kontakt:
Dr. Roland Löffler
Am Zollstock 12
61352 Bad Homburg v.d.H
Tel. 06172/1712520
Fax. 06172/1712545
roland.loeffler@herbert-quandt-stiftung.de
www.herbert-quandt-stiftung.de

33. Interkultureller Rat in Deutschland e.V.

Der Interkulturelle Rat e.V. wurde 1994 als überkonfessioneller Verein ins Leben gerufen und zählt heute rund 40 Mitglieder. Seinem Satzungszweck gemäß setzt er sich für ein friedliches und gleichberechtigtes Zusammenleben von Einheimischen und Zuwandernden, von ethnischen, kulturellen und religiösen Minderheiten ein und bemüht sich um Beiträge zur Überwindung von Fremdenfeindlichkeit, Rassismus, Antisemitismus und Gewalt. Er fördert den interkulturellen Dialog mit dem Ziel, Ängste und Vorurteile abzubauen.

Seit 2001 richtet der Interkulturelle Rat im Frankfurter „Haus am Dom" halbjährlich das Abrahamische Forum in Deutschland aus. Ziel und Zweck des Abrahamischen Forums ist es, eine bundesweite Diskussionsplattform zu bieten, auf der in regelmäßigen Abständen Vertreter der drei Religionen mit Vertretern aus Gesellschaft und Politik zusammenkommen, um sowohl grundsätzliche als auch tagespolitische Themen zu diskutieren und in gemeinsamen Stellungnahmen zusammenzufassen.

Ebenfalls seit 2001 sind sog. Abrahamische Teams in der Bildungsarbeit im Einsatz. Dabei besuchen qualifizierte Vertreter der drei abrahamischen Religionen und z.T. der Buddhisten in ca. 20 Veranstaltungen pro Jahr Schulen in ganz Deutschland, um nach einer Einführung über die jeweilige Religion mit den Schülern zu diskutieren.

Der Interkulturelle Rat vermeidet offizielle Partnerschaften mit anderen interreligiösen Einrichtungen, er ist allerdings allein durch die institutionelle Herkunft seiner Mitglieder weitreichend mit anderen religiösen und interreligiösen Initiativen vernetzt.

Kontakt:
Dr. Jürgen Micksch,
Torsten Jäger
Goebelstr. 21
64293 Darmstadt
Tel. 06151/339971
Fax. 06151/3919740
info@interkultureller-rat.de
www.interkultureller-rat.de

34. International Council of Christians and Jews (ICCJ)

Bereits im Jahr 1942 gegründet, ist der International Council of Christians and Jews (ICCJ)[190] der internationale Dachverband von mittlerweile 38 interreligiösen Organisationen in über 30 Ländern. Hauptsitz des Verbands ist das Martin-Buber-Haus in Heppenheim, in dem der jüdische Religionsphilosoph bis zu seiner Emigration im Jahr 1938 lebte.

Der ursprünglich rein christlich-jüdische Dialog des ICCJ öffnet sich zunehmend dem trilateral christlich-jüdisch-muslimischen Austausch. Seit Mitte der 1990er Jahre werden Muslime z.B. ebenfalls zu den Jahreskonferenzen des ICCJ eingeladen. Im Jahr 1996 formierte sich innerhalb des ICCJ erstmalig ein Abrahamisches Forum. Daran soll nun wieder angeknüpft werden. So wurde im Jahr 2007 die Satzung des

---

190 Quellen: Für weitere Informationen danken wir Frau Barbara Vruth.

ICCJ auf den trilateralen Dialog von Juden, Christen und Muslimen ausgeweitet, wobei der Schwerpunkt der Arbeit des ICCJ weiterhin auf dem Engagement im bilateral jüdisch-christlichen Verhältnis liegen wird. Zukünftig soll ein ständiges trilaterales Forum des ICCJ eingerichtet werden, das sich mit Fragen und Themen beschäftigt, die alle drei abrahamischen Religionsgemeinschaften betreffen.

Kern der Arbeit des ICCJ sind seine Jahreskonferenzen, die jedes Jahr in einem anderen Land stattfinden. Während der Islam auf diesen Jahreskonferenzen inhaltlich bislang kaum mit einbezogen wurde, widmete sich ein ganzes Drittel der Auftaktveranstaltung zur Jahreskonferenz 2008 in Jerusalem den muslimischen Freunden und Teilnehmern. Weiterhin gab es auf der Jahreskonferenz 2008 in Jerusalem Workshops zum interreligiösen Dialog, nämlich sowohl eine Einführung in das Judentum für Muslime, als auch eine Einführung in den Islam für Juden. Die Veranstaltungen wurden gut besucht und konnten einen Beitrag zum gegenseitigen Verständnis der Menschen vor Ort leisten. Zur Diskussion stand außerdem die Überlegung, in den nächsten Jahren eine Jahreskonferenz in einem arabischen Land zu organisieren.

Die Deutsche Mitgliedsorganisation des ICCJ ist der Deutsche Koordinierungsrat der Gesellschaften für christlich-jüdische Zusammenarbeit.

Kontakt:
Martin-Buber-Haus
Postfach 11 29
64629 Heppenheim
Tel. 06252/93120
Fax. 06252/68331
info@iccj-buberhouse.de
www.iccj.org

35. Internationale Orient-Okzident Gesellschaft e.V. (IOOG)

Am Seminar für Semitistik und Arabistik der Freien Universität Berlin entstand im Jahr 2004 der gemeinnützige Verein Internationale Orient-Okzident Gesellschaft e.V. (IOOG). Aufgabe des IOOG ist es, sowohl Studenten als auch Dozenten aus unterschiedlichen religiösen und kulturellen Traditionen einen Treffpunkt zu bieten.

Zu den Aufgaben der Gesellschaft gehört auch der trilaterale Dialog zwischen den drei abrahamischen Religionsgemeinschaften. Dabei geht es dem IOOG sowohl um interkulturellen Austausch als auch um Verständnis für die unterschiedlichen religiösen Traditionen und Rituale. Dieses gegenseitige Kennenlernen wird vor allem durch regelmäßige Vorträge gefördert. Neben dem kulturhistorischen Schwerpunkt werden dabei auch gesellschaftspolitische sowie religiöse Themen behandelt. Beispielsweise gab es Vorträge zu den Themen „Die Baukunst der arabischen Welt", „Griechische Philosophie in der Überlieferung der Juden, Christen und Muslime", „Orientalische Sujets in europäischen Opern" sowie „Das Erbe der Antike in der Welt des Islam".

Der Verein beschäftigt sich in besonderem Maße mit den musikalischen Traditionen der drei Religionsgemeinschaften. Regelmäßig finden, auch aus vergleichender Perspektive, Veranstaltungen wie Koranrezitationen sowie synagogale und kirchliche Gesänge statt. So sangen z. B. im Herbst 2005 unter der Überschrift „Was hat Europa dem Orient zu verdanken: Rezitationen aus drei Religionen" Kantore der abrahamischen Religionsgemeinschaften liturgische und folkloristische Gesänge aus ihrer religiösen Tradition.

Geplant sind außerdem Publikationen zum interreligiösen Austausch zwischen Judentum, Christentum und Islam.

Kontakt:
Internationale Orient-Okzident Gesellschaft e. V.
Altdorfer Str. 8
12205 Berlin
ioog@zedat.fu-berlin.de
www.orientokzident.de

36. Interreligiöse Fraueninitiative Bamberg

Die Interreligiöse Fraueninitiative[191] ist ein interkultureller und interreligiöser Begegnungsort für jüdische, muslimische und christliche Frauen aus Bamberg. Träger der Initiative ist der Verein Frauenbildungszentrum e. V., zu dessen Hauptprojekt sich die Initiative seit knapp vier Jahren entwickelt hat.

Die Interreligiöse Fraueninitiative dient zunächst als Begegnungsort, an dem Frauen unterschiedlicher Religionen und Traditionen Kontakte knüpfen und sich austauschen können. Hierzu wird ein „monatlicher Frauentreff" abgehalten. Themen im Jahr 2008 waren beispielsweise „Das ist mir in meiner Religion heilig", „Starke Frauen", „Unsere Geburtsorte" oder „Lebensgeschichten jüdischer Migrantinnen aus der ehemaligen Sowjetunion". Außerdem werden abwechselnd Moscheen, Kirchen und die Synagoge besucht, ein sog. Frauenfest veranstaltet, gemeinsam gekocht und gegessen. Darüber hinaus führt die Initiative Workshops zu den Themenbereichen Frauen und Religion sowie zu den beteiligten Religionen durch. Sie bietet eine Ausbildung zur interreligiösen und -kulturellen Multiplikatorin an und unterhält den Arbeitskreis „Interreligiöse Arbeit mit Kindern und Jugendlichen". Die Initiative vermittelt Referentinnen an Schulen und andere interessierte Gruppen. Außerdem setzt sich die Initiative für Öffentlichkeitsarbeit und die Vernetzung mit überregionalen Projekten ein. Somit existiert ein breitgefächertes und lebendiges Programm zum interreligiösen Dialog von Jüdinnen, Christinnen und Musliminnen. Im Jahr 2007 erhielt die Initiative den Preis des Bündnisses für Demokratie und Toleranz.

Alle Projekte der Fraueninitiative werden von einem Kreis von zwanzig sog. Schlüsselfrauen unterschiedlicher Nationalitäten, Religionsgemeinschaften und Genera-

---

191 Quellen: Für weitere Informationen danken wir Frau Mirjam Elsel.

tionen geplant und durchgeführt. Alle engagierten Frauen haben unterschiedliche religiöse bzw. interreligiöse Hintergründe oder kommen aus karitativen bzw. Migrationsinstitutionen. So entsteht eine weitreichende Vernetzung der Interreligiösen Fraueninitiative, die unterschiedliche Kooperationsformen zulässt. Bisher entstanden, teils projektbezogen, teils dauerhaft, beispielsweise Verbindungen zu

- der Israelitische Kultusgemeinde,
- der Türkisch-Islamischen Union der Anstalt für Religion e.V. (DITIB),
- den Maria Ward Schwestern in Bamberg,
- dem Migrantenbeirat der Stadt Bamberg,
- dem AWO Migrationssozialdienst,
- dem christlich-muslimischen Begegnungszentrum Brücke-Köprü in Nürnberg sowie
- der Initiative „Weißt Du, wer ich bin?".

Kontakt:
Mirjam Elsel
Eisgrube 3
96049 Bamberg
Tel. 0951/29715964
Fax. 0951/29715968
info@frauenort.de

37. Interreligiöse Konferenz Europäischer Theologinnen (IKETH) e.V.

Seit Sommer 2000 treffen sich jährlich christliche, muslimische und jüdische Theologinnen zur Interreligiösen Konferenz Europäischer Theologinnen (IKETH).[192] Entstanden ist die Initiative als internationale und interreligiöse Fortführung des Theologinnenkonvents der Evangelischen Kirche in Deutschland. Ende der 1990er Jahre intensivierte sich der Kontakt zu katholischen und muslimischen Theologinnen. Der Theologinnenkonvent bestand zu diesem Zeitpunkt bereits seit über 80 Jahren. Die Notwendigkeit einer Erweiterung des Kreises auf alle drei abrahamischen Religionsgemeinschaften wurde immer deutlicher. Das jährliche Treffen fand nunmehr unter Beteiligung von Katholikinnen, Musliminnen und Jüdinnen statt. Seit 2005 ist IKETH ein eingetragener Verein und agiert offiziell trilateral.

Zu dem wachsenden Kreis aus inzwischen ca. 60 Theologinnen unterschiedlicher Ausrichtung gehören sowohl Geistliche als auch Religionspädagoginnen, vereinzelt auch Wissenschaftlerinnen. Die beteiligten Wissenschaftlerinnen sind überwiegend Mitglieder der Europäischen Gesellschaft für Theologische Forschung von Frauen (ESWTR). Faktisch entstammen alle Mitglieder anderen religiös und interreligiös geprägten Organisationen wie Akademien o.ä., wodurch eine starke und breite Vernetzung entsteht, die einem Berufsverband ähnelt.

---

192 Quellen: Für ihre Informationen über IKETH e.V. danken wir Frau Kathinka Kaden.

Die maßgebliche Aktionsform der IKETH ist ihre jährliche, dreitägige Konferenz. Diese wurde im Jahr 2008 zum ersten Mal außerhalb Deutschlands, nämlich in Stockholm, abgehalten. Die Konferenzen sind grundsätzlich auch Nicht-Mitgliedern zugänglich. Kern der Konferenzen sind die Stellungnahmen dreier Theologinnen zu einem Thema, das alle Religionsgemeinschaften gleichermaßen betrifft. Die Vorträge werden von Diskussionsrunden, Workshops in kleineren Gruppen sowie gemeinsamen Andachten eingerahmt. Die Konferenzergebnisse dienen den Teilnehmerinnen als Impulse für ihre eigene institutionelle Arbeit. Umgekehrt werden die Publikationen und Arbeitsergebnisse der jeweiligen Heimatinstitutionen von den Teilnehmerinnen auf der Jahreskonferenz diskutiert. So entsteht ein gemeinsamer, fortlaufender Lernprozess.

Thema der Konferenz 2008 war „Schriftauslegung durch Frauen in Judentum, Christentum und Islam als Ressource für interreligiöse Kommunikation und Gendergerechtigkeit in Europa". Themen der vorigen Konferenzen waren beispielsweise die „Organisationsstrukturen der Religionsgemeinschaften", die „Schöpfung", bzw. „Gottesvorstellung: Universalität und Gottesbarmherzigkeit". Insbesondere durch ihre Konferenzen möchten sich die Mitglieder von IKETH der Frage nähern, welches Interesse gerade Frauen am interreligiösen Dialog haben sowie dazu beitragen, dass Religion wieder als Quelle für Frieden begriffen wird.

Die IKETH baut ihre Präsenz in der Öffentlichkeit durch regelmäßige Stellungnahmen in Form von Pressemitteilungen zu kirchen- und frauenpolitischen Themen aus, wie beispielsweise zum Kopftuchurteil des Bundesverfassungsgerichts oder zur vatikanischen Glaubenskongregation zur Beschränkung der gültigen Ordination auf das männliche Geschlecht. Mitglieder der IKETH sprechen regelmäßig als Referentinnen bei anderen interreligiösen Tagungen kirchlicher Akademien und ähnlicher Einrichtungen, sodass die Konferenzen weitreichende Wirkung entfalten.

Kontakt:
Kathinka Kaden
Ev. Akademie Bad Boll
Akademieweg 11
73087 Boll
Tel. 07164/79208
iketh@gmx.net
www.iketh.eu

38. Interreligiöser Arbeitskreis Kiel

Der Interreligiöse Arbeitskreis Kiel ist eine multilaterale Initiative von ca. 60 Personen, an der seit der Gründung im Jahr 1993 neben Juden, Christen und Muslimen auch Baha'i und Buddhisten beteiligt sind. Der Interreligiöse Arbeitskreis Kiel widmet sich sowohl den religiösen und spirituellen Aspekten des Dialogs als auch gesellschaftspolitischen Fragen. Der trilaterale Dialog zwischen Judentum, Christentum und Islam ist als Teil des gesamten Tätigkeitsspektrums zu verstehen und findet teils ausdrücklich, teils de facto statt.

Das Spektrum an Aktionsformen ist sehr weit gefasst und umfasst gegenseitige Besuche, die gemeinsame Auslegung zentraler Texte aus Bibel und Koran sowie Gebete und Andachten. Feste und Feiern werden gemeinsam gestaltet. Konkret organisiert der Interreligiöse Arbeitskreis z.B. seit 1996 dreimal pro Jahr interreligiöse Gebete, die großen Anklang finden. Zu religiösen Festtagen, seien es christliche, muslimische oder jüdische, werden gemeinsame Feiern organisiert. Ende 2006 fand im Rahmen des interkulturellen Herbstes in Kiel der Tag der Religionen als eines der Auftaktprojekte der Großinitiative „Weißt Du, wer ich bin?" statt. Der Tag war angefüllt mit Ausstellungen, Musik- und Tanzdarbietungen sowie Besuchen in den Gotteshäusern und endete mit der sog. Kieler Erklärung, in der zu mehr interreligiöser Verständigung, Begegnung und Bindung aufgerufen wurde.

Als weitere trialogische Aktivitäten des Interreligiösen Arbeitskreises sind Volkshochschulkurse in den Jahren 2006 und 2007, Initiativen zum Islamunterricht an (Grund-) Schulen und interreligiöse Stadtrundfahrten zu nennen.

Zu den wichtigsten Partnern des Interreligiösen Arbeitskreises Kiel zählen religiöse Gemeinschaften (die Jüdische Gemeinde Kiel, christliche Pastoren und Gemeindemitglieder, Moscheevereine, Zen-Buddhisten), Vereine (z.B. die Arabische Gesellschaft Kiel) und Ansprechpartner aus Politik und Verwaltung (z.B. das Referat für Migration der Stadt Kiel).

Kontakt:
Gudrun Fuhrken
Seeadlerweg 10
24159 Kiel
FUHG.KI@t-online.de
www.interrel-kiel.de

39. Jüdisch-Christlicher Freundeskreis Wesel e.V.

Der Jüdisch-Christliche Freundeskreis Wesel e.V. wurde 1992 gegründet. Mit seinen rund 80 Mitgliedern fördert er auf lokaler Ebene neben dem bilateralen interreligiösen Dialog auch den Trialog von Christen, Juden und Muslimen. Der Jüdisch-Christliche Freundeskreis Wesel e.V. verfolgt dabei insbesondere das Ziel, durch die Auseinandersetzung mit aktuellen tages- und gesellschaftspolitischen Fragen vornehmlich Jugendliche zu erreichen.

Ein zentrales Element seines trialogischen Engagement sind die jährlichen Zusammenkünfte, die seit 1995 jeweils in der letzten Septemberwoche stattfinden, und an denen ca. 15 bis 30 Personen teilnehmen. Zu ihnen gehören „einfache" Gläubige der drei abrahamischen Religionen ebenso wie offizielle Vertreter der Religionsgemeinschaften.

Kontakt:
Günter Faßbender
Am Nordglacis 49
46483 Wesel
Tel./Fax. 0281/24141
Gunter.fassbender@tele2.de

40. Karl-Konrad-und-Ria-Groeben-Stiftung

Die überkonfessionelle Karl-Konrad-und-Ria-Groeben-Stiftung wurde im Jahr 2002 von ihren Namensgebern gegründet. Die Groeben-Stiftung ist eine nicht rechtsfähige Stiftung unter dem Dach der Freudenberg Stiftungsgruppe. Ihr Stiftungszweck ist u. a. die Förderung des Völkerverständigungsgedankens und der internationalen Toleranz in der Kultur. Dabei legt die Stiftung besonderes Augenmerk auf die Förderung des gegenseitigen Austausch zwischen den drei abrahamischen Religionsgemeinschaften, zwischen Judentum, Christentum und Islam. Die Groeben-Stiftung leistet daher einen Beitrag zum intellektuellen und praktischen Austausch zwischen den abrahamischen Religionsgemeinschaften und den entsprechenden Kulturkreisen.

Dieses Ziel verfolgt die Stiftung hauptsächlich durch finanzielle Unterstützung anderer sowie durch eigene Projekte. Sie bietet Angehörigen und Vertretern der abrahamischen Religionsgemeinschaften sowie weiteren interessierten Bürgerinnen und Bürgern die Möglichkeit zu Gesprächen. Die Groeben-Stiftung ermöglicht auch Studienaufenthalte, um die anderen Kulturkreise näher kennen lernen zu können. Außerdem unterstützt sie die akademische Ausbildung von Lehrkräften, damit diese auf eine auf Toleranz und Integration ausgerichtete religiöse Erziehung an ihren Schulen hinwirken. Hervorzuheben sind dabei die Abrahamischen Teams, die in Zusammenarbeit mit dem Interkulturellen Rat in Darmstadt an Schulen in ganz Deutschland arbeiten, um die interreligiöse Verständigung zu fördern.

Die Stiftung initiiert und finanziert darüber hinaus Studien zum interreligiösen Dialog. Im Bereich des trilateralen Dialogs von Juden, Christen und Muslimen fördert und unterstützte die Groeben-Stiftung verschiedene Projekte des Interkulturellen Rats sowie in den Jahren 2005 bis 2007 das bundesweite Trialog-Projekt „Weißt Du, wer ich bin?".

2001 erschien in der Schriftenreihe der Groeben-Stiftung die von ihr geförderte und am Maecenata Institut für Philanthropie und Zivilgesellschaft von Dr. Martin Bauschke durchgeführte Studie „Trialog und Zivilgesellschaft". Gemeinsam mit der Herbert Quandt-Stiftung initiierte, förderte und begleitete sie auch die vorliegende Studie des Maecenata Instituts, „Trialog und Zivilgesellschaft. Zivilgesellschaftliche Akteure im trilateralen Dialog zwischen Judentum, Christentum und Islam".

Kontakt:
Christian Petry
Karl-Konrad-und-Ria-Groeben-Stiftung
c/o Freudenberg Stiftung
Freudenbergstr. 2
69469 Weinheim
Tel. 06201/17498
Fax. 06201/13262
info@freudenbergstiftung.de

41. Katholisch Soziale Akademie Franz Hitze Haus

Die Katholische Akademie Franz-Hitze-Haus in Münster ist eine unilateral christliche Einrichtung des Bistums Münster und besteht seit 1952.

Das Halbjahresprogramm der Akademie räumt dem Dialog der Religionen einen eigenen Themenbereich ein, in dem Dialogpartner aus unterschiedlichen Bereichen vorgesehen sind und das sich nicht auf die abrahamischen Konfessionen Christentum, Judentum und Islam beschränkt. Die Veranstaltungen widmen sich dem Dialog auf theologischer und spiritueller Ebene und richten sich an allgemein am Thema interessierte Erwachsene. Formen des interreligiösen Dialoges sind dabei die regelmäßige gemeinsame Auslegung der Heiligen Schriften, die gemeinsame Entwicklung von Lösungsstrategien für praktische Probleme sowie Seminare und Tagungen. Als ein Beispiel für die abrahamischen Aktivitäten der Akademie kann die zweitägige Tagung zum Thema „Jesus im Trialog zwischen Judentum, Christentum und Islam" angeführt werden, die Anfang September 2007 stattfand. Die Trialog-Veranstaltungen der Akademie erreichen mittlerweile Teilnehmerzahlen von 30 bis 50, z.T. auch über 50 Personen.

Wichtige Partner des abrahamischen Engagements des Franz-Hitze-Hauses sind die Jüdische Gemeinde Münster, die Christlich-Islamische Gesellschaft sowie das Centrum für interreligiöse Studien an der Westfälischen Wilhelms-Universität Münster.

Kontakt:
Dr. Frank Meier-Hamidi
Kardinal-von-Galen-Ring 50
48149 Münster
Tel. 0251/9818416
Fax. 0251/492519818480
meier-hamidi@franz-hitze-haus.de
www.franz-hitze-haus.de

42. Katholische Erwachsenenbildung Frankfurt a. M.

Die Katholische Erwachsenenbildung in Frankfurt a.M. widmet sich der allgemeinen, religiösen, politischen und beruflichen Bildung und nimmt dabei eine „Brückenfunktion" zwischen Kirche, Gesellschaft und den einzelnen Bürgern ein. Sie engagiert sich insbesondere im Trialog zwischen Judentum, Christentum und Islam. Im Zentrum steht die Initiative „Trialog der Religionen".

Der „Trialog der Religionen" ist ein trilateral jüdisch-christlich-muslimisches Projekt der Katholischen Erwachsenenbildung, das gemeinsam mit der Evangelischen Stadtakademie Frankfurt, der Jüdischen Volkshochschule Frankfurt, der Volkshochschule Frankfurt sowie der Evangelischen Pfarrstelle für interreligiösen Dialog und Weltanschauungsfragen durchgeführt wird. Seit 1991 wird in breitgefächerten Halbjahresprogrammen mittels gemeinsamer Besuche von Synagogen, Kirchen und Moscheen sowie durch gemeinsame Friedhofsrundgänge, Tagungen und Podiumsdiskussionen der Trialog von Christen, Juden und Muslimen gefördert. Beispielsweise wurde 2007 eine Tagung mit dem Titel „Trau-Schau-Wem: Reiz und Risiko von Verschwörungstheorien" durchgeführt. Daneben finden Studientage, Seminare und Studienreisen (bislang nach Rom, Jerusalem, Istanbul, Andalusien, Berlin und New York) statt.

Partner des „Trialogs der Religionen" sind das Amt für multikulturelle Angelegenheiten der Stadt Frankfurt a.M., die Hessische Landeszentrale für politische Bildung und die Stadtkirche Frankfurt a.M.

Kontakt:
Dr. Kornelia Siedlaczek
Katholische Erwachsenenbildung
Domplatz 3
60311 Frankfurt a.M.
Tel. 069/8008718-462
k.siedlaczek@bistum-limburg.de
www.keb-frankfurt.de

43. Katholische Junge Gemeinde Bundesstelle e.V. (KJG)

Die Katholische Junge Gemeinde (KJG)[193] engagiert sich als konfessioneller Jugendverband in der Persönlichkeits- und Identitätsentwicklung junger Menschen. Mittlerweile zählt die KJG bundesweit ca. 80.000 Mitglieder. Das Mindestbeitrittsalter liegt bei acht Jahren. Die Bundesstelle der KJG ist als e.V. organisiert und widmet sich hauptsächlich der Interessenvertretung von Kindern, Jugendlichen und jungen Erwachsenen in Politik, Gesellschaft und Kirche sowie der Vernetzung der einzelnen

---

193 Quellen: KJG Bundesleitung (Hg.), 2004: *Trialog – together in difference. Das multireligiöse Dialogprojekt von BJSD, KJG und MJD*, Neuss.

Diözesanverbände. Wichtige Themen sind daher vor allem die Kindermitbestimmung und -partizipation, Gender Mainstreaming und Migrationspolitik.

Mit ihrem Engagement für den abrahamischen Trialog von Juden, Christen und Muslimen begann die KJG im Jahr 2001. Zu dem bundesweiten Großprojekt „enjoy the difference – Eine Kampagne der KJG für mehr Toleranz" mit vier zentralen Veranstaltungen sowie einer Postkartenaktion mit Forderungen an Politik, Kirche und Gesellschaft lud sie junge Muslime und Juden ein, insbesondere Vertreter der Muslimischen Jugend in Deutschland (MJD) und des Bundesverbands Jüdischer Studenten in Deutschland e. V. (BJSD). Den Abschluss des Projekts bildete eine Diskussionsrunde aus jungen Christen, Muslimen und Juden über die Bedeutung des Glaubens für ihren Alltag, über Gemeinsamkeiten und Unterschiede der drei Religionen.

Die positiven Erfahrungen aus diesem Projekt nahm die KJG im Jahr 2003 vor dem Hintergrund des Nahost-Konflikts wieder auf und ging eine neues bundesweites Projekt an, diesmal unter der gleichberechtigten Einbeziehung des BJSD und der MJD. Es entstand das interreligiöse Dialogprojekt „TRIALOG – together in difference" mit einer zentralen Veranstaltung im Herbst 2003 in Nürnberg. Im Frühjahr 2004 wurde eine umfangreiche Dokumentation über die beteiligten Religionsgemeinschaften und das Projekt selbst herausgegeben.[194] An dem Treffen nahmen knapp 40 junge Christen, Juden und Muslime teil, die drei Tage lang gemeinsam diskutierten, beteten und feierten und dabei die religiösen und kulturellen Hintergründe der anderen Teilnehmer kennen lernten. Sie hörten Vorträge über die Probleme religiöser Vorurteile oder dem Projekt „Weltethos" und erarbeiteten in Workshops zu den Themen Religion und Globalisierung, Fundamentalismus und Kultur gemeinsame Standpunkte und Stellungnahmen.

Kontakt:
KJG Bundesstelle e. V.
Düsseldorfer Str. 4
41460 Neuss
Tel. 02131/56890
Fax. 02131/568987
bundesstelle@kjg.de
www.kjg.de

44. KlangTrialog

Das Ensemble „KlangTrialog" versucht, einen interreligiösen Dialog durch das Medium Musik herzustellen. Christliche, jüdische und muslimische Musiker stellen ein Repertoire aus überwiegend traditionellen Texten und Melodien der drei abrahamischen Religionen zusammen. Sie begleiten Liturgie und Gebete mit Orgel oder orientalischer Geige. Die Musik wird von den Musikern interpretiert und teilweise improvisiert.

---

194 KJG Bundesleitung (Hg.), 2004: *Trialog – together in difference. Das multireligiöse Dialogprojekt von BJSD, KJG und MJD*, Neuss.

Die beteiligten Künstler stammen aus Syrien, Israel, Deutschland und der Türkei.
Ziel dieses Zusammenspiels ist es, zu einer gemeinsamen Spiritualität der drei abrahamischen Religionsgemeinschaften zu finden.

Kontakt:
Mimi Sheffer
Tel. 030/85409158
info@mimisheffer.com
www.klangtrialog.de

45. Muslimische Jugend in Deutschland (MJD)

Die muslimische Jugend in Deutschland (MJD)[195] wurde im Jahr 1994 als erster Verband der muslimischen Gemeinschaft in Deutschland für muslimische Jugendliche und junge Erwachsene gegründet. Das Ziel des Vereins ist es, jungen Muslimen dabei zu helfen, zu integrierten Mitgliedern der Gesellschaft heranzuwachsen. Die MJD thematisiert sowohl die Chancen als auch die Schwierigkeiten muslimischer Jugendlicher in der deutschen Gesellschaft.

Im Jahr 2001 nahmen Vertreter der MJD an dem teilweise interreligiösen Projekt der Katholischen Jungen Gemeinde (KJG) „enjoy the difference – Eine Kampagne der KJG für mehr Toleranz" teil und brachten sich besonders in die interreligiöse Abschlussdiskussion ein. In der Folge verabschiedeten die KJG, die MJD und der Bundesverband jüdischer Studenten in Deutschland e.V. (BJSD) eine gemeinsame Erklärung zum friedlichen Zusammenleben der Religionen und Kulturen in Deutschland und zur Notwendigkeit eines interreligiösen Dialogs im Jahr 2002.[196]

Vor dem Hintergrund des Nahost-Konflikts nahm die MJD diese Thematik im Jahr 2003 wieder auf und initiierte in Kooperation mit der KJG und dem BJSD das interreligiöse Dialogprojekt „TRIALOG – together in difference". Im Herbst 2003 entstand in Nürnberg eine zentrale Veranstaltung sowie im Frühjahr 2004 eine umfangreiche Dokumentation über die beteiligten Religionsgemeinschaften sowie das Projekt selbst.[197] An diesem Treffen nahmen knapp 40 junge Christen, Juden und Muslime teil. Sie diskutierten, beteten und feierten drei Tage lang gemeinsam und lernten dabei die religiösen und kulturellen Hintergründe der anderen kennen. Sie hörten Vorträge zu den Problemen religiöser Vorurteile oder dem Projekt „Weltethos" und erarbeiteten in Workshops zu Religion und Globalisierung, Fundamentalismus und Kultur gemeinsame Standpunkte und Stellungnahmen.

---

[195] Quellen: KJG Bundesleitung (Hg.), 2004: *Trialog – together in difference. Das multireligiöse Dialogprojekt von BJSD, KJG und MJD*, Neuss.
[196] KJG Bundesleitung (Hg.), 2004:8.
[197] KJG Bundesleitung (Hg.), 2004: *Trialog – together in difference. Das multireligiöse Dialogprojekt von BJSD, KJG und MJD*, Neuss.

Partner der MJD im interreligiösen Engagement sind neben der KJG und des BJSD der Islamrat für die Bundesrepublik Deutschland sowie das Islamologische Institut e.V.

Kontakt:
Muslimische Jugend in Deutschland
Gitschiner Str. 16
10969 Berlin
Tel. 030/69507275
Fax. 030/69507276
info@mjd-net.de
www.mjd-net.de

46. Ökumenische Centrale der Arbeitsgemeinschaft Christlicher Kirchen in Deutschland (ACK)

Im März 1948 wurde die Arbeitsgemeinschaft Christlicher Kirchen in Deutschland (ACK)[198] in Kassel gegründet. Mit der Gründung wurde das Ziel verfolgt, in der Zeit des Wiederaufbaus Deutschlands ein Gremium einzurichten, durch das die verschiedenen Kirchen Deutschlands gemeinsam reden und handeln konnten. Im Lauf der Jahre hat sich diese Aufgabe um die Bereiche Migration und Integration sowie die internationale Zusammenarbeit der Mitgliedskirchen erweitert.

Der ACK vereint inzwischen sechzehn Vollmitglieder, vier Gastmitglieder und drei Beobachter. Ausgehend vom kontinuierlichen Dialog aller Mitgliedskirchen, bildet der interreligiöse Dialog mit Juden und Muslimen inzwischen einen der Schwerpunkte der Arbeit des ACK. Von der hierzu eingerichteten Ökumenischen Centrale in Frankfurt a. M. gingen beispielsweise die Impulse zur Planung der beiden interreligiösen Großprojekte „Lade Deine Nachbarn ein" (1999-2003) und „Weißt Du, wer ich bin?" (2004-2007) aus.

Als einer der Träger des Projekts „Weißt Du, wer ich bin?" führte der ACK gemeinsam mit dem Zentralrat der Juden in Deutschland (ZJD), der Türkisch-Islamischen Union der Anstalt für Religion e.V. (DITIB) und dem Zentralrat der Muslime in Deutschland (ZMD) viele der insgesamt 79 Einzelprojekte in ganz Deutschland durch. Die vier Projektträger erstellten mittels mehrerer Material- und Basishefte umfangreiches Dokumentationsmaterial über die drei beteiligten Religionsgemeinschaften, das Projekt selbst und seinen Fortgang sowie über die teilnehmenden Initiativen und alle im Rahmen des Projekts abgehaltenen Veranstaltungen.

---

[198] Wolleh, Oliver/Zunzer, Wolfram, 2007: „Evaluation der Initiative ‚Weißt Du, wer ich bin? – Das Projekt der drei großen Religionen für friedliches Zusammenleben in Deutschland'", www.weisstduwerichbin. de/download/Weisst%20du%20wer%20ich%20bin%20Evaluation.pdf (Zugriff am 24.09.2008).

Kontakt:
Arbeitsgemeinschaft Christlicher Kirchen in Deutschland e. V.
Ökumenische Centrale
Ludolfusstraße 2-4
60487 Frankfurt a. M.
Tel. 069/2470270
Fax. 069/24702730
info@ack-oec.de
www.oekumene-ack.de

47. Ökumenischer Vorbereitungsausschuss für die Interkulturelle Woche in Berlin

Seit 1975 trifft sich der Ökumenische Vorbereitungsausschuss für die Interkulturelle Woche in Berlin[199]. Seine zehn Mitglieder sind der Ökumenische Rat Berlin-Brandenburg e. V., der Diozösanrat der Katholiken im Erzbistum Berlin, der Ausländerreferent des Erzbistums Berlin, der Beauftragte für Migration und Integration der Evangelischen Kirche Berlin-Brandenburg-schlesische Oberlausitz e. V., der Caritasverband Berlin e. V., der Internationale Konvent Christlicher Gemeinden in Berlin und Brandenburg e. V., das Afrika Center Berlin, der Verein Hilfe für ausländische Frauen und Kinder e. V. und die Church of the United Brethren in Christ, USA. Fünf der Mitglieder arbeiten hauptamtlich, fünf ehrenamtlich.

Der Vorbereitungsausschuss führt seit 2006 im Rahmen der Interkulturellen Woche jährlich ein „Quiz der Religionen" durch. Teilnehmer sind vier vorwiegend konfessionelle Schulen in Berlin. Bislang beteiligten sich eine jüdische Schule, katholische und evangelische Schulen sowie Schulen mit einem hohen Anteil an muslimischen Schülern. Alle teilnehmenden Schulen stellen ein interreligiöses Schülerteam aus Klassen der Mittelstufe zusammen, das in den Wochen vor dem Quiz gemeinsam übt. Die Quiz-Fragen werden im Vorfeld von Religionslehrern aller vier Konfessionen zusammengestellt und entstammen den vier Themenkomplexen „Religionsgeschichte", „Heilige Schrift", „religiöses Leben" und „religiöse Feste". Während des Wettbewerbs steht jeweils ein Experte der vier Konfessionen für Fragen zur Verfügung. Ein unabhängiger Schiedsrichter verfolgt den Verlauf des Wettbewerbs und ermittelt den Gewinner. Das siegreiche Schülerteam erhält den „Preis der Interkulturellen Woche". Der Preis besteht aus einer Urkunde und einem Geldpreis, dessen Höhe nach der Platzierung gestaffelt ist. So erhält jedes Team einen Preis.

Der Austragungsort ist jeweils die Schule des Gewinnerteams aus dem Vorjahr. Der Wettbewerb wird von Jugendlichen musikalisch untermalt. Er wird öffentlich ausgetragen und von einem Publikum aus ca. 100 Eltern, Lehrern sowie Freunden der

---

[199] Quellen: Lühr, Ingrid, 2006: „Quiz der Religionen' am 27. September 2006 in der Ev. Schule Neukölln in Berlin", unveröffentlichter Bericht der Veranstalter; Lühr, Ingrid, 2007: „Quiz der Religionen –‚Weißt du, was ich glaube?'", unveröffentlichter Bericht der Veranstalter.

Teammitglieder begleitet und angefeuert. So lernen nicht nur die am Wettbewerb teilnehmenden Schüler die anderen Religionen besser kennen, auch die Zuhörer und Helfer können ihr Verständnis für die anderen Religionen vertiefen.

Das Projekt wird durch die Arbeitsgemeinschaft Christlicher Kirchen in Deutschland (ACK) „Weißt Du, wer ich bin?", den Zentralrat der Juden in Deutschland, den Zentralrat der Muslime in Deutschland und die Türkisch-Islamische Union der Anstalt für Religion e. V. (DITIB) gefördert.

Kontakt:
Ingrid Lühr
Referentin im Arbeitsbereich Existenzsicherung und Integration
Diakonisches Werk Berlin-Brandenburg-schlesische Oberlautsitz e. V.
Paulsenstr. 55/56
12163 Berlin
Tel. 030/82097251
Fax. 030/82097105
Luehr.i@dwbo.de
www.interkulturelle-woche-berlin.de

48. Religionen für den Frieden (WCRP) Nürnberg mit J, C, M

Die 1970 in Kyoto gegründete World Conference of Religions for Peace (WCRP) ist eine der weltweit größten multilateralen Organisationen im Bereich des interreligiösen Dialogs. Allein in Deutschland ist die WCRP durch ihre Regionalgruppen in vierzehn Städten vertreten.

Die Arbeit der Regionalgruppe Nürnberg konzentriert sich hauptsächlich auf den christlich-muslimischen Dialog. Dabei arbeitet sie regelmäßig mit der Begegnungsstätte Brücke-Köprü zusammen.

Im Rahmen des bundesweiten Trialog-Projekts „Weißt Du, wer ich bin?" lud die Ortsgruppe Nürnberg des WCRP im Zeitraum von November 2005 bis März 2006 Angehörige der drei abrahamischen Religionsgemeinschaften zu Gesprächsabenden über ihre religiösen Biographien ein. Als Referenten sprachen Geistliche und Funktionäre religiöser Einrichtungen aus der Region, wie z. B. der Vorsitzende der Israelischen Kultusgemeinde, der Metropolit der Rumänisch-Orthodoxen Kirche oder der Beauftragte für Interreligiösen Dialog der Türkisch-Islamischen Union der Anstalt für Religion e. V. (DITIB).

Als trilateral abrahamische Veranstaltungen wurden im Sommersemester 2008 wöchentliche Vorlesungen an der Universität Nürnberg zum Thema „Juden, Christen, Muslime. Grundlagen des interreligiösen Dialogs" gehalten. Zu diesem Thema sprach nicht zuletzt Professor Dr. Karl-Josef Kuschel im Juni 2008. Anschließend fand ein Gespräch über die Möglichkeiten und Grenzen des interreligiösen Dialogs statt.

Kontakt:
Christine Herrmann-Wielsch
admin-c@wcrp-nuernberg.de

Prof. Dr. Johannes Lähnemann
Viatisstr. 12590480 Nürnberg
Tel. 0911/406703
Fax. 0911/406703
mailto:johannes.laehnemann@ewf.uni-erlangen.de
http://www.wcrp-nuernberg.de

49. Runder Tisch mit Juden, Christen und Muslimen der Bremischen Evangelischen Kirche

Der Runde Tisch mit Juden, Christen und Muslimen wurde im Jahr 2003 als trilateral jüdisch-christlich-muslimisches Beratungs- und Koordinationsgremium der Bremischen Evangelischen Kirche gegründet.

Seither treffen sich die rund zehn offiziellen Vertreter der drei Religionsgemeinschaften zu regelmäßigen Beratungssitzungen. Diese finden ca. alle drei Monate statt und dienen der theologischen Auseinandersetzung mit Aktivitäten in Bremen, die alle drei Religionsgemeinschaften betreffen. Außerdem soll durch die regelmäßigen Zusammenkünfte ein Netzwerk aufgebaut und gepflegt werden. Der Runde Tisch war beispielsweise maßgeblicher Befürworter eines Pilotprojekts zum fakultativen Unterrichtsfach Islamkunde in der 5. und 6. Jahrgangsstufe.

Der Dialog findet auf sämtlichen Ebenen statt, d.h. sowohl auf gesellschaftspolitischer und sozialer als auch auf theologischer und spiritueller.

Partner des Runden Tisches mit Juden, Christen und Muslimen sind die Römisch-Katholische Kirche, die Arbeitsgemeinschaft Christlicher Kirchen in Deutschland (ACK), die örtliche Synagogengemeinde sowie lokale Moscheegemeinden.

Kontakt:
Dr. Heinrich Kahlert
Haus der Kirche
Franziuseck 2-4
28199 Bremen
Tel. 0421/55970
Fax. 0421/5597265
kirchenkanzlei@kirche-bremen.de
www.kirche-bremen.de

50. Sarah und Hagar Initiative Hessen

Die Sarah und Hagar Initiative Hessen ist eine trilateral jüdisch-christlich-muslimische Organisation, an der auch religiös ungebundene Frauen beteiligt sind. Sie wurde 2001 von der damaligen Studienleiterin der Evangelischen Akademie Arnoldshain, Dr. Annette Mehlhorn, in Kooperation mit dem Hessischen Sozialministerium gegründet und hat ca. 15 Mitglieder. Inzwischen ist die Fraueninitiative im EVAngelischen Frauenbegegnungszentrum Frankfurt angesiedelt. Sie fördert dort in vorwiegend kleineren Gruppen den alltäglichen Gedankenaustausch von Frauen.

Drei- bis viermal jährlich finden Arbeitstreffen, Tagungen und Seminare zu tagespolitischen Themen wie dem Kopftuchstreit, dem Nahostkonflikt u. Ä. statt. Regelmäßig werden Beteiligungen an Gottesdiensten vorbereitet und durchgeführt. Nach einem dreijährigen Arbeitsprozess wurde Anfang 2006 ein Impulspapier in Form von Leitlinien für die Familien-, Bildungs- und Arbeitspolitik (vgl. Mehlhorn 2006)[200] herausgegeben, das praktische Anregungen zur Entwicklung von Lösungsstrategien für aktuelle gesellschaftspolitische Probleme bot.

Im Herbst 2007 veranstaltete die Sarah-Hagar-Initiative im Rahmen des bundesweiten Projekts „Weißt Du, wer ich bin?" einen interreligiösen Frauentag in Frankfurt a.M. Nach Impulsreferaten von drei Frauen – einer Jüdin, einer Christin und einer Muslimin – schlossen sich Diskussionen, Arbeitsgruppen und kulturelle Beiträge an. Außerdem bringen Teams, die sich aus der Initiative rekrutieren, regelmäßig eine interreligiöse Gender- bzw. Frauenperspektive in diverse Veranstaltungen ein.

Kontakt:
Pfarrerin Eli Wolf
c/o EVAngelisches Frauenbegegnungszentrum
Saalgasse 15
60311 Frankfurt a. M.
Tel. 069/9207080
Fax. 069/92070899
e.wolf@eva-frauenzentrum.de
www.eva-frauenzentrum.de

51. Stiftung Weltethos

Die überkonfessionelle Stiftung Weltethos mit Sitz in Tübingen wurde 1995 gegründet. Der Gründung ging die Verabschiedung einer „Erklärung zum Weltethos" auf dem Parlament der Weltreligionen 1993 in Chicago[201] sowie das 1990 erschienene

---

[200] Mehlhorn, Annette (Hg.), 2006: *Interreligiöser Lernprozess ‚Impulse für eine geschlechtergerechte Sozialpolitik auf Basis jüdischer, christlicher und muslimischer Traditionen'*, Evangelischer Pressedienst Nr. 6.
[201] Küng, Hans/Kuschel, Karl-Josef (Hg.), 1993: *Erklärung zum Weltethos. Die Deklaration des Parlaments der Weltreligionen*, München. Siehe auch: http://www.weltethos.org/pdf_decl/Decl_german.pdf (Zugriff am 14.03.2008).

Buch „Projekt Weltethos" des späteren Stiftungsvorstands Prof. Dr. Hans Küng[202] voraus. Das Projekts Weltethos basiert auf folgenden drei Grundgedanken: 1. kein Frieden unter den Nationen ohne Frieden unter den Religionen, 2. kein Frieden unter den Religionen ohne Dialog zwischen den Religionen, 3. kein Dialog zwischen den Religionen ohne Grundlagenforschung in den Religionen.

Die Stiftung Weltethos engagiert sich daher im Bereich der abrahamischen Ökumene u. a. durch die Anregung, Durchführung und Förderung von Veranstaltungen und Publikationen. Zu ihren Aktionsformen im interreligiösen Dialog gehören regelmäßige trilaterale Schülerbegegnungen, die Erarbeitung von Unterrichtsmaterialien sowie wissenschaftliche Grundlagenforschung im Bereich einer Theologie des Trialogs. Die Unterrichtsmaterialien umfassen Arbeitsblätter, Erfahrungsberichte, Hilfestellungen bei der Vorbereitung von interreligiösen Gottesdiensten sowie Arbeitsanleitungen zu einzelnen Themenmodulen wie „Gewaltlosigkeit", „Gerechtigkeit" oder „Partnerschaft von Mann und Frau".

Mit Prof. Dr. Hans Küng, Prof. Dr. Karl-Josef Kuschel und Dr. Martin Bauschke vereint die Stiftung Weltethos einige der auf diesem Gebiet maßgeblichen Autoren unter ihrem Dach.[203]

Kontakt:
Hauptsitz:
Stephan Schlensog
Waldhäuserstr. 23
72076 Tübingen
Tel. 07071/62646
Fax. 07071/610140
office@weltethos.org
www.weltethos.org

Büro Berlin:
Dr. Martin Bauschke
Wollankstr. 4
13187 Berlin
Tel. 030/28092994
Fax. 030/28092995
bauschke@weltethos.org

---

[202] Küng, Hans, 1990: *Projekt Weltethos*, München.
[203] Auswahl: Küng, Hans/Kuschel, Karl-Josef, 1993: *Weltfrieden durch Religionsfrieden. Antworten aus den Weltreligionen*, München. Kuschel, Karl-Josef, 1994: *Streit um Abraham. Was Juden, Christen und Muslime trennt – und was sie eint*, München. Bauschke, Martin, 2001: *Trialog und Zivilgesellschaft*, Berlin. Küng, Hans, 2007: *Umstrittene Wahrheit – Erinnerungen*, München. Kuschel, Karl-Josef, 2007: *Juden – Christen – Muslime: Herkunft und Zukunft*, Düsseldorf.

52. Türkisch-Islamische Union der Anstalt für Religion e.V. (DITIB)

Die Türkisch-Islamische Union der Anstalt für Religion e.V. (DITIB)[204] versteht sich als offizieller Ansprechpartner der türkischen Muslime in Deutschland. Sie wurde 1982 gegründet und vertritt das türkische Modell des Laizismus.[205] Die DITIB vereint eine Vielzahl von Moscheegemeinden sowie türkisch geprägte gesellschaftliche und soziale Einrichtungen in Deutschland. Ihr primäres Engagement gilt der Integration ihrer Mitglieder in die deutsche Gesellschaft unter Wahrung ihrer türkischen und muslimischen Identität.

Daneben ist die DITIB seit vielen Jahren um einen interreligiösen Dialog bemüht, insbesondere mit dem Christentum. So unterhält die Zentrale in Köln seit 1999 eine eigene Abteilung für interreligiösen Dialog, beteiligt sich personell an verschiedenen interreligiösen Gremien wie dem Arbeitskreis Religion & Integration in Nordrhein-Westfalen (ARI) oder dem Koordinierungsrat der Vereinigungen des christlich-islamischen Dialoges in Deutschland e.V. (KCID). Sie fördert und beteiligt sich an unterschiedlichen lokalen Initiativen wie beispielsweise dem Abrahamsfest Bielefeld 2008. Die DITIB veranstaltet in regelmäßigen Abständen interreligiöse Friedensgebete, interreligiöse Vorträge sowie Begegnungsabende.

Das umfangreichste Projekt im Bereich des trilateralen Dialogs von Christen, Juden und Muslimen war das gemeinsame Großprojekt „Weißt Du, wer ich bin?" von 2004 bis 2007. Gemeinsam mit der Ökumenischen Centrale der Arbeitsgemeinschaft Christlicher Kirchen in Deutschland (ACK), dem Zentralrat der Muslime in Deutschland (ZMD) und dem Zentralrat der Juden (ZJD) führte die DITIB das bundesweit angelegte Dialogprojekt durch. Dabei waren die Moscheegemeinden der DITIB an vielen der insgesamt 79 Veranstaltungen auf regionaler und kommunaler Ebene beteiligt. Daneben erarbeiteten die vier Projektträger in paritätischer Besetzung umfangreiche Dokumentationsmaterialien über die drei beteiligten Konfessionen, das Projekt selbst, die teilnehmenden Initiativen sowie über alle Veranstaltungen, die im Rahmen des Projekts stattfanden.

Kontakt:
Bekir Alboga
Beauftragter für den interreligiösen Dialog
Subbelrather Str. 17
50823 Köln
Tel. 0221/579820
Fax. 0221/5798290
info@ditib.de, www.ditib.de

---

[204] Quellen: Sen, Faruk/Aydin, Hayrettin, 2002: *Islam in Deutschland*, München; „Weißt Du, wer ich bin?" (Hg.), 2007: „*Weißt Du, wer ich bin?". Das Projekt der drei großen Religionen für friedliches Zusammenleben in Deutschland. Materialsammlung I. Basisheft*, Frankfurt a.M.
[205] S. dazu Sen/Aydin, 2002: 52.

53. Zentralrat der Juden in Deutschland (ZJD)

Der Zentralrat der Juden in Deutschland (ZJD) ist mittlerweile eine Körperschaft des öffentlichen Rechts und residiert im Leo-Baeck-Haus in Berlin. Als offizielles Vertretungsorgan der Juden in Deutschland fördert und pflegt er jüdisches Kulturgut sowie jüdische Religiosität. Er beteiligt sich aktiv am politischen und gesellschaftlichen Leben in der Bundesrepublik.

Seit 1994 arbeitet der ZJD mit der Ökumenischen Centrale der Arbeitsgemeinschaft Christlicher Kirchen in Deutschland (ACK) und dem Zentralrat der Muslime in Deutschland (ZMD) im interreligiösen Dialog von Juden, Christen und Muslimen zusammen. So entstand im Jahr 1999 als erstes gemeinsames Großprojekt das Projekt gegen Fremdenfeindlichkeit, Rassismus und Gewalt „Lade Deinen Nachbarn ein".

Im Jahr 2004 erweiterte der ZJD sein Engagement im trilateralen Dialog von Juden, Christen und Muslimen durch die Mitträgerschaft des interreligiösen Großprojekts „Weißt Du, wer ich bin?". Gemeinsam mit der Ökumenischen Centrale der ACK, dem ZMD und der Türkisch-Islamischen Union der Anstalt für Religion e. V. (DITIB) führte der Zentralrat der Juden das bundesweit angelegte Dialogprojekt durch. Der Zentralrat war dabei an vielen Veranstaltungen auf regionaler und kommunaler Ebene beteiligt. Daneben erarbeiteten die vier Projektträger in paritätischer Besetzung umfangreiches Dokumentationsmaterial über die drei beteiligten Religionsgemeinschaften, das Projekt selbst, die teilnehmenden Initiativen sowie über sämtliche Veranstaltungen, die im Rahmen des Projekts durchgeführt wurden.

Kontakt:
Zentralrat der Juden in Deutschland K.d.ö.R.
Leo-Baeck-Haus
Postfach 04 02 07
10061 Berlin
Tel. 030/2844560
Fax 030/28445613
info@zentralratdjuden.de
www.zentralratjuden.de

54. Zentralrat der Muslime in Deutschland e.V. (ZMD)

Der Zentralrat der Muslime in Deutschland e.V. (ZMD) ist die Dachorganisation der verschiedenen muslimischen Organisationen und der in Deutschland vertretenen Richtungen des Islams. Der ZMD fördert das muslimische Leben und seine Spiritualität und versucht, den Muslimen in Deutschland die Ausübung ihrer Religion zu erleichtern. Er vereinigt unter seinem Dach u. a. Türken, Araber, Deutsche, Albaner, Iraner, Bosnier, sowohl Sunniten als auch Schiiten und alle Rechtsschulen. Der ZMD widmet sich somit in besonderem Maße der Einheit der Muslime. Darüber hinaus dient der ZMD als Ansprechpartner für Politik und Gesellschaft, insbesondere für die Religionsgemeinschaften in Deutschland.

Mit seinem Engagement sowohl im muslimisch-christlichen als auch im muslimisch-jüdischen Dialog begann der ZMD bereits vor vielen Jahren. 1999 tat sich der Zentralrat erstmals mit der Ökumenischen Centrale der Arbeitsgemeinschaft Christlicher Kirchen in Deutschland (ACK) sowie dem Zentralrat der Juden in Deutschland (ZJD) zusammen. Gemeinsam planten sie das Projekt gegen Fremdenfeindlichkeit, Rassismus und Gewalt „Lade Deinen Nachbarn ein".

Das zentrale Dialogprojekt des ZMD war die Mitträgerschaft am abrahamischen Großprojekt „Weißt Du, wer ich bin?" in den Jahren 2004 bis 2007. Gemeinsam mit der ACK, dem ZJD und der Türkisch-Islamischen Union der Anstalt für Religion e. V. (DITIB) plante und führte der ZMD das bundesweit angelegte Projekt durch. Der ZMD engagierte sich selbst in diversen Veranstaltungen auf regionaler und kommunaler Ebene. Daneben erarbeiteten die vier Projektträger in paritätischer Besetzung umfangreiches Dokumentationsmaterial über die drei beteiligten Religionsgemeinschaften, das Projekt selbst, die teilnehmenden Initiativen sowie über sämtliche Veranstaltungen, die im Rahmen des Projekts durchgeführt wurden.

Darüber hinaus engagiert sich der ZMD beispielsweise durch personelle Vertretung in interreligiösen Gremien wie dem Arbeitskreis Religion & Integration in Nordrhein-Westfalen (ARI).

Kontakt:
Zentralrat der Muslime in Deutschland (ZMD)
Steinfelder Gasse 32
50670 Köln
Tel. 0221/1394450
Fax. 0221/1394681
sekretariat@zentralrat.de
www.zentralrat.de

Zivilgesellschaftliche Akteure im trilateralen Dialog zwischen Juden, Christen und Muslimen

1. Abraham Geiger Kolleg, Berlin
2. Abrahams Runder Tisch, Hildesheim
3. Ad-hoc-Arbeitsgruppe „Weißt du, wer ich bin?", Kassel
4. Alit, Aleph, Alpha – Kooperationsverbund, Berlin
5. Arbeitsgemeinschaft Religion & Integration Nordrhein-Westfalen, Köln/Mettmann
6. Arbeitskreis Integration im Bistum Essen, Essen
7. Artneuland Galerie, Berlin
8. Begegnungsstätte Kleine Synagoge, Erfurt
9. Bendorfer Forum für ökumenische Begegnung und interreligiösen Dialog, Rüsselsheim
10. Bischöfliches Generalvikariat, Essen
11. Brücke-Köprü Begegnung von Christen und Muslimen, Nürnberg
12. Bundesverband Jüdischer Studenten in Deutschland, Berlin
13. Christlich-Islamische Arbeitsgemeinschaft Bielefeld, Bielefeld
14. Christlich-Islamische Arbeitsgemeinschaft, Marl
15. Christlich-Islamische Gesellschaft Region, Stuttgart
16. Christlich-Islamischer Arbeitskreis Münster mit Juden, Christen, Muslimen, Münster
17. Deutsche Muslim-Liga Bonn, Bonn
18. Deutscher Koordinierungsrat der Gesellschaften für Christlich-Jüdische Zusammenarbeit, Bad Nauheim
19. Evangelische (und Katholische) Flughafenseelsorge, Frankfurt a. M.
20. Evangelische Akademie Arnoldshain, Schmitten
21. Evangelische Akademie Hofgeismar, Hofgeismar
22. Evangelische Akademie Loccum, Rehburg-Loccum
23. Evangelische Akademie zu Berlin, Berlin
24. Forum für Interkulturellen Dialog, Frankfurt a. M.
25. Forum Religionen und Weltverantwortung, Karlsruhe
26. Gesellschaft Freunde Abrahams, München
27. Gesellschaft für Christlich-Jüdische Zusammenarbeit Augsburg und Schwaben, Augsburg
28. Gesellschaft für Christlich-Jüdische Zusammenarbeit Freiburg, Freiburg
29. Gesellschaft für Christlich-Jüdische Zusammenarbeit Lippe, Detmold
30. Gesellschaft für Christlich-Jüdische Zusammenarbeit Oldenburger Münsterland, Vestrup Bakum
31. Gesellschaft für Christlich-Jüdische Zusammenarbeit Rhein-Neckar, Mannheim
32. Haus Abraham, Denkendorf
33. Herbert Quandt-Stiftung, Bad Homburg
34. Interkultureller Rat in Deutschland, Darmstadt
35. International Council of Christians and Jews, Heppenheim
36. Internationale Orient-Okzident Gesellschaft, Berlin
37. Interreligiöse Fraueninitiative Bamberg, Bamberg
38. Interreligiöse Konferenz Europäischer Theologinnen, Bad Boll
39. Interreligiöser Arbeitskreis Kiel, Kiel
40. Jüdisch-Christlicher Freundeskreis Wesel, Wesel
41. Karl-Konrad-und-Ria-Groeben-Stiftung, Weinheim/Bergstraße
42. Katholische Erwachsenenbildung Frankfurt, Frankfurt a. M.
43. Katholische Junge Gemeinde, Neuss
44. Katholisch-Soziale Akademie Franz Hitze Haus, Münster
45. KlangTrialog, Berlin
46. Muslimische Jugend in Deutschland, Berlin
47. Ökumenische Centrale der Arbeitsgemeinschaften Christlicher Kirchen in Deutschland, Frankfurt a. M.
48. Ökumenischer Vorbereitungsausschuss für die Interkulturelle Woche in Berlin, Berlin
49. Religionen für den Frieden, Nürnberg
50. Runder Tisch mit Juden, Christen und Muslimen, Bremen
51. Sarah und Hagar Initiative Hessen, Frankfurt a. M.
52. Stiftung Weltethos, Tübingen
53. Türkisch-Islamische Union der Anstalt für Religion, Köln
54. Zentralrat der Juden in Deutschland, Berlin
55. Zentralrat der Muslime in Deutschland, Köln

Anhang

Literaturverzeichnis

Adloff, Frank/Schneider, Maria-Luise, 2002: „Einleitung", in: Rupert Graf Strachwitz/Frank Adloff/Susanna Schmidt/Maria-Luise Schneider (Hg.), *Kirche zwischen Staat und Zivilgesellschaft*, Berlin, 10–21.

Adloff, Frank, 2003: „Sozialkapital, soziale Milieus und Integration", in: *Forschungsjournal Neue Soziale Bewegungen* 16/1, 109–114.

Adloff, Frank, 2005: *Zivilgesellschaft. Theorie und politische Praxis*, Frankfurt a. M.

Adunka, Evelyn, 2002: „Die Wiener Jüdische Gemeinde", in: Lappin, Eleonore (Hg.): *Jüdische Gemeinden – Kontinuitäten und Brüche*. Berlin, Wien.

Alleson, Ilan/Schoenfeld, Stuart, 2007: „Environmental Justice and Peace Building in the Middle East", in: *Peace Review: A Journal of Social Justice* 19, 371–379.

Altan, Ahmet, 2008: „Die Schattenmänner",
http://www.ifa.de/es/pub/kulturaustausch/archiv/kulturaustausch-2008/atatuerks-erben-die-tuerkei-im-aufbruch/die-schattenmaenner/type/98/(Zugriff am 28.11.2008).

Am Orde, Sabine, 2008: „Überprüfung überfällig. Stiftungen gründen Sachverständigenrat für Integration", in: *die tageszeitung*, 15.10.2008.

Amering, M./Hofer, H./Rath, I., 1999: „Trialog – Ein Erfahrungsbericht nach zwei Jahren ‚Erster Wiener Trialog'", in: Ulrich Meise/Friederike Hafner/Hartmann Hinterhuber (Hg.): *Gemeindepsychiatrie in Österreich*, Innsbruck, 231–252.

Armstrong, Karen, 2000: *The Battle for God. Fundamentalism in Judaism, Christianity, and Islam*, London.

Assmann, Jan, 2003: *Die Mosaische Unterscheidung oder der Preis des Monotheismus*, München.

Auffarth, Christoph/Kippenberg, Hans G./Michaels, Axel (Hg.), 2006: *Wörterbuch der Religionen*, Stuttgart.

Balic, Smail, 2001: *Islam für Europa*, Köln, Weimar.

Barkaï, Ron, 1994: *Chrétiens, musulmans et juifs dans l'Espagne médiévale: de la convergence à l'expulsion*, Paris.

Basdevant-Gaudemet, Brigitte, 2005: „Staat und Kirche in Frankreich", in: Gerhard Robbers (Hg.), *Staat und Kirche in der Europäischen Union*, Baden-Baden, 171–203.

Baudler, Georg, 1999: *Die Befreiung vom Gott der Gewalt. Erlösung in der Religionsgeschichte von Judentum, Christentum und Islam*, Düsseldorf.

Bauschke, Martin, 2001: *Trialog und Zivilgesellschaft. Internationale Recherche von Institutionen zum trilateralen Dialog von Juden, Christen und Muslimen* (Bd.1), Berlin.

Bauschke, Martin, 2004: „Der jüdisch-christlich-islamische Dialog", in: Michael Klöcker/Udo Tworuschka, *Handbuch der Religionen*, München.

Bauschke, Martin, 2006: *Der jüdisch-christlich-islamische Trialog*, München, Ravensburg.

Bauschke, Martin, 2008: *Der Spiegel des Propheten, Abraham im Koran und Islam*. Frankfurt a. M.

Bauschke, Martin/Homolka, Walter/Müller, Rabeya (Hg.), 2004: *Gemeinsam vor Gott. Gebete aus Judentum, Christentum und Islam*, Gütersloh.

Bauschke, Martin/Stegmann, Petra (Hg.), 2001: *Trialog und Zivilgesellschaft. Berichte und Texte* (Bd. 2), Berlin.

Bauschke, Martin/Stegmann, Petra, 2001: „Berichte zum Verlauf des Projekts", in: dies. (Hg.), *Trialog und Zivilgesellschaft. Berichte und Texte* (Bd. 2), Berlin, 17-62.

Baumann, Martin/Stolz, Jörg (Hg.), 2007: *Eine Schweiz – viele Religionen. Risiken und Chancen des Zusammenlebens*, Bielefeld

Beck, Ulrich, 2008: *Der eigene Gott. Friedensfähigkeit und Gewaltpotential der Religionen*, Frankfurt a. M., Leipzig.

Behloul, Samuel M., 2008: „Islam – Muslimische Migranten in der Schweiz", http://www.religionenschweiz.ch/islam.html (Zugriff am 21.11.2008).

Benhabib, Seyla, 1996: *Selbst im Kontext*, Frankfurt a. M.

Berger, Maria, 2004: „Einleitung: Ethnische Gemeinschaften als Integrationschance?", in: Ansgar Klein/Kristine Kern/Brigitte Geißel/Maria Berger (Hg.), *Zivilgesellschaft und Sozialkapital. Herausforderungen politischer und sozialer Integration*, Wiesbaden,189-192.

Bernhardt, Reinhold, 2008: „Europas Seele zwischen Prägung und Entwicklung", in: Jürgen Micksch (Hg.), *Vom christlichen Abendland zum abrahamischen Europa*, Frankfurt a. M., 24-34.

Bielefeldt, Heiner, 2007: *Das Islambild in Deutschland. Zum öffentlichen Umgang mit der Angst vor dem Islam*, Berlin.

Bielefeldt, Heiner, 2008: „Das abrahamische Europa – eine ökumenische Variante religiöser Identitätspolitik", in: Jürgen Micksch (Hg.), *Vom christlichen Abendland zum abrahamischen Europa*, Frankfurt a. M., 34-39.

Bijsterveld, Sophie C. van, 2005: „Staat und Kirche in den Niederlanden", in: Gerhard Robbers (Hg.): *Staat und Kirche in der Europäischen Union*, Baden-Baden, 399-424.

Birkenfeld, Dorit, 2006: „Religion: Dialogstifter statt ‚Konversationsstopper'. Pragmatische Konzepte von Religion und Kommunikation. Theoriediskussion mit Blick auf die christlich-muslimische Dialogkultur an Deutschlands konfessionellen Akademien", unveröffentl. Diplomarbeit, Frankfurt (Oder).

Birkenfeld, Dorit, 2007a: „Wie Religion Kommunikation schaffen kann – Kriterien und Konzepte religiösen Dialoghandelns", Fachtagung *„Interreligiöser Dialog auf dem Prüfstand. Kriterien und Standards der interkulturellen und interreligiösen Kommunikation"* am 26./27. Januar 2007, Vortragsmanuskript, Bremen.

Birkenfeld, Dorit, 2007b: „Exposé zum Dissertationsvorhaben ‚Dialog. Ein kulturwissenschaftlicher Beitrag zur Begriffsreflexion auf Grundlage einer empirischen Erhebung zum interreligiösen Dialog an den kirchlichen Akademien in Deutschland'", Erfurt (unveröffentl. Manuskript).

Birkenfeld, Dorit, 2008: „Wie kann Religion Kommunikation schaffen? Konzeptionelle Überlegungen zum Dialog", in: Gritt Klinkhammer/Ayla Satilmis (Hg.), *Interreligiöser Dialog auf dem Prüfstand*, Münster, 67–82.

Bistrich, Andrea, 2007: „Den Frieden neu erfinden. Weißbuch für Nahen Osten gefordert. Die ‚Allianz der Zivilisationen' und der israelisch-palästinensische Konflikt", in: *Junge Welt*, 18.09.2007.

Bocian, Martin, 1989: *Lexikon der biblischen Personen. Mit ihrem Fortleben in Judentum, Christentum, Islam, Dichtung, Musik und Kunst*, Stuttgart.

Böckenförde, Ernst-Wolfgang, 2006: *Der säkularisierte Staat. Sein Charakter, seine Rechtfertigung und seine Probleme im 21. Jahrhundert*, München.

Bommes, Michael, 2007: „Integration – gesellschaftliches Risiko und politisches Symbol", in: *Aus Politik und Zeitgeschichte* 22–23, 3–5.

Borgolte, Michael, 2005: *Stiftungen in Christentum, Judentum und Islam vor der Moderne. Auf der Suche nach ihren Gemeinsamkeiten und Unterschieden in religiösen Grundlagen, praktischen Zwecken und historischen Transformationen*, Berlin.

Borgolte, Michael, 2006: *Christen, Juden, Muselmanen. Die Erben der Antike und der Aufstieg des Abendlandes 300–1400 n. Chr.*, München.

Bourdieu, Pierre, 1983: „Ökonomisches Kapital, kulturelles Kapital, soziales Kapital", in: Reinhard Kreckel (Hg.), *Soziale Ungleichheiten*, Göttingen, 183–198.

Braun, Sebastian, 2002: „Soziales Kapital, sozialer Zusammenhalt und soziale Ungleichheit. Integrationsdiskurse zwischen Hyperindividualismus und der Abdankung des Staates", in: *Aus Politik und Zeitgeschichte* 29–30.

Braun, Rüdiger, 2004: *Mohammed und die Christen im Islambild zeitgenössischer christlicher und muslimischer Apologeten*, Neuendettelsau.

Brömme, Norbert/Strasser, Hermann, 2001: „Gespaltene Bürgergesellschaft? Die ungleichen Folgen des Strukturwandels von Engagement und Partizipation", in: *Aus Politik und Zeitgeschichte* 25–26, 6–14.

Brumlik, Micha, 2008: „Interreligiöser Dialog – Toleranz oder fruchtbare Kontroverse?", in: Gritt Klinkhammer/Ayla Satilmis (Hg.), *Interreligiöser Dialog auf dem Prüfstand*, Münster, 47–66.

Bundesministerium des Innern, 2008a: „Rechtsfolgen des Status der Körperschaft öffentlichen Rechts für Religions- und Weltanschauungsgemeinschaften", http://www.bmi.bund.de/cln_028/nn_370400/Internet/Content/Themen/Kirchen_und_Religionsgemeinschaften/Einzelseiten/Rechtsfolgen_der_Koerperschaftsanerkennung.html (Zugriff am 27.10.2008).

Bundesministerium des Innern, 2008b: „Übersicht über die Religionsgemeinschaften in der Bundesrepublik Deutschland mit dem Status der Körperschaft öffentlichen Rechts gemäß Artikel 140 Grundgesetz in Verbindung mit Artikel 137 Absatz 5 der Weimarer Reichsverfassung", http://www.bmi.bund.de/cln_028/nn_370400/Internet/Content/Themen/Kirchen_und_Religionsgemeinschaften/Einzelseiten/Liste_Koerperschaft_Religionsgemeinschaften.html (Zugriff am 27.10.2008).

Bundesministerium des Innern, 2008c: „Voraussetzungen für den Erwerb des Status der Körperschaft öffentlichen Rechts für Religions- und Weltanschauungsgemeinschaften gem. Art. 140 GG in Verbindung mit Art. 137 Abs. 5 WRV", http://www.bmi.bund.de/cln_028/nn_370400/Internet/Content/Themen/Kirchen_und_Religionsgemeinschaften/Einzelseiten/Voraussetzungen_Koerperschaftsankerkennung.html (Zugriff am 27.10.2008).

Busse, Heribert, 1988: *Die theologischen Beziehungen des Islam zu Judentum und Christentum. Grundlagen des Dialogs im Koran und die gegenwärtige Situation*, Darmstadt.

Cabanel, Patrick, 2005: „Laizität und Religion im heutigen Frankreich", in: Adolf Kimmel,/Henrik Uterwedde (Hg.), *Länderbericht Frankreich. Geschichte. Politik. Wirtschaft. Gesellschaft*, Bonn, 139-153.

Caspi, Mishael M., 2004: *Eve in Three Traditions and Literatures. Judaism, Christianity, and Islam*, Lewiston.

Cattacin, Sandro et al. (Hg.), 2003: *Staat und Religion in der Schweiz - Anerkennungskämpfe, Anerkennungsformen*, Bern.

CIA, „The World Factbook - Israel", https://www.cia.gov/library/publications/the-worldfactbook/geos/is.html (Zugriff am 05.12.2008).

Cohen, Jean, 1999: „Trust, Voluntary Association and Workable Democracy. The Contemporary American Discourse of Civil Society", in: Mark Warren (Hg.), *Democracy and Trust*, Cambridge, 208-248.

Cohen, Jean/Arato, Andrew, 1994: *Civil Society and Political Theory*, Cambridge MA/London.

Colpe, Carsten, 1990: *Das Siegel der Propheten. Historische Beziehungen zwischen Judentum, Judenchristentum, Heidentum und frühem Islam*, Berlin.

Croissant, Aurel/Lauth, Hans-Joachim/Merkel, Wolfgang, 2000: „Zivilgesellschaft und Demokratie: ein internationaler Vergleich", in: Wolfgang Merkel (Hg.), *Systemwechsel 5. Die Rolle der Zivilgesellschaft*, Opladen, 9-51.

Dawkins, Richard, 2006: *The God Delusion*, London.

Delgado, Mariano, 2006: „Toleranz und Religionsfreiheit. Konvergenz und Divergenz zwischen Europa und der islamischen Welt", in: Urs Altermatt/Mariano Delgado/Guido Vergauwen (Hg.), *Der Islam in Europa. Zwischen Weltpolitik und Alltag*, Stuttgart, 325-347.

Die Bundesregierung, 2007: *Der Nationale Integrationsplan. Neue Wege - Neue Chancen*, Berlin.

Dikic, Mirjana, 2007: „Interreligiöser Dialog als Beitrag zur Versöhnung. Bosniens multiethnischen Konfessionen", www.quantara.de (Zugriff am 31.10.2008).

Dittmer, Jörg, 1999: „Jaspers' ‚Achsenzeit' und das interkulturelle Gespräch. Überlegungen zur Relevanz eines revidierten Themas", in: Dieter Becker (Hg.), *Globaler Kampf der Kulturen? Analysen und Orientierungen*, Stuttgart, 191-214.

Dobbertien, Stefanie, 2005: *Accountability im Dritten Sektor. Die Problematik der Institutionalisierung von Transparenz unter besonderer Berücksichtigung des Online Informationsportals GuideStar Deutschland*, Berlin (unveröffentl. Diplomarbeit).

Ehrhart, Hans-Georg, 2005: „Fußball und Völkerverständigung", in: *Aus Politik und Zeitgeschichte* 19, 8.05.2006.

Eldar, Yishai, 2000: „Christliche Gemeinschaften in Israel", http://berlin.mfa.gov.il/mfm/web/main/document.asp?DocumentID=87787&MissionID=88 (Zugriff am 10.12.2008).

Enquete-Kommission „Zukunft des Bürgerschaftlichen Engagements/Deutscher Bundestag", 2002: *Bericht. Bürgerschaftliches Engagement: auf dem Weg in eine zukunftsfähige Bürgergesellschaft*, Opladen.

Epalza, Mikel de, 1996: „Überlegungen zum religiösen Pluralismus (Muslime, Christen und Juden) und die Toleranz auf der iberischen Halbinsel im Mittelalter", in: *Religionen im Gespräch 4*, 365–378.

epd Dokumentation, 2007: „Interreligiöser Lernprozess. ‚Impulse für eine geschlechtergerechte Sozialpolitik auf der Basis jüdischer, christlicher und muslimischer Traditionen'", Nr. 6, 31.01.2006.

Erler, Michael, 2007: Philosophie der Antike, Bd. 2, Basel.

Erzeren, Ömer, 2008: „Der Nährboden der Literatur", in: *die tageszeitung*, 7.10.2008.

Evangelische Kirche in Deutschland (Hg.), 2007: *Klarheit und gute Nachbarschaft. Christen und Muslime in Deutschland*, Hannover.

Feddersen, Jan/Gessler, Philipp/Herrmann, Ulrike, 2007: „Allen wohl und niemandem weh", in: *die tageszeitung*, 6.06.2007, 3.

Feldtkeller, Andreas, 2003: *Mission im Konfliktfeld von Islam, Judentum und Christentum*, Frankfurt a.M.

Fietz, Martina, 2004: „'Es gibt keine Religionsfreiheit', Interview mit Gerhard Duncker", in: *Cicero*, 11, www.cicero.de (Zugriff am 10.11.2008).

Fijalkowski, Jürgen, 2004: „Zur Funktion ethnischer Vereinigungen. Die Resonanz ethnischer Vereinigungen mit Integrations- oder Segregationszielen: Reflexionen zur Hypothesenbildung", in: Ansgar Klein/Kristine Kern/Brigitte Geißel/Maria Berger (Hg.), *Zivilgesellschaft und Sozialkapital. Herausforderungen politischer und sozialer Integration*, Wiesbaden, 193–210.

Fischer, Irmtraud, 1994: „Die Erzeltern Israels. Feministisch-theologische Studie zu Genesis", in: *BZAW 222*, Berlin, New York, 12–36.

Flick, Uwe, 1998: *Qualitative Forschung. Theorie, Methoden, Anwendung in Psychologie und Sozialwissenschaften*, Reinbek bei Hamburg.

Forst, Rainer, 2003: *Toleranz im Konflikt. Geschichte, Gehalt und Gegenwart eines umstrittenen Begriffs*, Frankfurt a.M.

Fraser, Nancy, 2001: „Neue Überlegungen zur Öffentlichkeit. Ein Beitrag zur Kritik der real existierenden Demokratie", in: dies. (Hg.), *Die halbierte Gerechtigkeit. Schlüsselbegriffe des postindustriellen Sozialstaats*, Frankfurt a.M., 157–178.

Frühbauer, Johannes J., 2006: „Friede durch Verständigung: Hans Küngs ‚Projekt Weltethos' und die Abrahamische Ökumene", in: Reinhard Möller/Hans-Christoph Goßmann, (Hg.), *Interreligiöser Dialog. Chancen abrahamischer Initiativen*, Münster, 163–174.

Geißel, Brigitte/Kern, Kristine/Klein, Ansgar/Berger, Maria, 2004: „Einleitung: Integration, Zivilgesellschaft und Sozialkapital", in: Ansgar Klein/Kristine Kern/Brigitte Geißel/Maria Berger (Hg.), *Zivilgesellschaft und Sozialkapital. Herausforderungen politischer und sozialer Integration*, Wiesbaden, 7–18.

Gerhard, Albert/Uelsberg, Gabriele (Hg.), 2008: *Susanne Krell. attigit.projekt*, Köln.

Ghadban, Ralph, 2002: „Staat und Religion in Europa im Vergleich. Großbritannien, Frankreich und die Niederlande", www.bpb.de/veranstaltungen/STZS3V,0,0,Staat_und_Religion_in_Europa_im_Vergleich.html (Zugriff am 17.11.2008).

Görg, Manfred, 2002: „Abraham als Ausgangspunkt für eine 'abrahamitische Ökumene'"?, in: Andreas Renz/Stephan Leimgruber, (Hg.), *Lernprozess Christen Muslime. Gesellschaftliche Kontexte – Theologische Grundlagen – Begegnungsfelder*, Münster, 142–150.

Goltz, Gabriel/Agai, Bekim, 2007: „Laizismus versus Islam? Die aktuelle türkische Debatte um den Laizismus", in: *Wort und Antwort* 48/3, 105–109.

Gorys, Erhard, 1985: *Das Heilige Land. Historische und religiöse Stätten von Judentum, Christentum und Islam in dem 10000 Jahre alten Kulturland zwischen Mittelmeer, Rotem Meer und Jordan*, Köln.

Goßmann, Hans-Christoph, 2006: „Abrahamitischer Dialog – Konkretionen", in: Reinhard Möller/Hans-Christoph Goßmann, (Hg.), *Interreligiöser Dialog. Chancen abrahamischer Initiativen*, Münster, 209–214.

Gottschlich, Jürgen, 2008: „Mutmaßliche Putschisten vor Gericht", in: *die tageszeitung*, 19.10.2008.

Gugutschkow, Stojan, o. A.: „Integration in Leipzig – Ressourcen und Potenziale", http://www.migrationboell.de/web/integration/47_1213.asp (Zugriff am 22.07.2008).

Habermas, Jürgen, 1998: *Faktizität und Geltung. Beiträge zur Diskurstheorie des Rechts und des demokratischen Rechtsstaats*, Frankfurt a.M.

Habermas, Jürgen, 2001: *Glauben und Wissen*, Frankfurt a.M.

Halm, Dirk, 2008: *Der Islam als Diskursfeld. Bilder des Islams in Deutschland*, Wiesbaden.

Halm, Dirk/Sauer, Martina, 2006: „Parallelgesellschaft und ethnische Schichtung", in: *Aus Politik und Zeitgeschichte* 1–2, http://www.bundestag.de/dasparlament/2006/0102/Beilage/003.html (Zugriff am 02.07.2007).

Han, Petrus, 2000: *Soziologie der Migration. Erklärungsmodelle, Fakten, Politische Konsequenzen, Perspektiven*, Stuttgart.

Heimbach-Steins, Marianne, 2003: *Religionen im Dialog. Christentum, Judentum und Islam*, Münster.

Heine, Peter/Syed, Aslam (Hg.), 2005: *Muslimische Philanthropie und bürgerschaftliches Engagement/Muslim Philanthropy and Civic Engagement*, Berlin.

Heinz, Hanspeter/Brandt, Henry G., 2008: „Stellungnahme zur Karfreitagsfürbitte ‚Für die Juden'", http://www.vkpf.de/index.php?option=com_content&task=view&id=195&Itemid=44 (Zugriff am 2.11.2008).

Held, David, 2000: „Die Rückkehr der Politik. Die wachsende Ungleichheit ist ein Angriff auf die politische Freiheit aller Bürger", in: Werner Perger et al. (Hg.), *Was wird aus der Demokratie?*, Opladen.

Herweg, Rachel/Müller, Rabeya, 2006: „Real-Trialog oder die Quadratur des Kreises. Erfahrungen mit abrahamischen Teams an deutschen Schulen und Einrichtungen der Erwachsenenbildung", in: Reinhard Möller/Hans-Christoph Goßmann (Hg.), *Interreligiöser Dialog. Chancen abrahamischer Initiativen*, Münster, 222-229.

Hessisches Statistisches Landesamt, 2008: *Hessen im Wandel. Daten, Fakten und Analysen zur Entwicklung von Gesellschaft, Staat und Wirtschaft seit 1946*, Wiesbaden.

Hinterhuber, Eva Maria, 2008: „Zivilgesellschaft, Trialog, Integration", in: Maecenata Institut (Hg.), *Opusculum 28*, Berlin (www.maecenata.eu/images/Dokumente/Institut/Opuscula/080502-opuscula-28-trialog_final.pdf).

Hornstein-Tomié, Caroline, 2008: *Interethnische Beziehungen in Südosteuropa. Ein Bericht zur Lage in Bosnien-Herzegowina, Kosovo, Kroatien, Mazedonien, Montenegro, und Serbien*, Zagreb.

Horvath, Gabriele (Übers.), 2006: *Geographica Pocket - Weltatlas & Länderlexikon*, Königswinter.

Hroub, Khaled, 2006: „Rede des Papstes über Glaube und Vernunft. Fehler auf beiden Seiten", http://de.qantara.de/webcom/show_article.php/_c-469/_nr-570/i.html (Zugriff am 2.10.2008).

Huntington, Samuel P., 1997: *Kampf der Kulturen*, Hamburg.

Imbach, Josef, 1989: *Wem gehört Jesus? Seine Bedeutung für Juden, Christen und Moslems*, München.

Immerfall, Stefan, 1999: „Sozialkapital in der Bundesrepublik", in: Ernst Kistler/Heinz-Herbert Noll/Eckhard Priller (Hg.), *Perspektiven gesellschaftlichen Zusammenhalts. Empirische Befunde, Praxiserfahrungen, Messkonzepte*, Berlin, 121-130.

Interkulturelles Dialogzentrum München e. V./Freunde Abrahams e. V. (Hg.), 2007: *Reizthemen interreligiös. Dschihad - Mission - Zionismus*, München.

Islamische Glaubensgemeinschaft in Österreich, 2006: *Österreichische Imame-Konferenz. Aktivitäten der Islamischen Glaubensgemeinschaft in Österreich*, Wien.

Jetzkowitz, Jens, 2002: Religion in der verrechtlichten Gesellschaft. Die deutsche Situation im Spiegel von Bundesverfassungsgerichtsentscheidungen", in: Gritt Klinkhammer/Tobias Frick (Hg.), *Religionen und Recht. Eine interdisziplinäre Diskussion um die Integration von Religionen in demokratischen Gesellschaften*, Marburg, 49-70.

Joas, Hans, 2001: „Ungleichheit in der Bürgergesellschaft", in: *Aus Politik und Zeitgeschichte* 25-26, 15-23.

Joas, Hans, 2007: „Does Modernization Lead to Secularization?", in: Gerhard Kruip/Helmut Reifeld (Hg.), *Church and Civil Society. The Role of Christian Churches in the Emerging Countries of Argentina, Mexico, Nigeria and South Africa*, St. Augustin, Berlin, 19-28.

Johannsen, Margret, 2008: „Nahost-Konfliktportraits", www.bpb.de (Zugriff am 01.12.2008).

Kamp, Melanie, 2008: „Mehr als Vorbeter. Zur Herkunft und Rolle von Imamen in Moscheevereinen", www.migration-boell.de/web/integration/47_1115.asp (Zugriff am 09.10.2008).

Kandel, Johannes, 2003: „Lieber blauäugig als blind?", in: *EZW-Materialdienst. Zeitschrift für Religions- und Weltanschauungsfragen*, H. 6, 228-231.

Kandler, Hermann, 2005: „Südost und Osteuropa", in: Werner Ende/Udo Steinbach, *Der Islam in der Gegenwart*, München, 597-612.

Kaul-Seidman, Lisa/Nielsen, Jørgen S./Vinzent, Markus, 2003: *Europäische Identität und kultureller Pluralismus. Judentum, Christentum und Islam in europäischen Lehrplänen*, Bad Homburg.

Keller, Claudia, 2007: „Pluralität als Ernstfall der Religionsfreiheit", in: *Der Tagesspiegel*, 5.11.2007, 4.

Koller, Markus/Clewing, Konrad, 2007: „Vom christlichen Mittelalter bis zum 18. Jahrhundert", in: Agilolf Keßelring (Hg.), *Wegweiser zur Geschichte Bosnien-Herzegowina*, Paderborn u. a., 13-19.

Kessler, Rainer, 2006: „,Du sollst zu einem Vater vieler Völker werden'. Die Gestalt Abrahams in der Hebräischen Bibel", in: Reinhard Möller/Hans-Christoph Goßmann (Hg.), *Interreligiöser Dialog. Chancen abrahamischer Initiativen*, Münster, 51-59.

Khoury, Adel T. (Hg.), 1987: *Lexikon religiöser Grundbegriffe. Judentum, Christentum, Islam*, Graz, Wien, Köln.

Kienzler, Klaus, 1999: *Der religiöse Fundamentalismus. Christentum, Judentum, Islam*, München.

KJG Bundesleitung (Hg.), 2004: *Trialog - Together in Difference. Das multireligiöse Dialogprojekt von BJSD, KJG und MJD*, Neuss.

Klappert, Bertold, 1996: *Abraham eint und unterscheidet. Begründungen und Perspektiven eines nötigen Trialogs zwischen Juden, Christen und Muslimen*, Köln, 21-64.

Klappert, Bertold 2000: „Abraham eint und unterscheidet. Begründungen und Perspektiven eines nötigen ,Trialogs' zwischen Juden, Christen und Muslimen", in: Rudolf Weth (Hg.), *Bekenntnis zu dem einen Gott?*, Neukirchen-Vluyn, 98-122.

Klein, Ansgar/Kern, Kristine/Geißel, Brigitte/Berger, Maria (Hg.), 2004: *Zivilgesellschaft und Sozialkapital. Herausforderungen politischer und sozialer Integration*, Wiesbaden.

Klinkhammer, Gritt, 2007: „Der Dialog mit Muslimen. Interessen, Ziele und Kontroversen", Bremen (unveröffentl. Typoskript zur Abschlusstagung Dialogprojekt, 27.1.2007).

Klinkhammer, Gritt, 2008: „Der Dialog mit Muslimen. Interessen, Ziele und Kontroversen", in: dies./Ayla Satilmis (Hg.), *Interreligiöser Dialog auf dem Prüfstand*, Münster, 21-46.

Klinkhammer, Gritt/Satilmis, Ayla, 2007: „Kriterien und Standards der interreligiösen und interkulturellen Kommunikation. Eine Evaluation des Dialogs mit dem Islam" (Projektabschlussbericht), Bremen.

Knellwolf, Thomas, 2008: „Trotz Kopftuch einbürgern", in: *Tagesanzeiger*, 5.03.2008.

Koordinierungsrat der Muslime in Deutschland, 2007: „Profilierung auf Kosten der Muslime", in, Jürgen Micksch (Hg.), *Evangelisch aus fundamentalem Grund*, Frankfurt a.M., 275-292.

Kratz, Reinhard G./Nagel, Tilman, 2003: *Abraham, unser Vater. Die gemeinsamen Wurzeln von Judentum, Christentum und Islam*, Göttingen.

Krech, Volkhard, 2003: *Götterdämmerung. Auf der Suche nach Religion*, Bielefeld.

Krech, Volkhard, 2007: „Exklusivität, Bricolage und Dialogbereitschaft. Wie die Deutschen mit religiöser Vielfalt umgehen", in: Bertelsmann Stiftung (Hg.), *Religionsmonitor 2008*, Gütersloh, 33-43.

Krell, Gertraude/Riedmüller, Barbara/Sieben, Barbara/Vinz, Dagmar (Hg.), 2007: *Diversity Studies. Grundlagen und disziplinäre Ansätze*, Frankfurt a.M.

Kroissenbrunner, Sabine, 2005: „Islam in Österreich", in: Peter Heine/Aslam Syed (Hg.), *Muslimische Philanthropie und bürgerschaftliches Engagement/Muslim Philanthropy and Civic Engagement*, Berlin, 217-228.

Krupp, Michael, 2001: „Trialog in Israel – Palästina", in: Martin Bauschke/Petra Stegmann (Hg.), *Trialog und Zivilgesellschaft*, Bd. 2, Berlin, 118-126.

Küng, Hans, 1990: *Weltethos*, München.

Küng, Hans, 1991: *Das Judentum*, München.

Küng, Hans, 1992: „Abraham – der Stammvater dreier Religionen. Zur Notwendigkeit des Trialogs zwischen Juden, Christen und Muslimen", in: Peter Neuner/Harald Wagner (Hg.), *In Verantwortung für den Glauben. Beiträge zur Fundamentaltheologie und Ökumenik*, Freiburg, Basel, Wien, 329-343.

Küng, Hans, 1994: *Das Christentum. Wesen und Geschichte*, München.

Küng, Hans, 2004: *Der Islam. Geschichte – Gegenwart – Zukunft*, München.

Küng, Hans/Kuschel, Karl-Josef (Hg.), 1993: *Erklärung zum Weltethos. Die Deklaration des Parlaments der Weltreligionen*, München.

Küster, Volker, 2006: „Verwandtschaft verpflichtet. Erwägungen zum Projekt einer „'Abrahamitischen Ökumene'", in: Reinhard Möller/Hans-Christoph Goßmann (Hg.), *Interreligiöser Dialog. Chancen abrahamischer Initiativen*, Münster, 127-143.

Kuschel, Karl-Josef 1993: „Eins im Zeichen Abrahams? Zur Ökumene zwischen Juden, Christen und Muslimen", in: Bernd Jaspert (Hg.), *Hans Küngs „Projekt Weltethos". Beiträge aus Philosophie und Theologie*, Hofgeismar, 91-117.

Kuschel, Karl-Josef, 1994: *Streit um Abraham. Was Juden, Christen und Muslime trennt – und was sie eint*, München, Düsseldorf.

Kuschel, Karl-Josef, 1999: „Gemeinsam die Götzen entzaubern. Juden, Christen und Muslime auf dem Weg zur dreifachen Ökumene", in: *Publik-Forum* 4.

Kuschel, Karl-Josef, 2000: „Abrahamische Ökumene. Interreligiöser Dialog als Voraussetzung für eine nachhaltige Friedenspolitik", in: *Neue Züricher Zeitung*, 23.12.2000, 85.

Kuschel, Karl-Josef, 2001: *Streit um Abraham. Was Juden, Christen und Muslime trennt – und was sie eint*, Düsseldorf.

Kuschel, Karl-Josef, 2007: *Juden - Christen - Muslime. Herkunft und Zukunft*, Düsseldorf.

Lähnemann, Johannes (Hg.), 1994: „*Das Projekt Weltethos*" *in der Erziehung*, Hamburg.

Landman, Nico, 2005: „Frankreich, Großbritannien, Niederlande, Deutschland", in: Werner Ende/Udo Steinbach (Hg.), *Der Islam in der Gegenwart*, München, 572-597.

Lessing, Gotthold Ephraim, 1997 [1779]: *Nathan der Weise*, Berlin.

Lessing, Theophil, 1991 [1669]: *De Religionum Tolerantia. Über die Duldung der Religion*, Wolfenbüttel.

Lob-Hüdepohl, Andreas, 2002: „Kirche zwischen Staat und Zivilgesellschaft. Überlegungen zum gesellschaftlichen Ort der Kirchen in der Bundesrepublik Deutschland", in: Rupert Graf Strachwitz/Frank Adloff/Susanna Schmidt/Maria-Luise Schneider (Hg.), *Kirche zwischen Staat und Zivilgesellschaft*, Berlin, 43-62.

Lohmeyer, Michael, 2007: „Das Boot ist nicht voll", in: *Zeit Online*, 19.12.2007, www.zeit. de/2007/52/Integration (Zugriff am 21.10.2008).

Luhmann, Niklas, 2008: *Die Moral der Gesellschaft*, Frankfurt a.M.

Lutz-Bachmann, Matthias/Fidora, Alexander (Hg.), 2004: *Juden, Christen und Muslime. Religionsdialoge im Mittelalter*, Darmstadt.

Machelon, Jean-Pierre, 2006: „Les relations des cultes avec les pouvoirs publics", http://lesrapports.ladocumentationfrancaise.fr/BRP/064000727/0000.pdf (Zugriff am 18.11.2008).

Magalhaes, Isabel de, 2007: „Die Milieus der Menschen mit Migrationshintergrund in Deutschland 2007". Vortrag zum Melez-Symposium am 31. 10. 2007 in Bochum.

Magonet, Jonathan, 2000: *Abraham - Jesus - Mohammed. Interreligiöser Dialog aus jüdischer Perspektive*, Gütersloh.

Maier, Hans, 2008: „Vom Zusammenleben der Religionen in einer säkularen Gesellschaft: Thesen", Vortrag am 14.09.2008 im Kloster Andechs (unveröffentl. Typoskript).

Malik, Jamal, 2008: „Interreligiöser Dialog - ein Integrationswerkzeug?", in: Gritt Klinkhammer/Ayla Satilmis (Hg.), *Interreligiöser Dialog auf dem Prüfstand*, Münster, 141-166.

Mann, Vivian B./Glick, Thomas F./Doods, Jerrilynn D., 1992: *Convivencia. Jews, Muslims, and Christians in Medieval Spain* (Ausstellungskatalog), New York, 1-9.

Marty, M. E./Appleby, S. R., 1996: *Herausforderung Fundamentalismus. Radikale Christen, Moslems und Juden im Kampf gegen die Moderne*, Frankfurt a.M., New York.

Matthiae, Gisela/Jost, Renate/Janssen, Claudia/Röckemann, Antje/

Mehlhorn, Annette (Hg.), 2008: *Feministische Theologie. Initiativen, Kirchen, Universitäten - eine Erfolgsgeschichte*, Gütersloh.

McClean, David, 2005: „Staat und Kirche im Vereinigten Königreich", in Robbers, Gerhard (Hg.): *Staat und Kirche in der Europäischen Union*, Baden-Baden, 603-628.

Mehlhorn, Annette, 2008: „Feministische Praxis und Theologie im Dialog zwischen den Töchtern Sarahs und Hagars", in: Gisela Matthiae et al. (Hg.), *Feministische Theologie. Initiativen, Kirchen, Universitäten - eine Erfolgsgeschichte*, Gütersloh.

Menocal, Maria Rosa, 2003: *Die Palme im Westen. Muslime, Juden und Christen im alten Andalusien*, Berlin.

Meißner, Stefan, 2005: „Heilige Schriften – Facetten des einen Gottes oder Antipoden um die Wahrheit?", Einführungsreferat am 18.02.2005 im Butenschoen-Haus/Landau, www.gcjz-pfalz.de/html/schriftrel.htm (Zugriff am 06.02.2008).

Meißner, Stefan/Wenz, Georg (Hg.), 2008: *Über den Umgang mit den Heiligen Schriften. Juden, Christen und Muslime zwischen Tuchfühlung und Kluft*, Münster.

Merkel, Wolfgang/Lauth, Hans-Joachim, 1998: „Systemwechsel und Zivilgesellschaft. Welche Zivilgesellschaft braucht die Demokratie?", in: *Aus Politik und Zeitgeschichte* 6-7, 3-12.

Meyer, Hans-Joachim, 2002: „Die Kirchen als Teil der Zivilgesellschaft", in: Rupert Graf Strachwitz/Frank Adloff/Susanna Schmidt/Maria-Luise Schneider (Hg.), *Kirche zwischen Staat und Zivilgesellschaft*, Berlin, 63-65.

Micksch, Jürgen, 2003: *Abrahamische und Interreligiöse Teams*, Frankfurt a.M.

Micksch, Jürgen, 2006: „Abrahamische Dialoge in Deutschland", in: Reinhard Möller/Hans-Christoph Goßmann (Hg.), *Interreligiöser Dialog. Chancen abrahamischer Initiativen*, Münster, 215-222.

Micksch, Jürgen (Hg.), 2007: *Evangelisch aus fundamentalem Grund. Wie sich die EKD gegen den Islam profiliert*, Frankfurt a.M.

Micksch, Jürgen (Hg.), 2008a: *Vom christlichen Abendland zum abrahamischen Europa*, Frankfurt a.M.

Micksch, Jürgen, 2008b: „Was bringen interkulturelle und interreligiöse Dialoge?", in: Gritt Klinkhammer/Ayla Satilmis (Hg.), *Interreligiöser Dialog auf dem Prüfstand*, Münster, 83-100.

Mittmann-Richert, Ulrike/Avemarie, Friedrich/Oegema, Gerbern S., 2003: *Der Mensch vor Gott. Forschungen zum Menschenbild in Bibel, antikem Judentum und Koran*, Neukirchen-Vluyn.

Mohagheghi, Hamideh, 2008: „Für einen Dialog des Handelns", in: Jürgen Micksch (Hg.), *Vom christlichen Abendland zum abrahamischen Europa*, Frankfurt a.M., 91-102.

Möller, Reinhard, 2006: „Säkularisierung und Revitalisierung von Religionen", in: Reinhard Möller/Hans-Christoph Goßmann (Hg.), *Interreligiöser Dialog. Chancen abrahamischer Initiativen*, Münster, 7-10.

Möller, Reinhard/Goßmann, Hans-Christoph (Hg.), 2006: *Interreligiöser Dialog. Chancen abrahamischer Initiativen*, Münster.

Morgenstern, Matthias, 2006: „Vom ‚Götzenzerstörer' zum Protagonisten des Dialogs. Der Erzvater Abraham in 1800 Jahren jüdischer Tradition", in: Reinhard Möller/Hans-Christoph Goßmann (Hg.), *Interreligiöser Dialog. Chancen abrahamischer Initiativen*, Münster, 101-126.

Nennstiel, Richard 2007: „Türkei", in: *Wort und Antwort* 48/3, 97-98.

Nipp, Eno, 2008: „Das Schweizerische Religionsrecht an der Schnittstelle von Staat und Religion", http://www.religion.ch/web/recht/28-das-schweizerische-religionsrecht-an-der-schnittstelle-von-staat-und-religion (Zugriff am 25.11.2008).

N. N., 2008: „Ein Land mit zwei Gesichtern", www.niederlandenet.de (Zugriff am 13.10.2008).

N. N., 2008: „Österreich: Schlechte Bedingungen bei Integration von Migranten", in: *Der Standard*, 13.05.2008, www.derstandard.at (Zugriff am 21.10.2008).

Nordbruch, Götz, 2006: „Islamkunde in deutscher Sprache. Gleichstellungspolitik der kleinen Schritte: Interview mit Islamwissenschaftler Dr. Michael Kiefer", http://de.qantara.de/webcom/show_article.php/_c-469/_nr-441/i.html (Zugriff am 14.10.2008).

Notz, Gisela, 2007: „„Das Museum greift gerne auf einsatzfreudige Damen zurück.' Bürgerschaftliches Engagement im Bereich von Kultur und Soziokultur", in: *Femina Politica* 2, 53-61.

Offe, Klaus/Fuchs, Susanne, 2001: „Schwund des Sozialkapitals? Der Fall Deutschland", in: Robert Putnam (Hg.), *Gesellschaft und Gemeinsinn. Sozialkapital im internationalen Vergleich*, Gütersloh, 417-514.

Omerika, Armina, 2007: „Der Islam – zur Bedeutung der Religionsgemeinschaften", in: Agilolf Keßelring (Hg.), *Wegweiser zur Geschichte Bosnien-Herzegowina*, Paderborn u. a., 129-135.

Onnasch, Klaus, 2006: „Erfahrungen mit dem Dialog am Beispiel der Interreligiösen Arbeit in Kiel", in: Reinhard Möller/Hans-Christoph Goßmann, (Hg.), *Interreligiöser Dialog. Chancen abrahamischer Initiativen*, Münster, 177-207.

Palaver, Wolfgang, 2006: Politische Dimension der Religion heute, http://www.uibk.ac.at/theol/leseraum/artikel/658.html (Zugriff am 30.11.2007).

Perroux, François, 1960: *Économie et Societé. Contrainte, Échange. Don*, Paris.

Perthes, Volker, k. A.: „Geschichte des Nahost-Konflikts", www.bpb.de (Zugriff am 23.08.2007).

Peters, Francis E., 2003: *The Monotheists. Jews, Christians, and Muslims in Conflict and Competition*, Princeton.

Pfahl-Traughber, Armin, 2001: „Islamismus in der Bundesrepublik Deutschland", in: *Aus Politik und Zeitgeschichte* 51, 43-53.

Pötzl, Norbert/Traub, Rainer, 2008: „Schlüsselwort Vertrauen. Spiegel-Gespräch mit Dietrich Reetz", in: *Spiegel Special „Allah im Abendland"*, 23-25.

Pollack, Detlef, 2002: „Kirche zwischen Staat und Zivilgesellschaft. Überlegungen zum gesellschaftlichen Ort der Kirchen in der Bundesrepublik Deutschland", in: Rupert Graf Strachwitz/Frank Adloff/Susanna Schmidt/Maria-Luise Schneider (Hg.), *Kirche zwischen Staat und Zivilgesellschaft*, Berlin, 22-42.

Potz, Richard, 2005: „Staat und Kirche in Österreich", in: Gerhard Robbers (Hg.), *Staat und Kirche in der Europäischen Union*, Baden-Baden, 425-453.

Poya, Abbas, 2006: „Gestalt des Abraham im Koran und in der islamischen Tradition", in: Reinhard Möller/Hans-Christoph Goßmann (Hg.), *Interreligiöser Dialog. Chancen abrahamischer Initiativen*, Münster, 83-99.

Pury, Albert de, 2004: „In Gottes Namen? Gewalt und Gewaltüberwindung in der Auseinandersetzung mit dem kanonischen Text in den monotheistischen Religionen", in: Birgit Lermen/Günther Rüther (Hg.), *In Gottes Namen? Zur kulturellen und politischen Debatte um Religion und Gewalt*, Sankt Augustin, 35-61.

Putnam, Robert, 1993: *Making Democracy Work. Civic Traditions in Modern Italy*, Princeton.

Putnam, Robert, 2000: *Bowling Alone. The Collapse and Revival of American Community*, New York.

Putnam, Robert (Hg.), 2001: *Gesellschaft und Gemeinsinn. Sozialkapital im internationalen Vergleich*, Gütersloh.

Rapp-Hirrlinger, Ulrike, 2007: „Gute Aussichten für ‚Haus Abraham'", in: *Esslinger Zeitung*, 10.08.2007.

Rauer, Valentin, 2004: „Ethnische Vereine in der Selbst- und Fremdbewertung. Plädoyer für einen relationalen Sozialkapital-Ansatz", in: Ansgar Klein/Kristine Kern/Brigitte Geißel/Maria Berger (Hg.), *Zivilgesellschaft und Sozialkapital. Herausforderungen politischer und sozialer Integration*, Wiesbaden, 211–229.

Reese-Schäfer, Walter, 1996: „Kommunitarismus auf dem Prüfstand. Sozialpolitik zwischen Staat, Markt und Zivilgesellschaft", Tübingen, http://members.aol.com/tueforum/kommunit/komm tl.html (Zugriff am 29.07.2001).

Religionswissenschaftliches Seminar der Universität Luzern, 2008: „Religionen in der Schweiz – unbekannte Vielfalt in der Entdeckung", http://www.religionenschweiz.ch/religionen.html (Zugriff am 21.11.2008).

Rey-Stocker, Irmi, 2006: *Anfang und Ende des menschlichen Lebens aus der Sicht der Medizin und der drei monotheistischen Religionen Judentum, Christentum und Islam*, Basel u. a.

Riesebrodt, Martin, 2000: *Die Rückkehr der Religionen. Fundamentalismus und der „Kampf der Kulturen"*, München.

Robbers, Gerhard (Hg.), 2005: *Staat und Kirche in der Europäischen Union*, Baden-Baden.

Rosenkranz Verhelst, Simone, 2008: „Judentum in der Schweiz", http://www.religionenschweiz.ch/judentum.html (Zugriff am 21.11.2008).

Rudolph, Kurt, 1988: „Juden – Christen – Muslime. Zum Verhältnis der drei monotheistischen Religionen in religionswissenschaftlicher Sicht", in: *Judaica* 44, 214–232.

Sänger, Eva, 2007: „Umkämpfte Räume. Zur Funktion von Öffentlichkeit in Theorien der Zivilgesellschaft", in: *Femina Politica* 2, 18–27.

Saint-André, Alix de, 2001: *Die Enzyklopädie der Engel*, Berlin, Frankfurt a. M.

Satilmis, Ayla, 2008: „Chancen und Grenzen interkultureller und interreligiöser Dialoge – Evaluationsergebnisse", in: Gritt Klinkhammer/Ayla Satilmis (Hg.), *Interreligiöser Dialog auf dem Prüfstand*, Münster, 101–140.

Schade, Jeanette, 2002: „‚Zivilgesellschaft' – eine vielschichtige Debatte", in: *INEF Report* 59, Duisburg.

Schanda, Susanne, 2007: „Religiöse Bauten dienen der Integration" [Interview mit Martin Baumann], www.swissinfo.org/ger/startseite/Religioese_Bauten_dienen_der_sozialen_Integration.html?siteSect=105&sid=8178749&tcKey=1190662049000&ty=st (Zugriff am 28.11.2008).

Schmid, Hansjörg/Akca, Ayşe Amıla/Barwig, Klaus, 2008: *Gesellschaft gemeinsam gestalten. Islamische Vereinigungen als Partner in Baden-Württemberg*, Baden-Baden.

Schmitz, André, 2007: „Rechtliche Rahmenbedingungen des Verhältnisses zwischen Staat und Religionsgemeinschaften", Impulsreferat beim Islamforum am 29.08.2007, www.muslimische-akademie.de/PDF/Andre-Schmitz_Rechtliche-Rahmenbedingungen.pdf (Zugriff am 26.11.2008).

Schnabel, Ulrich, 2004: „Wie man in Deutschland glaubt", in: *Die Zeit*, 22.12.2003.

Schulze-Berndt, Hermann, 2005: *Abrahams Erben. Mose – Christus – Mohammad: Warum Juden, Christen uns Muslime zur Zusammenarbeit berufen sind*, Frankfurt a.M.

Schumann, Olaf, 1997: „Abraham, der Vater des Glaubens", in: Ders., *Hinaus aus der Festung. Beiträge zur Begegnung mit Menschen anderen Glaubens und anderer Kultur*, Hamburg, 13–60.

Schwab, Hans-Rüdiger, 2004: „Fünf kurze Kapitel über Religion und Gewalt in der Weltliteratur der Gegenwart", in: Birgit Lermen/Günther Rüther (Hg.), *In Gottes Namen? Zur kulturellen und politischen Debatte um Religion und Gewalt*, Sankt Augustin, 85–114.

Schweizerische Eidgenossenschaft, 2008: „Bundesrat gegen Bauverbot für Minarette. Botschaft zur Volksinitiative ‚Gegen den Bau von Minaretten' verabschiedet", http://www.news.admin.ch/message/?lang=de&msg-id=20878 (Zugriff am 21.11.2008).

Sekretariat der Deutschen Bischofskonferenz, 2003: „Christen und Muslime in Deutschland", Arbeitshilfen H. 172, Bonn. (www.dbk.de/imperia/md/content/schriften/dbk5.arbeitshilfen/ah172.pdf)

Sen, Amartya, 2007: *Die Identitätsfalle. Warum es keinen Krieg der Kulturen gibt*, München.

Seufert, Günter/Kubasek, Christopher, 2006: *Die Türkei. Politik, Geschichte, Kultur*, Bonn.

Sezgin, Hilal, 2007: „Ein Minarett, wie nett!", in: *die tageszeitung*, 6.06.2007, 10.

Shepherd, J. F., 1994: „Soziale Gerechtigkeit, humanistische Grundmoral und die Suche nach einem Weltethos", in: Johannes Lähnemann (Hg.), *„Das Projekt Weltethos" in der Erziehung*, Hamburg, 154–169.

Shetreet, Shimon, 2001: „Freedom of Religion in Israel", http://www.mfa.gov.il/MFA/MFAArchive/2000_2009/2001/8/Freedom+of+Religion+in+Israel.htm (Zugriff am 10.12.2008).

Siegwalt, Gérard, 1996: „Christus – Hindernis oder Brücke? Im Gespräch mit dem Judentum und dem Islam", in: *Theologische Literatur-Zeitung* 121, 329–338.

Sinus Sociovision, 2007: Die Milieus der Menschen mit Migrationshintergrund in Deutschland, Heidelberg, www.sinus-sociovision.de/Download/Navigator/2_2007_Insight_Migranten-Milieus-in-Deutschland.pdf (Zugriff am 24.10.2007).

Sloterdijk, Peter, 2007: *Gottes Eifer. Vom Kampf der drei Monotheismen*, Frankfurt a.M.

Sprengel, Rainer (Hg.) 2007: *Philanthropie und Zivilgesellschaft*, Frankfurt a.M. u.a.

Spuler-Stegemann, Ursula, 2002: *Muslime in Deutschland. Informationen und Klärungen*, Freiburg.

Statistisches Bundesamt, 2006: *Strukturdaten zur Migration in Deutschland 2004*, Wiesbaden.

Steinacker, Peter, 2006: *Absolutheitsanspruch und Toleranz. Systematisch-Theologische Beiträge zur Begegnung der Religionen*, Frankfurt a.M.

Strachwitz, Rupert Graf, 2002: „Die Kirchen und die Enquete-Kommission. Zukunft des bürgerschaftlichen Engagements – Eine Nachbetrachtung", in: Strachwitz, Rupert Graf/Adloff, Frank/Schmidt, Susanna/Schneider, Maria-Luise (Hg.), *Kirche zwischen Staat und Zivilgesellschaft*, Berlin.

Strachwitz, Rupert Graf, 2005: „Zivilgesellschaft als politisches Konzept – Gefahr für die Parteien?", in: Daniel Dettling (Hg.), *Parteien in der Bürgergesellschaft*, Wiesbaden, 131–138.

Strachwitz, Rupert Graf, 2007: „The Churches and Civil Society", in: Gerhard Kruip/Helmut Reifeld (Hg.), *Church and Civil Society. The Role of Christian Churches in the Emerging Countries of Argentina, Mexico, Nigeria and South Africa*, St. Augustin, Berlin, 29–33.

Sturm-Berger, Michael, 2003: „Interreligiöser Dialog. Eine kurz gefasste Geschichte des selben unter besonderer Berücksichtigung der Ereignisse in Deutschland und Berlin" [sic], www.irzberlin.de/public/dialog-geschichte.doc (Zugriff am 26.06.2008).

Swidler, Leonard, 1986: „Interreligiöser und interideologischer Dialog", in: *Pastoraltheologie. Monatszeitschrift für Wissenschaft und Praxis in Kirche und Gesellschaft*, H. 75, 315–317.

Tatreitzer, Helmut, 2008: „Die Pflicht, stets im Gespräch zu bleiben", in: *Der Sonntag*, 15.06.2008, www.dersonntag.at (Zugriff am 20.06.2008).

tdt, 2007: „Auf den Spuren Abrahams", in: *Frankfurter Allgemeine Zeitung*, 15.11.2007.

Temelkuran, Ece, 2008: „Volk ohne Erinnerung", in: *Frankfurter Rundschau*, 25.07.2008.

Tezcan, Levent, 2006: „Interreligiöser Dialog und politische Religionen", in: *Aus Politik und Zeitgeschichte* 28–29, 26–32.

Tischler, Matthias M., 2006: „Ist Spanien ein interreligiöser Glücksfall für Europa? Anmerkungen zur Bedeutung der Geschichte für das Religionsgespräch der Gegenwart", in: Reinhard Möller/Hans-Christoph Goßmann, (Hg.), *Interreligiöser Dialog. Chancen abrahamischer Initiativen*, Münster, 145–162.

Tröger, Karl-Wolfgang, 1982: „Jesus als Prophet im Verständnis der Muslime, Christen und Juden", in: *Kairos 24 (N.F.)*, 100–109.

Tröger, Karl-Wolfgang, 2000: „Abraham und Ibrahim. Was bedeutet religiöse Identität?", in: *Religionen im Gespräch*, Balve, 249–259.

van Dijk, Alphons, 2003: „Wissenschaft und Bildung frei von staatlicher Bevormundung und privatem Kommerz – Gedanken und Beispiele aus den Niederlanden", in: Dieter Fauth/Erich Satter (Hg.), *Staat und Kirche im werdenden Europa. Nationale Unterschiede und Gemeinsamkeiten*, Würzburg.

Wandel, Jürgen, 2007: „Der Staat zivilisiert die Religion", in: *die tageszeitung*, 18.12.2007.

Wardenbach, Anneke, 2008: „Drei Jahre nach dem Mord", www.niederlandenet.de (Zugriff am 13.10.2008).

Weil, Alfred, 2008: „Europa ist nicht abrahamisch und wird es auch nicht sein. Ein Zwischenruf aus buddhistischer Sicht", in: Jürgen Micksch (Hg.), *Vom christlichen Abendland zum abrahamischen Europa*, Frankfurt a.M., 153–156.

Weiße, Wolfram, 2008: „Islamischer Religionsunterricht in Deutschland – ein Beitrag zur Integration?", http://www.zmo.de/muslime_in_europa/pressekit/material/Islamunterrichtveranstaltung/Vortrag%20Weisse.pdf (Zugriff am 14.10.2008).

„Weißt Du, wer ich bin?" (Hg.), 2007a: *„Weißt Du, wer ich bin?". Das Projekt der drei großen Religionen für friedliches Zusammenleben in Deutschland. Materialsammlung II. Projektarbeit für Jugend und Schule*, Frankfurt a.M.

„Weißt Du, wer ich bin?" (Hg.), 2007b: *„Weißt Du, wer ich bin?". Das Projekt der drei großen Religionen für friedliches Zusammenleben in Deutschland. Die Initiativen*, Frankfurt a.M.

„Weißt Du, wer ich bin?" (Hg.), 2007c: *„Weißt Du, wer ich bin?". Das Projekt der drei großen Religionen für friedliches Zusammenleben in Deutschland. Materialsammlung I. Basisheft*, Frankfurt a.M.

„Weißt Du, wer ich bin?" (Hg.), i.E.: *„Weißt Du, wer ich bin?". Das Projekt der drei großen Religionen für friedliches Zusammenleben in Deutschland. Materialsammlung III – Projektarbeit im Kindergarten*, Frankfurt a.M.

Wettach-Zeitz, Tania, 2008: *Ethnopolitische Konflikte und interreligiöser Dialog. Die Effektivität interreligiöser Konfliktmediationsprojekte analysiert am Beispiel der World Conference on Religion and Peace Initiative in Bosnien-Herzegowina*, Stuttgart.

Wilk, Florian, 2006: „Die Gestalt des Abraham im Neuen Testament", in: Reinhard Möller/ Hans-Christoph Goßmann (Hg.), *Interreligiöser Dialog. Chancen abrahamischer Initiativen*, Münster, 61–82.

Wolleh, Oliver/Zunzer, Wolfram, 2007: „Evaluation der Initiative ‚Weißt Du, wer ich bin? – Das Projekt der drei großen Religionen für friedliches Zusammenleben in Deutschland'", www.weisstduwerichbin.de/download/Weisst%20du%20wer%20ich%20bin%20Evaluation.pdf (Zugriff am 24.09.2008).

Zager, Werner, 2002: *Ethik in den Weltreligionen: Judentum – Christentum – Islam*, Neukirchen-Vluyn.

Ziemer, Christof, 2001: „Trialog in Bosnien Herzegowina", in: Martin Bauschke/Petra Stegmann (Hg.), *Trialog und Zivilgesellschaft*, Berlin, 157–166.

Zimmer, Annette/Krimmer, Holger, 2007: „Does Gender Matter? Haupt- und ehrenamtliche Führungskräfte gemeinnütziger Organisationen", in: *Femina Politica* 2, 62–72.

Zirker, Hans, 2001: „Anmerkungen zum Dialog der abrahamischen Religionen", in: *Muslimische Revue* 22, H. 3, 130–142.

Autorinnen

Eva Maria Hinterhuber

Dipl.-Pol., Wissenschaftliche Mitarbeiterin am Maecenata Institut für Philanthropie und Zivilgesellschaft an der Humboldt-Universität zu Berlin. Studium der Politischen Wissenschaft, Slawistik und Rechtswissenschaften in Innsbruck, Berlin und St. Petersburg. Doktorandin an der Europa-Universität Viadrina in Frankfurt/Oder. Mitherausgeberin der „Femina Politica. Zeitschrift für feministische Politikwissenschaft". Arbeitsschwerpunkte: Dritter-Sektor-Forschung, Gender Studies, Friedens- und Konfliktforschung.

Marie von Manteuffel

Studium der Rechtswissenschaften in Münster, Riga und Berlin, Schwerpunktbereich des ersten juristischen Staatsexamens im Wirtschafts- und Unternehmensrecht. Von 2003–2005 Parallelstudium des US-amerikanischen Rechts in Münster. Mehrere Tätigkeiten als studentische Mitarbeiterin, u.a. am Institut für Arbeits-, Sozial- und Wirtschaftsrecht der Universität Münster sowie in der Wirtschaftskanzlei bnt legal & tax in Riga. Rechtsvergleichende Veröffentlichungen im Bereich Wirtschafts- und Sozialrecht. Weitere Anwaltspraktika in München und London.

www.ingramcontent.com/pod-product-compliance
Lightning Source LLC
Chambersburg PA
CBHW052058300426
44117CB00013B/2181